国际税收

理论、实务与案例

（第二版）

第一批全国税务领军人才专著

易奉菊◎著

立信会计出版社
LIXIN ACCOUNTING PUBLISHING HOUSE

图书在版编目(CIP)数据

国际税收:理论、实务与案例 / 易奉菊著. —2 版
. —上海:立信会计出版社,2022.2(2023.3 重印)
ISBN 978 - 7 - 5429 - 6864 - 7

Ⅰ. ①国… Ⅱ. ①易… Ⅲ. ①国际税收 Ⅳ.
①F810.42

中国版本图书馆 CIP 数据核字(2022)第 022036 号

策划编辑　　张巧玲
责任编辑　　张巧玲

国际税收:理论、实务与案例(第二版)

GUOJI SHUISHOU LILUN SHIWU YU ANLI

出版发行	立信会计出版社		
地　　址	上海市中山西路 2230 号	邮政编码	200235
电　　话	(021)64411389	传　　真	(021)64411325
网　　址	www.lixinph.com	电子邮箱	lixinph2019@126.com
网上书店	http://lixin.jd.com		http://lxkjcbs.tmall.com
经　　销	各地新华书店		

印　　刷	固安华明印业有限公司		
开　　本	787 毫米×1092 毫米	1/16	
印　　张	20	插　　页	1
字　　数	475 千字		
版　　次	2022 年 2 月第 2 版		
印　　次	2023 年 3 月第 2 次		
书　　号	ISBN 978 - 7 - 5429 - 6864 - 7/F		
定　　价	82.00 元		

如有印订差错,请与本社联系调换

序

　　转眼间,距离本书初次出版5年时间了,正如第一版序言中所述,本书是本人在国际税收理论与实务出版物相互脱离的情况下,试图在同一本书中综合国际税收理论与实务的一种努力。在过去的5年里,我很欣慰地看到本书获得诸多读者的认可。有的税务机关一次性订购上百本书作为培训教材,不少企业的财税工作者也将本书作为了解国际税收的入门读物。然而,由于实务操作变化速度较快,每年都会有新的国际税收管理法规颁布,本书也面临着较大的更新压力。加上本书第一版中仍然存在很多不足之处,也需要修改和完善,因此,在首次印刷的所有图书售罄之时,我们决定修订本书。

　　此次修订最主要的目的是根据国际税收理论和实务的最新变化对书中相关内容进行更新。这些变化主要体现在以下几个方面:

　　一是BEPS①相关措施在各层面逐步落实。2017年本书初次出版时,BEPS15项行动计划的产出成果才颁布不久,此后几年,各国际组织、各个国家和地区纷纷将BEPS行动计划的相关成果落实到税收理论和实践中。比如,经济合作与发展组织(OECD)和联合国(UN)均根据BEPS的相关成果,在2017年出台了新的税收协定范本,部分条款较以前有很大的变化。与此同时,中国作为BEPS行动计划的参与者,积极落实新规则,不仅签订了多项公约,而且修订了多个协定和多项国内法规来落实BEPS的成果。我们修订本书时重点更新了与BEPS有关的国际、国内层面的变化,这些变化主要体现在第3章和第5章中。

　　二是我国的《个人所得税法》在2018年进行了修订。新《个人所得税法》中不仅明确引入居民与非居民个人的概念,对无住所个人在中国内地的所得如何征税也进行了重大修订。这一系列的修订使本书第一版中的部分内容已经不再适用。本书对第一版第2章和第3章中的相关内容进行了重点修订,并更新了相关的案例。

　　三是国内落实"放管服"改革,一系列国际税收管理程序得以简化,许多原来属于审批的事项改为备案事项,或是降低了对审批税务机关的层级要求;一些原本属于备案的事项,取消了备案程序,只需要企业准备资料留存备查。这些变化在各个章节均有体现,本书对此也进行了相应的修订。

　　四是中国企业"走出去"之势日盛。随着"一带一路"倡议不断推进,中国企业走出去的

---

　　① BEPS:全称为Base Erosion and Profit Shifting,BEPS行动计划是二十国集团(G20)领导人在2013年圣彼得堡峰会委托经济合作与发展组织(OECD)启动实施的国际税收改革项目,旨在修改国际税收规则,遏制跨国企业规避全球纳税义务、侵蚀各国税基的行为。BEPS项目成果包括15项行动计划报告和一份解释性声明。

步伐大大加快，不论是地理范围，还是业务形式，都有很多新的发展。为适应这一变化，本书增加了"走出去"一章，主要分析和介绍"走出去"企业在实务中面临的特殊税收问题与管理策略，希望能为"走出去"企业提供更多原则性的指导。

除了更新国际税收领域的最新理论和实践，我们还对第一版中的一些错漏之处进行了修正，既有对一些错别字的更正，也有对一些遗漏内容的补充。由于个人的能力有限，尽管付出了诸多努力，本书可能还存在一些疏漏，希望读者如果发现不足之处，不论问题大小，都能及时与我联系，本人将十分感激。

在此，我诚挚感谢立信会计出版社、中弘传智的同事以及各位亲朋好友，没有他们的支持与帮助，本书无法顺利再版。

易奉菊

2022 年 1 月 20 日

目　　录

第1章 导 论

1.1 国际税收的定义

也许很多人在最初看到"国际税收"这四个字的时候,认为这是一本介绍各国税收制度的书,希望通过阅读这本书,系统地了解世界各国的税收制度。诚然,学习一国或多国的税收制度是学习国际税收的起点,也是必要的知识基础,但并不是国际税收这门学科关注的重点,也不是这本书的主要内容。也许这会让您觉得遗憾,但我不得不告诉您,在这本书里,我们并不会系统地介绍其他国家的税收制度。那么国际税收到底是什么呢? 通过阅读这本书,您可以获得哪些知识呢?

对于什么是国际税收,是否存在国际税收体系,在学术界和实务界有许多不同的看法。国际知名的税法学者鲁文·S和阿维·约纳认为:存在连贯一体的国际税收体系,它体现在税收协定网络和国内法中,是国际法的重要组成部分。[①] 而另外一些税法学者,比如,美国的迈克尔·格雷兹认为,不存在国际税收体系,各国可以自由适用任何对本国有利的税收规则。[②]

笔者认为,国际税收问题是客观存在、不容忽视的。学者们对于是否存在国际税收体系有不同观点,并不是认为不存在国际税收问题,而是对是否有一套公认的法律体系来解决国际税收问题存在不同意见。实际上,我们在生活和工作中经常会碰到国际税收问题。表1-1列出了可能涉及国际税收问题的主要场景。

表1-1

涉及国际税收的常见场景

居民企业与个人跨境业务与活动	非居民企业或个人跨境业务与活动
1. 某国个人赴境外生活或工作。	1. 某国企业或个人聘用境外人员在境内工作。
2. 某国企业或个人赴境外销售商品。	2. 境外企业在某国境内销售商品。
3. 某国企业或个人在境外提供服务。	3. 某国企业或个人接受境外企业的服务。
4. 某国企业或个人向境外提供商标、技术并收取特许权使用费。	4. 某国企业或个人使用境外企业或个人的商标、技术并对外支付特许权使用费。
5. 某国企业或个人向境外机构提供资金并收取利息。	5. 某国企业或个人向境外融资并支付利息。
6. 某国企业或个人向境外投资。	6. 某国企业或个人向境外母公司支付股息。
7. 某国企业或个人转让其在境外的财产。	7. 境外企业或个人转让其在某国的财产。
8. ……	8. ……

---

① 鲁文·S,阿维·约纳.国际法视角下的跨国征税——国际税收体系分析[M].熊伟,译.北京:法律出版社,2008.
② MICHAEL J GRATEZ. Taxing international income: Inadequate Principles, Outdated Concepts and Unsatisfactory Policies[C]. Policies, Faculty Scholarship Series Paper, 2008:1618.

我们把上面的场景抽象和简化，将资金、人员、商品等流出的国家称为居民国（resident country）或者母国（home country），而将资金、人员、商品等流入的国家称为来源国（source country）或东道国（host country）。在资金、人员和各种资源跨境流动的情况下，企业和个人会在居民国和来源国面临一些独特的税收问题，比如企业和个人取得的收入是否应该纳税，是应该在居民国还是来源国纳税，应该如何纳税等，如图1-1所示。国与国之间在税法上存在差异，分析和解决以上问题的框架和思路，和我们分析仅在某国境内活动的企业和个人的税收问题时不同，因此，有必要单独对这些问题进行研究。跨境活动所引起的独特税收问题以及解决问题的思路与方法，就是国际税收关注的主要内容。

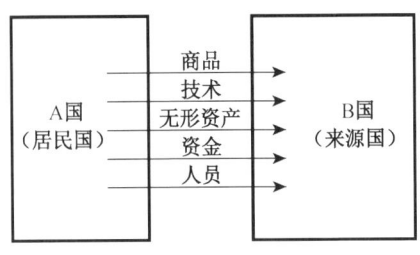

图1-1　涉及国际税收场景抽象图

本书对于国际税收这一概念给出如下的定义：国际税收就是当商品、人员、资金和技术等要素资源跨境流动时，由于国与国之间税收法规存在差异与冲突而产生的税收问题及解决问题的框架和机制。之所以给出上述定义，是源于笔者对国际税收存在前提的认识。国际税收存在的前提之一是商品、人员、资金和服务等要素的跨境流动，如果没有这些要素的跨境流动，就不会产生国际税收问题。国际税收产生的另一个前提是国与国之间税收法规存在的差异和冲突，如果各国税法之间没有差异和冲突，各国都执行协调统一的税收制度，要素的跨境流动就不会给纳税人和税务机关带来独特的挑战，也不需要专门研究和解决国际税收问题。实际上，在以上两个前提条件的共同作用下，跨境经营的企业和人员既会面临双重征税的问题，也会考虑如何利用跨境交易进行国际税收筹划。而税务机关既要考虑如何避免对企业双重征税，也要考虑如何防止企业利用国际税收筹划降低本国的税基。国际税收就是要探讨有什么样的框架和机制可以解决这些问题。

1.2　国际税收的产生与发展

如前所述，国际税收产生的前提是商品、人员、资金和服务等的跨境流动，因此要了解国际税收产生与发展的历史，必须要了解国际贸易和国际投资的发展历史。虽然人类从事国际贸易已经有三千多年的历史，但在地理大发现之前，国际贸易主要局限于本洲内及亚欧大陆之间，是零星的、区域性的，规模也比较小，加之当时的税收制度主要是关税等间接税，国际税收问题并不突出。15世纪末的地理大发现后，人类发现了一系列新大陆、新航路，使洲际贸易迅速发展，出现了专门从事贸易的商业机构。英国工业革命之后，由于生产力迅速提高，商品生产规模不断扩大，国际贸易迅速发展。特别是第二次世界大战后，新技术革命使得生产力迅速发展，生产的社会化、国际化程度不断提高，不仅国际贸易空前活跃，国际投资也以前所未有的速度发展。随着国际贸易与国际投资的发展，资源要素在各国之间的流动日益频繁，也就使得国际税收问题越来越引起各国的关注。

国际税收问题日益引起关注的另外一个原因是各国企业所得税制的产生与发展。在

18 世纪末以前,各国主要征收的是关税、消费税等间接税,由国际贸易引起的税收问题并不明显,也比较容易协调解决。18 世纪末,英法战争爆发,英国政府急需大笔经费以维持战争,仅靠间接税筹集战争经费已无法满足需要,于是英国首相威廉·皮特在 1798 年创设了一种名为"三部合成捐",实为所得税雏形的新税,第二年该税种被废除而采用新的所得税税种。由于种种原因,纳税人的真实收入无法准确确定,当时所得税收入很难作为一项稳定的财政收入,因此,1802 年新的所得税税种随战争结束而停征。1803 年,英法战争又起,所得税经过一些重要改革后又恢复征收。此后所得税虽时征时停,但还是在 1842 年被英国正式确定为永久税种。后来,大多数资本主义国家相继引进了所得税制度,所得税成为世界各国普遍实行的税种。由于所得税更好地体现了量能负担的原则,又有内在稳定器的职能,目前已经成为绝大多数发达国家主体税种。2018 年,在经济合作与发展组织(以下简称经合组织或 OECD)34 个成员国的税收收入中,平均有 33% 的税收来自所得税。其中有 8 个国家(澳大利亚、加拿大、丹麦、冰岛、爱尔兰、新西兰、挪威、瑞士)所得税收入占财政收入的比例超过 40%。[1] 表 1-2 列示出部分国家引入所得税制的时间。

表 1-2

主要发达国家引入所得税制年度及所得税收入超过总收入 5% 的年度

国家	正式将所得税确定为永久税种的时间	所得税收入占总收入超过 5% 的年度
英国	1842	1844
意大利	1864	1877
日本	1887	1925
新西兰	1891	1915
挪威	1892	1892
荷兰	1893	1899
瑞典	1902	1903
丹麦	1903	1917
法国	1911	1918
美国	1913	1916
澳大利亚	1915	1915
加拿大	1917	1919
德国	1920	1924
芬兰	1920	1920
比利时	1922	1922
瑞士	1939	1942

跨境商品交易所需要支付的关税和增值税等流转税,主要通过欧盟、世界贸易组织

---

[1] OECD. Revenue Statistics-Tax Structures [EB/OL]. [2017-10-23]. https://www.oecd.org/tax/tax-policy/global-revenue-statistics-database.htm.

(WTO)等组织进行协调。经过多年的努力,以关税税率减让为主要机制的关税协调已经取得了巨大的进展。增值税也普遍通过出口国退税或免税的方式解决。而相比流转税制,所得税的税制复杂很多,在解决跨境税收问题时,协调的难度也更高些,并不能通过某一个国家单方面减免或降低税率就能够解决问题。实际上,如今学术界和实务界在研究国际税收问题时,已经将重点集中于所得税方面。本书研究与关注的税种也仅限于企业所得税与个人所得税等所得性质的税种。

1.3 国际税收的核心问题

 案例 1-1

鸿威公司:国际化经营企业与国际税收

2000 年,中国居民李某成立了鸿威公司,公司成立之后的发展历程如下:

第一阶段(2000—2004 年):2000—2004 年,公司主要在中国境内从事家具生产、批发与零售,没有境外的销售,也没有任何境外采购。

第二阶段(2005—2006 年):2005 年,公司开始尝试在美国销售本企业生产的家具,起初是通过参加美国每年两次的全国性家具展会推销本公司的产品。公司租用展会的展位,展示本公司的产品,并在展会上与潜在的经销商或买家谈判并签订销售合同。

第三阶段(2007—2008 年):2007 年,公司开始通过美国的代理商和经销商销售本公司产品。鸿威公司与代理商签订合同,由代理商向鸿威公司采购,代理商再将产品销售给美国的经销商和消费者。在这种经营模式下,一般是美国的代理商来中国采购鸿威公司生产的产品,鸿威公司无须在美国从事业务推销活动。

第四阶段(2009—2010 年):2009 年,鸿威公司在美国设立办事处,最初办事处的工作人员主要负责与经销商联系,收集市场信息,协调经销商的采购、发货和售后服务事宜。后来,办事处的工作人员在美国与潜在的客户进行谈判,签订销售合同,再由鸿威公司从中国向客户发货。

第五阶段(2011—2014 年):2011 年,鸿威公司在美国成立了销售子公司美鸿公司,由美鸿公司负责销售中国母公司生产的家具产品。美鸿公司在美国建立了销售网络,在美国销售的产品由鸿威公司销售给美鸿公司,再由美鸿公司销售给美国的代理商和经销商。

第六阶段(2015 年至今):2015 年,鸿威公司在英属维尔京群岛成立了 BVI 贸易公司,所有出口的产品由鸿威公司销售给 BVI 贸易公司,BVI 贸易公司再销售给美鸿公司,再由美鸿公司销售给代理商和经销商。通过这种新的交易方式,出口贸易的大部分利润留在 BVI 贸易公司,而在美国和中国的公司只保留很低的利润。

思考问题:在鸿威公司发展的不同阶段,需要在哪些国家交税? 如何交税?

通过以上案例,我们希望说明国际税收研究的三个核心问题,即重复征税、国际避税与反避税以及国际税收协定。

1.3.1　重复征税与避免重复征税

鸿威公司在发展的第一阶段,只需要在中国境内缴纳增值税、企业所得税、个人所得税、房产税、印花税等税种,基本不会涉及国际税收问题。

从鸿威公司发展的第二阶段开始,就需要考虑在美国的税收。按照美国的税法,在美国从事贸易与业务,获得的与美国有实际联系的所得应在美国缴纳所得税[①]。在第二、第三和第四阶段,由于鸿威公司在美国有销售,需要按美国的税法判断这些销售与美国是否有实际联系,如果有的话,需要在美国申报与缴纳所得税,而这部分来自美国的销售收入以及形成的利润,按照中国的税法,也需要在中国缴纳企业所得税,这样就会形成双重征税的问题。

鸿威公司发展的第五阶段,涉及多种类型的双重征税。美鸿公司在美国销售取得的利润,要在美国缴纳企业所得税,而将税后利润分回鸿威公司的时候,鸿威公司首先需要就这部分税后利润在美国缴纳预提所得税,回到中国后,还要作为居民企业来自境外的所得在中国缴纳企业所得税。同一笔所得,先后要征收三次企业所得税。

国际税收的核心问题之一就是双重征税以及如何避免与缓解双重征税。从事跨境业务的纳税人,由于商品和人员的流动,会面临两个国家(居住国和东道国,比如,[案例 1-1]中的中国和美国)的税务机关的管理,两个国家的税务机关有可能对纳税人的同一笔所得征税,这就是双重征税。双重征税问题是跨国经营企业最早遇到的问题,也是国际税收理论与实务工作者最早研究的问题。本书的第 2 章会详细讨论这一问题。

1.3.2　国际税收协定

解决国际税收中的重复征税问题,可以通过各个国家单方面的努力,比如某些国家规定对来自境外的所得不征税,或是在国内法中给予境外所得已缴税款抵免的待遇。但是更为有效的机制是建立在双边或多边基础上的税收协定。以 OECD 税收协定范本和联合国(the United Nations,以下简称 UN)范本为基础建立起来的国际税收协定,最初就是各国为了解决双重征税问题而谈签的,这些协定在防止双重征税、促进国际贸易与投资的发展中发挥了重要的作用。正确理解与执行税收协定,是解决国际税收问题的基础,因此,我们将国际税收协定列为国际税收的第二个核心问题,在本书的第 3 章中讨论。

1.3.3　国际避税与反避税

在[案例 1-1]中,鸿威公司在 BVI 设立贸易公司,通过 BVI 贸易公司从事交易,将跨境业务的主要利润集中到 BVI 贸易公司,而在美国和中国只保留很低的利润,这样做可以降低集团整体的税负,这就是国际税收关注的另外一个核心问题:国际避税与反避税。

跨境活动可能导致双重征税和企业税负的上升,也可能导致双重不征税或整体税负的

---

① 具体内容参见法律研究所网页 https://www.law.cornell.edu/cfr/text/26/1.864-4。

下降。跨国纳税人为了自身经济利益的最大化,往往会研究各国税制的漏洞,利用各国税制之间的差异,通过改变交易的结构或方式,将各项收入与成本分布到不同的地方,或者以不同的身份产生/获得收入,最终实现整体税负的下降,这也就是通常所说的国际税收筹划,也称国际避税。本书的第 4 章将集中介绍目前跨国经营的企业与个人常用的避税方法和原理。

国际税收筹划与国际避税行为主要是利用各国税法之间的差异来降低纳税人的税负。从形式上看,避税行为不违法,但是,国际避税行为导致各国政府税收收入流失,减少了各国政府用于公共福利和促进经济增长的资金来源,因此各国政府纷纷制定法规,打击企业与个人的避税行为,这就是反避税。最初各个国家分别依靠国内立法,独立地去打击与本国相关的国际避税行为。但是近年来,各国政府逐渐认识到,只靠单个国家的努力打击国际避税是不行的,必须依靠国际社会的共同合作才能取得良好的效果。因此,各国政府纷纷通过各类国际组织,讨论和研究如何通过国际合作,共同打击避税行为。本书的第 5 章针对第 4 章中介绍的主要避税方法和手段,分析各国政府为了控制国际避税活动而采取的行动,包括各国的立法以及国际组织的共同努力,特别是 OECD "税基侵蚀与利润转移"(Base Erosion and Profit Shifting,以下简称 BEPS)计划的最新进展。

1.4 国际税收研究方法

对于税收问题,可以从经济学和法学两个角度去研究。同样,对于国际税收问题,也可以从经济学和法学两个维度去研究。

从经济学的角度研究国际税收,主要分析国际税收的规则如何影响资源配置及经济发展,以及如何设计和完善国际税收规则,既能促进国际贸易与经济的发展,又能保障各国的税收收入。从经济学的角度去研究国际税收问题,所采用的步骤与研究其他经济学问题类似,主要有以下几步:

(1)建立研究假设。

(2)通过数据去验证研究假设。

(3)通过验证结果得出研究结论。

从法学的角度研究国际税收,主要研究如何设置和执行国际税收规则,解决国家与国家之间因商品、资本、人员等跨境流动而产生的税收冲突,在正确地执行各国税法,保障各国财政收入的同时,不增加纳税人的负担。税收实务工作中主要是采用法学的方法来研究与解决实际问题。站在法学的角度研究国际税收的具体步骤如下:

(1)辨清所有相关的事实,包括纳税人的情况、交易的情况等。

(2)找出相关的法律法规。

(3)研究如何将法律法规适用于具体事实,判断纳税义务。

本书的目标读者是国际税收领域的从业人员,因此主要从法学的角度去介绍和分析国际税收问题。

1.5　本书的基本框架

目前国内的国际税收著作主要有两类。一类是为国内高校的老师和学生写作,偏重于介绍国际税收的基础理论,以及税收协定条款的具体分析与解读,不涉及国际税收在中国的实践,导致读者在读完整本著作之后,仍然不了解相关的理论在实务中有何实际意义,以及如何应用相关理论来解决实务问题。另一类则脱离了国际税收的基础理论,单纯关注实务操作的具体细节,比如,国家税务总局的具体文件如何规定,各地方税务局如何管理国际税收事务,读者读完整本著作之后,只知其然,而不知其所以然,不了解具体实务性规定后面的理论基础。也就是说,大部分现有的国际税收著作在理论与实务之间存在脱节。本书的写作为那些对国际税收感兴趣的读者和实务工作者建立一个系统的框架,帮助读者了解国际税收的基础理论,分析国际税收三个核心问题之间的联系。在此基础上,概括地介绍目前中国国际税收管理实务中常见的问题,尝试揭示理论与实务如何有机地联系。基于以上目的,在每个章节,都会先在理论篇介绍国际税收的基本理论与经验,然后在实务篇介绍目前国内的主要法规,并通过具体的案例,介绍如何将有关的理论与法规应用于工作实践。本书中出现的案例,大致可分为两类:一类案例是介绍实务当中税务机关如何实施具体税务管理的案例,旨在帮助读者了解相关的理论和法规在实务中是如何应用的,属于解释型案例;另一类案例是分析型案例,分析型案例的背景都是根据企业遇到的实际情景改编而成,案例结尾列出了需要分析、解释的问题。读者需要根据书中介绍的理论,以及相关的法律法规,进行深入的分析,提出具体的税务处理建议。此类案例,旨在帮助读者加深对相关理论和法规的理解,应用相关理论和法规解决实务问题。本书附录四列出了相关分析的思路、过程和结论。

1.6　学习资源

国际税收领域里活跃着众多的机构,相关的理论和实务也不断发生新的变化。学习国际税收,除了专业书籍之外,还有一系列的资源可以利用,这些资源主要包括以下几类。

1.6.1　各国税务机关网站

通过访问各国税务机关的网站,可以了解各国在国际税收领域关注的重点问题、最新规则和案例。部分国家税务主管当局的主页如下:

- 中国国家税务总局主页:http://www.chinatax.gov.cn/
- 美国国内收入署主页:https://www.irs.gov/
- 英国皇家税务与海关总署主页:https://www.gov.uk/government/organisations/hm-revenue-customs
- 中国香港特别行政区税务局主页:http://www.ird.gov.hk/index.htm
- 新加坡国内税务局主页:https://www.iras.gov.sg/irashome/default.aspx

1.6.2　国际组织网页

• 经济合作与发展组织（OECD）税收网页：http://www.oecd.org/tax/

经济合作与发展组织目前有 38 个成员国，主要是经济较发达的国家，OECD 的宗旨是帮助成员国通过经济发展与财政（金融）稳定来获得繁荣，战胜贫困。OECD 关注的主题十分广泛，包括农业、环境、腐败、经济、教育等 20 多个主题。税收是 OECD 关注的主题之一，特别是在国际税收领域，OECD 所制定的一系列指引与规则，如国际税收协定范本、跨国公司转让定价指南已经成为国际社会普遍遵循的标准，其影响远远超出成员国的范围。

• 联合国（UN）：https://www.un.org

联合国是一个国际性组织，于 1945 年成立，现有会员国 193 个。联合国的宗旨和工作以《联合国宪章》（以下简称《宪章》）中规定的机构目标和原则为出发点。由于《宪章》赋予的权利及其独特的国际性质，联合国可就人类在 21 世纪面临的一系列问题采取行动，具体涉及和平与安全、气候变化、可持续发展、人权、裁军、恐怖主义、人道主义、卫生突发事件、性别平等及粮食生产等。税收问题并不是联合国关注的核心问题之一，也没有专门研究该问题的主页，但联合国会就某些税收问题发表指南或报告，用于指导成员国在税收方面的实践，在联合国的网站上可以通过搜索找到这些重要的文件。

• 国际财政文献局（International Bureau of Fiscal Documentation，IBFD）：http://www.ibfd.org/

国际财政文献局（IBFD）成立于 1938 年，位于荷兰，是一家专注于税收方面学术研究的非营利机构，最初成立时只有 4 个研究者，现有已经有来自 30 多个国家的 70 多名研究者在这里从事税收科学与税收法律方面的研究。IBFD 已成为国际上颇具影响力的税收研究机构，特别是在国际税收研究方面的权威机构。

1.6.3　会计师与律师事务所网页

一些国际性的会计师事务所和律师事务所的网站，为从事实务工作的税务工作者提供了丰富的资源，特别是一些案例和分析，可以帮助读者了解国际税收方面最新的发展。

• 德勤会计师事务所：http://www2.deloitte.com/global/en/services/tax.html?icid＝top_tax

• 毕马威会计师事务所：https://home.kpmg.com/xx/en/home/services/tax.html

• 安永会计师事务所：http://www.ey.com/GL/en/Services/Tax

• 普华永道会计师事务所：http://www.pwc.com/gx/en/services/tax.html

• 贝克·麦坚时律师事务所：http://www.bakermckenzie.com/Tax/

第2章 重复征税与避免重复征税

在［案例1-1］中,鸿威公司在发展的第二、第三和第四阶段,向美国客户销售本公司产品。于是,鸿威公司除了需要在中国缴纳企业所得税和个人所得税,还有可能因为其在美国的销售活动而需要在美国纳税。举例来讲,鸿威公司参加展会的人员或办事处的工作人员在美国拜访潜在客户,向其介绍本公司的产品,就产品的价格、数量、付款条件等进行谈判,并签订销售合同,按照美国税法的规定,属于与美国有实际联系的所得,是来源于美国的所得,需要在美国就交易的利润缴纳美国的企业所得税。与此同时,这一笔销售会在鸿威公司的财务账上体现,并在扣除相应的成本费用后,形成鸿威公司的利润,在中国缴纳企业所得税。这样就会出现一种情况:面对同一客户的同一笔销售收入,鸿威公司既要在美国缴纳企业所得税,又要在中国缴纳企业所得税。这就是重复征税的一种,是法律性重复征税。在鸿威公司发展的第五阶段,鸿威公司在美国设立销售子公司美鸿公司,美鸿公司从鸿威公司采购,在美国向终端客户销售,形成的利润要先在美国缴纳企业所得税,在缴纳了企业所得税之后,在向鸿威公司分配税后利润时,按照美国税法的规定,鸿威公司要按分得的红利总额的30%缴纳预提所得税,由美鸿公司代扣代缴。而鸿威公司收到的该笔分红属于鸿威公司取得的来自境外的所得,按照中国税法的规定,需要在中国缴纳企业所得税。我们可以看到,同一笔销售形成的所得,要在美国和中国由不同的企业缴纳几次所得税性质的税款,这也是另一种形式的重复征税,称为经济性重复征税。不仅企业面临重复征税,鸿威公司从中国派驻美国办事处或子公司工作的雇员,也会面临重复征税的问题。雇员在美国工作期间的工资收入,因为来源于美国,需要在美国缴纳个人所得税,而中国作为雇员的居民国,也会对该笔工资薪金征税,导致对同一笔工资在两个不同的国家缴纳个人所得税。

之所以会产生上面的重复征税,是因为不同国家之间存在税收管辖权的冲突,本章将分析税收管辖权的冲突如何导致重复征税,以及各国如何通过立法消除重复征税。

理 论 篇

2.1 税收管辖权

2.1.1 税收管辖权的定义

要理解什么是重复征税,以及为什么会产生重复征税,首先必须了解什么是税收管辖权

(jurisdiction to tax)。税收管辖权是一国主权在税收领域的体现,就是一个国家(或地区)①独立自主地征税的权力。国际法中,国家主权的行使范围一般基于两个因素:一是属人管辖原则;二是属地管辖原则。

属人管辖原则,是指国家有权对所有具有本国国籍的人实行管辖,无论其居住在国内还是国外。依据属人管辖,国家可以对其所有国民实行管辖而不论其在何地。在税收领域,属人管辖权相比其他领域有所变化——大部分国家选择对税收居民而不是公民行使属人管辖,即居民管辖权(residence jurisdiction)。居民管辖权是征税国基于纳税人与征税国存在居民身份关系的法律事实而主张行使的征税权。而政府之所以可以对居民行使征税权,是因为个人和企业居住在某国,就会享受居住国提供的公共服务,获得了作为居民的许多利益。一般来说,各国税法都会规定构成本国税收居民身份的判断标准。符合税法规定的居民身份构成标准的人(包括自然人和企业法人),就是该国税法意义上的居民纳税人;而这个国家也相应地被称作该纳税人的居民国(residence country)或者母国(home country)。凡不符合某个国家税法规定的居民身份构成标准的纳税人,是该国的非居民纳税人,这个国家并非该个人的居民国,通常被称为东道国(host country)或者来源国(source country)。

居民管辖权在税收领域的具体体现就是居民获得的收入,不论是在哪里取得的,都要在居住国交税,俗称"全球征税"。也就是说,居民税收管辖权下,纳税人承担的是无限纳税义务,不仅要就来源于居民国境内的所得承担纳税义务,而且还要就来源于居住国境外的所得向居住国履行有关所得税的纳税义务。图2-1简要地说明了一国基于居民管辖权的征税范围。

来源于A国所得　　　　A国居民纳税人　　　　来源于A国境外的所得
征收A国税　　　　　　　　　　　　　　　　　　征收A国税
　　　　　　　　　　　　　A国

图2-1　居民管辖权示意图

国际法中的属地管辖原则包括两个内容:一是国家对其领土各个部分及资源的管辖,即强调了以领土为对象;二是国家对其领土范围内的人、事件的管辖,即强调了以领土为范围。具体到税收领域,属地管辖强调一国政府对来源于本国的所得有管辖权,称为"来源地管辖权"或"地域管辖权"(source jurisdiction)。而一国政府之所以对来源于本国的所得有征税权,主要是基于来源国为企业和个人在本国获得收入和利润提供了机会,作出了贡献。在实行属地管辖权的国家里,所考虑的不是收入者的居住地(即纳税人的身份),而是以纳税人的收入来源地为依据确定征税与不征税。一切来自本国领土范围内的收入,不分本国居民纳

---

① 有很多地区,如中国香港、中国澳门、英属维尔京群岛等并非独立的国家或地区,但有独立的征税权,为行文方便,后文所指国家,均包括有独立税收管辖权的地区。

税人或非居民纳税人,一概在本国征税;而对纳税人来源于本国领土范围以外的收入,不论其所在国家是否征税,都不在本国征税。这既体现国际间经济利益分配的合理性,又体现税务行政管理的方便性,故已被世界各国公认,并得到普遍采用。图 2-2 简要地说明了来源地管辖权的征税范围。

图 2-2　来源地管辖权示意图

　　各国可以根据自身的情况,自主地选择税收管辖权应用的原则。少数国家或地区仅行使地域管辖权,如中国香港、中国澳门、巴拿马等。近年来,单纯行使来源地管辖权的国家或地区数量一直在减少,因为国家或地区单纯行使来源地管辖权,企业很容易通过交易安排将收入的来源地移至境外,不利于本国财政稳定和经济发展,而且在实务当中,如何确定所得的来源地,存在较大的不确定性,比较容易引起税企之间的争议。因此,大部分国家或地区都选择同时行使居民管辖权与地域管辖权,因为这样可以最大限度地保证国家的税收利益,获得稳定的财政收入。目前,没有哪个国家是单纯行使居民管辖权的。

2.1.2　居民管辖权的判定规则

　　要行使居民管辖权,首先要明确什么是居民。需要强调的是,所谓居民,并非我们所说的公民,也不同于各国移民法中所说的居民,而是由各国的税法规定的。各国对于居民的定义,主要见于各国的个人所得税法与企业所得税法。

2.1.2.1　自然人的居民判定标准

　　虽然各国的个人所得税法中,对于什么是税收居民有不同的定义。但大多数都采用以下几种标准。

　　1) 住所(domicile)标准

　　住所标准就是根据某一自然人是否在该国拥有住所判定此人是否为该国的居民。所谓住所,不是物理意义上的住房,而是一个法律概念,它强调永久性和唯一性。所谓永久性,意指住所是一个人长期居住的地方,如果某个人为了特定目的在某地作短期停留,该个人的住所并不发生变化。除非此人离开某国,去另一国家永久居住,他的住所才会发生变化。所谓唯一性,是说一个人在某一个时间通常只有一个住所。世界各国的税法基本都会采用住所这一标准判断自然人的居民身份,只是在表述方面略有不同。

英国的表述为:"通常您的永久的家(permanent home)在哪个国家,您的住所就被认定在哪里"。在英国,有三种方式会被认定为住所在英国:一是出生时父亲或母亲的住所在英国,称为"源住所(domicile of origin)";二是在年满 16 岁之后,离开另一个住所,选择永远居住在英国,称为"选择住所(domicile of choice)";三是"依赖住所(domicile of dependence)",即孩子在成年之前,如果法定监护人改变住所,选择将住所放在英国,孩子的住所也就在英国。①

澳大利亚的表述为:"住所就是法律上认定的永久(并非暂时)的家,住所不仅仅是居所。一个人在任何时候都只有一个住所,但是可以有两个以上居所。如果某人长期居住在澳大利亚,即使该个人离开澳大利亚居住,如果该个人不打算在境外永久居住,则该个人的住所仍然是澳大利亚"。澳大利亚也列出了三种会被认定为住所在澳大利亚的方式,分别为"源住所""选择住所"和"法律住所",其中前两种和英国基本一样,第三种是依据法律规定将住所确定在澳大利亚,既包括孩子随父母改变住所的情况,也包括已婚妇女独立获得住所等情况。②

从各国对住所的定义可以看出,住所作为一个法律概念,涉及很多主观判断,容易引起争议,比如纳税人在某国是否打算永久性居住,属于纳税人主观意愿,税务机关很难判断。

2) 居所(residence)标准

与住所不同的是,一个人可以同时有几个居所。居所这一概念更多地考虑个人的物理存在和社会关系,也就是考虑他本人实际所在的国家和他主要的经济社会联系。需要注意的是,这一概念并非指某人在物理意义上的居住地址,一个人可能在某个国家并无长期居住的地方,但只要他身处某个国家,仍然被认为居住于这个国家。还有一些国家的居所标准,除了考虑个人的物理存在,还考虑他的社会关系。比如,加拿大税法规定,判断一个人是否为加拿大的税收居民,首先就是判断该个人是否与加拿大有居住关系。具体而言主要考虑以下三个因素:在加拿大是否有家;配偶是否在加拿大;子女是否在加拿大。其次要考虑的因素包括:在加拿大是否有个人财产,如汽车或家具;在加拿大的社会关系,如是否娱乐组织或宗教组织的成员;在加拿大的经济联系,如是否有加拿大的银行账号或信用卡;是否有加拿大的驾驶执照;是否有加拿大护照;是否有加拿大某省的健康保险。③

可以看到,相对于住所标准,居所不考虑个人长期居住的意愿,而仅考虑客观因素,因此相对客观,但是在判断个人的居所时,往往需要考虑很多因素,而这些因素往往导致不同的

---

① 具体内容参见英国皇家税务与海关总署网页(https://www. gov. uk/government/uploads/system/uploads/attachment_data/file/528018/RDR1-residence-domicile-remittance. pdf.)。再版时对住所的判定标准已经改变。
② 具体内容参见澳大利亚税务局网页(https://www. ato. gov. au/Individuals/Coming-to-Australia-or-going-overseas/In-detail/Residency/Residency—the-domicile-test/.)。
③ 具体内容参见加拿大税务局网页(https://www. canada. ca/en/revenue-agency/services/tax/international-non-residents/information-been-moved/determining-your-residency-status. html.)。

判断结果,因此在实际运用时也有较大的不确定性。

3) 停留时间标准

停留时间标准是依据一个人在某个国家的居住或逗留时间是否达到该国税法上规定的时间标准来判断该个人是否为税收居民。对居住或逗留时间的期限,不同国家有不同规定,大多数国家采用 183 天的标准,如英国规定在该国居住达到 183 天,即为该国居民①;澳大利亚的税法规定,在澳大利亚连续或累计居住超过 183 天的个人,且未在海外建立永久住所的个人为澳大利亚的税收居民。② 美国的税法规定,在美国某一年度居住超过 31 天,且当年与前两年在美国居住的天数超过 183 天(当年天数 $+\frac{1}{3} \times$ 上一年的天数 $+\frac{1}{6} \times$ 之前两年的天数),就构成美国的居民外国人(resident alien)。③

停留时间标准仅仅依据个人在某国实际停留的天数来判断是否构成该国的税收居民,相对比较客观简单,比较少引起争议。④

4) 国籍(居留权)标准

国籍(居留权)标准即规定凡拥有某国国籍或永久居留权的人为该国的税收居民。采用这一标准,并不考虑纳税义务人与征税国之间是否存在实际经济社会联系,而是把国籍法和移民法确定的法律关系作为税收管辖权的依据。纳税人是否具有某国的国籍或居留权,有客观的标准,不太容易引起争议。但是大多数国家并不认同对于居住在海外的公民实施全球征税,目前世界上采用这一标准的只有美国。美国的税法规定,凡属美国公民,不论其居住在国内或国外,也不论其居住时间长短,都要就其世界范围的所得向美国政府纳税。另外美国税法规定,只要某个人在某一税务年度的任何一个时间取得美国的合法永久居留权(俗称绿卡),该个人就在当年成为美国的税务居民,而且他将一直是美国的税收居民,除非出现以下几种情况:①该个人以书面形式向美国移民局(USCIS)表示自愿放弃美国绿卡;②该个人的移民身份被美国移民局终止;③该个人的移民身份被美国联邦法院终止。这一标准被称为"绿卡测试"。⑤

目前大部分国家都同时采用住所、居所标准和停留时间标准判断自然人的税收居民身份,如英国、加拿大、澳大利亚、新西兰。美国同时采用国籍(居留权)标准和停留时间标准。需要注意的是,尽管大部分国家都是采用以上标准,但是每个国家在具体认定标准和判定程序方面有很大的不同,要准确判断一个人的税务居民身份,是一件很复杂的事情,必须逐条对照该国的税法去确定。

---

① 具体内容参见英国皇家税务与海关总署网页(https://www.gov.uk/tax-foreign-income/residence.)。
② 具体内容见澳大利亚税务局网页(https://www.ato.gov.au/Individuals/International-tax-for-individuals/In-detail/Residency/Residency-the-183-day-test/.)。
③ 具体内容参见美国国内收入署网页(https://www.irs.gov/individuals/international-taxpayers/the-green-card-test-and-the-substantial-presence-test.)。
④ 澳大利亚比较特殊,除了看停留时间,还看该个人在境外有无永久住所。
⑤ 具体内容参见美国国内收入署网页(https://www.irs.gov/individuals/international-taxpayers/alien-residency-green-card-test.)。

2.1.2.2 企业的居民判定标准

各国的企业所得税法一般都会就如何判定法人的居民身份作出规定。一般来说,法人居民身份判定主要有以下几个标准。

1) 法人登记注册地标准

即以法人登记注册地作为确定法人居民身份的标准。采用该标准的国家一般在税法中规定,凡依据本国法律在本国登记注册的公司(企业),不论其总机构是否设在本国,也不论其投资者是本国人还是外国人,均可确认其为本国公司或本国的法人居民。美国、瑞典、芬兰和墨西哥、印度等国,都采用这一标准。比如,美国税法规定:美国公司须就其在世界范围内的所得缴纳所得税。所谓美国公司,是指在美国创建或成立的公司,以及根据美国联邦或者任何州的法律创建或成立的公司,且任何不是美国公司的其他公司都是外国公司。[①]

采用登记注册地标准,因为比较客观,很容易判断,较少引起税务机关和纳税人的争议。但单纯采用登记注册地标准,企业比较容易规避纳税义务,因为企业在某个单纯采用登记注册地标准的国家经营,只要避免在该国登记注册,就不会成为该国的税收居民,无须在该国承担全球纳税义务。

2) 法人实际管理和控制中心所在地标准

即根据法人的实际管理和控制中心所在地设在何国,就认定其为何国法人。澳大利亚、英国、加拿大、印度等国都采用这一标准。作为普通法系的国家,这些国家都通过一系列的判例,强调在确定企业法人的居民身份时,除了登记注册地之外,还要考虑企业的管理和控制中心。具体而言,要考虑很多因素,比如企业的主要营业地点、账簿记录和保存地点、公司印章保存地点、银行账号开设地点、董事居住地点、董事会召开地点等。由于管理和控制中心是基于一系列事实因素的主观判断,各国税法也没有给出比较简单客观的判断标准,在实际应用中会引起很多争议。

3) 法人总机构所在地标准

即按法人的总机构所在地确定其居民身份的标准,法人的总机构设在何国,便为何国的居民企业。比如,新西兰的税法规定,凡是总机构位于新西兰的公司为新西兰的居民企业,税法同时规定总机构是管理和执行公司营业活动的机构。[②]

4) 控股权标准

即以公司拥有控制表决权股东的居民身份为依据确定法人居民身份。如果公司中拥有控制表决权股份的股东是本国居民,该公司就为本国居民企业。采用这一标准的有澳大利亚。

以上四种确定法人身份的标准,个别国家只采用其中一种,如美国只采用法人登记注册

---

① 具体规定见美国国内收入署 IRS 的网页。
② 具体内容参见新西兰税务局网页(https://www.ird.govt.nz/international-tax/business/tax-residency-status-for-companies.)。

地标准,爱尔兰、塞浦路斯、巴巴多斯只采用管理与控制中心所在地标准。[①]绝大多数国家同时采用了法人登记注册地和法人管理和控制中心所在地这两种标准,以防止企业规避居民纳税义务。澳大利亚同时采用登记注册地、管理与控制中心所在地和控股权标准。澳大利亚的税法规定,如果企业满足以下条件,就是澳大利亚的税务居民:(1)在澳大利亚成立;(2)尽管不是在澳大利亚注册,但是在澳大利亚从事业务,并且公司的管理和控制中心在澳大利亚;(3)公司投票权由澳大利亚居民控制。[②] 新西兰的税法中,规定采用四种标准,即登记注册地标准、控制所在地标准、管理中心所在地标准和总机构所在地标准,实际上是将管理与控制中心所在地分开成两种标准,只要达到其中一项标准都是新西兰的税收居民。[③]

2.1.3　来源地管辖权的判定规则

所谓来源地管辖权,就是所得在哪个国家产生,就在哪个国家交税,这体现了收入与产生收入的经济活动所在地之间的内在联系。实际上,所得本身是没有地理属性的,站在税收的角度,通常从产生这笔所得的资产和活动的所在地去定义所得的来源地,而要确定产生所得的资产和活动的地点是非常困难的,大多数经济学家现在都认为,除了少数情况(如建筑物租金和矿产所得),确定所得真实的、单一的经济来源几乎没有可能,因为在国际化的大背景下,许多国家对所得的产生都有贡献。举例来讲,如果在 A 国生产,生产出的产品在 B 国通过互联网营销,在 C 国实现销售,对所得产生贡献的活动既有发生在 A 国的,也有发生在 B 国和 C 国的,如何确定所得的来源地,如何划分归属不同国家的所得,不但费时费力,而且最终的结果也很难让相关各方满意和信服。因此,有一些经济学家建议取消来源地课税,实行单纯的居民课税制度,然而各国并不愿意放弃来源地管辖权:一则来源地管辖权比较容易行使与执行,管理上比较方便;二则如果单纯采用居民课税,可能会导致税收从发展中国家向发达国家转移。因此,来源地管辖权仍在世界范围内广泛地应用。

采用来源地管辖权的国家,必须在税法中规定来源地的判定规则,否则就难以执行。一般来说,所得的类型分为营业所得、服务所得、股息所得、利息所得、特许权使用费所得等。对于不同类型的所得,各国税法都有不同的规定。

我们以美国和中国香港为例,来说明对于来源地的认定,各国的税法存在什么区别。

美国对于所得来源地的判定主要由税法第 861 条款来确定。[④] 其具体规定如下:

(1)利息:美国非企业性质的居民和美国企业的具有利息给付义务的负债产生利息属于来源于美国的所得。

---

① 爱尔兰在 1999 年制定了反避税条款,在 2013 年进行修订,将特定情形下注册于爱尔兰的实体认定为爱尔兰的居民纳税人,随后在 2014 年进行修订,将 2015 年 1 月 1 日之后注册于爱尔兰的实体认定为爱尔兰的居民纳税人,对于此前注册的实体,至 2020 年 12 月 31 日之前仍然仅适用管理与控制地标准。具体参见:https://www.oecd.org/tax/automatic-exchange/crs-implementation-and-assistance/tax-residency/Ireland-Tax-Residency.pdf。

② 具体内容参见澳大利亚税务局网页(https://www.ato.gov.au/business/international-tax-for-business/working out-your-residency/♯Companies.)。

③ 具体内容参见新西兰税务局网页(https://www.ird.govt.nz/international-tax/business/tax-residency-status-for-companies.)。

④ 具体内容参见法律研究所网页(https://www.law.cornell.edu/uscode/text/26/861.)。

（2）股息：从美国企业取得的股息。

（3）个人劳务：在美国从事劳务或个人服务获得的报酬。

（4）租金和特许权使用费：从位于美国的资产取得的租金或特许权使用费，包括房租和因为在美国使用专利、版权、秘密配方、商誉、商标、商号等收取的特许权使用费。

（5）处理美国的真实财产利益：处理美国的真实财产利益（real property interest）[1]而取得的收益、利润和所得。

（6）担保所得：为美国非企业居民和美国企业的负债提供担保而取得的担保费。

中国香港属于英美法系，对所得来源地的判断，主要取决于法院的判决。但是中国香港税务局发布的《地域来源征税原则简介》，这本小册子根据法院具权威性的判决，总结出指导纳税人判断利润来源地的基本原则和主要考虑因素，包括以下内容：

（1）事实问题：确定利润的来源地须根据有关个案的事实而决定，所以并无一个适用于各种不同情况的通则。利润是否于中国香港产生或得自中国香港，是由利润的性质及产生有关利润的交易的性质所决定的。

（2）作业验证法：确定利润来源地的概括指导原则，是查明纳税人从事赚取有关利润的活动，以及该纳税人从事该活动的地方。换言之，正确的方法是查明产生有关利润的运作，并确定这些运作在何处进行。利润来源必须归因于纳税人产生利润的运作，而不是集团其他成员的运作。

（3）先前或次要的活动：有关运作所包括的并非纳税人在其业务过程中所进行的全部活动，重点是确定纳税人获利交易的地理位置，并将该等交易与其先前和次要的活动分开考虑。

（4）作出决策的地点：作出日常投资或业务决策的地点，只是确定利润来源地时须考虑的因素之一，而在一般情况下，并非是决定性的因素。

（5）从交易所得的毛利：划分一项交易的利润是否从中国香港抑或中国香港以外地区所赚取，乃根据该交易所产生的毛利而决定。

为方便理解，我们简单总结一下上面的基本原则：在中国香港判断利润的来源地并没有一个简单的判断标准，而是要根据每个个案中利润的性质，以及产生利润的交易活动在哪里发生而确定的。在考虑活动的发生地时，主要看业务活动在哪里发生，而不是看决策地点，而且主要考虑直接带来利润的活动，而非其他次要的、辅助的活动。

在介绍了判断利润来源地的基本原则后，《地域来源征税原则简介》这本册子区分不同类型的所得，具体介绍如何确定利润来源地：

（1）贸易公司的利润：确定从货品和商品交易所得利润的来源地时，一般是以达成买卖合约的地方为根据。"达成"一词不能仅解作法律上的签立，其含义亦包括商议、订定合约和执行合约的条款。

（2）制造业的利润：制造业的利润来源地是制造货品的地点。售卖于中国香港制造的

---

① 指拥有的美国的矿、井和其他自然资源的权益，具体内容见 https://www.law.cornell.edu/uscode/text/26/897.

货品所产生的利润,全部须在中国香港课税。倘若货品的制造工序部分在中国香港进行,而部分在中国香港以外进行,则在中国香港以外的制造工序有关的利润不会视作为在中国香港产生的利润。制成品在何处出售,则无关紧要。

(3) 从买卖交易所赚取的佣金:业务单位为顾客的产品觅得买家或为顾客所需产品觅得供货商而赚取佣金,安排委托人进行业务交易,便是产生该笔佣金收入的有关活动。进行有关活动的地点,便是这项收入的来源地。如果这类活动在中国香港进行,则该佣金收入的来源地便是中国香港。委托人的所在地、代理人如何寻找委托人,以及赚取佣金前后的相关活动在何处进行等问题,通常都与确定佣金收入来源地无关。

(4) 从房地产获得的租金收入:如有关物业在中国香港,租金收入须在中国香港课税。

(5) 拥有人从售卖房地产获得的利润:如有关物业在中国香港,所得的利润须在中国香港课税。

(6) 从买卖上市股票和其他上市证券获得的利润:如有关的股票或证券买卖在中国香港的证券交易所进行,所得的利润须在中国香港课税;如在场外买卖,若买卖合约在中国香港达成,所得的利润便须在中国香港课税。

(7) 业务单位(财务机构除外)从买卖非上市股份和其他非上市证券所得的利润:如有关买卖合约在中国香港达成,所得的利润须在中国香港课税。

(8) 服务酬金收入:如赚取该酬金的服务在中国香港提供,所收取的服务费须在中国香港课税。

(9) 业务单位所收取的专利权费:如在中国香港取得和授予许可或使用权,所收取的专利权费须在中国香港课税。非居住于中国香港的人士就使用知识产权而从中国香港所收取的专利权费:如有关的知识产权在中国香港使用,所得的利润须在中国香港课税。在2004年6月25日或以后收取专利权费,而有关的知识产权在中国香港以外的地方使用,若该款项在确定某人计算利得税的应评税利润时是可予扣除的,所得的利润须在中国香港课税。

(10) 业务单位(财务机构除外)的利息收入:如贷款人在中国香港提供款项予借款人,所得的利息收入须在中国香港课税。

有的国家,比如印度,除了规定在印度产生或应计的(accrue or arise)所得是来源于印度的所得,还规定在印度收取的款项,也是来自印度的所得。只有在印度境外产生,且不在印度境内收取的所得才不属于来源于印度的收入。[1]新加坡的税法中,对于来源地的表述也与印度相似。[2]

---

① 具体内容参见印度税务局网页(https://www.incometaxindia.gov.in/_layouts/15/dit/mobile/viewer.aspx? path = https://www.incometaxindia.gov.in/acts/income-tax% 20act,% 201961/2017/102120000000063745.htm&k =.)。

② 具体内容参见新西兰税务局网页(https://www.ird.govt.nz/international-tax/business/tax-residency-status-for-companies.)。

2.2　国际重复征税

所谓国际重复征税，就是两个以上国家对同一税源征收两次以上同种类型的税收。两个国家对于同一纳税主体的同一笔所得征收两次以上同类税种的，称为法律性重复征税，比如 A 国企业从 B 国企业分配的股息，需要先在 B 国缴纳预提性质的企业所得税，回到 A 国之后，需要就同一笔所得在 A 国缴纳企业所得税。两个国家对于不同纳税人的经济来源相同的所得征收同一类型的税种的，属于经济性重复征税，比如 A 国母公司甲从 B 国子公司乙分配得到股息，乙在分配股息之前，已经在 B 国就利润缴纳了企业所得税，在分回 A 国时甲要先在 B 国缴纳预提性质的企业所得税，然后要在 A 国将分回的股息计入公司源自境外的所得，在 A 国缴纳企业所得税。虽然甲、乙是不同的纳税人，但税款是源自同一笔所得，这种类型的重复征税被称为经济性重复征税。

产生重复征税的主要原因是不同国家之间税收管辖权的重叠，具体来说，包括以下几类重叠：

第一种类型是居民管辖权与来源地管辖权之间的重叠。具体来说，就是当一个企业或个人取得跨境所得时，取得所得的国家会行使来源地管辖权，对这笔所得征收所得税，而这些企业和个人的居住国会行使居民管辖权，对该笔所得征收居民国的企业所得税。这种类型的双重征税是最为常见的。如图 2-3 所示，A 国甲从 B 国取得收入，B 国行使来源地管辖权，先就该笔所得在 B 国征税，然后 A 国行使居民管辖权对该笔所得征税，这就是居民—来源地管辖权重叠而产生的双重征税。

图 2-3　居民—来源地管辖权冲突引起的双重征税

第二种类型是居民管辖权之间的重叠。具体来说，是当两个国家或地区同时认定某个纳税人是本国的居民纳税人，对其同时行使居民管辖权，对该纳税人的全部所得征税。举例来说，A 国是采用公民（国籍）判断标准与停留时间标准的国家，甲是 A 国的公民，所以甲是 A 国的税收居民。甲在 B 国工作多年，并在 B 国结婚，在 B 国购买了住房，主要的家庭成员也在 B 国居住。B 国主要采用住所与停留时间标准。按照 B 国的判定标准，甲也是 B 国的税收居民。A 国和 B 国同时认定甲是该国的税收居民，同时要对甲来自全球的所得征税，也会产生重复征税。

第三种类型是来源地管辖权之间的重叠。由于各国对不同类型的所得，有不同的来源地确定规则，有时会出现同一笔所得，两个国家或地区均判定为本国所得的情况，这时两个国家或地区都要求行使来源地管辖权，也会产生双重征税。比如一笔贷款，由中国香港的银行在中国香港提供给美国企业使用,美国企业向中国香港银行支付利息时,美国会认定这笔利息收入来源于美国,要在美国征收企业所得税,而中国香港会认为该笔利息收入来源于中国香港,要在中国香港就该笔利息征收所得税。实际上,各个国家或地区的税务当局不仅会对所得的来源地产生争议,就连所得的性质都可能很难达成一致意见,从而导致双重征税,这样的案例在现实中并不鲜见。

 案例 2-1

对所得性质认定不一致导致管辖权冲突

在 20 世纪 80 年代,有一个比较知名的作曲家和指挥家布雷。布雷是法国人,但当时是德国居民。布雷受邀去美国参加费城交响乐团的几场演出。这些演出被哥伦比亚广播公司(Columbia Broadcasting System,CBS)录制成唱片,CBS 支付布雷唱片销售额的一定比例作为报酬。

在这个案例中,布雷和德国政府主张,布雷从 CBS 取得的所得是特许权使用费,因为它是在美国市场使用唱片的所得,特许权的使用地是美国,因此所得来源地是美国,按照美国与德国签订的税收协定,特许权使用费只能在居住国征税,因此美国不能对这笔收入课税。而美国税务当局认为,该款项是服务所得,因为布雷事实上是在美国指挥与录制唱片,由于服务的提供地是在美国,因此,应在美国征税。最后,美国法院裁决美国政府胜,认为这一所得是服务所得,应在美国交税。而德国政府坚持认为这是特许权使用费,并在德国对其课税。而且,由于按照德国法律,特许权使用费的来源地认定标准是提供者的居住地,该笔所得是来源于德国的所得,德国不允许他进行外国税收抵免。因此,布雷先生要在两个国家,按两种不同性质的所得交税,而且不能享受税收抵免。

(此案例来源于鲁文·S 和阿维·约纳的《国际法视角下的跨国征税》。)

有的情况下,重复征税的情况会比上面所述的更复杂,可能涉及三个以上的国家,比如 A 国居民企业在 B 国设立办事处,B 国办事处人员销售商品至 C 国,C 国和 B 国都基于来源地管辖权对所得征税,而 A 国基于居民管辖权对所得征税。在上面布雷的案例中,如果法国也基于布雷的住所在法国而主张行使居民管辖权的话,整个案子也会变得更为复杂。

2.3　避免国际重复征税

国际重复征税使从事国际贸易和国际投资的纳税人税负较重,不利于国际贸易与国际投资的发展,也不利于资源在全球范围内实现最优配置,为了促进全球的资源配置与经济发展,有必要消除重复征税。

2.3.1　单方面避免国际重复征税

为了解决国际重复征税的问题,各个国家可以单方面采取措施,在税法中规定避免国际重复征税的具体办法,主要有扣除法、抵免法和免税法三种方法,下面举例说明三种方法具体如何消除或减轻双重征税。

 案例 2-2

艺术家 A 是 R 国的居民,在 R 国取得 80 000 元的收入,在 S 国(来源国)取得 20 000 元的收入,当年的总收入为 100 000 元。

R 国的个人所得税实行累进税制,为计算简便,假设税率为全额累进税率,个人所得税税率如表 2-1 所示。

表 2-1

R 国个人所得税税率	单位:元
应纳税所得额	税率
大于 90 000 元的	35%
收入额大于 80 000 元小于 90 000 元	30%

假设 S 国的税率是 20%(情况一)或是 40%(情况二),如果 R 国税法中没有避免双重征税的相关规定,则艺术家 A 在各国的应纳税额如表 2-2 所示。

表 2-2

没有避免双重征税规定情况下 A 的应纳税额		单位:元
应纳税额	情况一	情况二
A 在 S 国应纳税额	4 000	8 000
A 在 R 国应纳税额[(20 000+80 000)×35%]	35 000	35 000
A 在 S 和 R 国纳税额小计	39 000	43 000

2.3.1.1 扣除法

扣除法就是允许纳税人从应纳税所得额中扣除在境外已经缴纳的所得税额。采用扣除法的情况下,案例 2-2 中的 A 在各国的应纳税额如表 2-3 所示。

表 2-3

扣除法下 A 的应纳税额		单位:元
应纳税额	情况一	情况二
A 在 S 国应纳税额	4 000	8 000
A 在 R 国应纳税额	33 600 [(80 000+16 000)×35%]	32 200 [(80 000+12 000)×35%]
A 在 S 和 R 国纳税额小计	37 600	40 200
减轻税负	1 400 (39 000-37 600)	2 800 (43 000-40 200)

从表 2-3 可以看出,扣除法只能轻微地缓解双重征税,因此并没有被广泛地采用。

2.3.1.2　抵免法

抵免法允许居民企业在计算全球所得的应纳税额时,从应纳税额中扣除国外已缴纳税款。抵免法最初出现在美国,1918 年,美国国会通过法令,在全球范围内第一次建立起外国税收抵免制度。当时制定法律时,抵免是没有限额的,当外国的税率高于美国的税率时,美国政府实际上会给纳税人补贴。美国政府意识到这样的税收抵免制度可能会刺激其他国家提高税率,因此在 1921 年的国内收入法案中引入了外国税收抵免限额。之后美国的外国税收抵免制度又经历了几次比较大的变化:一次是在 1958 年通过技术修正案允许企业将未用完的外国税收抵免限额在之后 5 年和之前 2 年抵免;一次是 1976 年把允许间接抵免的企业从第二层企业延伸至第三层企业,后来又逐步延伸到第六层企业。[①] 在美国制定了税收抵免制度之后,其他采用全球课税制度的国家纷纷开始效仿,如今已经成为防止国际双重征税的主要机制,目前采用的抵免法有"全部抵免法(full credit)"和"部分抵免法(ordinary credit)"。在全部抵免法下,居民企业在境外缴纳的税款全部都可以抵免。美国最初采用的抵免法就是全部抵免法。在[案例 2-2]中,如果采用全部抵免法,A在各国的应纳税额计算如表 2-4 所示。

表 2-4

全部抵免法下 A 的应纳税额　　　　　　　　单位:元

应纳税额	情况一	情况二
A 在 S 国的应纳税额	4 000	8 000
A 在 R 国的应纳税额	35 000 [(80 000+20 000)×35%]	35 000 [(80 000+20 000)×35%]
抵免额	−4 000	−8 000
A 在 R 国的抵免后的应纳税额	31 000	27 000
A 在 R 和 S 国的应纳税额	35 000	35 000
抵免法减轻的税负	4 000	8 000

从表 2-4 可以看出,在全部抵免法下,可以完全地消除重复征税,但是,如果来源国的税率高于居民国(情况二),那么就会存在居民国用境内所得应纳税款补贴企业的情况,来源国的税率越高,居民国补贴的就越多,这就是为什么美国后来修改了抵免规则,在 1921 年引入抵免限额,改为部分抵免法的原因。现在采用抵免法消除双重征税的国家,基本都是采用部分抵免法。在部分抵免法下,居民国允许居民企业在计算应纳税额时,扣除在境外来源国已缴纳的税款,但扣除的金额不能超过该笔所得按居民国税率计算的应交税额,这就是扣除限额。采用部分税收抵免制度,基本上包括以下几个步骤:

一是确定来源于外国所得的数量。这通常要求企业先将来源于境外的净所得换算为税

---

① MELISSA REDMILES, JASON WENRICH. A History of Controlled Foreign Corporations and the Foreign Tax Credit[R/OL]. (2007)[2020-11-20]. http://www.irs.gov/pub/irs-soi/historycfcftc.pdf.

前的毛所得。

二是确定税收抵免限额。即用毛所得乘以本国的税率，确定境外已经缴纳的税款最多可以抵免的限额。

三是比较已交税款与抵免限额，选取其中较小者作为实际抵免的金额。

在［案例2-2］中，如果采用部分抵免法，A企业在各国应纳税额如表2-5所示。

表2-5

部分抵免法下A的应纳税额 单位：元

应纳税额	情况一	情况二
A在S国的应纳税额	4 000	8 000
A在R国的应纳税额	35 000 ［(80 000＋20 000)×35％］	35 000 ［(80 000＋20 000)×35％］
A的境外所得在R国的抵免限额	7 000(大于在B国已纳税额) (20 000×35％)	7 000(小于在B国已纳税额) (20 000×35％)
实际抵免额	－4 000	－7 000
A在R国的抵免后的应纳税额	31 000	28 000
A在R和S国的应纳税额	35 000	36 000
抵免法减轻的税负	4 000	7 000

可以看出，采用部分抵免制度，在来源国税率高于居民国税率的情况下，不能完全地消除双重征税，但也不会出现居民国用境内所得补贴企业的情形。

另外，在计算境外所得的抵免限额时，也有分国家计算限额(limitation calculated by countries)、不分国家计算限额(limitation computed overall)、按收入类型计算限额(limitation computed by types of income)等几种类型。所有国家都需要从分国家计算限额还是不分国家计算限额当中选择一种，但是，只有实行分类所得税税制的国家才需要选择是按收入类型计算限额还是不分收入类型计算限额。分国家计算限额的抵免法称为分国限额法(per country limitation)，不分国家计算限额的抵免法称为综合限额法(overall limitation)。其中，在分国限额法下，居住国(假定为比例税率)政府对其居民来自每一个非居住国的所得分别按本国税率计算出各自的抵免限额，公式为：

适用于来源于境外某国所得的抵免限额 ＝ 该国所得总额×本国税率

在综合限额法下，居住国政府对每个居民来自所有的非居住国的所得总额，计算出统一的抵免限额，公式为：

某居民的综合抵免限额 ＝ 某居民来源于境外各国的所得总额×本国税率

采用分国限额法和综合限额法，对于纳税人可以抵免的税额多少有比较大的影响。举例而言：如果上面的艺术家A除了在S国取得20 000元收入，S国的税率为20％，还在S1国取得30 000元的收入，S1国的税率为40％。则抵免前后的纳税情况如表2-6所示。

表 2-6

分国限额抵免与综合限额抵免两种方法下 A 的应纳税额比较　　　　单位：元

应纳税额	分国限额抵免	综合限额抵免
A 在 S 国的应纳税额	4 000	4 000
A 在 S1 国的应纳税额	12 000	12 000
A 在 R 国的应纳税额	45 500 [(80 000+20 000+30 000)×35％]	45 500 [(80 000+20 000+30 000)×35％]
A 的境外所得在 R 国的抵免限额	14 500 (4 000+10500)	16 000 (4 000+12 000<50 000×35％)
实际抵免额	−14 500	−16 000
A 在 R 国的实际纳税额	31 000	29 500
A 在 R、S 和 S1 国的实际纳税额	47 000	45 500
抵免法减轻的税负	14 500	16 000

具体哪种方法更能消除重复征税，取决于纳税人在各个国家的盈亏状况和各个国家的税率高低。一般来说，当国外子公司都盈利时，使用综合限额法对企业有利，当国外子公司有的盈利、有的亏损时，使用分国限额法对企业有利。

2.3.1.3　免税法

免税法就是居民国完全放弃对本国居民海外所得的征税权，对本国居民的海外所得免税。

免税法有完全免税（full exemption）和渐进免税（exemption with progression）。在完全免税法下，居住国完全放弃了对海外所得征税，而且在确定国内所得的税率时，也不考虑海外所得。完全免税法下，艺术家 A 在各国的税负如表 2-7 所示。

表 2-7

完全免税法下 A 的应纳税额　　　　单位：元

应纳税额	情况一	情况二
A 在 S 国的应纳税额	4 000	8 000
A 在 R 国的应纳税额	24 000（80 000×30％）	24 000（80 000×30％）
A 在 R 和 S 国的应纳税额	28 000	32 000

在渐近免税法下，居住国虽然不对企业的海外所得征税，但在确定国内所得的适用税率时，应纳税所得额是包括海外所得的。渐近免税法下，艺术家 A 在各国的税负如表 2-8 所示。

表 2-8

渐进免税法下 A 的应纳税额　　　　单位：元

应纳税额	情况一	情况二
A 在 S 国的税负	4 000	8 000
A 在 R 国的税负	28 000 (80 000×35％)	28 000 (80 000×35％)
A 在 R 和 S 国的税负	32 000	36 000

可以看到，免税法可以完全消除双重征税，不仅如此，在完全免税法下，A企业的税负是所有方法中税负最低的，实际上相当于居民国仅行使来源地管辖权。

2.3.1.4 税收饶让

从前面的介绍可以看出，依照国际税收抵免的惯例，除了在来源国缴纳的税额超过了按居住国税率计算的抵免税限额以外，跨国纳税人在来源国和居住国缴纳的税款，通过抵免以后，一般都是相等的。因为即使来源国税负本来低于居住国的税负，居住国在计算总的税额时，仍然要补足征收。这种税负拉平的趋势，常常使发展中国家吸引外国投资的努力受到影响。因为发展中国家为了鼓励外国投资，会在一定时期内对外国投资者给予减税或免税的优惠待遇。而作为发达国家的居住国，如果不考虑这种情况，对来源国所减、免的税款加以补征，投资者并没有从中得到实惠，只不过将发展中国家所减、免的税款，转到资本输出的发达国家，增加了资本输出国的财政收入而已。为了使发展中国家对外国投资者减、免税的优惠措施，不因被发达国家补征而变得无效，一些国家通过税收协定争取了税收饶让（tax sparing）待遇。税收饶让是税收抵免的一种特殊方式，它允许居民企业在抵免境外所得已经缴纳的税款时，不仅可以抵免在境外实际缴纳的税款，对于因为享受来源国税收优惠政策而减免的税款，也可以抵免。

发达国家对待税收饶让的态度不同。有的国家，比如美国从来没有通过有税收饶让条款的协定[①]；英国、澳大利亚等国采用分别对待的办法，对与发展中国家签订的一些协定中包含税收饶让条款；加拿大对营业利润给予税收饶让，而对投资所得一般不给予税收饶让[②]；法国、荷兰等国除对来源于境外的营业利润给予免税外，还同意对投资所得给予税收饶让。

2.3.2 通过双边或多边的协作避免双重征税

目前世界上避免双重征税的双边或多边机制主要是签订税收协定。针对三种类型管辖权冲突产生的重复征税，税收协定中设定的避免双重征税的机制有以下几种：一是通过划分居民国与来源国之间的征税权来解决居民管辖权与来源地管辖权之间的冲突，避免重复征税。比如对于营业利润所得，协定规定，在非居民纳税人未在来源国构成常设机构的情况下，由居民国享有征税权，但是，如果非居民纳税人在来源国构成常设机构，由来源国享有征税权。对于股息、利息、特许权使用费等所得，税收协定一般也会规定哪个国家享有优先的征税权。解决这一冲突的条款是协定第六条至第二十二条的主体条款。二是在税收协定中明确纳税人同时为两个国家税收居民的情况下，如何确定纳税人居民身份的最终归属，来解决居民管辖权与居民管辖权之间的冲突。这一机制具体体现在税收协定的第四条居民定义条款中。三是在协定中明确所得的来源地，从而解决来源地管辖权之间的冲突，这一机制并未指向某一具体的条款，而是在每一个条款中隐含地表达所得的来源地。四是在税收协定中设立专门的避免双重征税条款，规定缔约国应该采用免税法或抵免法给予跨国纳税人税

---

① 美国与巴基斯坦、印度、以色列、沙特阿拉伯等个别国家签订的协定曾经有税收饶让条款，但这些协定中的税收饶让条款均未获得国会通过，未能执行。具体见 HOWARD M LIEBMAN. A Formula for Tax-Sparing Credits in U. S. Tax Treaties with Developing Countries[J]. The American Journal of International Law, 1978 (2):296-316.

② 加拿大与某些国家，如孟加拉国签订的协定中，也同意对股息所得给予饶让待遇。

收抵免。我们将在第 3 章中,结合税收协定的具体条款,分析税收协定如何通过具体规定解决双重征税问题。

实　务　篇

2.4　个人所得税的税收管辖权与避免重复征税

2.4.1　个人所得税的管辖权

我国的个人所得税同时行使居民管辖权和来源地管辖权。具体见新修订的《中华人民共和国个人所得税法》(以下简称《个人所得税法》)的第一条:

"在中国境内有住所,或者无住所而一个纳税年度内在境内居住累计满 183 天的个人,为居民个人。居民个人从中国境内和境外取得的所得,依照本法规定缴纳个人所得税。

"在中国境内无住所又不居住,或者无住所而一个纳税年度内在境内居住累计不满 183 天的个人,为非居民个人。非居民个人从中国境内取得的所得,依照本法规定缴纳个人所得税。"

上述第一款规定说明我国对个人所得行使居民管辖权,只要是我国的居民个人,从中国境内和境外取得的所得,都要在中国缴纳个人所得税;第二款规定说明我国对个人所得行使来源地管辖权,对于非居民个人来源于中国境内的所得,需要在中国缴纳个人所得税。

2.4.2　判断居民个人与非居民个人的标准

在新修订的《个人所得税法》中,首次明确提出了居民个人和非居民个人的定义。

居民个人是在中国境内有住所,或者无住所而一个纳税年度内在中国境内居住累计满 183 天的个人。非居民个人是在中国境内无住所又不居住,或者无住所而一个纳税年度内在中国境内居住累计不满 183 天的个人。

可见我国在判定个人纳税人的居民身份时,同时采用了住所标准和居住时间标准。其中,《中华人民共和国个人所得税法实施条例》(以下简称《个人所得税法实施条例》)第二条规定"中国境内有住所的个人,是指因户籍、家庭、经济利益关系而在中国境内习惯性居住的个人"。所谓习惯性居住,是判定纳税义务人居民身份的一个法律意义上的标准,不是指实际居住或在某一个特定时期内的居住地。对因学习、工作、探亲、旅游等原因而在中国境外居住,在其原因消除后,必须回到境内居住的个人,其习惯性居所是中国。反之,如果该纳税人因学习、工作、探亲、旅游等原因而在中国境内居住,在其原因消除后,必须回到境外居住的个人,属于在中国境内没有习惯性居所,从而构成在中国境内无住所的个人。[①]

对于居住时间标准,中国所采用的门槛是一个纳税年度内在境内累计居住满 183 天。在计算中国境内累计居住天数时,按照个人在中国境内累计停留的天数计算。在中国境内停留的当天满 24 小时的,计入中国境内居住天数,在中国境内停留的当天不足 24 小时的,

---

①　具体规定见《国家税务总局关于印发〈征收个人所得税若干问题的规定〉的通知》(国税发〔1994〕89 号)。

不计入中国境内居住天数。①这样的判断标准,仅将停留满24小时的天数计算为境内居住天数,相对《个人所得税法》修订之前的规定,有所放松,与其他国家的标准相比,也比较宽松,可以避免将大量在中国香港、中国澳门与内地之间跨境工作与居住的人员认定为中国内地的税收居民。

根据以上的标准,可以知道,中国境内的自然人纳税人可以分为有住所的居民纳税人、无住所的居民纳税人和非居民纳税人三类。

2.4.3 个人所得税判断所得来源地的标准

《个人所得税法实施条例》第五条规定,下列所得,不论支付地点是否在中国境内,均为来源于中国境内的所得:

(1) 因任职、受雇、履约等而在中国境内提供劳务取得的所得。

(2) 将财产出租给承租人在中国境内使用而取得的所得。

(3) 转让中国境内的建筑物、土地使用权等财产或者在中国境内转让其他财产取得的所得。

(4) 许可各种特许权在中国境内使用而取得的所得。

(5) 从中国境内的公司、企业以及其他经济组织或者个人取得的利息、股息、红利所得。

财政部、国家税务总局《关于境外所得有关个人所得税政策的公告》(财政部 税务总局公告2020年第3号,以下简称3号公告)中,规定了下列所得是境外的所得。

(1) 因任职、受雇、履约等在中国境外提供劳务取得的所得。

(2) 中国境外企业以及其他组织支付且负担的稿酬所得。

(3) 许可各种特许权在中国境外使用而取得的所得。

(4) 在中国境外从事生产、经营活动而取得的与生产、经营活动相关的所得。

(5) 从中国境外企业、其他组织以及非居民个人取得的利息、股息、红利所得。

(6) 将财产出租给承租人在中国境外使用而取得的所得。

(7) 转让中国境外的不动产、转让对中国境外企业以及其他组织投资形成的股票、股权以及其他权益性资产(以下简称权益性资产)或者在中国境外转让其他财产取得的所得。但转让对中国境外企业以及其他组织投资形成的权益性资产,该权益性资产被转让前3年(连续36个公历月份)内的任一时间,被投资企业或其他组织的资产公允价值50%以上直接或间接来自位于中国境内的不动产的,取得的所得为来源于中国境内的所得。

(8) 中国境外企业、其他组织以及非居民个人支付且负担的偶然所得。

(9) 财政部、国家税务总局另有规定的,按照相关规定执行。

实际上,《个人所得税法实施条例》和3号公告是从相对的角度,分别列举了哪些所得是境内的所得,哪些所得是境外的所得,是一个事物的两个方面。3号公告中列举的情形中,有三种在《个人所得税法实施条例》中没有对应的规定:一是个人在境外从事生产经营活动的所得;二是上面第(7)款规定间接转让境内不动产的,并非来自中国境外的所得,而是来自

---

① 具体规定见《财政部 税务总局〈关于在中国境内无住所的个人居住时间判定标准的公告〉》(财政部 税务总局公告2019年第34号)。

境内的所得;三是规定由境外组织或个人支付或负担的偶然所得。

现实当中,取得跨境所得的个人往往在中国和其他国家之间旅行,有很强的流动性,而且可能在境内、境外同时担任职务,分别从境内外的雇主处取得收入。对于如何划分来自境内、境外的所得,存在种种复杂的情况,要判断所得来源地非常困难。因此,财政部、国家税务总局出台了《关于非居民个人和无住所居民个人有关个人所得税政策的公告》(财政部税务总局公告 2019 年第 35 号,以下简称 35 号公告),对如何确定一些所得的来源地,以及划分境内外所得的方法做出进一步的规定。[①]

2.4.3.1　关于工资薪金所得来源地的规定

个人取得归属于中国境内工作期间的工资薪金所得为来源于境内的工资薪金所得,所谓境内工作期间是指个人的实际工作地点在境内的期间。境内工作期间按照个人在境内工作天数计算,包括其在境内的实际工作日以及境内工作期间在境内、境外享受的公休假、个人休假、接受培训的天数。

无住所个人在境内、境外单位同时担任职务或者仅在境外单位任职,且当期同时在境内、境外工作的,需要将境内、境外单位所得的收入加总之后,按照当期境内、境外工作天数占当期公历天数的比例,划分来源于境内、境外工资薪金所得的收入额。在境内、境外单位同时担任职务或者仅在境外单位任职的个人,在境内停留的当天不足 24 小时的,按照半天计算境内工作天数。境外工作天数按照当期公历天数减去当期境内工作天数计算。

需要特别注意的是,上面按境内外工作天数划分境内外收入额的方法仅适用于同时在境内外单位任职或者仅在境外单位任职的个人,如果无住所个人没有在境外单位任职,无论其是否在境外停留,都不计算境外工作天数。也就是说,全部天数都是境内工作天数,收入都是来自境内的所得。

2.4.3.2　关于数月奖金或股权激励所得的来源地

无住所个人一次性取得数月奖金或股权激励所得,情况比较复杂,总体原则仍是按境内外工作天数划分境内外所得。具体可以区分以下不同的情况分别处理:

一是无住所个人在境内履职或者执行职务时,收到的数月奖金或者股权激励所得,如果是归属于境外工作期间的所得,仍为来源于境外的工资薪金所得。

二是无住所个人停止在境内履约或执行职务离境后,收到归属于其在境内工作期间的数月奖金或股权激励所得,仍为来源于境内的所得。

三是无住所个人一个月内从境内、境外单位取得多笔数月奖金或者股权激励所得,且数月奖金或者股权激励分别归属于不同期间的,应当按照每笔数月奖金或者股权激励的归属期间,规定计算不同归属期间来源于境内的所得,然后再加总计算当月来源于境内的数月奖金或者股权激励收入额。

下面的例子很好地说明了如何划分数月奖金的境内外所得。

---

① 具体规定见《财政部　税务总局〈关于非居民个人和无住所居民个人有关个人所得税政策的公告〉》(财政部　税务总局公告 2019 年第 35 号)及公告解读。

A 先生为无住所个人,2020 年 1 月,A 先生同时取得 2019 年第四季度(公历天数 92 天)奖金和全年奖金。假设 A 先生取得季度奖金 20 万元,对应境内工作天数为 46 天;取得全年奖金 50 万元,对应境内工作天数为 73 天。两笔奖金分别由境内公司、境外公司各支付一半。不考虑税收协定因素,A 先生取得的数月奖金,可以划分为境内所得的为:

$$20 \times \frac{46}{92} + 50 \times \frac{73}{365} = 20(万元)$$

2.4.3.3 关于董事、监事及高层管理人员取得报酬所得来源地的规定

担任公司董事、监事、高层管理职务的无住所个人(以下称高管人员),参与公司决策和监督管理,工作地点流动性较大,比如该个人可在境外,通过视频会议或电话会议的形式,参与与公司的管理与决策。如果简单按照工作地点划分境内和境外所得,可能会导致境内的税收流失。因此,35 号公告规定,对于担任境内居民企业的董事、监事及高层管理职务的个人,无论是否在境内履行职务,取得由境内居民企业支付或者负担的董事费、监事费、工资薪金或者其他类似报酬(以下统称高管人员报酬,包含数月奖金和股权激励),都属于来源于境内的所得。对高管人员取得的不是由境内居民企业支付或者负担的报酬,仍需按照任职、受雇、履约地点划分境内、境外所得。也就是说,高管人员的所得,等于境内企业支付或负担的全部,再加上境外企业支付或负担的高管人员报酬按照境内境外工作天数计算划分为属于境内所得的部分。

高管人员取得的数月奖金、股权激励,按照高管人员工资薪金所得的规则,划分境内、境外所得。

高层管理职务包括企业正、副(总)经理、各职能总师、总监及其他类似公司管理层的职务。

2.4.3.4 关于稿酬所得来源地的规定

由境内企业、事业单位、其他组织支付或者负担的稿酬所得,为来源于境内的所得。

2.4.4 自然人纳税人纳税义务的判断

根据 2.4.2 的分析可以知道,中国境内的自然人纳税人可以分为有住所的居民纳税人、无住所的居民纳税人和非居民纳税人三类,他们在中国境内的纳税义务是不同的。

按照《个人所得税法》的规定,居民纳税人在中国就境内、境外的所得纳税,非居民纳税人在中国仅就自中国境内取得的所得纳税。此外,《个人所得税法实施条例》对无住所个人规定了两条优惠措施。

一是在中国境内无住所的个人,在中国境内居住累计满 183 天的年度连续不满六年的,其来源于中国境外且由境外单位或者个人支付的所得,免予缴纳个人所得税;在中国境内居住累计满 183 天的任一年度中有一次离境超过 30 天的,其在中国境内居住累计满 183 天的年度的连续年限重新起算。

二是在中国境内无住所的个人,在一个纳税年度内在中国境内居住累计不超过 90 天的,其来源于中国境内的所得,由境外雇主支付并且不由该雇主在中国境内的机构、场所负担的部分,免予缴纳个人所得税。

根据上面的规定,表 2-9 总结了在不考虑税收协定的情况下,自然人纳税人在中国境内

的纳税义务。

表 2-9

自然人纳税人在中国境内的纳税义务(不考虑税收协定)

自然人纳税人类型		境内居住时间	来源于境内的工资薪金所得		来源于境外的工资薪金所得	
			由境内雇主支付①	由境外雇主支付②	由境内雇主支付③	由境外雇主支付④
无住所个人	非居民纳税人	≤=90 天(情形一)	征	免	×	×
		大于 90 天小于等于 183 天(情形二)	征	征	×	×
	无住所居民纳税人	大于 183 天但连续不满 6 年(情形三)	征	征	征	免
		居住 183 天的年度连续超过 6 年(情形四)	征	征	征	征
有住所居民纳税人		(情形五)	征	征	征	征

注释:"征"表示按照《个人所得税法》的规定,个人在中国境内有纳税义务。×表示按照《个人所得税法》的规定,个人在境内没有纳税义务,"免"表示按《个人所得税法》的规定,个人在境内有纳税义务,但是按《个人所得税法实施条例》等法规规定此种情况下免税。

但是,对于高层管理人员来说,在不考虑税收协定的情况下,需要按照表 2-10 来判断纳税义务。可以看到,高管人员和普通无住所个人的区别在于当高管在境内居住天数小于183 天的时候,由境内雇主支付的境外工作期间的所得也需要在中国境内纳税。

表 2-10

担任高管职务的个人纳税人在中国境内的纳税义务(不考虑税收协定)

自然人纳税人类型		境内居住时间	来源于境内的工资薪金所得		来源于境外的工资薪金所得	
			由境内雇主支付①	由境外雇主支付②	由境内雇主支付③	由境外雇主支付④
无住所个人	非居民纳税人	≤=90 天(情形一)	征	免	征	×
		大于 90 天小于等于 183 天(情形二)	征	征	征	×
无住所个人	无住所居民纳税人	大于 183 天但连续不满 6 年(情形三)	征	征	征	免
		居住 183 天的年度连续超过 6 年(情形四)	征	征	征	征
有住所居民纳税人		(情形五)	征	征	征	征

注:同表 2-9。

需要特别注意的是，表2-9和表2-10对于纳税义务的判断均未考虑税收协定待遇，关于自然人纳税人如何享受协定待遇，将在第3章的实务部分加以介绍。

2.4.5　个人所得税应纳税收入额的计算

在2.4.4中，我们已经分析了不同情况下自然人的纳税义务，在实务当中，如何根据上面的纳税义务去确定纳税人的应纳税所得额呢？在《个人所得税法》修订前，凡是需要划分境内外所得分别纳税的，采用"先税后分"的做法，也就是先根据纳税人的不同类型所得，适用相应的税率，计算出应纳税额之后，再根据境内外工作天数所占比例和境内外支付金额所占比例去拆分确定境内的应纳税额。《个人所得税法》修订后，将工资薪金所得、劳务所得、特许权使用费所得和稿酬所得合并为综合所得，以上各项所得加总之后才确定适用的税率，因此不宜再采用先税后分的方法确定各项所得的应纳税额。为了适应这一变化，35号公告对于同时取得境内外所得的纳税人，确认了"先分后税"的原则，即对纳税人取得的工资薪金所得，依据境内外工作天数和境内外支付划分境内外所得，再将划分之后有纳税义务的工资薪金收入额与其他类型收入额合并，确定适用的税率计算应纳税额。划分工资薪金所得的具体方法如表2-11所示。

表 2-11

自然人工资薪金所得收入划分方法

项目	境内支付	境外支付
境内所得	当月境内外工资薪金总额×（当月**境内支付**工资薪金数额÷当月境内外工资薪金总额）×（当月工资薪金所属工作期间**境内**工作天数÷当月工资薪金所属期间公历天数）	当月境内外工资薪金总额×（当月**境外支付**工资薪金数额÷当月境内外工资薪金总额）×（当月工资薪金所属工作期间**境内**工作天数÷当月工资薪金所属期间公历天数）
境外所得	当月工资薪金收入额＝当月境内外工资薪金总额×（当月**境内支付**工资薪金数额÷当月境内外工资薪金总额）×（当月工资薪金所属工作期间**境外**工作天数÷当月工资薪金所属期间公历天数）	当月工资薪金收入额＝当月境内外工资薪金总额×（当月**境外支付**工资薪金数额÷当月境内外工资薪金总额）×（当月工资薪金所属工作期间**境外工作**天数÷当月工资薪金所属期间公历天数）

将表2-9和表2-11结合，就可以知道不同状态下如何确定纳税人工资薪金所得的收入额。比如，在表2-9中的情形一下，只有境内所得境内支付的部分交税，那么计算当月应纳税收入额的公式为：

$$\text{当月境内外工资薪金总额} \times \frac{\text{当月境内支付工资薪金数额}}{\text{当月境内外工资薪金总额}} \times \frac{\text{当月工资薪金所属工作期间境内工作天数}}{\text{当月工资薪金所属期间公历天数}}$$

实际上，这一公式适用于所有仅就表2-11中第一象限所得（境内所得境内支付）交税的情形，我们称为公式一。

表2-9的情形二中，纳税人需要就表2-11中第一和二象限（境内所得，包括境内支付和境外支付部分），因此将表2-11第一和第二象限的两个公式相加，经简化之后，得出当月应

纳税的收入额为：

$$当月境内外工资薪金总额 \times \frac{当月工资薪金所属工作期间境内工作天数}{当月工资薪金所属期间公历天数}$$

这一公式适用所有仅就境内所得交税的情形，我们称为公式二。

在表 2-9 情形三中，仅仅是境外所得境外支付的部分不需要交税，因此用当月工资薪金总额减去表 2-11 中第四个象限中的部分，得出当月需要交税的收入额为：

$$当月境内外工资薪金总额 - 当月境内外工资薪金总额 \times \frac{当月境外支付工资薪金数额}{当月境内外工资薪金总额} \times$$

$$\frac{当月工资薪金所属工作期间境外工作天数}{当月工资薪金所属期间公历天数}$$

$$= 当月境内外工资薪金总额 \times \left(1 - \frac{当月境外支付工资薪金数额}{当月境内外工资薪金总额} \times \right.$$

$$\left. \frac{当月工资薪金所属工作期间境外工作天数}{当月工资薪金所属期间公历天数} \right)$$

这一公式适用表 2-9 中情形三所有需要就表 2-11 中第一、第二、第三象限所得交税的情形，仅境外所得境外支付免税，我们称之为公式三。

对于表 2-9 中情形四和情形五，因为纳税人需要就所有的境内、外所得纳税，直接将工资薪金总额计为当月的收入额，无需使用任何公式进行收入划分。

需要特别注意的是，高管人员的纳税义务与普通纳税人有两点不同：一是当高管人员在境内居住少于 90 天时，需要就境内支付的全部所得纳税，因此只需要就当月境内支付的全额作为收入额，而不需要用任何公式划分。二是当高管人员在境内居住时间超过 90 天但不超过 183 天的时候，是和普通纳税人在表 2-9 中情形三的情况下的纳税义务相同，因此，也是适用公式三确定当期收入额。

2.4.6　无住所个人应纳税额的计算与征收管理

根据无住所纳税人的不同情形，计算出当月的工资薪金所得应纳税收入额之后，区分无住所个人是否属于税收居民，采用不同的方法计算应纳税额，并实行不同的征收管理办法。

2.4.6.1　无住所居民个人应纳税额的计算与征收管理

无住所居民个人年度终了后，应将年度工资薪金收入额、劳务报酬收入额、稿酬收入额、特许权使用费收入额汇总，计算缴纳个人所得税。无住所居民个人在计算综合所得收入额时，可以享受专项附加扣除。其中，无住所居民个人为外籍个人的，在 2022 年 1 月 1 日前计算工资薪金收入额时，可以选择享受住房补贴、子女教育费、语言训练费等八项津补贴优惠政策，也可以选择享受专项附加扣除政策，但二者不可同时享受。总结相关规定，无住所居民个人的应纳税额按如下方式计算（公式四）：

$$年度综合所得应纳税额 = (年度工资薪金收入额 + 年度劳务报酬收入额 + 年度稿酬收入额 +$$

$$年度特许权使用费收入额 - 减除费用 - 专项扣除 - 专项附加扣除 -$$

$$依法确定的其他扣除) \times 适用税率 - 速算扣除数$$

其中,年度工资薪金、劳务报酬、稿酬、特许权使用费收入额分别按年度内每月工资薪金以及每次劳务报酬、稿酬、特许权使用费收入额合计数额计算。

2.4.6.2 非居民个人应纳税额的计算与征收管理

非居民个人与居民个人最大的不同是不需要进行年度汇算清缴,也不享受专项扣除和专项附加扣除,而是按月(按次)计算应纳税所得额。具体如下:

非居民个人当月取得工资薪金所得,根据不同情形按适用公式计算出当月收入额后,减去税法规定的减除费用后的余额,为应纳税所得额,适用按月换算后的综合所得税率表(以下简称月度税率表)计算应纳税额。月度税率表如表 2-12 所示。

表 2-12

月度综合所得税率表

级数	全月应纳税所得额	税率	速算扣除数
1	不超过 3 000 元的部分	3%	0
2	超过 3 000 元至 12 000 元的部分	10%	210
3	超过 12 000 元至 25 000 元的部分	20%	1 410
4	超过 25 000 元至 35 000 元的部分	25%	2 660
5	超过 35 000 元至 55 000 元的部分	30%	4 410
6	超过 55 000 元至 80 000 元的部分	35%	7 160
7	超过 80 000 元的部分	45%	15 160

2.4.6.3 无住所个人居民与非居民身份转换的管理

由于构成居民和非居民的无住所个人采用不同的税款计算方法和征管方法。无住所个人需要在首次申报之前就确定是按居民还是非居民申报。因此,35 号公告规定,无住所个人在一个纳税年度内首次申报时,应当根据合同约定等情况预计一个纳税年度内在境内居住天数以及在税收协定规定的期间内境内停留天数,按照预计情况计算缴纳税款。实际情况与预计情况不符的,需要区分不同的情况,在适当的时候按照实际情况重新计算应纳税额,多退少补。

第一,无住所个人预先判定为非居民个人,因延长居住天数达到居民个人条件的,一个纳税年度内税款扣缴方法保持不变,年度终了后按照居民个人有关规定办理汇算清缴,但该个人在当年离境且预计年度内不再入境的,可以选择在离境之前办理汇算清缴。

第二,无住所个人预先判定为居民个人,因缩短居住天数不能达到居民个人条件的,在不能达到居民个人条件之日起至年度终了 15 天内,应当向主管税务机关报告,按照非居民个人重新计算应纳税额,申报补缴税款,不加收税收滞纳金。需要退税的,按照规定办理。

第三,无住所个人预计一个纳税年度境内居住天数累计不超过 90 天,但实际累计居住天数超过 90 天的,或者对方税收居民个人预计在税收协定规定的期间内境内停留天数不超过 183 天,但实际停留天数超过 183 天的,待达到 90 天或者 183 天的月度终了后 15 天内,应当向主管税务机关报告,就以前月份工资薪金所得重新计算应纳税款,并补缴税款,不加收税收滞纳金。

2.4.7　个人所得税消除双重征税的单边规定

《个人所得税法》第七条规定,居民个人从中国境外取得的所得,可以从其应纳税额中抵免已在境外缴纳的个人所得税税额,但抵免额不得超过该纳税人境外所得依照本法规定计算的应纳税额。

《个人所得税法实施条例》第二十一条进一步明确了境外所得抵免限额按国家(地区)计算,先分别计算综合所得、经营所得和其他所得的抵免限额,再将各项所得的抵免限额加总,得出某个国家(地区)的抵免限额。居民个人在中国境外一个国家(地区)实际已经缴纳的个人所得税税额,低于该国家(地区)所得的抵免限额的,在中国缴纳差额部分的税款;超过来源于该国家(地区)所得的抵免限额的,超过部分不得在当年的应纳税额中抵免,但是可以在以后 5 个纳税年度内从来源于该国家(地区)所得的抵免限额的余额中补扣。

2020 年 1 月,财政部、税务总局发布《关于境外所得有关个人所得税政策的公告》(财政部　税务总局公告 2020 年第 3 号)。3 号公告结合国际税收协定有关规则和目前国内税收征管体系,进一步明确了境外所得来源地判定,居民个人境外所得计税、申报和抵免等规则。

3 号公告规定,居民纳税人需要就来自境内外的所得纳税,在具体计算应纳税额时,居民个人应该将来自境内外的综合所得和经营所得分别合并,计算应纳税额,其中境外所得的经营亏损不得抵减其境内或他国(地区)的应纳税所得额,但可以用来源于同一国家(地区)以后年度的经营所得按中国税法规定弥补。对于境外取得的利息、股息、红利所得,财产租赁所得,财产转让所得和偶然所得(以下称其他分类所得),不与境内所得合并,应当分别单独计算应纳税额。

3 号公告规定居民个人来源于一国(地区)的综合所得、经营所得以及其他分类所得项目的应纳税额为其抵免限额,抵免限额按照下列公式计算:

$$\begin{aligned}\text{来源于一国(地区)综合所得的抵免限额} &= \text{中国境内和境外综合所得的应纳税额} \times \text{来源于该国(地区)的综合所得收入额} \div \text{中国境内和境外综合所得收入额合计}\end{aligned}$$

$$\begin{aligned}\text{来源于一国(地区)经营所得的抵免限额} &= \text{中国境内和境外经营所得的应纳税额} \times \text{来源于该国(地区)的经营所得应纳税所得额} \div \text{中国境内和境外经营所得应纳税所得额合计}\end{aligned}$$

$$\begin{aligned}\text{来源于一国(地区)其他分类所得的抵免限额} &= \text{该国(地区)的其他分类所得的应纳税额}\end{aligned}$$

$$\begin{aligned}\text{来源于一国(地区)所得的抵免限额} &= \text{来源于该国(地区)综合所得抵免限额} + \text{来源于该国(地区)经营所得抵免限额} + \text{来源于该国(地区)其他分类所得抵免限额}\end{aligned}$$

3 号公告强调可抵免的境外所得税税额,是指居民个人依照所得来源国(地区)税收法律应当缴纳且实际已经缴纳的所得税性质的税额。可抵免的境外所得税税额不包括境外错缴或错征的境外所得税税额,按照协定规定不应征收的境外所得税税额,因少缴或迟缴境外所得税而追加的利息、滞纳金或罚款,境外所得税纳税人或者其利害关系人从境外征税主体得到实际返还或补偿的境外所得税税款,按我国税法规定已经免税的境外所得负担的境外所得税税款。

3 号公告明确取得所得的国家(地区)与中国签订的协定中有饶让条款的,个人按照该国(地区)税收法律享受免税或减税待遇的,该免税或减税数额可作为居民个人实际缴纳的境外所得税税额按规定申报税收抵免。

一般来说,个人所得税抵免按照一个纳税年度来计算,而中国与其他国家的纳税年度可能不一样,对此,3号公告确定取得境外所得的境外纳税年度最后一日所在的公历年度,为境外所得对应的我国纳税年度。

2.5　企业所得税的税收管辖权与跨境所得征收管理

2.5.1　企业所得税的管辖权

我国的企业所得税同时行使居民管辖权和来源地管辖权。具体规定见《中华人民共和国企业所得税法》(以下简称《企业所得税法》)第三条:

"居民企业应当就其来源于中国境内、境外的所得缴纳企业所得税。

"非居民企业在中国境内设立机构、场所的,应当就其所设机构、场所取得的来源于中国境内的所得,以及发生在中国境外但与其所设机构、场所有实际联系的所得,缴纳企业所得税。

"非居民企业在中国境内未设立机构、场所的,或者虽设立机构、场所但取得的所得与其所设机构、场所没有实际联系的,应当就其来源于中国境内的所得缴纳企业所得税。"

其中,第一款规定居民企业在中国负有无限纳税义务,第二款和第三款明确我国对非居民企业行使来源地管辖权,第二款规定非居民企业就来源于中国的机构、场所的所得缴纳企业所得税,第三款规定非居民企业对来源于中国的、与机构、场所没有实际联系的所得缴纳企业所得税。要理解为什么对非居民企业的两类所得区别对待,需要首先了解机构场所的定义。

《中华人民共和国企业所得税法实施条例》(以下简称《企业所得税法实施条例》)第五条规定:"企业所得税法第二条第三款所称机构、场所,是指在中国境内从事生产经营活动的机构、场所,包括:

"(一)管理机构、营业机构、办事机构;

"(二)工厂、农场、开采自然资源的场所;

"(三)提供劳务的场所;

"(四)从事建筑、安装、装配、修理、勘探等工程作业的场所;

"(五)其他从事生产经营活动的机构、场所。

"非居民企业委托营业代理人在中国境内从事生产经营活动的,包括委托单位或者个人经常代其签订合同,或者储存、交付货物等,该营业代理人视为非居民企业在中国境内设立的机构、场所。"

从上面的定义可以看出,所谓机构、场所,实际是非居民企业在中国境内有从事生产经营活动,在中国有取得积极所得,一般来讲,机构、场所会因为这些生产经营活动产生相应的成本,因此,需要把机构、场所作为一个独立的纳税人,从机构、场所的收入中扣除相关成本费用,计算出应纳税所得额,适用 25% 的企业所得税税率。目前,非居民企业在我国境内有机构场所的典型形式是外国公司常驻代表机构("代表处"),以及外国企业在中国境内承包工程或提供劳务。

对于没有设立机构、场所,但有来自中国的所得的非居民企业,其来自中国的所得,多是利息、股息、特许权使用费等被动所得,非居民企业取得这类所得,一般只有很少甚至没有成本,因此征税方法是对其毛所得直接乘以适用的税率。目前适用的税率是 10%,具体规定见《企业所得税法》第四条:"非居民企业取得本法第三条第三款规定的所得,适用税率为 20%"以及《企业所得税法实施条例》第九十一条:"非居民企业取得企业所得税法第二十七条第(五)项(即上述第三条第三款)规定的所得,减按 10% 的税率征收企业所得税"。

至于应纳税所得额的计算,参见《企业所得税法》第十九条:

"(一) 股息、红利等权益性投资收益和利息、租金、特许权使用费所得,以收入全额为应纳税所得额;

"(二) 转让财产所得,以收入全额减除财产净值后的余额为应纳税所得额;

"(三) 其他所得,参照前两项规定的方法计算应纳税所得额。"

根据上面一系列的规定,对于非居民企业未设立机构场而有取得来自中国境内的股息、利息、特许权使用费等所得,是对收入全额适用 10% 的税率,对于财产转让所得,以收入全额扣除财产净值后的余额适用 10% 的税率。对于没有设立机构场所的非居民企业,主要通过源泉扣缴的方式来征税。相应地,对于这一类所得,理论界和实务界习惯称之为"预提所得税"(withholding income tax)。

2.5.2　企业所得税对居民企业与非居民企业的判断

根据《企业所得税法》第二条的规定:"企业分为居民企业和非居民企业。

"本法所称居民企业,是指依法在中国境内成立,或者依照外国(地区)法律成立但实际管理机构在中国境内的企业。

"本法所称非居民企业,是指依照外国(地区)法律成立且实际管理机构不在中国境内,但在中国境内设立机构、场所的,或者在中国境内未设立机构、场所,但有来源于中国境内所得的企业。"

从上面的规定可以看出,我国对居民企业的判定同时采用了注册地标准和实际管理机构所在地标准,只要是注册地在中国境内,或者实际管理机构在中国境内,都是中国的居民企业,只有注册地和实际管理机构同时在境外的企业,才是中国的非居民企业。

对于实际管理机构,《企业所得税法实施条例》第四条给出的定义是:"对企业的生产经营、人员、账务、财产等实施实质性全面管理和控制的机构"。

对于如何判断企业的实际管理机构在境内,《企业所得税法》和实施条例并没有进一步的明细规定。国家税务总局曾在相关文件中作出了规定,但该规定仅适用于中资境外注册企业,具体规定见本书 6.4.1"境外注册中资控股公司的管理"。

2.5.3　企业所得税对来源地的判断

来源地管辖权中很重要的是对来源地的判定,《企业所得税法实施条例》第七条规定按照以下原则确定所得的来源地:

（1）销售货物所得,按照交易活动发生地确定。

（2）提供劳务所得,按照劳务发生地确定。

（3）转让财产所得,不动产转让所得按照不动产所在地确定,动产转让所得按照转让动产的企业或者机构、场所所在地确定,权益性投资资产转让所得按照被投资企业所在地确定。

（4）股息、红利等权益性投资所得,按照分配所得的企业所在地确定。

（5）利息所得、租金所得、特许权使用费所得,按照负担、支付所得的企业或者机构、场所所在地确定,或者按照负担、支付所得的个人的住所地确定。

（6）其他所得,由国务院财政、税务主管部门确定。

对比《个人所得税法》和《企业所得税法》关于所得来源地的判定标准,可以看出,两法不仅在表述上存在差异,在实际认定标准上也存在差异,比如《个人所得税法》中规定,许可各种特许权在中国境内使用而取得的所得,不论支付地在境内还是境外,都是来源于中国境内的所得;而《企业所得税法》关于特许权使用费所得的来源地,规定为负担或支付所得的企业所在地或个人的住所地,并不看特许权在何地使用。相对来讲,《企业所得税法》对来源地的界定相对比较清晰,给出了一般原则性的判断,而《个人所得税法》实际并未就如何确定个人所得税的来源地给出原则性的判断标准,只是用列举法明确哪些所得一定是来源于中国境内的所得,哪些是来源于境外的所得。笔者认为,无论是企业所得税还是个人所得税,都应该在原则性规定的基础上给出更加明细的规定,而且企业所得税与个人所得税的规定应该趋于一致。另外,对于其他所得,《企业所得税法》只说是由国务院的财政、税务主管部门确定,但国务院财政和税务部门一直未就其他类型的所得的来源地的判断标准作出具体规定,这给实务工作者判断其他所得的来源地带来较大的困难,未来亟需完善。

2.5.4　非居民企业征收管理的主要规定

如2.5.1所述,非居民来自中国的所得,根据是否在中国境内构成机构、场所,适用不同的计税方法。相应地,我国对非居民企业税收管理也采取两种不同的思路,对于不构成机构、场所的非居民企业,为了保证税款入库,主要采用源泉扣缴的管理办法。对于构成机构、场所的,又区分不同类型,实行不同的管理办法:一类是外国企业的常驻代表机构,这些机构场所在中国有正式的工商登记和税务登记,管理的重点不在于监控税源,而在于具体如何征税;另外一类是非居民企业在境内承包工程与提供劳务,这类机构场所大都是临时性、偶发性的,不会在中国办理正式的工商登记和税务登记,对于这类机构场所的管理,不仅要明确如何征税,还要通过一系列的管理措施,及时了解税源情况,保证税款及时入库。具体如图 2-4 所示。

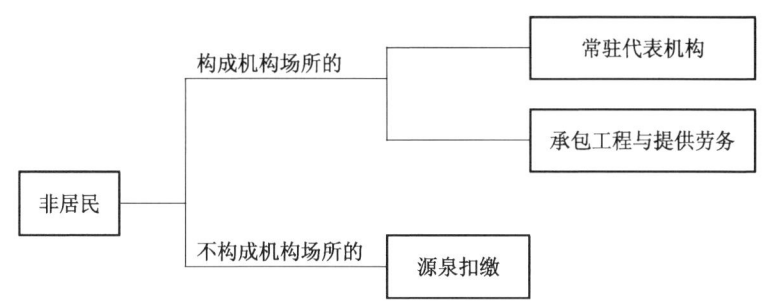

图 2-4　非居民税收管理主要工作内容

2.5.4.1　外国企业常驻代表机构税收管理

外国企业常驻代表机构(以下简称代表机构),是指外国企业在中国境内设立的从事与该外国企业业务有关的非营利性活动的办事机构。代表机构不具有法人资格[①]。代表机构需要在中国的工商管理部门进行正式的登记,并且每年都要向登记机关提交年度报告。按照法律规定,代表机构不允许从事营利性活动,也就是说,代表机构不应该有生产经营活动,也不需要在中国缴纳企业所得税,但是现实当中,经常有许多外国企业的代表机构在中国从事生产经营活动,因此,一直以来税务机关对于外国企业的代表机构都有进行税收管理。目前针对代表机构进行税收管理的主要规定见《外国企业常驻代表机构税收管理暂行办法》(国税发〔2010〕18 号,以下简称《代表机构暂行办法》)[②]。该规定的主要内容如下。

1) 税务登记

代表机构自领取工商登记证件(或有关部门批准)之日起 30 日内,向其所在地主管税务机关申报办理税务登记。领取税务登记证后,代表机构的税务登记内容如发生了变化,或者驻在期届满、提前终止业务活动的,应按照我国的《中华人民共和国税收征收管理法》(以下简称《税收征管法》)及相关规定,向主管税务机关申报办理变更税务登记或注销税务登记。

2) 增值税[③]

《代表机构暂行办法》明确规定代表机构在境内的纳税义务不只是企业所得税,还有增值税。当代表机构发生了增值税应税行为时,应按规定计算和缴纳税款,并在每月或每季终了之日起 15 日内向其所在地主管税务机关申报缴纳。

3) 申报方式

代表机构的所得税申报方式有两种:据实申报和核定申报。据实申报就是按代表机构的实际经营所得来缴纳各税。代表机构是否能据实申报企业所得税,取决于其财务核算是

[①]　此定义来自《外国企业常驻代表机构登记管理条例》(中华人民共和国国务院令第 584 号),发布日期 2010 年 11 月 19 日。

[②]　详细规定请见《国家税务总局关于印发〈外国企业常驻代表机构税收管理暂行办法〉的通知》(国税发〔2010〕18 号),发布日期 2010 年 2 月 20 日。

[③]　原文中同时规定增值税和营业税,"营改增"之后,代表机构不再涉及营业税,仅会发生增值税应税行为,缴纳增值税。全书同。

否健全。代表机构如能依法设置账簿,根据合法、有效的凭证进行财务核算,并按实际履行的功能和承担的风险进行配比,准确计算其应税收入和应纳税所得额的,可以在每季度终了之日起 15 日内向主管税务机关据实申报缴纳企业所得税。如代表机构不能按规定设置账簿,不能准确核算收入或成本费用,或无法按照《代表机构暂行办法》的规定进行据实申报的,税务机关将核定其应纳税所得额。

4)核定申报的具体方式

税务机关有权采取按经费支出换算收入或按收入总额核定征收代表机构的应纳税所得额。如果代表机构能够准确地反映经费支出但不能准确反映收入或成本费用的,税务机关可以按经费支出换算代表机构的应税收入。例如,从事商品代理贸易活动的公司、商社、商号等设立的代表机构,广告公司设立的从事承揽或代理广告业务的代表机构,旅游公司设立的为旅游者提供服务活动(如办理签证、收取费用、代订机票、导游、联系食宿)的代表机构。由于此类代表机构从事的各项业务主要是依照其总机构的要求开展的,没有直接与接受服务者签订合同或协议,其提供的服务对应的收入通常由其总机构统一收取。对此类情况通常采取按经费支出换算收入的办法确定代表机构的收入,并据以征收企业所得税和增值税。具体公式如下:

$$收入额 = 本期经费支出额 / (1 - 核定利润率)①$$
$$应纳企业所得税额 = 收入额 \times 核定利润率 \times 企业所得税税率$$

上面公式中的经费支出额包括:在中国境内外支付给工作人员的工资薪金、奖金、津贴、福利费、物品采购费(包括汽车、办公设备等固定资产)、通信费、差旅费、房租、设备租赁费、交通费、交际费以及其他费用等。

如果代表机构能准确反映收入但不能准确反映成本费用,税务机关可以按收入总额核定应纳税额。计算公式为:

$$应纳企业所得税额 = 收入总额 \times 核定利润率 \times 企业所得税税率$$

《代表机构暂行办法》规定,税务机关在核定征收代表机构的应纳企业所得税额时,核定利润率时应不低于 15%。

目前在实务当中,因为很少有代表机构可以准确核算收入,绝大多数代表机构都是按经费支出换算收入。

5)协定待遇

《代表机构暂行办法》规定,代表机构需要享受税收协定待遇,应依照有关规定办理。代表机构能够享受的协定待遇主要是当代表机构仅从事辅助性和准备性的活动时,在中国不构成常设机构,不需要在中国缴纳企业所得税。关于如何享受税收协定待遇,需要按照《国家税务总局关于发布〈非居民纳税人享受协定待遇管理办法〉的公告》(国家税务总局 2019 年

---

① 具体规定见《国家税务总局关于修改按经费支出换算收入方式核定非居民企业应纳税所得额计算公式的公告》(国家税务总局公告 2016 年第 28 号)发布日期 2016 年 5 月 5 日。

公告第 35 号)的规定办理,有关税收协定的理论和实务,将在第 3 章中详细介绍。

2.5.4.2　非居民承包工程作业和提供劳务税收管理

　　与代表机构不同,当非居民在中国境内承包工程作业和提供劳务时,一般不会在境内设立正式的机构,只是派驻一些人员在境内临时性地完成一些项目,比如为境内某个企业提供咨询服务、设计服务、为境内企业安装生产线等。这些项目一旦完成,相关人员就会离开中国。但是,由于这些劳务都是在中国境内提供的,中国企业对外国企业支付的服务费,是外国企业取得的来源于中国境内的所得,可能需要在中国境内缴纳企业所得税。具体是否需要缴纳企业所得税,需要根据税收协定判定这些外国企业在境内是否构成了常设机构,有关常设机构的具体规定,详见第 3 章。但是,这些外国企业并未在境内设立正式机构,也没有在其他部门办理登记,税务机关很难掌握项目的情况,也不好对税源进行管理。2009 年以前,对于非居民承包工程作业和提供劳务,主要是通过银行在售付汇环节要求企业提供完税证明来控制和管理的。2009 年,国家税务总局发布了《非居民承包工程作业和提供劳务税收管理暂行办法》[①](以下简称《非居民工程和劳务暂行办法》),对加强非居民在境内从事建筑工程和劳务的税源管理,作出如下规定。

　　1) 报告和登记

　　《非居民工程和劳务暂行办法》规定了相关各方在签订合同、合同变更,付款和项目完成之后的一系列报告义务。比如非居民企业应当自项目合同或协议签订之日起 30 日内,向项目所在地主管税务机关办理税务登记手续。负有税款扣缴义务的境内机构和个人,应当自扣缴义务发生之日起 30 日内,向所在地主管税务机关办理扣缴税款登记手续。境内机构和个人向非居民发包工程作业或劳务项目的,应当自项目合同签订之日起 30 日内,向主管税务机关报送《境内机构和个人发包工程作业或劳务项目报告表》,并附送非居民的税务登记证、合同、税务代理委托书复印件或非居民对有关事项的书面说明等资料。

　　2) 申报纳税

　　《非居民工程和劳务暂行办法》规定非居民企业在中国境内承包工程作业或提供劳务项目的,企业所得税按纳税年度计算、分季预缴,年终汇算清缴,并在工程项目完工或劳务合同履行完毕后结清税款。在实务操作中,大部分税务局都没有要求非居民企业分季预缴,年终汇算清缴,而是在境内企业每次支付时核定征收非居民的企业所得税。非居民企业在申报纳税时,除了如实报送纳税申报表,还要附送工程作业(劳务)决算(结算)报告,参与工程作业或劳务项目外籍人员姓名、国籍、出入境时间、在华工作时间、地点、内容、报酬标准、支付方式、相关费用等情况的书面报告,财务会计报告或财务情况说明等资料。

　　3) 指定扣缴

　　工程价款或劳务费的支付人所在地县(区)以上主管税务机关根据企业提供的资料,认定符合《企业所得税法实施条例》第一百零六条所列指定扣缴的三种情形之一的,可指定工

---

　　① 详细规定请见《非居民承包工程作业和提供劳务税收管理暂行办法》(国家税务总局令第 19 号),发布日期 2009 年 1 月 20 日。

程价款或劳务费的支付人为扣缴义务人（"指定扣缴"）。《企业所得税实施条例》列明的三种情形具体包括：

（1）预计工程作业或者提供劳务期限不足一个纳税年度，且有证据表明不履行纳税义务的。

（2）没有办理税务登记或者临时税务登记，且未委托中国境内的代理人履行纳税义务的。

（3）未按照规定期限办理企业所得税纳税申报或者预缴申报的。

县级以上税务机关指定扣缴义务人时，要同时告知扣缴义务人所扣税款的计算依据、计算方法、扣缴期限和扣缴方式。①

4）增值税

非居民在中国境内发生增值税应税行为，在中国境内设立经营机构的，应自行申报缴纳增值税。非居民在中国境内发生增值税应税行为而在境内未设立经营机构的，以代理人为增值税的扣缴义务人；没有代理人的，以发包方、劳务受让方或购买方为扣缴义务人。

5）追缴欠税

非居民企业逾期仍未缴纳税款的，主管税务机关可以收集该非居民企业从中国境内取得其他收入项目的信息，并向其他收入项目的支付人追缴非居民欠缴的税款和滞纳金。

6）协定待遇

《非居民工程和劳务暂行办法》规定了非居民企业依据税收协定在中国境内未构成常设机构，需要享受税收协定待遇的，如何向主管税务机关申请协定待遇。②

7）跟踪管理

《非居民工程和劳务暂行办法》对各地税务机关提出了一系列跟踪管理的要求，包括建立非居民承包工程作业和提供劳务项目的管理台账和纳税档案，利用售付汇信息对承包工程作业和提供劳务项目实施监控，以及对非居民企业参与国家、省、地市级重点建设项目实施重点税源监控管理等。

《非居民工程和劳务暂行办法》的规定，旨在及时掌握非居民企业在境内从事生产经营活动的信息，保证非居民企业在中国境内履行申报和纳税义务。但是，由于该暂行办法设定的程序较复杂，不论是对非居民企业，还是对税务机关，都增加了很大的工作量，现实当中，很多外国企业没有完全按照文件规定的时间进行税务登记和报告，少量外国企业按文件要求按季预缴、年终汇算清缴，大多数仍是在境内企业向非居民付款时才申报纳税或指定扣缴税款。

2.5.4.3 核定征收办法

不管是外国企业常驻代表机构，还是外国企业在境内承包工程和提供劳务，在中国境内

---

① 具体见《企业所得税法实施条例》第一百零六条。
② 关于如何享受税收协定待遇，需要按照《国家税务总局关于发布〈非居民纳税人享受协定待遇管理办法〉的公告》（国家税务总局 2019 年公告第 35 号）的规定办理，有关税收协定的理论和实务，将在第 3 章中详细介绍。

构成机构、场所的①，需要按照《企业所得税法》的规定缴纳企业所得税，适用 25% 的税率，计算公式为：

$$应纳税额 = 应纳税所得额 \times 25\%$$

在确定应纳税所得额时，可以按照会计账簿核算的应纳税所得额据实征收，也可以根据行业情况核定征收。由于大部分非居民企业，包括代表机构、建筑工程和劳务项目在中国并没有聘请专业的财务人员，没有设置完整的账簿进行会计核算，无法准确地核算收入、费用和应纳税所得额，因此大部分时候是用核定的办法确定应纳税所得额的。在《外国企业常驻代表机构税收管理暂行办法》中，就规定了经费支出换算收入和按收入核定应纳税所得额两种方法。在该暂行办法公布的同一天，国家税务总局也发布了《非居民企业所得税核定征收管理办法》②（以下简称《核定征收办法》），系统地规定对非居民企业核定征收的方法、公式、核定利润率的范围等。

1）核定征收的办法和公式

非居民企业因会计账簿不健全，资料残缺难以查账，或者其他原因不能准确计算并据实申报其应纳税所得额的，税务机关有权采取以下方法核定其应纳税所得额。

（1）按收入总额核定应纳税所得额。该方法适用于能够正确核算收入或通过合理方法推定收入总额，但不能正确核算成本费用的非居民企业。计算公式为：

$$应纳税所得额 = 收入总额 \times 经税务机关核定的利润率$$

（2）按成本费用核定应纳税所得额。该方法适用于能够正确核算成本费用，但不能正确核算收入总额的非居民企业。计算公式为：

$$应纳税所得额 = 成本费用总额 / (1 - 经税务机关核定的利润率) \times 经税务机关核定的利润率$$

（3）按经费支出换算收入核定应纳税所得额。该方法适用于能够正确核算经费支出总额，但不能正确核算收入总额和成本费用的非居民企业。计算公式为：

$$应纳税所得额 = 经费支出总额 / (1 - 经税务机关核定的利润率) \times 经税务机关核定的利润率$$

从上面的规定可以看出，《代表机构暂行办法》中规定的核定征收方式，与《核定征收办法》中规定的方式是一致的，只是由于代表机构没有独立从事业务的能力，成本、费用主要在境外的非居民企业核算，代表机构无法准确核算成本费用，所以《代表机构暂行办法》中只规定了按收入核算应纳税所得额和按经费支出换算收入这两种核定方法。

2）不同行业的核定利润率范围

（1）从事承包工程作业、设计和咨询劳务的，利润率为 15%～30%。

（2）从事管理服务的，利润率为 30%～50%。

（3）从事其他劳务或劳务以外经营活动的，利润率不低于 15%。

---

① 外国企业来自签有税收协定的国家时，需要在中国构成常设机构，才在中国缴纳企业所得税。

② 详细规定请见《国家税务总局关于印发〈非居民企业所得税核定征收管理办法〉的通知》（国税发〔2010〕19 号）。

税务机关有根据认为非居民企业的实际利润率明显高于上述标准的,可以按照比上述标准更高的利润率核定其应纳税所得额。

《代表机构暂行办法》中规定的代表机构核定利润率不低于 15%,也是与《核定征收办法》中的规定相呼应的。

非居民企业在中国境内从事适用不同核定利润率的经营活动的,应分别核算并适用相应的利润率计算缴纳企业所得税;凡不能分别核算的,从高适用利润率计算缴纳企业所得税。

3) 核定征收方式的确认

非居民企业的主管税务机关向非居民企业送达《非居民企业所得税征收方式鉴定表》(以下简称《鉴定表》),非居民企业在收到《鉴定表》后 10 个工作日内,完成填写《鉴定表》并送达主管税务机关,主管税务机关在受理《鉴定表》后 20 个工作日内,完成该项征收方式的确认工作。[①]

2.5.4.4 非居民企业源泉扣缴管理

非居民企业在来源国境内未构成机构、场所,而又从来源国取得所得的,通常都是被动所得,非居民企业在整个过程中可能都不需要在来源国出现,相对于构成机构场所的非居民企业,税务机关更难掌握信息。因此,各国为了避免税源的流失,一般均采取源泉扣缴的办法,规定来源国的支付方负有代扣代缴税款的义务。相应地,对于这一类所得税,各国一般习惯称之为"预提所得税"。

2008 年企业所得税改革之后,为了加强对非居民企业所得税的管理,国家税务总局于 2009 年 1 月出台了《国家税务总局关于印发〈非居民企业所得税源泉扣缴管理暂行办法〉的通知》(国税发〔2009〕3 号,以下简称 3 号文件),当时制定该办法的主要目的是加强对非居民所得源泉扣缴的管理,给纳税人设置了合同备案、税款清算等义务。但是,随着税务系统不断深化"放管服"改革,国家税务总局又在 2017 年 10 月出台了《国家税务总局关于非居民企业所得税源泉扣缴有关问题的公告》(国家税务总局公告 2017 年第 37 号,以下简称 37 号公告),废止了 3 号文件,对非居民企业源泉扣缴管理做出了诸多改变,比如,取消了合同备案、税款清算等要求,改变了股息的扣缴义务发生时间的规定,这些改变旨在减轻纳税人及扣缴义务人的负担,便利纳税人和扣缴义务人履行义务。37 号公告的主要内容如下。

1) 源泉扣缴的范围

非居民企业取得来源于中国境内的股息、红利等权益性投资收益和利息、租金、特许权使用费所得、转让财产所得以及其他所得应当缴纳的企业所得税,实行源泉扣缴,以对非居民企业直接负有支付相关款项义务的单位或者个人为扣缴义务人。

实际上,37 号公告适用的源泉扣缴,基本都是股息、利息、特许权使用费等被动所得(passive income),对于非居民企业在中国境内构成机构场所的特殊情况,由税务机关指定

---

① 此部分内容根据《国家税务总局关于修改〈非居民企业所得税核定征收管理办法〉等文件的公告》(国家税务总局公告 2015 年第 22 号)中的内容撰写,此公告修改了《非居民企业所得税核定征收管理办法》中的相关规定。

扣缴的,并不适用 37 号公告中的规定。

　　2)股权转让应纳税所得额的计算

　　按照《企业所得税法》的规定,非居民企业转让境内企业的股权,属于非居民企业在境内未设立机构场所而又来源于中国境内的所得,需要在中国缴纳企业所得税。相对于居民企业的股权转让,非居民企业股权转让面临很多特殊问题,如汇率的适用、税款缴纳的方法等,因此国家税务总局曾于 2009 年专门发布《国家税务总局关于加强非居民企业股权转让所得企业所得税管理的通知》(国税函〔2009〕698 号,以下简称 698 号文)。698 号文最早提出对间接转让中国境内企业股权转让征税的管理,具有很重要的意义。37 号公告从源泉扣缴的角度,重述或调整了 698 号文中关于非居民企业股权转让税额计算和纳税义务发生时间等的规定。而 698 号文中关于滥用形式间接转让股权应在境内征税的相关规定已经被 2015 年第 7 号公告中的规定所取代,因此 37 号公告在文尾废止了 698 号文件。37 号公告中关于非居民企业股权转让所得的具体规定如下:

　　(1)股权转让收入减除股权净值后的余额为股权转让所得的应纳税所得额。

　　(2)股权转让收入,是指股权转让人转让股权所收取的对价,包括货币形式和非货币形式的各种收入。

　　(3)股权净值,是指取得该股权的计税基础。股权的计税基础是股权转让人投资入股时向中国居民企业实际支付的出资成本,或购买该项股权时向该股权的原转让人实际支付的股权受让成本。股权在持有期间发生减值或者增值,按照国务院财政、税务主管部门规定可以确认损益的,股权净值应进行相应调整。企业在计算股权转让所得时,不得扣除被投资企业未分配利润等股东留存收益中按该项股权所占比例可能分配的金额。

　　(4)多次投资或收购的同项股权被部分转让的,从该项股权全部成本中按照转让比例计算确定被转让股权对应的成本。

　　(5)财产转让收入或财产净值以人民币以外的货币计价的,区分不同情形进行外币折算:如果扣缴义务人扣缴企业所得税的,按照扣缴义务发生之日人民币汇率中间价折合成人民币;如果是非居民企业在主管税务机关责令限期缴纳税款前自行申报缴纳应源泉扣缴税款的,按照填开税收缴款书之日前一日人民币汇率中间价折合成人民币;如果是主管税务机关责令取得收入的非居民企业限期缴纳应源泉扣缴税款的,按照主管税务机关作出限期缴税决定之日前一日人民币汇率中间价折合成人民币。

　　3)扣缴义务发生时间

　　37 号公告规定,扣缴义务人应当自扣缴义务发生之日起 7 日内向扣缴义务人所在地主管税务机关申报和解缴代扣税款。确定扣缴义务发生之日的一般原则是"相关款项实际支付或者到期应支付之日",这与之前 3 号文件的规定一致。但是在以下方面,37 号公告有所修改:

　　一是非居民企业取得应源泉扣缴的所得为股息、红利等权益性投资收益,3 号文规定扣缴义务发生时间为企业做出利润分配决议的日期,37 号公告将其改为股息、红利等权益性投资收益实际支付之日。

二是 37 号规定非居民企业采取分期收款方式取得同一项转让财产所得的,其分期收取的款项可先视为收回以前投资财产的成本,待成本全部收回后,再计算并扣缴应扣税款。

需要特别注意的是,关于到期支付而未支付,《国家税务总局关于非居民企业所得税管理若干问题的公告》(国家税务总局公告 2011 年第 24 号)做出了更为明细的规定:中国境内企业(以下称为企业)和非居民企业签订与利息、租金、特许权使用费等所得有关的合同或协议,如果中国境内企业未按照合同或协议约定的日期支付上述所得款项,或者变更或修改合同或协议延期支付,但已计入企业当期成本、费用,并在企业所得税年度纳税申报中作税前扣除的,应在企业所得税年度纳税申报时代扣代缴非居民企业的预提所得税。如果境内企业上述到期未支付的款项,不是一次性计入当期成本、费用,而是计入相应资产原价或企业筹办费,分年度在企业所得税前扣除的,应在企业计入相关资产的年度纳税申报时就非居民上述所得全额代扣代缴企业所得税。

4) 法律责任

此前的国税发〔2009〕3 号文、国税函〔2009〕698 号、2015 年第 7 号公告规定,如果扣缴义务人未依法履行扣缴义务,纳税人要自纳税义务发生之日起 7 日内向主管税务机关申报缴纳税款,否则就是未按期缴纳。但是 37 号公告规定,在扣缴义务人未依法履行或者无法履行扣缴义务的情况下,取得所得的非居民企业应当向所得发生地主管税务机关申报缴纳未扣缴税款。税务机关可以责令限期缴纳,非居民企业在税务机关责令限期缴纳前自行申报缴纳税款的,就视为已按期缴纳税款。37 号公告相比此前文件宽松了很多,之前纳税人未在纳税义务发生之日起 7 日内纳税的,就视为逾期,需要缴纳滞纳金,而 37 号公告规定纳税人在税务机关责令限期之前申报纳税的,都视为按期缴纳,不需要缴纳滞纳金。

扣缴义务人应扣未扣税款的,由扣缴义务人所在地主管税务机关责令扣缴义务人补扣税款,并依法追究扣缴义务人责任;需要向纳税人追缴税款的,由所得发生地主管税务机关依法执行。

所得发生地主管税务机关在追缴非居民企业应纳税款时,可以采取以下措施:

(1) 责令该非居民企业限期申报缴纳应纳税款。

(2) 收集、查实该非居民企业在中国境内其他收入项目及其支付人的相关信息,并从该非居民企业其他收入项目款项中追缴欠缴税款及应缴的滞纳金。

5) 主管税务机关

扣缴义务人所在地主管税务机关为扣缴义务人所得税主管税务机关。所得发生地主管税务机关按以下原则确定:

(1) 不动产转让所得,为不动产所在地税务机关。

(2) 权益性投资资产转让所得,为被投资企业的所得税主管税务机关。

(3) 股息、红利等权益性投资所得,为分配所得企业的所得税主管税务机关。

(4) 利息所得、租金所得、特许权使用费所得,为负担、支付所得的单位或个人的所得税主管税务机关。

案例 2-3

非居民企业股权转让案例

案例背景:

A 有限公司(以下简称 A 公司)是一家外国法人独资企业,注册资本为 1 000 万美元(假设投资当时人民币汇率中间价为:1 美元＝8.6 元人民币),未分配利润 3 000 万元人民币,股东为英属维尔京群岛的 V Holding Limited 公司(以下简称 V 公司)。2019 年 7 月 1 日,V 公司与中国境内某上市公司 P 股份有限公司(以下简称 P 公司)签订股权转让协议,V 公司将持有的 A 公司 80% 的股权转让给 P 公司,按照收益法对 80% 股权进行评估的价值为 2 亿元人民币,双方确定的股权收购价格为 2 亿元人民币(假设当时人民币汇率中间价为:1 美元＝6.87 元人民币)。双方约定的付款方式为:

买卖双方在正式签署股权转让协议并经买方 P 公司股东会通过后的 15 个工作日内,买方向卖方支付收购价款的 51%,剩余 49% 的收购价款分两期按下述方式进行:

第一期:交易完成日后的 15 个工作日内,买方向卖方支付收购价款的 19%。

第二期:在双方选定的外部会计师出具的 A 公司 2019 年度审计报告后的 10 个工作日内,买方向卖方支付收购价格的 30%。

股权转让协议同时约定,鉴于双方评估价(同时也是双方成交价)是基于收益法确定的,而收益法是基于 A 公司现有股东对 A 公司经营收益的预测而确定的。双方同意在支付最后一期转让款时,应当对股权转让价格进行调整,具体调整方法如下:

(1) 在 A 公司 2019 年度的利润额高于预测额的情况下,收购价格应按同等比例提高。

(2) 在 A 公司 2019 年度的利润额低于预测额的情况下,收购价格应按同等比例降低。

双方签订股权转让协议之后,P 公司股东会于 2019 年 8 月 10 日通过股权收购协议,2019 年 8 月 20 日支付首期股权收购款 1.02 亿元人民币(假设当时人民币汇率中间价为:1 美元＝7.04 元人民币),于 2019 年 12 月 20 日办妥股权转让手续(假设当时人民币汇率中间价为:1 美元＝7 元人民币),2019 年 12 月 30 日 P 公司向 V 公司支付股权转让款 0.38 亿美元(假设当时人民币汇率中间价为:1 美元＝6.98 元人民币)。

2020 年 5 月 10 日,双方确认 2019 年 A 公司实际实现的利润额未达到预测额,双方将股权转让价格调减了 1 000 万元人民币,减为 1.9 亿元人民币。

问题:

1. V 公司的股权转让所得是否需要在中国境内纳税? 如果需要纳税,是源泉扣缴还是自行申报?

2. 如何确定 V 公司的纳税义务发生时间?

3. V 公司股权转让的应纳税所得额和应纳税额是多少? 何时缴纳?

4. V 公司股权转让所得应向哪一个税务机关申报解缴代扣代缴税款(或申报缴纳税款)?

5. A 公司的股权转让价格调整后,V 公司是否可以申请退还已交税款?

(此案例解析参见附录四)

2.5.4.5　售付汇税务凭证管理

售付汇管理，本来是外汇部门的事，但是，1999 年国家外汇管理局和国家税务总局联合发布了《国家外汇管理局　国家税务总局关于非贸易及部分资本项目项下售付汇提交税务凭证有关问题的通知》(汇发〔1999〕372 号，现已失效)，规定了我国境内机构(指公司、企业、机关团体及各种组织等)及个人在办理非贸易及部分资本项目项下购付汇手续时，凡个人对外支付 500 美元(含 500 美元)以上，境内机构对外支付 1 000 美元(含 1 000 美元)以上时，必须提交税务机关开具的该项收入的完税证明、税票或免税文件等税务凭证，并确立了 6 种不同格式的税务凭证。

2008 年年底至 2009 年年初，国家外汇管理局、国家税务总局先后发布了《国家外汇管理局　国家税务总局关于服务贸易等项目对外支付提交税务证明有关问题的通知》(汇发〔2008〕64 号)、《国家税务总局关于印发〈服务贸易等项目对外支付出具税务证明管理办法〉的通知》(国税发〔2008〕122 号)、《国家外汇管理局关于转发国家税务总局服务贸易等项目对外支付出具税务证明管理办法的通知》(汇发〔2009〕1 号)以及《国家外汇管理局　国家税务总局关于进一步明确服务贸易等项目对外支付提交税务证明有关问题的通知》(汇发〔2009〕52 号)(以上 4 份文件均已失效)，进一步规范了服务贸易等项目对外支付提交税务证明的有关要求，规定除了特殊情况以外，境内机构和个人向境外单笔支付等值 3 万美元以上(不含等值 3 万美元)服务贸易、收益、经常转移和资本项目外汇资金，应当按国家有关规定向主管税务机关申请办理《服务贸易、收益、经常转移和部分资本项目对外支付税务证明》，外汇指定银行凭该证明给有关企业和个人办理售付汇手续。可以说，自 1999 年起，售付汇税务凭证管理就是我国税务机关对非居民进行管理的最为重要、最强有力的手段。

然而，随着行政审批制度改革不断深入，鉴于售付汇税务凭证管理并非法律赋予的审批事项必须改革，国家税务总局在 2013 年出台了《国家税务总局　国家外汇管理局关于服务贸易等项目对外支付税务备案有关问题的公告》(国家税务总局　国家外汇管理局公告 2013 年第 40 号，以下简称《对外支付税务备案公告》)，并于 2021 年 7 月发布了《国家税务总局　国家外汇管理局关于服务贸易等项目对外支付税务备案有关问题的补充公告》(国家税务总局　国家外汇管理局公告 2021 年第 19 号)。其主要内容如下。

1) 对外支付需要进行税务备案的情形

境内机构和个人向境外单笔支付等值 5 万美元以上(不含等值 5 万美元)外汇资金，以及外国投资者境内合法所得汇出，需要到主管税务机关进行备案。《对外支付税务备案公告》列出了需要备案的情形，但这些列举并非穷尽。要判断哪些支付项目不需进行税务备案，关键看《对外支付税务备案公告》第三条列出的除外情形。

2) 无须备案的情形

《对外支付税务备案公告》第三条列出了 15 种无须进行税务备案的情形，比如，境内机构在境外发生的差旅、会议、商品展销等各项费用，境内机构在境外代表机构的办公经费，境内机构在境外承包工程的工程款，境内机构发生在境外的进出口贸易佣金、保险费、赔偿款等。

3) 对外支付税务备案程序

备案人仅需向所在地主管税务机关进行备案。境内机构和个人进行对外支付税务备案时,仅需向税务机关提供加盖公章的合同(协议)复印件,如果没有合同(协议)的(如合格境外投资者对外支付其投资收益等项目),可提供相关交易凭证复印件。《对外支付税务备案公告》明确规定税务机关无须当场对纳税事项进行审核,而只在备案表上盖章,备案表中也不体现有关纳税事项的内容。

《对外支付税务备案公告》的公布,将收付汇管理制度从审批改为备案,将对外支付凭证从完税证明改成备案表,企业无须纳税就可以取得对外支付税务凭证,提高企业对外付汇的效率,但是给税务机关管理非居民企业的税源带来极大的挑战。税务机关不能仅仅依赖对外支付信息来管理非居民税源,而要不断拓展信息渠道,研究更加行之有效的非居民税收征管手段。与此同时,非居民企业也面临更大的税务风险。在税务审批制度下,一般税务机关对非居民企业的应纳税额进行认真审核,企业完税之后才会出具完税证明,而在备案制度下,税务机关对应纳税额的正确性不再当场进行审核,企业需要按照自身的理解去计算并申报缴纳税款。如果没有及时足额纳税,税务机关将按照税收征管法的有关规定追缴税款并实施处罚,某种程度上,企业比审批制下面临更大的税务风险。

2.5.4.6　非居民企业所得税汇算清缴

在 2.5.4.2 中,我们曾提到,《非居民工程和劳务暂行办法》规定非居民企业在中国境内承包工程作业或提供劳务项目的,企业所得税按纳税年度计算、分季预缴,年终汇算清缴,并在工程项目完工或劳务合同履行完毕后结清税款。另外,外国企业常驻代表机构也需要进行汇算清缴,因此 2009 年 1 月国家税务总局印发了《非居民企业所得税汇算清缴管理办法》,(以下简称《非居民汇算清缴管理办法》[①]),规范非居民企业的汇算清缴管理工作。具体内容如下。

1) 汇算清缴对象

非居民企业在中国境内设有机构、场所的,无论盈利或者亏损,除非符合以下条件,均应参加企业所得税汇算清缴。

(1) 临时来华承包工程和提供劳务不足 1 年,在年度中间终止经营活动,且已经结清税款。

(2) 汇算清缴期内已办理注销。

(3) 其他经主管税务机关批准可不参加当年度所得税汇算清缴。

2) 汇算清缴时限

(1) 企业应当自年度终了之日起 5 个月内,向税务机关报送年度企业所得税纳税申报表,并汇算清缴,结清应缴应退税款。

(2) 企业在年度中间终止经营活动的,应当自实际经营终止之日起 60 日内,向税务机

---

① 具体规定见《国家税务总局关于印发〈非居民企业所得税汇算清缴管理办法〉的通知》(国税发〔2009〕6 号)。

关办理当期企业所得税汇算清缴。

企业因特殊原因,不能在规定期限内办理年度所得税申报,应当在年度终了之日起5个月内,向主管税务机关提出延期申报申请。主管税务机关批准后,可以适当延长申报期限。

3) 法律责任

(1) 企业未按规定期限办理年度所得税申报,且未经主管税务机关批准延期申报,或报送资料不全、不符合要求的,应在收到主管税务机关送达的《责令限期改正通知书》后按规定时限补报。其中,对未按规定期限办理年度所得税申报,且未经主管税务机关批准延期申报的,主管税务机关除责令其限期申报外,可按照《税收征管法》的规定处以 2 000 元以下的罚款,逾期仍不申报的,可处以 2 000 元以上 10 000 元以下的罚款,同时核定其年度应纳税额,责令其限期缴纳。

(2) 企业未按规定期限办理所得税汇算清缴,主管税务机关除责令其限期办理外,对发生税款滞纳的,按照《税收征管法》的规定加收滞纳金。

2.5.4.7　非居民企业间接转让财产

698 号文出台之后,在中国的税收理论界和实务界都引起了巨大的反响,各地的税务机关查办了一系列的境外间接转让股权案例。经过几年的实践,国家税务总局又出台了《关于非居民企业间接转让财产企业所得税若干问题的公告》(国家税务总局公告 2015 年第 7 号)以及《国家税务总局关于印发〈非居民企业间接转让财产企业所得税工作规程(试行)〉的通知》(税总发〔2015〕68 号),进一步规范和加强非居民企业间接转让中国居民企业股权等财产的企业所得税管理。与 698 号文相比,2015 年第 7 号公告不仅明确了间接股权转让的配套执行程序,而且明确了与间接股权转让有类似性质的间接转让不动产、机构场所财产的相关所得税问题。①

1) 非居民企业间接转让中国应税财产的纳税义务

非居民企业间接转让中国特定应税财产(在华设立机构、场所,在华拥有不动产或不动产公司,在华拥有权益性投资资产),不具有合理商业目的,规避企业所得税纳税义务的,应重新定性该间接转让交易,确认为直接转让中国居民企业股权等财产。

2) 间接转让中国应税财产如何进行税务处理

被重新定性的交易,应就归属于中国应税财产的金额缴纳企业所得税。转让机构、场所应税财产的,按归属于机构场所的部分缴纳企业所得税,转让不动产和股权的,按归属于相关不动产和股权的部分缴纳预提所得税。

3) 如何判断合理商业目的

判断合理商业目的,应整体考虑与间接转让中国应税财产交易相关的所有安排,结合实

---

① 　具体规定请见《国家税务总局关于非居民企业间接转让财产企业所得税若干问题的公告》(国家税务总局公告 2015 年第 7 号),文件发布于 2015 年 2 月 3 日;《国家税务总局关于印发〈非居民企业间接转让财产企业所得税工作规程(试行)〉的通知》(税总发〔2015〕68 号),文件发布于 2015 年 5 月 13 日。

际情况综合分析以下相关因素：

（1）境外企业股权主要价值是否直接或间接来自中国应税财产。

（2）境外企业资产是否主要由直接或间接在中国境内的投资构成，或其取得的收入是否主要直接或间接来源于中国境内。

（3）境外企业及直接或间接持有中国应税财产的下属企业实际履行的功能和承担的风险是否能够证实企业架构具有经济实质。

（4）境外企业股东、业务模式及相关组织架构的存续时间。

（5）间接转让中国应税财产交易在境外应缴纳所得税情况。

（6）股权转让方间接投资、间接转让中国应税财产交易与直接投资、直接转让中国应税财产交易的可替代性。

（7）间接转让中国应税财产所得在中国可适用的税收协定或安排情况。

（8）其他相关因素。

为了减轻判断的难度，文件规定，与间接转让中国应税财产相关的整体安排同时符合以下情形的，应直接认定为不具有合理商业目的：

（1）境外企业股权75%以上价值直接或间接来自中国应税财产。

（2）间接转让中国应税财产交易发生前一年内任一时点，境外企业资产总额（不含现金）的90%以上直接或间接由在中国境内的投资构成，或间接转让中国应税财产交易发生前一年内，境外企业取得收入的90%以上直接或间接来源于中国境内。

（3）境外企业及直接或间接持有中国应税财产的下属企业虽在所在国家（地区）登记注册，以满足法律所要求的组织形式，但实际履行的功能及承担的风险有限，不足以证实其具有经济实质。

（4）间接转让中国应税财产交易在境外应缴所得税税负低于直接转让中国应税财产交易在中国的可能税负。

4）安全港规则

非居民转让应税财产符合下面条件的，不需要按照间接转让中国境内应税财产进行处理。

（1）非居民企业在公开市场买入并卖出同一上市境外企业股权取得间接转让中国应税财产所得。

（2）在非居民企业直接持有并转让中国应税财产的情况下，按照可适用的税收协定或安排的规定，该项财产转让所得在中国可以免予缴纳企业所得税。

间接转让中国应税财产同时符合以下条件的，应认定为具有合理商业目的。

（1）交易双方的股权关系具有下列情形之一：①股权转让方直接或间接拥有股权受让方80%以上的股权；②股权受让方直接或间接拥有股权转让方80%以上的股权；③股权转让方和股权受让方被同一方直接或间接拥有80%以上的股权。

境外企业股权50%以上（不含50%）价值直接或间接来自中国境内不动产的，上述第①、第②、第③点的持股比例应为100%。

（2）本次间接转让交易后可能再次发生的间接转让交易相比在未发生本次间接转让交

易情况下的相同或类似间接转让交易,其中国所得税负担不会减少。

（3）股权受让方全部以本企业或与其具有控股关系的企业的股权（不含上市企业股权）支付股权交易对价。

5）扣缴义务人

间接转让不动产所得或间接转让股权所得,以依照有关法律规定或者合同约定对股权转让方直接负有支付相关款项义务的单位或者个人为扣缴义务人。扣缴义务人未扣缴或未足额扣缴应纳税款的,股权转让方应自纳税义务发生之日起 7 日内向主管税务机关申报缴纳税款。扣缴义务人未扣缴,且股权转让方未缴纳应纳税款的,主管税务机关可以按照《税收征管法》及其实施细则相关规定追究扣缴义务人责任;但扣缴义务人已在签订股权转让合同或协议之日起 30 日内向税务机关提交资料的,可以减轻或免除责任。

6）相关各方的报告义务

2015 年第 7 号公告规定间接转让中国应税财产的交易双方和被间接转让股权的中国居民企业可以（非强制）向主管税务机关报告该转让事项,并提交相关资料。这与 698 号文相比有较大的改变:一是由强制报告义务变为交易相关方自主选择是否报告信息;二是提交的资料相对简单,属于交易必备资料,无须额外准备,为报告主体提供便利;三是可报告的主体扩展为间接转让中国应税财产的交易双方及被间接转让股权的中国居民企业,利于交易相关方选择合适的报告主体和途径。需要注意的是,虽然 2015 年第 7 号公告对间接转让中国应税财产交易没有设定强制的报告义务,由纳税人或扣缴义务人自行判定是否报告并提交资料,但是如果该交易需缴纳中国企业所得税,是否提交资料对扣缴义务人的法律后果是有区别的。

为了贯彻执行 2015 年第 7 号公告,国家税务总局又发布了《非居民企业间接转让财产企业所得税工作规程（试行）》,就非居民企业间接转产的企业所得税的主管税务机关、税款征收、资料审核、立案审查与调整等具体程序作出规定。

 案例 2-4

根据实际管理机构将境外注册企业认定为
居民企业征收间接股权转让的企业所得税

股权转让方 A 公司是一家在开曼群岛注册的非居民企业,由美国私募基金拥有。被转让主体 M 公司是一家在开曼注册、中国香港上市的投资控股公司。购买方是一家在美国上市的知名企业。2011 年 7 月 11 日,买卖双方在境外签订股权收购协议 A 公司间接转让了 M 公司在中国境内的 JB 公司等 4 家中国子公司的股权。根据《国家税务总局关于加强非居民企业股权转让所得企业所得税管理的通知》（国税函〔2009〕698 号）的规定,企业向主管税务局佳木斯市国税局递交了说明信。

说明信强调,A 公司依据开曼群岛的公司法注册成立,不是中国居民企业,被转让的 M 公司也是非居民企业,股权转让的收入不是来源于中国。此笔股权交易的形式不以税收利益所驱动,也不是为了规避中国的纳税义务,美国投资方需要就本次出售股权所获得的收益在美国缴纳利得税。

佳木斯市国税局希望把征税权留在中国,有两种思路。一种是确认转让的实际标的是中国境内的居民企业,而境外控股公司只是空壳公司。但由于 M 公司是一家中国香港上市的投资控股公司,否认其经济实体的性质困难重重,本案适用国税函〔2009〕698 号文件的风险较大。另一种思路是证明 M 公司的实际管理机构在境内,依据《企业所得税法》将 M 公司认定为中国居民企业,A 公司转让 M 公司股权的实质就是转让中国居民企业股权,在中国负有纳税义务。办案人员全面审查了本次被转让主体及关联企业 6 年间的会计资料;调取了境外合同、财务报告、招股说明书等资料;追溯了当时 M 公司收购 JB 公司的历史……他们从外围资料查证入手,充分利用网络资源,查阅并获取了 M 公司在外部网站公布的大量信息和在中国香港股市的披露信息,迫使企业提供了境外企业的年度报告、费用明细、股东名单等新的资料。最终所有证据都指向了 JB 公司:M 公司负责实施日常生产、经营、管理运作的高层管理人员及其高层管理部门履行职责的场所主要位于中国境内的 JB 公司,JB公司的管理团队对 M 公司的生产经营活动起到实际的全面的管理控制作用。依据《企业所得税法》,M 公司可以被认定为境外注册实际管理机构在中国境内的居民企业。

经过反复磋商、取证,2012 年 7 月 9 日,按照"实质重于形式"的原则,税务机关认定 A公司通过设立多层控股公司等组织架构的安排,间接控股 JB 公司等我国居民企业,规避其实际管理机构在中国境内的经济实质,在转让 M 公司股份时,申请非居民企业间接转让 JB公司等我国居民企业股权所得享受免税待遇,不符合客观实际,对该集团的避税安排予以重新定性,将 M 公司认定为中国居民企业,A 公司转让 M 公司股权在中国负有纳税义务。2012 年 8 月 2 日,全部税款及利息共计 2.79 亿元人民币汇入国库。

(本案例根据刊载于 2013 年 8 月 30 日的《中国税务报》上的文章《税案剖析:假冒非居民企业被追缴税款 2 亿元》改写。)

2.5.5 减轻企业所得税双重征税的单边规定

为了减轻或消除企业所得税的重复征税,我国税法规定了"限额抵免"的方式。具体规定见《企业所得税法》第二十三条和二十四条:

"企业取得的下列所得已在境外缴纳的所得税税额,可以从其当期应纳税额中抵免,抵免限额为该项所得依照本法规定计算的应纳税额;超过抵免限额的部分,可以在以后五个年度内,用每年度抵免限额抵免当年应抵税额后的余额进行抵补:

"(一)居民企业来源于中国境外的应税所得;

"(二)非居民企业在中国境内设立机构、场所,取得发生在中国境外但与该机构、场所有实际联系的应税所得。"

"居民企业从其直接或者间接控制的外国企业分得的来源于中国境外的股息、红利等权益性投资收益,外国企业在境外实际缴纳的所得税税额中属于该项所得负担的部分,可以作为该居民企业的可抵免境外所得税税额,在本法第二十三条规定的抵免限额内抵免。"

《企业所得税法》第二十三条和第二十四条分别规定了直接抵免和间接抵免。

直接抵免,是指企业作为纳税人在境外缴纳的所得税额在我国应纳税额中抵免。直接抵免主要适用于企业来源于境外的营业利润所得在境外所缴纳的企业所得税,以及来源于或发生于境外的股息、红利、利息、租金、特许权使用费、财产转让等所得在境外被源泉扣缴的预提所得税。直接抵免可以减轻或消除法律性双重征税(juridical double taxation)。

间接抵免,是指境外企业分配股息前的利润缴纳的外国所得税额中由我国居民企业间接负担的部分,在我国的应纳税额中抵免。例如,我国居民企业(母公司)的境外子公司在所在国(地区)缴纳企业所得税后,将税后利润的一部分作为股息、红利分配给该母公司,子公司在境外就其应税所得实际缴纳的企业所得税税额中,母公司所得股息占全部税后利润之比的部分,是由该母公司间接负担的,可以由母公司在中国抵免。间接抵免的适用范围为居民企业从境外子公司取得的股息、红利等权益性投资收益所得,可以减轻或消除经济性双重征税(economic double taxation)。

《企业所得税法》只是给出了限额抵免的原则性规定,关于在实务中如何具体操作,还有一系列的法规进一步明确。具体包括如下:

• 《中华人民共和国企业所得税实施条例》(中华人民共和国国务院令第 714 号)第七十七条至第八十一条

• 《关于企业境外所得税收抵免有关问题的通知》(财税〔2009〕125 号,以下简称财税〔2009〕125 号文件)

• 《关于发布〈企业境外所得税收抵免操作指南〉的公告》(国家税务总局公告 2010 年第 1 号)

• 《财政部 国家税务总局关于高新技术企业境外所得适用税率及税收抵免问题的通知》(财税〔2011〕47 号)

• 《财政部 国家税务总局关于我国石油企业在境外从事油(气)资源开采所得税收抵免有关问题的通知》(财税〔2011〕23 号)

• 《国家税务总局关于企业境外所得适用简易征收和饶让抵免的核准事项取消后有关后续管理问题的公告》(国家税务总局公告 2015 年第 70 号,以下简称 2015 年第 70 号公告)

• 《国家税务总局关于企业境外承包工程税收抵免凭证有关问题的公告》(国家税务总局公告 2017 年第 41 号)

• 《财政部、税务总局关于完善企业境外所得税收抵免政策问题的通知》(财税〔2017〕84 号,以下简称财税〔2017〕84 号文件)

上述文件中,最重要的是财税〔2009〕125 号文件和 2010 年第 1 号公告,2010 年第 1 号公告其实是对财税〔2009〕125 号文件的详细解释,其他文件均是对其中具体事项的补充或完善。综合上面的法规,关于企业所得税境外所得抵免的规定,主要有以下几点:

(1)计算抵免额的步骤。

企业在计算境外所得的企业所得税的抵免额时,分为以下四步:

第一步,计算境内应纳税所得额和分国(地区)别的境外应纳税所得额。

第二步,计算分国(地区)别的可抵免境外所得税税额。

第三步,计算分国(地区)别的境外所得税的抵免限额。

第四步,比较分国(地区)别的可抵免境外所得税税额和分国(地区)别的境外所得税的抵免限额,以其中金额较低者作为当期的抵免额。

需要注意的是,以上是企业采用分国不分项原则计算抵免限额时的方法,如果企业采用不分国不分项的原则,则不需要分别计算各国(地区)的所得税额和抵免限额。

(2)境外应纳税所得额的确定。

境外应纳税所得额并非居民企业实际收到的金额,需要将境外税后所得还原为境外税前所得(如果是允许间接抵免的股息,需要加上间接负担的税额),然后进行必要的成本调整,将计算所得税总额时已经扣除,但实际与境外所得相关的成本费用在境外所得中扣除,计算出境外应纳税所得额。

居民企业在境外设立的不具有独立纳税地位的分支机构取得的各项所得,无论是否汇回中国境内,均应计入该企业所属纳税年度的境外应纳税所得额。

居民企业取得的股息所得,按被投资方作出利润分配决定的日期确认收入实现;来源于境外的利息、租金、特许权使用费、转让财产等收入,按有关合同约定应付交易对价款的日期确认收入实现。

 案例 2-5

中国 A 银行向甲国某企业贷出 500 万元,合同约定的利率为 5%。2009 年 A 银行收到甲国企业就应付利息 25 万元扣除已在甲国扣缴的预提所得税 2.5 万元(预提所得税税率为 10%)后的 22.5 万元税后利息。A 银行应纳税所得总额为 1 000 万元,已在应纳税所得总额中扣除的该笔境外贷款的融资成本为本金的 4%。分析并计算该银行应纳税所得总额中境外利息收入的应纳税所得额。

来源于境外利息收入的应纳税所得额,应为已缴纳境外预提所得税前的合同约定的利息收入总额,再对应调整扣除相关筹资成本费用等。

$$境外利息收入总额=税后利息+已扣除税额=22.5+2.5=25(万元)$$
$$对应调整扣除相关成本费用后的应纳税所得额=25-500\times4\%=5(万元)$$

该境外利息收入用于计算境外税额抵免限额的应纳税所得额为 5 万元,应纳税所得总额仍为 1 000 万元不变。

(3)亏损的处理。

财税〔2009〕125 号文件基于"分国不分项"的原则,规定不同国家的分支机构发生的亏损不得相互弥补,也不能弥补境内的所得。但是,财税〔2017〕84 号文件允许企业从"分国不分项"和"不分国不分项"两种方法中选择一种。企业如果选择"分国不分项",则不同分支机构之间的亏损不能相互弥补,如果企业选择"不分国不分项",则境外分支机构的亏损额应该可以互相弥补。但是,财税〔2017〕84 号文并未详细规定在"不分国不分项"的情况下,具体如何计算不同分支机构的境外所得额和亏损。

（4）可以抵免的所得税额。

可以抵免的税额必须是按照境外税收法规应当缴纳并已经实际缴纳的企业所得税性质的税款。但是和个人所得税一样，可以抵免的税额也不包括在境外错缴或错征的境外所得税税额，按照协定规定不应征收的境外所得税税额，因少缴或迟缴境外所得税而追加的利息、滞纳金或罚款，境外所得税纳税人或者其利害关系人从境外征税主体得到实际返还或补偿的境外所得税税款，按我国税法规定已经免税的境外所得负担的境外所得税税款。企业所得税不能抵免的税额比个人所得税多出一项，即如果我国税法规定，一项境外所得的已纳所得税额仅作为费用从该项境外所得额中扣除的，该项所得及其缴纳的境外所得税额不应再纳入境外税额抵免计算。

（5）境外间接负担税额的计算。

企业在境外取得的股息所得，可以间接抵免的税额是由该企业直接或者间接持有20%以上股份的五层外国企业，[①]应分得的股息、红利等权益性投资收益中，从最低一层外国企业起逐层计算属于由上一层企业负担的税额，即：

第一层：企业直接持有20%以上股份的外国企业。

第二层至第五层：单一上一层外国企业直接持有20%以上股份，且由该企业直接持有或通过一个或多个符合财税〔2009〕125号文件第六条规定持股方式的外国企业间接持有总和达到20%以上股份的外国企业。

（6）税收饶让抵免。

我国企业所得税法中没有单方面规定税收饶让抵免，但我国与部分国家签订的税收协定有税收饶让抵免条款，凡是从这些国家取得所得，且按该国税收法律享受了免税或减税待遇，已经享受的免税或减税数额应视同已缴税额，可以抵免。

（7）抵免限额的确定。

企业所得税的抵免限额的计算可以选择分国（地区）不分项计算，也可以选择不分国不分项计算，企业在从上面两种方法选择之后，5年内不得改变。

分国不分项的抵免限额计算公式如下：

$$抵免限额 = \frac{中国境内、境外所得依照相关}{税法规定计算的应纳税总额} \times \frac{来源于某国（地区）}{的应纳税所得额} \div \frac{中国境内、境外}{应纳税所得总额}$$

不分国不分项的抵免限额计算公式如下：

$$抵免限额 = \frac{中国境内、境外所得依照相关}{税法规定计算的应纳税总额} \times \frac{来源于境外的}{应纳税所得额} \div \frac{中国境内、境外}{应纳税所得总额}$$

（8）简易办法对境外所得已纳税额计算抵免。

在涉及营业利润所得和可以间接抵免的股息的情况下，不但抵免限额的计算十分复杂，

---

① 财税〔2009〕125号文件规定的可以抵免的外国企业为三层，财税〔2017〕84号文件将可以抵免的层级增加到五层。

而且可能由于客观原因无法真实、准确地确认应当缴纳并已经实际缴纳的境外所得税税额，为了方便企业进行抵免，财税〔2009〕125 号文件规定，除了该所得直接缴纳及间接负担的税额在所得来源国（地区）的实际有效税率低于我国企业所得税法定税率 50% 以上的（即实际有效税率低于 12.5%），企业可直接按境外应纳税所得额的 12.5% 作为抵免限额，这就是采用简易办法对境外所得计算抵免。采用简易方法抵免的，原来需要税务机关核准，后来由 2015 年第 70 号公告取消了审批程序，改为由企业在汇算清缴期内向主管税务机关报送备案资料。

除了以上两类所得，其他所得不可以采用简易办法计算抵免。

（9）境外承包工程税收抵免。

企业以总分包或联合体方式在境外实施工程项目时，可能出于管理方便或当地税务机关的要求，由总分包或联合体主导方统一纳税，各分包人或联合体各方无法取得自己名义的完税凭证，为了解决这一问题，各分包人或联合体各方可凭总承包企业或联合体主导方企业开具的《境外承包工程项目完税凭证分割单（总分包方式）》[以下简称《分割单（总分包方式）》]抵免。总承包企业或联合体作为境外纳税主体，应就其在境外缴纳的企业所得税税额，填制《分割单（总分包方式）》或《分割单（联合体方式）》后提交主管税务机关备案。分包企业或联合体各方企业申报抵免时，应将《分割单（总分包方式）》或《分割单（联合体方式）》复印件提交主管税务机关备案。

（10）境内外纳税年度不同的协调。

不同国家对于纳税年度有不同的规定，因此，居民企业在境外设立的分支机构适用的纳税年度可能与中国境内的居民企业不一致，这种情况下，需要确定到底境外取得的所得应该并入哪一个纳税年度的所得。财税〔2009〕125 号文件规定，如果分支机构所在国纳税年度的规定与我国规定的纳税年度不一致，在计算抵免时，以该境外分支机构所在国纳税年度结束日所在的年度确定在我国纳税年度。

除营业利润以外，其他境外所得实际缴纳或间接负担的境外所得税，应在该项境外所得实现日所在的我国对应纳税年度的应纳税额中计算抵免。

 案例 2-6

境外所得企业所得税抵免

A 集团公司是在北京注册成立的一家大型跨国集团公司，在境外有多家分支机构或子公司，A 公司适用的企业所得税税率为 25%，2020 年从中国境内取得所得 2 000 万元人民币，并取得如下境外所得（均折合为人民币）：

（1）当年甲国分公司取得生产经营所得 300 万元，甲国企业所得税税率为 30%，该所得在甲国缴纳所得税 90 万元，来自甲国的税后所得 210 万元。

（2）8 月，乙国某公司按照与 A 集团签订的合同支付给 A 集团特许权使用费 93 万元。某公司已经向乙国政府缴纳了预提所得税 7 万元，税率为 7%。

（3）A 集团公司持有丙国 B 子公司 60% 的股份，B 公司持有同在丙国的 C 公司 50% 的股份。

丙国的企业所得税税率为 18%,向非居民企业支付股息不征收预提所得税,对居民企业收到来自该国其他居民企业的股息不征税。

2020 年各公司的利润及向上层企业股息分配情况如表 2-13 所示。

表 2-13

A 集团股息、红利分配情况明细表

单位:万元

公司	在居民国境内的应纳税所得额	投资收益	税率	税后利润	上层企业持股比例	向上层企业分配股息
A	2 000	492	25%			
B	2 000	205	18%	1 845	60%	820
C	1 000	0	18%	820	50%	410

注:上层企业的投资收益 = 下一层企业向上层企业分配的股息×上层企业持股比例

B、C 公司的税后利润 = 利润×(1-所得税税率)+投资收益

思考问题:请用以上数据分析并计算 A 集团的境外所得的税收抵免额。

(此案例的解析参见附录四)

第3章　国际税收协定

在案例 1-1 中,鸿威公司从经营的第二阶段起,开始有境外业务,会面临双重征税问题,在第 2 章中,我们已经介绍了各国税法中单方面避免双重征税的制度。除此之外,中国与美国之间签有避免双重征税的协定,按照协定的规定,鸿威公司在美国从事销售,只有在美国构成常设机构之后,才需要在美国交税。对于从美国子公司分回的股息、红利所得,可以按照 10% 的优惠税率在美国交税,而且在美国缴纳的税款可以在中国的应缴税款中抵免,从而有效地避免双重征税。此外,税收协定还有很多规定,涉及企业跨境经营面临的种种税收问题。可以说,税收协定为从事国际贸易与投资的纳税人提供了全方位的保护。凡是从事跨境业务的纳税人,都应该了解国际税收协定的主要内容及影响。

理　论　篇

3.1　国际税收协定的起源与发展

国际税收协定(tax treaty)是国与国之间为避免对所得和资本双重征税和防止偷逃税而签订的协议,也被称为税收条约(tax convention)。

据联合国和经合组织的有关资料记载,世界上第一个国际税收协定是由英国和瑞士在 1872 年签订的关于避免遗产税双重征税的协定。虽然此前也有比利时和法国(1843 年)、比利时和卢森堡(1845 年)、比利时和荷兰(1845 年)签订的税收协定,但这些协定主要是关于如何在征税方面提供协助的协议。关于如何避免双重征税,英国和瑞士之间签订的这份协定是第一份。[1]

虽然从 19 世纪就有个别国家之间签订了税收协定,但是发展比较缓慢,第一次世界大战之后,在欧洲中部的国家之间,逐渐形成了初具规模的税收协定网络。但是,在第二次世界大战之前,由于国际贸易与国际投资的规模有限,加上英美法系的国家与大陆法系的国家在税收制度上存在较大的差异,相互之间并不热衷于签订税收协定,税收协定网络的发展速度十分有限。[2] 比如,美国在第二次世界大战结束之前只与法国(1932 年,1939 年)[3]、瑞典

---

[1]　United Nations. International Tax Agreements Volume III: World Guide to International Tax Agreements 1843-1951[M]. Geneva: United Nations Publications,1951: 343-359.

[2]　GUGLIELMO MAISTO. Tax Treaties and Domestic Law[M]. IBFD:EC and International Tax Law,2006: 125.

[3]　1932 年美国与法国签订的是非全面性的税收协定,1939 年签订的是全面的税收协定。

(1939 年)和加拿大(1942 年)缔结了国际税收协定,而英国除了和爱尔兰(1922 年)签订了税收协定之外,没有签订任何其他全面的税收协定。①

第二次世界大战之后,国际税收协定开始快速发展。这一方面是因为国际贸易与投资的巨大发展,另一方面得益于一些国际组织在制定税收协定范本方面所做的巨大努力。1921 年,联合国的前身——国际联盟根据 1920 年布鲁塞尔财政会议"采取行动消除双重课税"的呼吁,通过其财政委员会委托四名经济学家(分别来自意大利、荷兰、英国和美国)组成一个小组,对国际双重征税所涉及的经济问题进行研究,这四名经济学家在 1923 年提交了他们的研究报告。1922 年,国际联盟的财政委员会又成立了一个由比利时、英国、意大利、法国、荷兰、瑞士和前捷克斯洛伐克七国高级税务官员组成的工作组,专门研究国际重复征税和国际逃税所涉及的管理和实务问题,后来不断有新的专家加入工作小组,最终在 1926 年和 1927 年形成了四个范本:《关于防止对所得和财产双重征收直接税的双边协定》《关于防止对遗产税双重征收的双边协定》《关于税务管理协助的双边协定》《关于在征税方面进行司法协助的税收协定》。1928 年 10 月,国际联盟在日内瓦召开了有 28 个国家的代表(有些并非国际联盟的成员国)②参加的大会,修改并通过了这几个税收协定的范本。

此后,国际联盟又分别在 1940 年和 1943 年在墨西哥召开了区域性税务会议,对 1928 年的范本进行了修订,形成了《关于防止对所得双重征税的协定范本》及其议定书以及《关于直接评估及征收方面管理协助的双边协定范本》及其议定书(俗称墨西哥范本)。由于此次参加会议的多是拉丁美洲国家,因此,墨西哥范本对发展中国家的税收权益考虑得较多。

1946 年 3 月,国际联盟财政委员会在伦敦举行会议,审议并修订了墨西哥范本,拟定了一份《关于避免对所得和财产双重征税的协定范本》(又称伦敦范本)。该范本在总体结构上与墨西哥范本基本相同,但由于出席此次会议的发达国家较多,两个范本在某些条款的实质性内容和措辞方面仍有很大的差别,相对而言,伦敦范本对发达的资本输出国更为有利。

国际联盟的税收协定范本,提出了经营所得、常设机构等概念,推动了不少欧美国家相互缔结了双边税收协定。但是,由于这些协定范本的部分原则与各国税法不够协调,在条款设计和内容方面存在一些问题,所以这些范本没有得到世界各国的普遍接受。真正在世界上具有广泛影响的协定范本,是在 20 世纪 60 年代以后相继产生的《经济合作与发展组织关于避免所得和财产双重征税的协定范本》(以下简称为经合组织范本或 OECD 范本)和《联合国关于发达国家与发展中国家间避免双重征税的协定范本》(以下简称联合国范本或 UN 范本)。

OECD 范本和 UN 范本都是全面的税收协定,是对国与国之间涉及所得及财产的各种可能出现的重复征税问题作出的全面性的规定。除了全面的税收协定之外,与税收有关的协定还有各国间签署的航空协定税收条款、海运协定税收条款、汽车运输协定税收条款、互免国际运输收入税收协议或者换函(以下统称运输协定)。这些协定通常是在国与国之间签

---

① GUGLIELMO MAISTO. Tax Treaties and Domestic Law[M]. IBFD：EC and International Tax Law, 2006：125.

② 朱青的《国际税收》一书说是 27 个国家。

订全面税收协定之前,为了解决国际运输(空运、海运、汽车运输)领域存在的双重征税问题而签订的。

除了以上税收协定,还有专门为情报交换而签订的情报交换协定。这些协定多是与一些避税地国家与地区之间签订的,专门就如何进行与税收相关的信息交换而签订的。有关税收情报交换协定,更详细的介绍见本书第 5 章。

3.2　OECD 范本和 UN 范本

OECD 的前身是 1947 年由美国和加拿大发起,成立于 1948 年的欧洲经济合作组织(OEEC),该组织成立的目的是执行致力于第二次世界大战以后欧洲重建的马歇尔计划,后来其成员国逐渐扩展到非欧洲国家。1961 年,欧洲经济合作组织改名为经济合作与发展组织,截至目前,OECD 的成员有 36 个市场经济国家。该组织的使命是推动改善世界经济与社会民生的政策。它提供了一个平台,成员国政府可以借此平台开展合作,分享经验并寻求共同问题的解决方案。税收也是 OECD 关注的一个重要话题。第二次世界大战后,OEEC 成员国之间的经济往来与合作越来越密切,迫切需要通过协定网络解决重复征税问题。但在 1955 年之前,成员国之间总共才签署了 70 个税收协定,有个别成员国完全没有签署任何税收协定。OECD 从 1956 年开始着手起草所有成员国都可以接受的税收协定范本,并于 1963 年首次公布了《关于对所得和财产避免双重征税的协定范本》和注释。考虑到各国的税制不断发生变化,新的商业模式不断出现、企业规模不断扩大,国际避税的手段越来越复杂,OECD 又在 1977 年综合各成员国在税收协定谈签和执行过程中的经验与问题,对 1963 年的协定草案和注释进行了修订,并于 1977 年公布了新的范本和注释。

考虑到范本及其注释的修订已成为一项长期性的工作,OECD 在 1992 年的修订版采用了活页式,旨在持续地、定期地提供最新的修订内容,从而确保协定范本能够及时、准确地反映各成员国的观点。1992 年之后,协定范本一共更新了 10 次(分别是 1994 年、1995 年、1997 年、2000 年、2002 年、2005 年、2008 年、2010 年、2014 年、2017 年等版本)。由于协定范本的影响已经远远超越了经合组织的范围,范本的修订过程也面向非成员国、其他国际组织及团体开放。从 1997 年版开始,一些非成员国关于协定范本的立场也被列入报告中。目前经合组织最新的协定范本是 2017 年版的范本。该版本的范本详见本书附录一。相比较 2014 年版,2017 年版的协定范本根据 OECD 的税基侵蚀与利润转移(Base Erosion and Profit Shifting, 以下简称 BEPS)项目的研究结果,特别是 BEPS 第 2 项行动计划、第 6 项行动计划、第 7 项行动计划的最终报告,进行了不少的改变。2018 年以后我国新签的协定,比如,与阿根廷的协定是采用了 2017 年版协定范本,但是我国过往所签的协定,基本是基于 2014 年之前的版本,需要通过议定书(如中国内地与中国香港于 2019 年签订了第五议定书)或者重签协议的形式(如中国与新西兰、意大利于 2019 年重签的税收协定)实现必要的修订。

为了帮助缔约国更好地理解与执行税收协定,对于每一版的税收协定范本,经合组织都配套有协定范本注释("Commentaries on Model Tax Convention"),范本注释对范本进行逐条解释,不仅对其中的关键概念进行文字上的解释,还举出很多示例,帮助理解范本的相关内容。应该说,协定范本并不是真正意义上的国际条约,协定范本注释也不是对有法律约束力的条约的法定解释,但它是理解和执行范本制定者意图的最佳工具,在经合组织成员国中,不论是税务机关、法庭还是纳税人,在理解和执行协定的过程中,普遍会参考范本注释。

另一个与 OECD 范本有同样广泛影响的是 UN 范本。与经合组织不同,联合国的成员国不仅包括发达国家,也包括很多发展中国家和欠发达国家。这些国家与发达国家之间在进行国际贸易与投资过程中,往往是资本和技术的输入国,是所得来源国,如果按 OECD 范本去签订国际税收协定,在很多情况下都无法对来自本国的所得征税。为了制定一个所有国家普遍接受的税收协定范本,联合国于 1968 年成立了由发达国家代表和发展中国家代表组成的专家小组,并于 1979 年 12 月正式公布了《联合国关于发达国家与发展中国家间避免双重征税的协定范本》。相比经合组织范本,UN 范本更多地考虑了作为所得来源地的发展中国家的税收权益,赋予发展中国家更多征税权。UN 范本自公布之后,也历经修改,目前最新的版本为 2017 年版,该版本的范本详见本书附录二。

实际上,在 OECD 范本与 UN 范本之间,有着很紧密的联系。联合国范本基本上沿袭了 OECD 范本的体例,很多条款和注释也基本上是复制 OECD 范本的条款和注释。但是,UN 范本中,也有一些条款与 OECD 范本不同,甚至有很大的差别。下面,我们将重点介绍 OECD 范本的框架和内容,对于 UN 范本与 OECD 范本不同的地方,我们会单独说明,并分析两个范本不一致时,我国谈签税收协定的具体选择。

3.3 OECD 范本和 UN 范本的主要框架

OECD 和 UN 税收协定范本按其内容分为七章。第一章是协定的范围,包括人的范围和税种的范围。第二章是定义条款,列出了税收协定中一些重要概念的定义。第三章是对所得的征税,主要是对发生在缔约国双方的各类所得划分税收管辖权,以避免对纳税人的同一所得重复征税。第四章是对财产的征税。第五章是消除双重征税的方法,对可能发生的重复征税,确定消除双重征税的方法。第六章是特别规定条款,主要是非歧视待遇、相互协商程序、信息交换、税收征收协助等条款。第七章是特殊规定,主要是关于协定生效与终止的条款。

3.3.1 范围条款

3.3.1.1 人的范围

税收协定范本第一条第一款规定:"本协定适用于缔约国一方或者同时为双方居民的人。"早期的税收协定一般适用于缔约国双方的"公民",有些协定的适用范围更广,普遍地适用于缔约国各方的"纳税人",也就是说,只要有义务就其部分所得或财产向缔约国纳税的人就适用。基于方便实务操作的考虑,OECD 范本将人的适用范围限定为一国或双方的居民。"居民"这一用语的定义在第四条中规定。

2017 年版的 OECD 范本第一条共有三款。比 2014 年版的协定范本第一条增加了两款。其中,第二款规定,对于缔约国中任何一方的税法认为是完全透明或部分透明的某个实体或安排(如合伙企业、信托等),其取得的所得在合伙人层面征税时,缔约国一方应将合伙企业从本国取得的所得中归属于对方居民合伙人的部分,视为对方居民合伙人取得的所得,给予税收协定待遇,但是,享受协定待遇的所得不应该超过该国在税收上按该居民的所得处理的金额。举例来说,A 国认为 B 国的某实体是个公司,对于该实体从 A 国债务人收到的利息,A 国征税。但是 B 国税法将该实体看成税收透明体,B 国对其不征税,而是对其合伙人征税。如果两位合伙人中,有一位是 B 国的居民,分享合伙企业的一半所得,则这一半所得应该可以作为 B 国居民的所得,享受 A 国与 B 国的协定待遇。对于并非 B 国居民的合伙人取得的所得,不能享受 A 国与 B 国的协定待遇。

第三款明确了协定的一般原则是不限制缔约国对本国税收居民征税的权利,除非有些规定有意限制各国对居民征税。第三款明确列出了这些例外情形,比如,根据协定范本第九条第二款,缔约一方对关联企业应获得的利润进行调整之后,缔约对方应该对关联交易的另一方(本国居民企业)的应纳税额做出对应调整。

OECD 范本对第一条的注释,重点讨论了以下几个问题:

(1) 集合投资工具的跨国问题。集合投资工具(Collective Investment Vehicle,以下简称 CIV)指被广泛持有、拥有多样化投资证券组合并受其设立国投资者保护法规约束的基金。当投资者、集合投资工具和持有的投资位于不同国家时,集合投资工具会产生很多复杂的税务问题。根据范本的注释,与合伙企业一样,集合投资工具是否能够享受税收协定待遇取决于其在设立国的税收地位,如果集合投资工具只是一个税收虚体,就不会被认定为其设立地所在国一方的居民,也不能享受该缔约国的税收协定待遇。反之,对于收到股息和利息的 CIV,如果属于被众多投资者广泛持有的 CIV,只要 CIV 的管理人对管理产生所得的资产有自由裁量权,就可以被认定为受益所有人,可以享受税收协定待遇。如果集合投资工具在设立地所在国负有纳税义务,即使该工具可能享受各种免税或减税待遇,都可能被视为其设立地所在国的居民,享受税收协定待遇。

(2) 是协定的不当使用。针对个别纳税人采用导管公司、基地公司等形式滥用税收协定的情况,①注释指出,如果存在滥用协定规定的人为安排,缔约国不必给予税收协定的优惠待遇。但注释同时也指出,不应轻易推定纳税人正在从事某种滥用协定交易。协定范本注释也介绍了一些如何通过国内立法防止滥用税收协定的方法,并提出一些具体的立法建议。

除了以上几点,2014 年的范本注释还曾重点分析了"协定对合伙企业的适用",它指出如果合伙企业是一个纳税实体,被视为公司或按与公司相同的方式课税,那么就成为缔约国一方的居民,有资格享受税收协定待遇。如果一个合伙企业被视为税收虚体,就不能构成协定意义上"缔约国一方的居民",也就不能享受税收协定待遇,除非协定中有包含合伙企业的

---

① 关于滥用税收协定及其防范,详见本书第 4 章和第 5 章。

特别规定。如果合伙企业不能适用协定,则合伙人可以享受居住国所缔结的协定待遇。由于上面的观点已经在2017年版税收协定范本第一条第二款作为正式条文呈现,也在范本注释中对第二款作了详细解释,注释不再将其作为额外需要关注的问题进行分析。

3.3.1.2 税种的范围

由于各国征收的税种在名称与实质上存在很大的差异。范本第二条在规定协定适用的税种范围时,采用了一般定义与特殊说明相结合的办法。首先在第一款中作出宽泛的定义,说明税收协定所适用的税种是对所得和财产征收的税收,然后在第二款中对所得税和财产税作出了定义。为了减少争议,范本在本条第三款中列出了协定签署当时缔约国双方适用的具体税种,并在第四款中说明协定也适用于签署日以后增加的或替代现行税种的任何相同或实质相似的税种。

3.3.2 定义条款

对于协定中所使用的专用术语,在范本中主要有三种方法加以定义。第一种是在范本第三条(一般定义条款)中解释,如"人""公司""缔约国""国际运输"等的定义;第二种是用独立的条款来解释,如"居民"和"常设机构";第三种是在所属条款中解释,如"利息""股息"和"特许权使用费"。

3.3.2.1 一般定义

范本第三条定义了协定中反复出现的9个术语。包括"人""公司""企业""缔约国一方企业和缔约国另一方企业""国际运输""主管当局""国民""营业"和"认可的养老基金"。这些术语在协定中的含义与它们日常使用时的含义有较大的区别。只有理解了范本第三条中对这些术语的定义,才可以更准确地理解税收协定。比如在税收协定中,"人"泛指任何需要纳税的个人和实体,包括个人、公司和其他团体,更接近"纳税人"的概念。"公司"一词也不同于公司法中公司的概念,而是指法人团体或者在税收上视同法人团体的实体。对于协定中没有明确定义的术语,第三条第二款指出,除上下文另有要求的,应当采用协定实施时(课税时)缔约国所适用税种的法律的定义,并规定税法的定义优先于其他法律对同一用语的定义。

3.3.2.2 居民定义

"居民"是税收协定中的一个核心概念,协定第四条定义了这一概念,一方面确定协定的适用范围,另一方面是要解决因双重居民身份而引起的双重征税问题。

在本书第2章,我们曾介绍过各国对税收居民都有不同的定义,经合组织范本并没有在范本中给出一个统一的居民的定义,而是规定由各国国内法确定。其具体表述如下:

"缔约国一方居民"是指按照该缔约国的法律,由于住所、居所、管理机构所在地或者其他类似性质的标准,在该缔约国负有纳税义务的人。

该款第2句中提到的"纳税义务",应该是全面的纳税义务,如果纳税人仅仅因为有来源于该国境内的所得或在该国内的财产负有有限的纳税义务,该个人不被视为协定意义上的居民。

协定范本第四条的第二款规定了在自然人纳税人同时为双方居民的情况下,如何确定该纳税人的居民身份,即通常所称的"决胜规则"或"加比规则"("tie breaker rule")。根据税收协定范本,当纳税人同时为缔约国双方的居民时,首先看该纳税人的永久性住所("permanent home")在哪一国,如果这个人在缔约国双方都有永久性住所,就看他与哪一国的个人和经济联系("personal and economic relations")更为密切,也就是他的重要利益中心("center of vital interests")所在的国家。当依据重要利益中心也不能判定居民身份时,就看该个人的习惯性居住处("habitual abode"),最后是看这个人的国籍("nationality")。如果按照以上原则都还无法判定的话,就由两国共同协商解决。

加比规则中涉及的几个概念比较抽象,可以参考协定范本注释去理解,也可以参考国家税务总局的税收协定条款解读去理解,具体如下。

1) 永久性住所

永久性住所包括任何形式的住所,例如,由个人租用的住宅或公寓、租用的房间等,但该住所必须具有永久性,即个人已安排长期居住,而不是为了某些原因(如旅游、商务考察等)临时逗留。

2) 重要利益中心

重要利益中心要参考个人家庭和社会关系、职业、政治、文化和其他活动、营业地点、管理财产所在地等因素综合评判。其中特别注重的是个人的行为,即个人一直居住、工作并且拥有家庭和财产的国家通常为其重要利益中心之所在。

3) 习惯性居处

在出现以下两种情况之一时,应采用习惯性居处的标准来判定个人居民身份的归属:一是个人在缔约国双方均有永久性住所且无法确定重要经济利益中心所在国;二是个人的永久性住所不在缔约国任何一方,比如该个人不断地穿梭于缔约国一方和另一方旅馆之间。第一种情况下对习惯性居处的判定,要注意其在双方永久性住所的停留时间,同时还应考虑其在同一个国家不同地点停留的时间;第二种情况下对习惯性居处的判定,要将此人在一个国家所有的停留时间加总考虑,而不问其停留的原因。

4) 国籍

如果该个人在缔约国双方都有或都没有习惯性居处,应以该个人的国籍作为判定居民身份的标准。

当采用上述标准依次判断仍然无法确定其身份时,可由缔约国双方主管当局按照协定第二十四条规定的程序,通过相互协商解决。①

协定范本第四条第三款规定了当企业或其他团体被一个以上的国家视为居民时,如何判定该纳税人的居民身份。2014 年及之前的 OECD 范本将"实际管理机构所在地"("place of effective management")作为判定除个人以外的纳税人的居民身份的标准。所谓"实际管

---

① 具体内容参见国家税务总局网页(http://www.chinatax.gov.cn/chinatax/n810219/n810744/n1671176/n1671186/c1705791/content.html.)。

理机构所在地"，是指实质上作出有关企业经营关键性的管理与商业决策之地，通常是最高管理层作出决策的地方，是决定企业整体行动的地点。但是，并没有一个简单明了的规则判定企业实际管理机构所在地，而是要考虑所有相关的具体情况。比如董事会或类似机构通常举行会议的地点、首席执行官和其他高级管理人员通常从事活动的地点、该法人的日常管理在何处进行、总机构设于何处、会计记录放置何处等。①

但是 2017 年版的协定范本对于这一款有比较大的变动。新的范本并不是直接将实际管理机构所在地作为判断企业居民身份的标准，而是由缔约国双方在考虑其实际管理机构所在地、注册地或成立地以及任何其他相关因素的基础上协商确定。之所以作出这种改变，是因为税务机关发现，企业很多时候通过双重税收居民身份进行税务筹划，将实际管理机构作为居民身份判断标准的情况下，反而为企业的税务筹划提供了确定性。②为了防止企业利用双重税收居民身份避税，2017 年的范本改变旧的原则，改由主管当局根据个案的具体情况去判断，从而给企业造成一定的压力，使其不敢以获得协定待遇为目的，人为筹划选择居民国，有效帮助各国税务机关应对企业利用双重税收居民身份避税。

3.3.2.3 常设机构定义

常设机构（"permanent establishment"，简称 PE）是国际税收领域的一个核心概念，这个概念主要用于确定缔约国一方（来源国）对缔约国另一方（居民国）企业的所得的征税权。常设机构与范本第三章中的各条均会发生关系，在确定各项所得（不仅是营业利润所得，也包括各项被动所得）的征税权时发挥着重要的作用。OECD 范本给出了三种类型的常设机构，第一类是实体型常设机构（"Physical PE"），第二类是建筑型常设机构（"Construction PE"），第三类是代理型常设机构（"Agency PE"）。它们的定义都体现在 OECD 范本的第五条中。

第五条的第一款给出了常设机构的一般定义，即常设机构是一个"固定营业场所"。满足这一条要求的常设机构就是实体型常设机构。要理解这一定义，必须理解"场所""固定"和"营业"这几个关键词。

首先，存在一个"场所"，如厂房、办公室等。需要注意的是，这类场所没有规模或范围上的限制，可以是机器、仓库、摊位等；且不论是企业自有的，还是租用的；也不管房屋、场地、设施或设备是否有一部分被用于其他活动。一个场所可能仅占用市场一角，或是长期租用的仓库的一部分（用于存放应税商品），或设在另一企业内部等；只要有一定可支配的空间，即可视为具有场所。

其次，该场所必须是"固定的"，即它必须建立在某确定的地点，并具有一定程度的永久性；这种固定性并不要求场所完全固定不动，对某些经常在相邻的地点之间移动的营业活动，虽然营业场所看似不固定，但如果这种在一定区域内的移动是该营业活动的固有性质，一般可认定为存在单一固定场所。例如，某办事处根据需要在一个宾馆内租用不同的房间，

---

① 具体请参见范本注释对该条款的解释。
② 关于利用双重税收居民身份避税，详见第 4 章。

或租用不同的楼层,该宾馆可被视为一个营业场所;又如,某商人在同一个商场或集市内的不同地点设立摊位,该商场或集市也可构成该商人的营业场所。

所谓永久性,是指该场所应在时间上具有一定程度的持久性,而不是临时的。对于多长时间才算持久,OECD 各成员国之间并无共识,大多数国家会将 6 个月作为判断的标准,存在时间少于 6 个月的营业场所,不会被视为常设机构。但是也有不少案例,将存在时间少于 6 个月的营业场所判定为常设机构。需要特别注意的是,营业活动暂时的间断或者停顿并不影响场所时间上的持久性。如果某一营业场所是基于短期使用目的而设立的,但实际存在时间却超出了临时性的范围,则可构成固定场所并可追溯性地构成常设机构。反之,一个以持久性为目的的营业场所如果发生特殊情况,如投资失败提前清算,即使实际只存在了一段很短的时间,同样可以判定自其设立起就构成常设机构。

最后,该企业要通过该固定场所进行营业活动。这通常是指该企业的人(工作人员)在固定场所所在国从事该企业的营业活动。①

第五条第二款列举了一些构成常设机构的例子,但这些列举并非是穷尽性的。实际上,只要满足第一款的定义,就应判定为常设机构,而不受第二款列举范围的限制。

第五条第三款是建筑型常设机构的定义。该条款规定,只有持续 12 个月以上的建筑工地、建筑或安装活动才构成常设机构。鉴于工程持续时间是决定是否构成建筑型常设机构的关键因素。范本注释花了较多的篇幅解释如何计算建筑性常设机构的持续时间,比如工地上的准备时间也计入持续时间、因天气等原因暂停建筑活动期间仍计入持续时间等,详细的分析请参见范本注释。②

第五条第四款是例外条款,列举了不构成常设机构的营业活动。根据这一款的规定,即使企业通过固定营业场所从事此类活动,也不会构成常设机构。这些活动都是准备性或辅助性的活动,比如专为储存、陈列或者交付本企业货物或者商品的目的而使用的设施,专为储存、陈列或者交付的目的而保存本企业货物或者商品的库存等六种情况。在理解这些例外条款时,要特别注意其中"专为""本企业"等用语,不符合这些限制条件的,比如除了为本企业储存货物,还为其他企业储存货物,仍然会构成常设机构。范本注释说明,通常是很难判断活动是否属于辅助性和准备性的,其中一个决定性的标准是看在固定场所从事的活动是否是企业整体活动中比较基本和重要的部分,需要根据个案的具体情况去判断。在任何个案中,如果企业在固定场所从事的活动目标与企业整体目标一致,则不能被认定为辅助性和准备性的。

2017 年版的协定在第五条第四款下面增加了一条次级条款,编号为 4.1,这一款是 BEPS 行动计划中反分拆规则的具体体现,③增加此款的目的是防止企业(或者密切相关的企业)

① 关于如何理解这几个关键词并据以判断是否构成"实体型常设机构",更详细的内容请参见《OECD 范本与注释》对于第五条第一款的注释部分。
② 关于如何计算工程持续时间并判断是否构成"建筑型常设机构",请参见《OECD 范本注释》对于第五条第三款的注释部分。
③ 关于反分拆规则,见本书第 5 章中关于第 7 项行动计划的介绍。

通过将业务分拆成若干个环节,使每个环节都符合准备性或辅助性的活动,从而不构成常设机构。

第五条第五款是代理型常设机构的定义。2017年版的协定范本在第五款也有较大的变化,相对之前的范本,非独立代理人更容易构成常设机构。旧的范本中,当某个企业的代理人有权以企业的名义签订合同并经常行使这种权力,即使该企业在一国没有第一、第二款所述的固定营业场所,该企业在该国也会构成常设机构,除非此人的活动是仅限于第四款中所列举的活动。但是,根据第六款,如果该代理人是独立地位的代理人,在其营业常规所进行的活动,也不应认为这个企业在该国设有常设机构。[①]

新的范本中,将代理人常设机构的条款修改为:

"如果一人在缔约国一方代表一家企业从事活动,经常订立合同,或对于按惯例订立的合同,经常在合同订立过程中发挥主要作用,该企业不对合同进行实质性修改,且该合同:

"(一) 以该企业的名义订立,或

"(二) 涉及该企业拥有或有权使用的财产的所有权的转让,或使用权的授予,或

"(三) 规定由该企业提供服务,

"对于该人为该企业从事的任何活动,应认为该企业在该缔约国一方设有常设机构,除非该人通过固定营业场所进行的活动限于第四款所述情形,按照该款规定,不应认为该固定营业场所构成常设机构。"

范本第五款修订之后,无论代理人是否实际签署合同,也不管该合同是否以被代理企业的名义订立,只要代理人在合同订立过程中发挥主要作用,且该合同需要被代理企业转让财产或提供服务来履行,被代理企业都可能构成常设机构。

第六款规定独立代理人不构成常设机构。独立代理人所从事的代理活动是其自身常规经营活动一部分,而不是被代理企业从事的业务活动,因此不会导致被代理企业构成常设机构。判断一位代理人是否为独立代理人,关键要看其是否在法律上和经济上独立于被代理企业。代理人的独立性体现在以下几个方面:①代理人具有商务活动的自由度,不受被代理企业指导和控制;②商务活动的风险由代理人自己承担,而不是由被代理企业承担;③代理人并不仅仅为一家企业开展活动;④代理人具备独立从事商务活动的专门知识或技术,不需要依赖企业的帮助。独立代理人在代表企业进行活动时,一般按照常规进行自身业务活动,不从事其他经济上归属于被代理企业的活动。但是第六款的最后一句话强调如果该代理人专门或者几乎专门代表一个或多个与其紧密关联的企业进行活动的,不属于独立代理人。加入这句话的目的是防止企业通过形式上的安排,将非独立代理人变成独立代理人来规避构成常设机构。

第七款专门强调子公司本身并不构成母公司的常设机构,因为从税收角度看,子公司本身是一个独立的法人,即使它在贸易或营业上受母公司管理,也不能被视作母公司的常设机构。然而,如果母公司在子公司拥有固定营业场所,或子公司作为母公司的代理人从事营业活

---

① 关于如何判断是否构成"代理型常设机构",请参见《OECD范本注释》对于第五条第五款和第六款的注释部分。

动,那么子公司将构成母公司的常设机构。

UN 范本除了以上三种类型的常设机构,在第五条第三款建筑性常设机构相关条款的后面,增加了"缔约国一方的企业派其雇员或其雇佣的其他人员到缔约对方提供劳务,仅以任何十二个月内这些人员为从事劳务活动在对方停留连续或累计超过六个月(或 183 天)为限"的内容。此种类型的常设机构通常称为服务性常设机构("Service PE")。这一类型的常设机构十分常见,遗憾的是,UN 范本仅提出了此类常设机构的定义,并没有在范本注释中就如何具体理解这一条款作深入详细的解释。

OECD 范本没有规定构成服务性常设机构的情形,也就是不认为单纯提供服务会在来源国构成常设机构。但是,在 2010 年版的范本注释中,也专门提及了对劳务征税的问题。OECD 认为,劳务的提供应与其他商业活动同样对待,对于劳务活动,如果允许在来源地课税,将增加企业的纳税遵从负担和税务行政机关的管理成本,而且在确定应税利润及征收税款等方面也存在许多困难,因为在多数情况下,企业不会有与常设机构相联系的会计记录和资产,也没有能够履行税务申报和税款缴纳义务的人员。但是,考虑到有些国家认为劳务的来源国应该可以课税。各国在双边协商过程中,可以选择加入 UN 范本中的服务型常设机构条款。中国在签订协定时大多参照 UN 范本加入此条款。

3.3.3 税收管辖权划分

3.3.3.1 不动产所得

范本第六条划分不动产所得的税收管辖权。第六条第一款明确,不动产所在国对于不动产所得有征税权。第二款赋予缔约国双方国内法对"不动产"这一用语的解释权。但同时规定,无论缔约国国内法如何规定,在执行协定时,该用语应包括第二款所列明的项目,即包括附属于该不动产的财产,农业和林业所使用的牲畜和设备,由于开采或有权开采矿藏、水源与其他自然资源而取得固定或不固定的收入的权利等。第三款说明本条所称的"不动产所得",是指在不动产所有权不转移的情况下,使用不动产所获得的收益,包括直接使用、出租或者以任何其他形式使用该不动产取得的所得。而对不动产所有权转移产生的所得,应适用协定第十三条的规定。第四款指出,第一款和第三款的规定对企业的不动产所得和用于进行独立个人劳务的不动产所得[①]同样适用,进一步明确了不动产所在国的优先征税权。

对于不动产所得条款,新的范本与之前基本一致,我国对外签订的税收协定也大都采用类似的表达。

3.3.3.2 营业利润

范本第七条是关于营业利润的税收管辖权划分的。第七条第一款确定划分的一般原则,即缔约国一方(居住国)企业在缔约国另一方(来源国)的营业活动只有在构成常设机构的前提下,缔约国另一方(来源国)才能征税,并且只能就归属于常设机构的利润征税。"归属于该常设机构的利润"不仅包括该常设机构取得的来源于该国境内的利润,还包括其在该

---

① 2000 年之前的版本中的这一项包括用于独立个人劳务的不动产所得。

国境内外取得的与该常设机构有实际联系的各类所得，包括股息、利息、租金和特许权使用费等所得。这里所说实际联系一般是指对股份、债权、工业产权、设备及相关活动等具有直接拥有关系或实际经营管理等关系。

协定范本第七条第二款确立了独立企业原则，即应把常设机构作为一个独立的纳税实体对待，常设机构不论是同其总机构的营业往来，还是同该企业的其他常设机构之间的营业往来，都应按公平交易原则，以公平市场价格为依据计算归属于该常设机构的利润。

第三款规定如果缔约国一方（来源国）根据第二款调整了归属于常设机构的利润并据以征税，如果缔约对方（居民国）已经对此利润征税，缔约对方应该在必要的范围内进行相应的调整，如有必要，缔约双方的主管当局应进行磋商。

范本第四款明确企业取得的其他各类所得应按协定各相关条款处理。但这一原则仅适用于企业本身的所得，如果各类所得由企业设在缔约对方的常设机构取得或与常设机构有实际联系，则不论协定是否对各类所得有单独条款规定，仍应优先执行协定第七条的规定。

从 2010 年版的 OECD 范本开始，营业利润条款只有以上四款，而之前的 OECD 范本有七款。除了以上四款，它还规定了在计算常设机构的利润时，应允许扣除常设机构发生的费用；常设机构为本企业采购货物和商品，不视为常设机构在采购活动中取得利润，不应按利润归属的方法计算或核定常设机构在采购活动中获得利润；常设机构的利润确定方法一旦确定，不能随意改变等原则。2010 年版的 OECD 范本之所以较之前发生很大的变化，是因为 OECD 发现之前各国在就如何理解相关条款方面存在很多歧义，因此 OECD 组织的范本和注释基于 2008 年的研究报告作了比较大的修订。[①]

2011 年版的 UN 范本第七条有六款，没有和 OECD 范本第三款对应的内容。UN 范本的第三款中明确计算常设机构的利润时，应该允许扣除常设机构的成本，包括行政和管理费用。但常设机构与总机构及其他分支机构之间支付的权利费用、利息费用和服务费用等一般不计入收入，也不作成本扣除。第四款规定当常设机构利润不能通过账目清晰核算时，可以依据公式法分配企业的总利润，从而确定归属常设机构的利润。协定虽有此规定，但由于在实施中存在很多问题，一般仅适用于长期以来习惯用这种方法的缔约国。UN 范本第五款规定常设机构的利润确定方法一旦确定不能随意改变等原则，这一条是与旧的 OECD 范本一样的。

从上面的介绍可以看出，目前 OECD 范本和 UN 范本在营业利润条款方面有较大的不同。我国对外签署的大部分税收协定是按照旧的经合组织范本签订的，都有 OECD 组织旧版本中全部七款内容。新签和重签的协定基本也都保留了七款内容，甚至更多。比如，中国与新西兰签的税收协定第七条共有九款。

3.3.3.3　国际运输

协定范本第八条划分国际运输相关的所得的税收管辖权。这一条相当地稳定，从 1963 年到 2014 年，一直没有发生什么变化。2014 年版的 OECD 范本第八条第一款规定，以船舶或

---

① 即 OECD 的报告：*Attribution of Profits to Permanent Establishments*（the "2008 Report"）。

飞机从事国际运输业务取得的利润,应仅在企业实际管理机构所在的缔约国征税,在另一方免予征税。按照 OECD 范本的注释,免税的范围不仅包括企业直接从事国际运输业务所取得的利润,还包括与国际运输经营具有附属性质的活动取得的利润,比如说缔约国一方企业以船舶或飞机经营国际运输业务有关的存款中取得的利息收入等。在协定范本注释中,列举了很多例子来说明哪些收入是附属于国际运输的所得。协定范本的第二款对从事内河运输取得的利润也给予免税待遇,而且不仅适用于两国或多国之间的内河运输,也包括在另一国国内两地之间内河运输。第三款规定实际管理机构设在船舶或船只上的,应以船舶或船只的母港所在缔约国为实际管理机构所在国。第四款规定采用某些合作方式来经营国际运输业务的企业或个人也可享受国际运输条款的免税待遇。

然而,2017 年版的 OECD 范本在第八条有了很大的改变。一是标题从"船运、内河运输和空运"改成了"国际海运和空运",删除了内河运输。二是改变了几十年来一贯采用的原则,将征税权赋予企业所在的国家,而不是企业实际管理机构所在的缔约国。这是因为,OECD 经过调查,发现大部分成员国和非成员国都没有按照旧的协定范本签署税收协定,而是采用范本注释中给出的选择,在企业所在国征税。OECD 成员国根据此调查的结果,调整了范本的征税原则和表述。三是将原来的四款减少为两款,将 2014 年版中的第二款删除,并在注释中说明,对于少数希望保留内河运输的国家,可以在协定中加入内河运输条款。由于征税原则已经改变,此前实际管理机构在船舶上的企业如何征税不再需要特殊说明,第三款也就不需要了。

此外,对应第八条的变化,第三条中对"国际运输"的定义和第六条、第十三条、第十五条和第二十二条也进行了相应的修改。

UN 范本的第八条有两种不同的选择,第一种选择和 OECD 范本基本一致,就是将征税权都赋予企业所在地。第二种选择给了来源国一定的征税权,允许来源国将国际运输总利润进行一定的分配,并按限定税率在来源国征税。

对照我国与各国所签的税收协定,在海运、空运这一条,都与 2017 年版的 OECD 范本是一样的。比如我国的协定一般规定从事国际运输取得的利润,应在企业的居住国交税。而且,我们的税收协定一般没有第二款,即从事内河运输所取得的利润不能免税。中国与不同国家签订的协定当中,国际运输条款也有较大的差异:有的国家的协定免税;有的协定不免税;有的国家空运免税,海运不免税,比如马来西亚协定;[①]有的协定仅仅免国际运输的企业所得税;有的不仅免企业所得税,还免营业税。[②]在实际处理问题的过程中,需要找出具体的税收协定及议定书,对照相应的条款处理。

---

① 中马协定的表述为:"缔约国一方企业以船舶经营国际运输业务从缔约国另一方取得的所得,可以在该缔约国另一方征税。但该缔约国另一方对该项所得征收的税额将减为该项税额的百分之五十。"

② 2013 年 8 月我国全面推开"营改增"之后,运输业务已经由征收营业税改为征收增值税。根据《国家税务总局关于发布〈适用增值税零税率应税服务退(免)税管理办法(暂行)〉的公告》(国家税务总局公告 2013 年第 47 号,现已废止)的规定,国际运输业务适用零税率。所以,即使协定中没有规定免征国际运输的增值税,在中国从事国际运输业务也可免税,同时,相应的进项税额抵减应纳增值税额(不包括适用增值税即征即退、先征后退政策的应纳增值税额),未抵减完的部分予以退还。

3.3.3.4 股息所得

范本的第十条是划分股息的税收管辖权。对于股息所得,OECD范本采用了共享征税权的方法。第一款规定股息可以在受益所有人的居住国征税,第二款为来源国(支付股息的公司为其居民的国家)保留了征税权,但这种征税权受到相当程度的限制,税率要低于15%。另外,为了促进国际投资的发展,范本规定,在受益所有人是公司,并在包括支付股息日在内的365天(在计算365天这一期间时,不应考虑由持股公司或支付股息公司企业重组,如合并重组或分立重组等直接导致的持股情况变化)均直接拥有支付股息的公司至少25%资本的情况下,可以适用5%的低股息税率。相对2014年版的范本①,2017年版的协定范本根据BEPS第六项行动计划,增加了持股时间不低于365天的要求,防止企业不恰当地获得协定优惠。

在股息条款中,首次出现了"受益所有人"这一重要的概念。取得股息所得的人在具有该所得受益所有人身份的情况下,才能在来源国享受协定规定的优惠税率,否则将按来源国的国内法进行征税。范本注释规定,对"受益所有人"这一用语,不应从一种狭隘的技术层面来运用,而应结合上下文以及协定的目的和宗旨来理解,包括避免双重征税和防止逃税与避税。受益所有人,是指对所得和所得据以产生的权利或财产具有所有权和支配权的人,一般从事实质性的经营活动,可以是个人、公司或其他任何团体。在判定受益所有人身份时,应按照实质重于形式的原则,结合具体的实际情况,在综合考虑各种相关因素的基础上,进行分析判断。"导管"公司一般不能被认定为受益所有人,尽管它形式上是特定资产的所有人,但它对资产的权力非常有限,使其实际上仅仅是一个为利害关系人的利益行事的受托或执行人。②但是,范本注释也强调,如果一个中间人,诸如位于缔约国一方或者位于第三国的代理人或者指定人,插在受益人和支付人之间,但只要所得的受益所有人是另一缔约国的居民,来源国的征税仍然要受到限制。实际上,受益所有人的概念不仅出现在股息条款中,也出现在利息和特许权使用费条款中。

第十条第三款给出了股息的定义,股息是从股份或者非债权关系分享利润的其他权利取得的所得和来自其他公司权利的所得,以及按照分配利润的公司是其居民的缔约国一方法律,被视为股息或公司分配所得的任何其他所得,比如缔约国按防止资本弱化的规定调整为股息的"利息。"③

第十条第四款是股息与常设机构条款。其规定如果居民国企业取得的股息与该企业在来源国设立的常设机构有实际联系,那么该股息应该并入常设机构的利润,适用协定第七条按营业利润征税。

第十条第五款是对缔约国一方居民从另一方取得的股息进行再分配部分的征税权划分

---

① 2014年版的范本注释强调,适用5%的税率,并不要求在股息分配前持有25%以上的资本相对长的时间,而是指股东合法获得股息时的持股状况。但是,协定注释同时强调,对于持股在25%以下的公司在股息支付前的短时间内增加它在分配股息公司中的持股份额等滥用协定的情形,不应给予5%的减税待遇。

② 关于"导管"公司,在OECD财政事务委员会题为《双重征税协定与"导管"公司的运用》的报告中,有更为详细的阐述。

③ 关于资本弱化,详见本书第4章与第5章。

规定。根据该款规定,母公司(居民国企业)从子公司收到股息之后,再向母公司的股东分配这笔股息时,子公司所在国(股息的最初来源国)不能再对该笔股息征税,也不能对母公司的未分配利润征税,哪怕母公司分配的该笔股息(或未分配利润)都是从子公司分配得来的股息。但是,如果该项再分配又支付回来源国的居民股东或来源国境内机构场所时,来源国仍有征税权。

UN 范本的股息条款与 OECD 范本基本一致,只是在确定限制税率时,没有明确规定是 5%还是 15%,而是由缔约国双方协商确定。

此前我国已签订的税收协定,大部分并未区分持股 25%以上还是以下,一律将限制税率定为 10%,如与日本、美国、英国、法国签订的税收协定。但是近年来,我国签订新的税收协定时,基本按照 OECD 范本,区别持股比例在 25%以上和以下,分别确定限制税率为 5%和 10%。比如与中国香港、中国澳门的安排。一些旧的协定,如与法国和英国的协定在修订之后,都按照持股比例多少分别规定了两档协定税率。除了范本所列条款,我国签订的税收协定还会增加反避税条款,规定任何人以利用本条内容为主要目的或主要目的之一而安排的股息支付,不适用本条规定。

3.3.3.5　利息所得

范本第十一条划分利息的税收管辖权。对于利息所得,OECD 范本也采用了共享征税权的方法。第一款规定取得利息的企业的居住国有征税权,但第二款规定也可以由利息来源国征税,但通过确立征税上限又对该权利的实施作了限制,即所征税款不得超过利息总额的 10%。

第十一条第三款给出了利息的定义,即因任何类型的债权而取得的收益。第四款是常设机构条款,规定利息与常设机构有实际联系的,不适用第十条,而应并入常设机构的利润,适用第七条营业利润的规定征税。第四款规定能够享受协定税率的,必须是利息的受益所有人。第五款明确利息所得的来源地是支付利息的人的居住国,当利息与常设机构与实际联系时,来源地是常设机构所在国。第六款规定能够享受协定优惠待遇的利息只能是符合独立公平交易原则的那部分,支付人支付的超过独立公平交易价格的利息不能享受协定优惠待遇。UN 范本的利息条款与 OECD 范本基本一致,只是在范本中也没有明确协定的限制税率。

在各国所签的税收协定中,除了范本中以上条款,为了降低政府机构间借贷利息的成本,一般利息条款中都规定由政府拥有的银行之间的借款利息免税。

中国已签订的税收协定,除了与少数国家与地区的协定规定了对利息较优惠的税率,如与中国香港、中国澳门、新加坡的协定税率为 7%,与其他国家的协定税率基本都是 10%。除了范本的主要条款之外,我国签订的税收协定的第十一条还会增加反避税条款。

3.3.3.6　特许权使用费所得

范本第十二条划分特许权使用费的税收管辖权。对于特许权使用费,OECD 范本第十二条第一款将课税权全部赋予居民国,规定特许权使用费仅在居民国征税。

OECD 范本第二款对什么是特许权使用费作出定义。即特许权使用费是为使用或有权使用文学、艺术或科学著作(包括电影影片)的版权,任何专利、商标、设计或模型、图纸、秘密配方或秘密程序所支付的作为报酬的各种款项,或者为有关工业、商业、科学经验的信息(专有技术)所支付的作为报酬的各种款项。

OECD范本第十二条第三款是常设机构条款,规定居民企业取得的特许权使用费如果与该企业在来源国设立的常设机构有实际联系,那么该特许权使用费应该并入常设机构的利润,适用协定第七条按营业利润征税。

OECD范本第十二条第四款规定能够享受协定优惠待遇的特许权使用费只能是符合独立公平交易原则的那部分,支付人支付的超过独立公平交易价格的特许权使用费不能享受协定优惠待遇。

OECD范本第十二条只有四款,但是UN范本的第十二条有六款,与OECD范本有较大的不同。首先,UN范本对于特许权使用费,还是采用共享征税权的原则,第一款规定由居民国征税,但是第二款允许来源国按照限制税率行使征税权。其次,UN范本中对特许权使用费的定义比OECD范本的定义更宽,除了包括OECD范本所列出的专利、专有技术、版权等特许权使用费,还包括使用工业、商业和科学设备的租金。最后,UN范本除了有常设机构条款和独立公平交易条款之外,还有条款规定如何确定特许权使用费的来源地,即支付者的所在国,当特许权使用费与常设机构有实际联系的时候,是常设机构的所在国。

我国签订的税收协定,特许权使用费条款基本参考了UN范本,规定来源国对支付的特许权使用费征收不超过10%的预提所得税。对于与个别国家与地区签订的税收协定,如与中国香港和中国澳门,协定的限制税率为7%。除了UN范本的主要条款之外,我国签订的税收协定在第十二条还会增加反避税条款。

3.3.3.7 资本收益

范本第十三条划分资本收益的税收管辖权,主要讨论纳税人的财产转让所得如何纳税。相对其他条款,资本收益条款较为复杂,这一条款既涉及转让不动产与动产,又涉及股权转让等所得,不同类型的财产转让所得所适用的原则并不相同。

第一款是转让不动产所得的收益。按照OECD范本和UN范本,转让不动产所得的征税权属于不动产所在国。我国对外签订的税收协定也全部都采用这个原则。

第二款是转让常设机构或固定基地的动产的所得,按照OECD范本和UN范本,在常设机构或固定基地所在国征税。

第三款是转让从事国际运输的船舶或飞机,或者转让属于经营上述船舶、飞机的动产取得的收益。OECD范本与UN范本的这一条规定的征税原则与第八条海运与空运条款的原则一致,在企业所在的国家征税。我国对外签订的税收协定,在这一款上,也都与我国税收协定第八条海运与空运条款的征税原则保持一致,应在从事国际运输企业的居住国交税。

第四款是关于转让主要资产是不动产的企业("不动产持有企业")的股份的收益。这一款是第一款的反避税条款。OECD范本和UN范本都规定,如果转让的股份价值的50%以上直接或间接由位于缔约国另一方的不动产构成,在不动产所在国征税。这一款规定最主要是防止企业通过转让股权而间接转让不动产,规避在不动产所在国的纳税义务。2017 年版协定范本根据 BEPS 第 6 项行动计划,对这一条款进行了修订,明确了如果在转让前 365 天内的任一时间,该股份或类似权益超过 50% 的价值是来自不动产,都需要在不动产所在国纳税。2017 年版协定范本对此条款所作的另外一个修订是将 2014 年版中"转让股份的收益"改为"转让股份或类似权益(如合伙企业或信托中的权益)",从而防止企业通过转变交易形式,不转让股份收益而是转让信托或合伙的权益来规避不动产所在国的税收。①

UN 范本的第五款是关于转让一般企业股份的收益规定,UN 范本中规定超过一定比例的股份转让收益应在被转让企业的居民国纳税。OECD 范本中并没有专门的条款规定股份转让收益的征税权。我国对外签订的税收协定,大多参照 UN 范本,规定持股比例超过 25% 的股权转让收益,在被转让企业的居住国征税,如中美协定、中法协定。但也有个别协定是参照 OECD 范本,比如与日本、英国、德国的协定,没有 UN 范本第五款中关于一般企业股份转让所得的征税规定。但是,这些协定在修订之后,基本都参照 UN 范本,规定持股比例超过 25% 的股份转让收益在被转让企业的居民国纳税。

UN 范本的第六款和 OECD 范本第五款都明确,除了以上几款规定,其他财产收益都在转让者的居住国征税。

3.3.3.8　独立个人劳务所得

独立个人劳务所得是个人从事专业性劳务或其他独立性活动所取得的所得,按照旧的 OECD 范本和 UN 范本,居民个人的独立个人劳务一般是在居民个人的居住国纳税。但是,如果个人从事该项活动使用了固定基地,或者居民个人在来源国从事该项活动的有关纳税年度开始或结束的任何 12 个月中在缔约国另一方停留连续或累计达到或超过 183 天,则居民从事独立个人劳务取得的所得需要在来源国交税。

然而,OECD 已经在 2000 年的范本中删除了独立个人劳务条款,对独立个人劳务所得改为适用协定第七条营业利润条款,按照 OECD 的解释,主要是因为独立个人劳务与营业利润之间存在很多相似之处,而营业利润条款中的常设机构与独立个人劳务条款中的固定基地并无明显区别。与 OECD 范本不同,UN 范本仍然保留了第十四条。目前,我国对外签订的税收协定仍然都保留有第十四条。

3.3.3.9　受雇所得②

关于受雇所得的税收管辖权划分,是在 OECD 范本的第十五条和 UN 范本的第十五条,两个范本的内容基本一致。根据 OECD 范本第十五条第一款,除了董事费、演艺人员和运动员、退休金等有特别规定的所得之外,受雇所得征税的一般原则是该项所得在实际履行雇佣活动所在地国家(来源国)征税。其中,雇佣活动履行地是指在从事取得报酬的雇佣活动时雇员实际停留的地方,而不论这些收入于何时支付,也不论以何种方式支付。

---

① UN 范本在 2011 年的版本中,在资本收益条款第四款中已经包括转让股份、信托和合伙权益。
② 在 2000 年以前,OECD 范本第十五条的标题是"非独立个人劳务",与第十四条的"独立个人劳务"相对应。由于在 2000 年之后,第十四条被删除,第十五条的标题被改为"受雇所得",但编号仍为第十五条。

第二款是针对第一款的例外规定，纳税人只要同时满足第二款所述的三项条件，则受雇所得可以享受免税待遇。获得免税待遇的第一个条件是纳税人在有关财政年度开始或结束的任何 12 个月中在缔约国另一方（来源国）停留连续或累计不超过 183 天；第二个条件是支付报酬的雇主不是雇佣劳务实际履行国（来源国）的居民；第三个条件是该项报酬不是由雇主设在雇佣劳务实际履行国（来源国）的常设机构负担。

第三款适用于在经营国际运输的船舶或飞机上从事受雇活动的人员或在经营内河运输的船只上从事受雇活动的人员取得的报酬，对其征税的原则基本与协定第八条的保持一致。配合 2017 年版协定范本对第八条国际运输的修订，此款也进行了相应的修订，即对从事国际运输的船舶和飞机上有关人员取得的受雇所得在其居民国征税。这一修订使对船员和机组人员的受雇所得的征税更为清晰，管理起来也更加方便。

协定的范本注释明确了如何理解免税的条件。比如，在判定 183 天的标准时，以实际停留天数为准，即看该个人是否在该国停留。注释明确对特定的雇佣所得免税的目的和宗旨是在雇主并非来源国居民又在来源国没有常设机构的前提下，在来源国没有纳税义务，该项受雇报酬不能作为费用支出在所得税前扣除，因此，受雇所得的来源国不对该受雇所得征税。另外一个原因是避免该类企业雇主在来源国的纳税遵从成本过高。但是，范本注释强调，雇主在计算可归属于常设机构的利润时是否实际扣除支付给雇员的报酬并不重要，适当的判断标准是在确定可归属于该常设机构的利润时，是否应该扣除支付给雇员的报酬。

范本的注释花了较多的篇幅讨论如何确定雇主与雇员之间的关系，在旧的注释中，这些解释主要针对以获取例外优惠为主要目的的避税行为，但后来发现类似的问题也可能在许多其他的情形中产生，而这些情形并不涉及有避税动机的交易，因此 2010 年的范本注释中作了更为综合的讨论。注释关于此问题的一般性观点是在判断个人在某国提供的服务是否属于以雇佣身份提供的服务属于来源国国内法确定的事项。有些国家的国内法可能会忽略在正式合同中对服务性质的表述，根据实质重于形式的原则，将在某个服务合同而非雇佣合同下在某企业工作的员工认定为该企业的雇员。协定注释强调，如果根据国内法否认形式上的合同关系，必须基于客观的标准作出这样的判断。当缔约国之间对于某个人提供的服务是否属于雇佣劳务产生分歧时，需要根据很多因素判断个人提供服务的性质，比如，谁有权指挥该个人关于工作应以何种方式进行；谁控制和负责履行工作的地点；谁向该个人提供工作的工具和必要的材料；谁决定开展工作的人员数量和资质；谁有权选择雇员和终止与该个人的合同安排；谁决定该个人的休假和工作计划。[①]

我国对外签订的税收协定中，受雇所得条款的内容基本与 OECD 范本和 UN 范本一致，但也有个别国家的税收协定与 OECD 范本和 UN 范本略有不同，比如中国与美国的税收协定，因为没有海运和空运条款，本条中也就没有第三款中关于船舶和飞机上受雇人员的相关

---

① 详见《OECD 范本及注释》对第十五条的注释。《国家税务总局关于印发〈《中华人民共和国政府和新加坡共和国政府关于对所得避免双重征税和防止偷漏税的协定》及议定书条文解释〉的通知》（国税发〔2010〕75 号）文中，吸收了注释的部分精神，来判定派遣人员实质上的雇主是谁。

内容。又如,中国与捷克的税收协定中,专门明确"雇主"一语是指对工作成果享有权利并且承担与从事工作相关的责任与风险的人。

3.3.3.10　其他类型的劳务所得

OECD 范本和 UN 范本的第十六条至第二十条均是一些特殊类型的个人所得。

第十六条是董事费。两个范本都规定一方居民个人担任另一方居民公司的董事,该笔董事费的征税权由居民公司所在国征税。与 OECD 范本不同的是,UN 范本还规定,一国居民个人在另一国居民公司担任高层管理人员取得的所得,也应在居民公司所在国纳税。

目前,我国对外签订的税收协定,有包括高层管理人员的,比如挪威、加拿大、瑞典、泰国。[①] 然而,大部分协定或安排的董事费条款中未明确表述包括企业高层管理人员,比如美国、法国、英国、新加坡等。

第十七条是艺术家与运动员的所得。对于艺术家和运动员取得的所得,按照 OECD 范本和 UN 范本,不论是否归属于表演家或运动员个人,均在表演家或运动员从事个人活动的国家(来源国)征税。我国对外签订的税收协定也采用了这一原则。

第十八条是退休金。OECD 范本和 UN 范本都规定在领取退休金的个人的居住国纳税。我国对外签订的税收协定也都采用了这一原则。

第十九条是政府服务。OECD 范本和 UN 范本第十九条的第一款都规定由缔约国一方中央和地方政府支付的工资、薪金等都在该缔约国一方(支付方)征税。但是第二款规定如果该项服务是在缔约国另一方(来源国)提供,而且提供服务的个人是该缔约国另一方居民,则征税权属于缔约国另一方。

第二十条是学生。在缔约国一方仅出于接受教育或培训的目的,停留在该缔约国一方,对其为了维持生活、接受教育或培训的目的收到的来源于该缔约国以外的款项,该缔约国一方应免予征税。免予征税的条款仅限于为维持生活、接受教育或培训的目的收到的款项,不包括在缔约国一方提供服务获得的报酬。

我国对外签订的税收协定,学生条款基本都与 OECD 范本和 UN 范本的规定一致。此外,除了学生条款之外,我国早期与一些国家签订的税收协定中还包括教师与研究人员条款,对于在缔约国一方大学或科研机构从事教学、科研工作的个人所取得的所得,在 3 年之内免税,比如中英协定、中日协定、中法协定和中德协定等。但是,个别协定在修订时没有保留教师和研究人员条款,如中英协定。

第二十一条是其他所得。它主要是针对在以上各个条款中没有单独作出规定的所得划分征税权,属于兜底条款。按照 OECD 范本和 UN 范本第二十一条第一款,其他所得都是在居民国征税。但是,该条第二款规定,如果该笔其他所得是通过在缔约国另一方的固定基地或常设机构取得的,则需要在缔约国另一方征税。与 OECD 范本不同的是,UN 范本有第三款,该款规定,其他所得也可以在来源国征税,实际上是将其他所得的征税权赋予来源国。

---

① 中国对外签订的税收协定中,董事费条款中明确表述包括企业高层管理人员的协定或安排的签订国家或地区有挪威、加拿大、瑞典、泰国、巴基斯坦、牙买加、葡萄牙、科威特、卡塔尔、摩洛哥。

我国对外签订的税收协定，个别采用了 OECD 范本，如中法协定，但大部分采用了 UN 范本，如中美协定、中日协定、中德协定，还有未包括其他所得条款的，如旧的中英协定①。

3.3.3.11 关联企业

协定范本第九条并非划定某类所得的征税权，而是针对关联企业（又称联属企业）之间交易定价所作的原则性规定。

第九条第一款首先定义了什么是关联企业。然后明确两个关联企业之间交易条件不同于独立企业之间的交易条件，并且由于这些条件的存在企业没有取得本应取得的利润时，可以调整该企业的利润，并据以征税。

第二款规定当缔约国一方根据第一款对企业的利润和应纳税额进行调整时，缔约对方国家应该对已征收的税款进行对应调整。这一规定的目的主要是防止因为税务机关对交易某方的利润调整而产生双重征税。

3.3.4 避免重复征税条款

范本第二十三条是避免重复征税条款，主要是解决法律性重复征税，而不是经济性重复征税。OECD 范本和 UN 范本都规定了两种避免重复征税方法：免税法和抵免法，各国可以选择适用。为了避免各国之间的操作差异太大，在协定范本中将避免双重征税的方法设定为渐近免税法（23A）和部分抵免法（23B）。②

第 23A 是渐近免税法，第一款规定如果来源国对某项所得征税，则居住国对该笔所得免税。第二款规定如果是第十条（股息）和第十一条（利息）规定的所得，则适用抵免法。相对 2014 年的协定范本，第一款和第二款都在句子中增加了一段限制性表述，即在缔约国是基于居民管辖权对所得征税时，缔约对方无需给予免税待遇。③第三款将免税法确定为渐近免税法，即在确定国内所得的税率时，要考虑免税的国外所得。第四款规定如果来源国已经根据税收协定其他条款的规定对所得免税，则第一款不再适用，也就是在居民国不需要对该所得免税，这样规定的目的，是避免因缔约国双方对具体条款的理解或执行不同而出现对所得双重不征税的情况。需要注意的是，如果来源国并非因为执行税收协定，而是因为根据国内法对该所得免税的情况下，第一款仍适用，也就是居民国仍需对该所得免税。

第 23B 是部分抵免法。23B 只有两款，第一款规定，缔约国一方居民取得来自缔约国另一方的所得，可以在居民国应纳税款中抵免，抵免金额不超过该笔所得在居住国按居住国税法应缴纳的税款。第二款规定，在确定其他非免税所得的税率时，需要考虑已经根据协定有关条款享受免税待遇的所得。

2017 年版 UN 范本中，第二十三条基本与 OECD 范本一致，只是在 23A 第二款中，规定采用抵免法的，不仅包括股息和利息，还包括特许权使用费。

---

① 新的中英协定采用了 OECD 范本，未规定在来源国交税。
② 关于两种方法的具体说明，详见本书 2.3.1。
③ 具体如何理解，请参见 OECD 关于协定范本第二十三条的注释第 11 段。

我国对外签订的税收协定,基本缔约国双方都采用抵免法,如中法协定、中美协定、中日协定等。但在个别协定中,对方缔约国对来自我国的所得单方面采用免税法,如中德协定。

3.3.5　特殊条款

3.3.5.1　非歧视待遇

OECD 范本和 UN 范本的第二十四条是非歧视待遇条款。非歧视待遇主要限制协定缔约国基于某种理由,(如国籍)设定的税收区别待遇。但它并不要求给予缔约国对方最惠国待遇,也不要求给予对方超国民待遇。

第二十四条的第一款规定缔约国一方国民在相同情况下,不能比另一方国民负担更重的税收。第二款规定无国籍人员如果是缔约国一方的居民,在相同情况下,不能比缔约国另一方的国民负担更重的税收。第三款规定缔约国一方企业在缔约国另一方的常设机构的税收负担,不应高于该缔约国另一方对其本国进行同样活动的企业所征收的税款。第四款规定居民企业在确定税前利润时,对于向非居民企业支付的利息、特许权使用费和其他可扣除项目,必须与同等情况下支付给居民企业的费用一样可以扣除。但是第四款的规定并不限制缔约方应用防止资本弱化、关联交易等条款。第五款规定由非居民企业直接或间接控制的居民企业不能承担比其他类似企业更重的税负。第六款规定第二十四条适用于协定的所有税种。

我国对外签订的税收协定,大多与 OECD 范本与 UN 范本接近,如中美、中德、中英、中日等协定,但也有个别协定,如中新协定,在具体内容上与范本略有不同。

3.3.5.2　相互协商程序

OECD 范本和 UN 范本的第二十五条相互协商程序条款是为了解决缔约双方在执行协定过程中可能产生的争议而设计的。相互协商程序的主要目的在于确保税收协定正确和有效适用,切实避免双重征税,消除缔约双方对税收协定的解释或适用产生的分歧。

2017 年的协定范本根据 BEPS 第 14 项行动计划进行了修订。

第一款规定当纳税人遇到或将要遇到不符合协定规定的征税时,可以不考虑各缔约国国内法律的救济办法,向任一缔约国主管当局提出异议,但该异议必须在不符合协定规定的征税措施第一次通知之日起 3 年内提出。2017 年版的协定范本将纳税人提交案情的税局由纳税人为居民(国民)的主管当局改为任一缔约国主管当局,从而为纳税人发起相互协商提供更多灵活性和便利性。但是范本注释声明,对于希望按原来范本操作的成员国,也可以继续采用旧的条款表述。第二款规定主管当局认为所提意见合理,又不能单方面圆满解决时,应设法同缔约国另一方主管当局相互协商解决,达成的协议执行时不受各缔约国国内法律时限的限制。第三款规定税务当局不仅可以通过协商设法解决在解释或实施本协定时发生的困难或疑义,也可以对协定未作规定的消除双重征税问题进行协商。第四款规定税务当局不用通过外交程序来沟通,而是直接联系,并且可以进行会谈或口头交换意见。由于相互协商程序并不能保证双方税务当局就所讨论的问题达成一致意见,OECD 范本在 2008 年版本中增加了第五款,规定如果双方税务当局未在案件提出之后两年内达成一致意见的,可以提交仲裁。目前我国对外签订的税收协定,第二十五条基本采用了 OECD 范本和 UN 范本,但是都没有仲裁条款。

3.3.5.3 情报交换

协定范本第二十六条情报交换条款实际是反避税条款,是为了帮助各国当局更好地执行税收协定和国内税法而制订的。鉴于情报交换在国际反避税中的作用越来越重要,OECD 曾经专门出台了《情报交换协议》范本,并对 OECD 范本情报交换条款进行了补充和完善,现行的 OECD 范本中,第二十六条的内容从两款增加到了五款,而 UN 范本 2011 年版也增加到六款,其中前五款与 OECD 范本基本一致。情报交换条款的具体内容如下:

第一款规定双方主管当局应交换可以预见与执行协定的规定相关的情报,或与执行缔约国双方或其地方当局国内税法所涉及税种的相关情报,且情报交换的内容不受协定第一条与第二条的限制。也就是说,第二十六条既可以适用于非居民,也可以适用于协定适用税种以外的其他税种。[1] 而且根据范本注释,所交换的不仅包括协定生效后形成的情报,也可以包括协定生效前所形成的情报。

第二款规定情报交换过程中形成的情报作密件处理,仅能向与评估、征收、执行、起诉或上诉裁决有关的人员或当局(包括法院和行政部门)披露,且仅能用于第一款所述的用途,不能用于其他目的。但是该款同时规定,可以在公开法庭的诉讼程序或法庭判决中披露有关情报。

第三款是对情报交换的一些限制性条款。根据该款,被请求的一方没有如下义务:①采取与该缔约国或缔约国另一方法律和行政惯例相违背的行政措施;②提供按照该缔约国或缔约国另一方法律或正常行政渠道不能得到的情报;③提供泄露任何贸易、经营、工业、商业或专业秘密或贸易过程的情报,或者泄露会违反公共政策(公共秩序)的情报。

第四款是 2005 年范本中加入的,旨在明确被请求情报的国家自身不需要相关情报的时候,也有交换的义务。该款同时明确,此种请求同样受第三款的约束,但不能因为相关的情况与被请求国的税收利益没有关系而拒绝提供情报。

第五款强调不能因为第三款的规定而允许缔约双方因为信息由银行、其他金融机构、被指定人、代理人或受托人所持有而拒绝提供。

第六款是 UN 范本独有的,要求双方税务当局就情报交换的具体途径和方法进行磋商。除此之外,UN 范本在第一款中还特别强调缔约国双方应交换对避税和偷税有用的信息。

我国对外签订的税收协定,较早的均只包括本条前三款,但一些新近修订的协定,如中德协定、中英协定均已参照新的 OECD 范本进行了修订。

3.3.5.4 协助征税

第二十七条协助征税条款是 2003 年在范本中新增的条款,旨在加强各国在税款征收方面的合作。第二十七条共有八款,具体规定了可以请求缔约国对方协助征收税款的情况,以及接收请求的一方协助对方具体征收的模式。与第二十六条一样,第二十七条不受

---

① 2000 年之前的 OECD 范本中,情报交换只适用于协定相关税种。

协定第一条和第二条的限制,可以适用非居民,也适用协定以外的税种。被请求的国家可以直接征收,也可以采取税收保全措施,而且不受国内法规关于税款追征期的限制,但是,协助征税条款同样也有限制条件,比如请求一方已经尽力仍不能征收;不能采取与该缔约双方法律和行政惯例相违背的行政措施;不能采取会违反公共政策(公共秩序)的措施等。

我国过去对外签订的税收协定,基本没有第二十七条协助征税的内容,只有一些新修订的协定(比如中德协定、中法协定)中加入了协助征税条款,但在具体条款内容方面与范本区别较大,比如,中德协定中的协助征税条款只有两款,而中法协定中仅有一款,仅原则性地规定缔约双方应协助对方征税。还有些协定,即使是新签的、重签的(如中国与阿根廷的协定,中国与新西兰的协定)也不包含协助征税条款。

3.3.5.5　外交代表与领事官员

第二十八条外交代表与领事官员条款的目的是保证外交官员根据税收协定享受的税收待遇不低于他们根据国际法一般规则而享受的税收特权。

3.3.5.6　享受协定优惠的资格判定

第二十九条是根据 BEPS 第 6 项行动计划新加的条款,主要目的是防止因为企业利用协定避税而出现税率偏低或双重不征税的情况。新的协定范本共有九款,其中范本并没有列出第一至第七款的具体内容,而是在范本注释中分别就每一款列出简要条款和详细条款。只有第八款和第九款列出了具体内容。各国可根据实际需要,选择在协定中只列出第九款,也可以选择在协定中列出所有的条款,或选择第九款和任一条款搭配。

第一款规定除非是第二款规定的"符合条件的人",或是第三、四、五、六款明确允许享受协定待遇的,否则即使是缔约国的居民,也无法享受协定待遇。也就是说,纳税人要享受其他条款规定的协定待遇,除了是缔约国的居民,符合各个条款提出的条件(如股息必须是受益所有人),还需要是"符合条件的人",或是符合第二十九条第三至第六款规定的人。第二款明确哪些是"符合条件的人",包括缔约对方居民个人、缔约对方政府、公开交易的公司或实体等。第三款允许积极经营所得及其相关所得享受协定待遇。第四款是"衍生待遇"条款,允许特定被第三国居民持有的实体享受协定待遇,前提是第三国居民在直接投资的情况下,可以获得相同的待遇。第五款是"总部公司"条款,允许跨国公司的总部在收到集团成员支付的股息和利息时享受协定待遇。第六款规定双方主管当局在其他条款限制纳税人享受协定待遇的情况下,可以酌情允许纳税人协定待遇。第七款是定义条款,给出了第二十九条涉及的一些术语定义。第八款规定缔约国居民在第三国设立常设机构,将股权、债权和无形资产所有权转移给常设机构,常设机构所在国对于常设机构取得的利息、股息和特许权使用费所得,不征或只征收很少的税,而居民国又对常设机构取得所得免税的情况下,来源国不必给予协定待遇,可以按国内法征税。第九款是一般反避税条款,规定如果获取协定某项优惠是直接或间接产生该优惠的安排或交易的主要目的之一,则不应对该项所得或财产给予该优惠,除非能够证明在此种情形下给予该优惠符合协定相关规定的宗旨和目的。

UN 范本的第二十九条,列出了全部的条款,基本内容与 OECD 范本一致。

我国新签订或重签的协定,有的在协定中加入了第九款,如中国与阿根廷协定、中国与刚果的协定;有的没有列入第二十九条,如中国与新西兰的税收协定。

3.3.5.7 最终条款

除了以上条款,协定中还有生效和终结条款,主要规定协定生效和终止的程序、日期。

实 务 篇

3.4 税收协定的解释与理解

截至 2021 年 5 月,我国已对外正式签署 107 个避免双重征税协定,其中 102 个协定已生效,并和中国香港、中国澳门两个特别行政区签署了税收安排,与中国台湾签署了税收协议。所有这些协定都可以在国家税务总局的网站上找到中英文文本。[①] 从具体条款来看,中国所签的协定条款绝大多数都是按 OECD 范本或 UN 范本签订的。由于中国并非 OECD 成员国,OECD 范本的注释对中国并没有约束力。但是,作为联合国的成员国,UN 范本的注释对中国应该有参考作用。实际上,在实务工作当中,税务机关更倾向于参考国家税务总局的文件而不是协定范本注释来理解协定。具体而言,针对税收协定的解释与理解,国家税务总局发布了一系列的文件,根据文件的内容,可以将其分为三类:第一类是针对协定各条款逐一解释的综合性文件;第二类是针对特定国家协定中特定条款进行解释的文件;第三类是针对协定某一条款进行总结和分析的文件。

3.4.1 综合性文件

对于如何全面理解和执行税收协定,国家税务总局曾发布了以下两份文件:

(1)《国家税务总局关于印发〈《中华人民共和国政府和新加坡共和国政府关于对所得避免双重征税和防止偷漏税的协定》及议定书条文解释〉的通知》(国税发〔2010〕75 号,简称 75 号文)。

(2)《国家税务总局关于〈内地和香港特别行政区关于对所得避免双重征税和防止偷漏税的安排〉有关条文解释和执行问题的通知》(国税函〔2007〕403 号)。

这两份文件,不仅对税收协定多个条款有解释,而且均在文件的结尾处规定,如果我国与其他国家所签订的协定有关条款,与中新协定、中港安排的内容完全一致,但在以往有关协定解释文件中未作明确的,这两份文件的解释规定同样适用于其他协定相同条款的解释及执行。也就是说,这两份文件中的规定,虽是对中新协定和中港安排有关条文的解释,但是具有一定的普适性,特别是 75 号文对中新协定几乎是逐条解释,大部分解释都综合了 OECD 范本和 UN 范本的注释精神,属于国内对税收协定解释的纲领性文件,值得好好学习研究。鉴于 75 号文对理解与执行我国签订的税收协定非常重要,而文件本身较长,内容很多,且很多观点源自 OECD 范本注释,为避免正文过于冗长与重复,

---

① 详见国家税务总局网。

我们将 75 号文作为附录三,建议读者结合对 OECD 范本的介绍,仔细研读此文件。

3.4.2　解释特定国家税收协定的文件

除了以上两份文件,针对不同国家的税收协定,国家税务总局也发布了一些解释性文件,比较典型的文件有以下几份:

(1)《财政部　税务总局关于执行中美避免双重征税协定若干条文解释的通知(美国)》(财税协字〔1986〕33 号)

(2)《国家税务总局关于中英税收协定若干条款解释的通知》(国税函发〔1990〕1097 号)

(3)《国家税务总局关于中日税收协定及其议定书有关条文解释的通知》(国税函〔1997〕429 号)

(4)《国家税务总局关于中墨两国政府税收协定及其议定书若干条文解释的通知》(国税函〔2007〕131 号)

(5)《国家税务总局关于中韩税收协定第二议定书有关条款解释的通知》(国税函〔2007〕334 号)

以上这些解释文件,并不像中新协定、中港安排的解释文件一样——规定解释也适用于其他协定的同样条款,甚至有的解释文件,比如中墨协定的解释,专门声明此解释文件只适用于中墨协定。这些文件的解释没有普适性,仅在分析涉及具体国家的协定问题时适用。

3.4.3　解释协定具体条款的文件

针对协定不同的条款,国家税务总局也出台过一些文件,专门进行解释,比较典型的有:

(1)《国家税务总局关于税收协定独立个人劳务条款执行解释问题的通知》(国税函发〔1990〕609 号,已废止)

(2)《国家税务总局涉外税务管理司关于印发〈我国对外签订税收协定有关消除双重征税方法和饶让抵免规定一览表〉的通知》(国税外函〔1997〕047 号)

(3)《国家税务总局关于税收协定中有关确定雇主问题的通知》(国税发〔1997〕124 号,已废止)

(4)《国家税务总局涉外税务管理司关于印发我国对外签订税收协定学生和实习人员条款有关规定一览表的通知》(国税外函〔1998〕5 号)

(5)《国家税务总局关于明确我国对外签订税收协定中教师和研究人员条款适用范围的通知》(国税函〔1999〕37 号,以下简称国税函〔1999〕37 号文件)

(6)《国家税务总局关于税收协定常设机构认定等有关问题的通知》(国税发〔2006〕35 号,已废止)

(7)《国家税务总局关于税收协定中有关国际运输问题解释的通知》(国税函〔1998〕241 号,已废止)

(8)《国家税务总局关于执行税收协定利息条款有关问题的通知》(国税函〔2006〕229 号)

（9）《国家税务总局关于执行税收协定股息条款有关问题的通知》（国税函〔2009〕81号，以下简称国税函〔2009〕81号文件）

（10）《国家税务总局关于执行税收协定特许权使用费条款有关问题的通知》（国税函〔2009〕507号）

（11）《国家税务总局关于税收协定有关条款执行问题的通知》（国税函〔2010〕46号）

（12）《国家税务总局关于执行税收协定教师和研究人员条款有关问题的公告》（国家税务总局公告2011年第42号，以下简称2011年第42号公告）

（13）《国家税务总局关于执行中英等双边税收协定技术服务费条款有关问题的公告》（国家税务总局公告2011年第19号）

（14）《国家税务总局关于税收协定中财产收益条款有关问题的公告》（国家税务总局公告2012年第59号，以下简称2012年第59号公告）

（15）《国家税务总局关于进一步完善税收协定中教师和研究人员条款执行有关规定的公告》（国家税务总局公告2016年第91号，以下简称2016年第91号公告）

（16）《国家税务总局关于税收协定中"受益所有人"有关问题的公告》（国家税务总局公告2018年第9号，以下简称2018年第9号公告）

（17）《国家税务总局关于税收协定执行若干问题的公告》（国家税务总局公告2018年第11号，以下简称2018年第11号公告）

以上文件中，2010年之前很多文件的精神，已经被综合进75号文中，在75号文中重述，比如国税发〔1997〕124号文中关于"国际劳务雇用"形式下对雇主的定义和判断，国税函〔1998〕241号文中关于"企业从事的附属于其国际运输业务取得的所得"的定义和判断，还有国税函〔2009〕507号文和国税函〔2010〕46号文中关于特许权使用费享受协定待遇的规定。上面列举的文件中，另有一些和75号文互为补充，如75号文引用了国税函〔2009〕81号文件的内容，指出适用中新协定股息条款时，参照国税函〔2009〕81号文件的标准去判断持股比例，而不是重述的内容。还有一些文件，特别是2010年之后的文件，通常是75号文中不曾涉及而又比较重要的问题，对于这些比较重要的几份文件内容在下文稍作介绍。

3.4.3.1 教师和研究人员条款

如前所述，为了支持科学教育和研究的发展，我国对外签订的税收协定，有不少是有教师与研究人员条款的，但是中国与新加坡协定中并无此条款，在75号文中也就没有对此条款的解释。因此，国家税务总局先后发布了2011年第42号公告和2016年第91号公告，专门解释如何理解和执行教师与研究人员条款。其具体内容包括：

（1）可以享受协定待遇的教师与研究人员的范围。2011年第42号公告规定，税收协定中的教师和研究人员条款仅适用于与中国境内的学校或研究机构（以下简称境内机构）有聘用关系的教师和研究人员。凡是与境内机构没有聘用关系，而以独立身份或者以非境内机构的雇员身份在中国境内从事教学、讲学或研究活动的人员，以及受境外教育机构的指派为该境外教育机构与境内机构的合作项目开展相关教学活动的人员，不适用税收协定教师和研究人员条款的规定。

（2）税收协定中规定的教学、讲学或研究包括按照聘用单位要求在境内外进行的各种教学、讲学或研究活动，以及在承担教学、讲学或研究活动的同时，承担的相关规划、咨询和行政管理等活动。仅从事规划、咨询和行政管理的活动不属于教学、讲学或研究活动。

（3）税收协定所称"大学、学院、学校或其他政府承认的教育机构"的范围。2016 年第 91 号公告规定，协定中所称的"教育机构"包括从学前教育到高等教育，从学历教育到职业教育等各类学校，外籍人员子女学校也属于协定承认的教育机构的范围，只有培训机构不属于学校。2016 年第 91 号公告大大拓宽了可以享受协定待遇的教育机构的范围，此前的文件国税函〔1999〕37 号文件将可以享受协定待遇的境内教育机构仅限定在一个很小的范围，仅仅是经国家外国专家局批准具有聘请外籍教师和研究人员资格，并由教育部承认学历的大专以上全日制高等院校。

3.4.3.2　财产收益

2012 年第 59 号公告对财产收益中有关不动产转让的相关条款做出进一步的解释。首先，明确了协定所称的不动产包括各种营业用或非营业用房屋等建筑物和土地使用权，以及附属于不动产的财产。其次，明确了公司股份价值 50% 以上由位于中国的不动产组成是指公司股份被转让之前（不含转让当月）的连续 36 个公历月份由不动产组成。再次明确了应按照当时有效的中国会计制度有关资产（不考虑负债）处理的规定进行确认和计价，但相关不动产所含土地或土地使用权价值额不得低于按照当时可比相邻或同类地段的市场价格计算的数额。最后，2012 年第 59 号公告还废止了 75 号文中关于"新加坡居民直接或间接参与一个中国居民公司的资本"的原有规定，补充了名义参与人等情况，使得有关规定更为完善。

3.4.3.3　受益所有人

受益所有人是协定当中非常重要的一个概念，协定中的股息、利息和特许权使用费条款都要求取得所得的人为受益所有人才可以享受协定待遇。对于这一重要的概念，国家税务总局先后下发了《国家税务总局关于如何理解和认定税收协定中"受益所有人"的通知》（国税函〔2009〕601 号，以下简称 601 号文件）、《国家税务总局关于认定税收协定中"受益所有人"的公告》（国家税务总局公告 2012 年第 30 号，以下简称 30 号公告）等文件，明确"受益所有人"的条件和判定标准。这两份文件先后都被废止。目前关于"受益所有人的判断"有效的文件是 2018 年第 9 号公告。此份公告对 601 号文件和 30 号公告的部分规定进行了修订，行之有效的部分规定仍然延续使用。一方面通过制定"安全港"规则，提高那些没有滥用协定目的和结果的安排享受税收协定待遇的确定性，减少征纳双方成本；另一方面借鉴 BEPS 第 6 项行动计划（防止税收协定待遇的不当授予）成果，提高"受益所有人"判定标准的刚性，对滥用协定风险较高的安排进行更加有效的防范。具体而言，2018 年第 9 号公告主要明确了以下内容。

（1）受益所有人的概念。受益所有人是指对所得或所得据以产生的权利或财产具有所有权和支配权的人。

（2）安全港规则。2018 年第 9 号公告对"受益所有人"身份的认定设置了安全港，当申请人或者持有申请人 100% 股份的人是缔约对方政府、缔约对方居民且在缔约对方上市的公司或缔约对方居民个人时,可以直接判定符合"受益所有人"条件。因为这些机构或个人与居民国(地区)有较强联系,一般没有滥用协定的风险。

（3）不利于"受益所有人"身份判定的因素。2018 年第 9 号公告列出了一系列不利于"受益所有人"身份判定的因素,包括有义务在收到所得的 12 个月内将 50% 以上的所得转付给第三方,没有实质性经营活动,在缔约对方不征税或免税,以及利息和特许权使用费方面存在与第三方之间的类似合同。

（4）不符合"受益所有人"条件的申请人可以享受协定待遇的特别情况。如果直接或间接持股的股东 100% 符合"受益所有人"条件,而且是申请人所属居民国的居民,或者该股东和中间层是"符合条件的人",那么不符合受益所有人条件的申请人也可以享受协定待遇。

（5）代理人或指定收款人不属于"受益所有人"。申请人通过代理人代为收取所得的,无论代理人是否属于缔约对方居民,都不应据此影响对申请人"受益所有人"身份的判定。但是申请人为股东基于持有股份从子公司取得股息,债权人基于持有债权从债务人取得利息,或者特许权授予人基于授予特许权取得特许权使用费,不属于"代为收取所得"。

3.4.3.4　常设机构认定

2018 年第 11 号公告对于协定理解和执行过程中的一系列重要问题均有明确。其中对于常设机构条款中关于劳务活动构成常设机构的澄清尤为重要。2018 年第 11 号公告规定,协定中表述为"在任何十二个月中连续或累计超过六个月"的,按照"在任何十二个月中连续或累计超过 183 天"的表述执行。

3.4.3.5　合伙企业的协定待遇适用

关于合伙企业从中国取得所得如何适用协定待遇,过往基本是空白。2018 年第 11 号公告首次针对合伙企业的协定待遇适用进行了明确。具体区分以下几种情况:

一是缔约对方居民在中国境内成立合伙企业的情况,此时合伙人可以就其取得的被缔约对方视为其居民所得的部分享受协定待遇。

二是境外合伙企业在缔约对方构成税收居民的情况,此时合伙企业可以享受协定待遇。

三是境外合伙企业在缔约对方属于税收透明体的情况下,仅在两国的税收协定有明确规定时,合伙人可以按照协定规定享受协定待遇。所谓的明确规定是需要在协定中有类似的表述:合伙人是对方居民的情况下,该合伙人就合伙企业在中国取得的所得中分得的份额可以享受协定待遇,也就是类似 2017 年协定范本中第一条第二款的表述。

以上第二、第三种情况是符合 OECD 范本第一条第二款的原则的,即在缔约对方被视为居民所得征税的,可以享受协定待遇。2018 年第 11 号公告对于缔约国居民在第三国成立的合伙企业是否可以享受该缔约国和中国之间的协定待遇并没有提及,按协定精神和文件字面意思判断,应该是不可以享受的。

3.4.3.6　无住所个人税收协定待遇适用

本书第 2 章中介绍如何确定个人的纳税义务,是在没有考虑到税收协定待遇情况下的纳税义务,实际上,大部分无住所个人都同时属于某协定国家的税收居民,可以享受协定待遇。2019 年第 35 号公告也规定了在考虑协定待遇的情况下,如何确定无住所个人在中国境内的纳税义务。

第一,无住所个人在同时构成中国与缔约国税收居民的情况下,可以根据协定确定税收居民身份。对于无住所个人来说,由于该个人的住所不在中国,大多数情况下可以根据协定规定的加比规则判断该个人属于缔约对方的税收居民。[①] 如果根据协定规定,该个人为中国的税收居民,则该个人不能享受中国与对方国家所签署的税收协定,对其纳税义务的判断参见第 2 章相关部分。

第二,该个人作为对方国家的税收居民,可以享受第十四条独立个人劳务的协定待遇。也就是说,该个人从中国境内取得经营所得、劳务报酬所得等,只有该个人在中国境内有固定基地的情况下才需要缴纳中国境内的个人所得税。

第三,该个人作为对方国家的税收居民,可以享受第十五条受雇所得的协定待遇,包括境外受雇所得协定待遇和境内受雇所得待遇。

境外受雇所得协定待遇,是指按照税收协定受雇所得条款第一款规定,对方税收居民个人在境外从事受雇活动取得的受雇所得,可不在中国缴纳个人所得税。

境内受雇所得协定待遇,是指按照税收协定受雇所得条款规定,协定国税收居民个人在税收协定规定的期间内在中国境内停留天数不超过 183 天情况下,在境内从事受雇活动取得受雇所得,不是由境内居民雇主支付或者代其支付的,也不是由雇主在境内常设机构负担的,可不缴纳个人所得税。

综合考虑税收协定给予个人境外所得和境内所得协定待遇之后,无住所个人在中国境内取得工资薪金所得的纳税义务如表 3-1 所示。

表 3-1

无住所个人在中国境内取得工资薪金所得的纳税义务(考虑税收协定)

境内停留时间		来源于境内的工资薪金所得		来源于境外的工资薪金所得	
		由境内雇主支付或负担 ①	由境外雇主支付且负担 ②	由境内雇主支付或负担 ③	由境外雇主支付且负担 ④
无住所非居民个人	≤183 天	征	免	×	×
	>183 天	征	征	×	×
无住所居民个人(但是按协定加比规则判断为对方税收居民)	≤183 天	征	免	免	免
	>183 天	征	征	免	免

从表 3-1 可以看出,无住所个人为对方税收居民个人,其取得的工资薪金所得可享受境外所得与境内受雇所得协定待遇,综合之后区分为在境内小于等于 183 天和大于 183 天两种情况,当小于等于 183 天时,仅就境内所得且境内支付或负担的部分在中国境内缴纳个人

---

① 少数国家的税收协定没有明确加比规则,而是由双方主管当局协商确定。

所得税,适用下面的公式一计算工资薪金收入额。

$$\frac{\text{当月境内外}}{\text{工资金总额}} \times \frac{\text{当月境内支付工资薪金数额}}{\text{当月境内外工资薪金总额}} \times \frac{\text{当月工资薪金所属工作期间境内工作天数}}{\text{当月工资薪金所属期间公历天数}}$$

当该纳税人在境内时间超过 183 天时,仅就境内所得在中国境内负有纳税义务,可适用下面的公式二计算工资薪金收入额。

$$\text{当月境内外工资薪金总额} \times \frac{\text{当月工资薪金所属工作期间境内工作天数}}{\text{当月工资薪金所属期间公历天数}}$$

无住所居民个人为对方税收居民个人的,可在预扣预缴和汇算清缴时享受协定待遇;非居民个人为对方税收居民个人的,可在取得所得时享受协定待遇。

第四,无住所个人为高管的,根据协定董事费条款确定是否可以同普通雇员一样享受协定待遇。如本书第 2 章中所述,根据 2019 年第 35 号公告,对于高管个人的受雇所得,同时采用劳务发生地和支付地标准判断所得来源地,对于提供劳务地点在境内,以及由境内支付的所得,都属于来源于境内的所得,需要在中国境内缴税。然而考虑税收协定之后,高管人员的纳税义务就会发生变化。具体而言,对于适用协定没有董事费条款或者虽然有董事费条款但是该条款不适用于高管人员的,高管人员报酬可享受税收协定受雇所得条款待遇,实际与普通员工一样,不需要区别对待,按照表 3-1 判断纳税义务。如果适用协定中董事费条款明确适用于高管人员的,则该高管人员取得的工资薪金所得,不能适用受雇所得条款的优惠待遇,纳税义务判断等同于表 2-10。

从本节的内容可以看出,在实务中解释和执行具体的国际税收问题时,不仅要看协定和议定书本身,还要看是否有解释相关国家税收协定的文件,是否有针对某一条款的具体文件,是否有相关的程序性文件,结合这些文件综合进行分析,才能准确理解和执行税收协定。[案例 3-1]和[案例 3-2]是应用有关协定判定非居民纳税义务的典型案例。在分析的过程中,除了本书中提到的资料和文件,还需要查找相关的文件规定,才可以得出比较准确的分析。

 案例 3-1

跨国公司关联企业间提供服务是否构成常设机构

案例背景:2008 年,日本某公司 P 公司在中国设立外商独资企业 S 公司,S 公司的主要业务是在中国生产与销售汽车零部件。P 公司与 S 公司在 2008 年签订协议,协议中明确 P 公司向 S 公司提供生产汽车零部件的相关技术,S 公司的管理人员由 P 公司派遣,P 公司除了提供技术,还提供 S 公司经营过程中所需的各种服务。

P 公司与 S 公司之间签有技术许可协议、服务协议、派遣协议。几份协议的主要内容如下:

(1)技术许可协议。P 公司许可 S 公司使用 P 公司生产汽车零部件方面的专有技术,按 S 公司产品销售收入的 3% 收取技术许可费。

（2）技术支援服务协议。根据技术许可协议，当S公司在使用相关技术进行生产过程中遇到问题时，应S公司的要求，P公司将派员工来华提供技术支援。S公司需要按P公司实际来华支援人员的工作天数，按每人每天10 000元人民币支付技术支援费给P公司。在S公司成立初期，由于S公司没有生产经验，P公司派来S公司的技术支援人员比较多，个别支援人员在任意12个月在华停留天数超过183天。随着S公司逐步掌握相关生产技术，向P公司请求技术支援的次数逐渐减少。2011年之后，P公司每年派人员至S公司技术支援的总天数不超过60天。相关人员来S公司提供服务时，白天在车间生产线或其他现场解决技术问题，S公司没有专门供其使用的办公室，晚上住在酒店。2019年，由于引入新的产品，P公司先后派了两位技术人员来S公司支援，A在S公司工作的时间为120天，B在S公司工作的时间为60天。

（3）财务、销售和管理等方面的服务。P公司除了给S公司提供技术支援服务，还应S公司的要求，提供财务、销售和管理等方面的服务。S公司按照实际来华支援人员的工作天数，按每人每天8 000元人民币支付技术支援费。由于大部分服务都可以通过网络远程解决，P公司实际很少派员来中国提供此类服务，任何12个月中为此来华的人员不超过3人，而且基本在中国停留1～2天就回国。

（4）派遣协议：P公司派遣若干员工担任S公司的总经理（副总经理）和各部门的部长、副部长等职位，对于P公司派遣的员工，由P公司支付派遣员工的工资，再向S公司按每人每月30 000元收取。P公司在日本支付派遣员工的工资均高于30 000元，并在日本为这些员工购买日本的社会保险。派遣员工与S公司在中国也签订了劳动合同，并在中国就工资全额缴纳了个人所得税。正常情况下，这些派遣人员一直在S公司工作，新年假期会回日本，在日本停留约20天后再回中国工作。

问题：

1. P公司为S公司提供的技术支援服务是否导致P公司在中国构成常设机构？

2. P公司的派遣人员是否导致P公司在中国构成常设机构？

3. 对于S公司向P公司支付的技术许可费、技术支援服务费、财务管理等其他咨询服务费在中国应该如何征税？

4. 技术支援人员是否要在中国缴纳个人所得税？如何缴纳？

5. 派遣人员是否要在中国缴纳个人所得税，如何缴纳？

6. S公司按派遣协议的约定，向P公司支付派遣人员的费用，是否需要缴税？如何缴税？

（关于本案例的解析见附录四）

案例3-2

A集团为中国香港某知名企业，在中国内地有多家子公司。该集团雇佣了以下跨境工作的员工：

员工甲

员工甲是广州公司的高管，是中国香港居民，在广州子公司担任总经理一职。员工甲与广州公司签订劳动合同,其工资由中国香港总部先垫付,中国香港总部每年会向广州公司收回已支付给甲的工资,甲的工资由广州公司实际承担。

员工甲的家人居住在中国香港,员工甲每周一早上从中国香港乘火车到广州工作,并于周五晚上乘火车返回中国香港。周六与周日员工甲不会来中国内地。

员工乙

员工乙为中国内地居民,有深圳户口,平时与家人居住于深圳。员工乙与家人未取得中国香港永久居民身份。

员工乙受雇于中国香港总部,与总部签订雇佣合同,职位为经理,平时主要在中国香港上班,负责处理重庆子公司的工作。

员工乙每个工作日往返于深圳与中国香港,周末期间留在深圳,偶尔会到重庆出差。其工资一直由中国香港总部支付及承担,在中国香港缴纳薪俸税。

员工丙

员工丙曾是中国内地居民,但已于2017年通过中国香港入境计划取得中国香港永久居民身份,其与家人目前都是中国香港永久居民。

员工丙受雇于中国香港总部,与中国香港总部签订雇佣合同,职位为经理,平时主要在中国香港上班,负责处理沈阳子公司的工作。

员工丙每个工作日往返于深圳与中国香港,周末期间留在深圳,偶尔会到沈阳出差。其工资一直由中国香港总部支付及承担,在中国香港缴纳薪俸税。

甲、乙、丙除以上收入外,未取得其他综合所得。

1. 不考虑《内地和香港特别行政区关于对所得避免双重征税和防止偷漏税的安排》的情况下,请分析甲、乙、丙三人的税务居民身份、在中国内地的纳税义务和应纳税收入的计算方法。

2. 考虑《内地和中国香港特别行政区关于对所得避免双重征税和防止偷漏税的安排》的情况下,请分析甲、乙、丙三人的税务居民身份、在中国内地的纳税义务和应纳税收入的计算方法。

3. 2020年,受疫情影响,内地与中国香港均实行隔离措施,甲、乙、丙三人均无法自由通勤,分别留在中国香港和深圳工作,工作内容与工资承担方式不变。考虑《内地和中国香港特别行政区关于对所得避免双重征税和防止偷漏税的安排》,分析上述情况下甲、乙、丙三人的税务居民身份、在中国内地的纳税义务和应纳税收入的计算方法。

(关于本案例的解析见附录四)

3.5 税收协定管理

实务工作中与税收协定管理相关的,除了应用税收协定明确纳税人的纳税义务、应纳税额和税款征收,还有一些程序性的事务。

3.5.1　税收协定待遇管理

非居民纳税人享受税收协定待遇管理的程序近年来变化较大,主要趋势是适应国家行政审批制度改革的需要,不断简化流程。在 2015 年 11 月 1 日之前,主要是依据国家税务总局关于印发《非居民享受税收协定待遇管理办法(试行)》的通知(国税发〔2009〕124 号,已废止),实行审批或备案管理,非居民纳税人要享受税收协定待遇,区分不同的事项,分别在主管税务机关审批或备案。2015 年 8 月 27 日,国家税务总局发布了《国家税务总局关于发布〈非居民纳税人享受税收协定待遇管理办法〉的公告》(国家税务总局公告 2015 年第 60 号,以下简称 2015 年第 60 号公告,已废止)。根据该办法,非居民纳税人符合享受协定待遇条件的,可在纳税申报时,或通过扣缴义务人在扣缴申报时,自行享受协定待遇,并接受税务机关的后续管理。2019 年 10 月 14 日,国家税务总局再次发布了《国家税务总局关于发布〈非居民纳税人享受协定待遇管理办法〉的公告》(国家税务总局公告 2019 年第 35 号,以下简称 2019 年第 35 号公告),进一步简化了非居民纳税人享受协定待遇的流程。相对 2015 年第 60 号公告,其主要变化有以下三点:一是将非居民纳税人享受协定待遇资料由申报时报送改为留存备查;二是大幅度简化非居民纳税人应填报的报表;三是厘清非居民纳税人和扣缴义务人的责任。按照 2019 年第 35 号公告,目前非居民纳税人享受协定待遇的相关规定如下:

一是非居民纳税人享受协定待遇,采取"自行判断、申报享受、相关资料留存备查"的方式办理。也就是说,居民纳税人自行判断是否符合享受协定待遇条件,如果自行判断符合条件的,可填写《非居民纳税人享受协定待遇信息报告表》,在纳税申报时,或通过扣缴义务人在扣缴申报时,自行享受协定待遇。纳税人归集和留存备查与享受协定待遇相关的资料,比如税收居民身份证明、与取得所得相关的合同、协议、董事会决议等,以及证明符合利息、股息、特许权使用费"受益所有人"身份的资料。

非居民纳税人未主动提交《非居民纳税人享受协定待遇信息报告表》给扣缴义务人或填报信息不完整的,扣缴义务人依国内税收法律规定扣缴。

二是非居民纳税人发现不应享受而享受了协定待遇,并少缴或未缴税款的,应当主动向主管税务机关申报补税。非居民纳税人可享受但未享受协定待遇而多缴税款的,可在税收征管法规定期限内自行或通过扣缴义务人向主管税务机关要求退还多缴税款。

三是税务机关对享受协定待遇实行后续管理的具体措施。税务机关可要求非居民纳税人在限期提供留存备查资料,以判断非居民纳税人是否可以享受协定待遇。依据资料审查的结果,分别进行处理。

• 如果非居民纳税人、扣缴义务人均未按照税务机关要求提供相关资料,或逃避、拒绝、阻挠税务机关进行后续调查,主管税务机关无法查实其是否符合享受协定待遇条件的,视为不符合享受协定待遇条件。

• 非居民纳税人不符合享受协定待遇条件而享受了协定待遇,且未缴或少缴税款的,除因扣缴义务人未按规定扣缴申报外,视为非居民纳税人未按照规定申报缴纳税款,主管税务机关依法追缴税款并追究非居民纳税人延迟纳税责任。

• 扣缴义务人未按规定扣缴申报,或者未按规定提供相关资料,导致非居民纳税人不当享受协定待遇而未缴或少缴税款的,主管税务机关依据有关规定追究扣缴义务人责任,并责令非居民纳税人限期缴纳税款。

非居民纳税人未依法缴纳税款的,主管税务机关可以从该非居民纳税人在中国境内其他收入项目的支付人应付的款项中,追缴该非居民纳税人的应纳税款。

3.5.2 情报交换管理

税收情报交换是我国作为税收协定缔约国承担的一项国际义务,也是我国与其他国家(地区)税务主管当局之间进行国际税收征管合作,保护我国税收权益的重要方式。国家税务总局曾于 2001 年和 2002 年分别印发了《税收情报交换管理规程(试行)》(国税发〔2001〕3 号)和《税收情报交换工作保密规则》(国税函〔2002〕931 号),有效保证了我国税收情报交换工作的开展。随着经济全球化以及国际反恐、反腐斗争形势的发展,国际社会对税收情报交换工作越来越重视,并制定了一些新规则,以提高税收情报交换的广度和力度。为了使情报交换工作跟上国际形势的发展,进一步提高我国国际税收情报交换工作的质量和效率,国家税务总局对《税收情报交换管理规程(试行)》进行了修订,制定了《国际税收情报交换工作规程》。[①] 该规程主要从以下方面规范了国际税收情报交换工作。

一是情报交换的主体。我国的主管当局为国家税务总局。省以下税务机关(含省)协助总局负责管理本辖区内的情报交换工作,具体工作由国际税务管理部门或其他相关管理部门承办。

二是情报交换的种类和范围。情报交换的种类包括专项情报交换、自动情报交换、自发情报交换以及同期税务检查、授权代表访问和行业范围情报交换等。情报交换的国家范围应仅限于与我国正式签订含有情报交换条款的税收协定并生效执行的国家;税种范围应仅限于税收协定规定的税种,主要为具有所得(和财产)性质的税种;人的范围应仅限于税收协定缔约国一方或双方的居民;地域范围应仅限于缔约国双方有效行使税收管辖权的区域。

三是情报交换的程序。省以下税务机关需要相关缔约国主管当局协助提供税收情报时,可以提出专项情报交换请求,逐级上报总局,并规定了总局收到请求或收到情报后的不同处理程序。

四是情报保密规定。税收情报应作密件处理。制作、收发、传递、使用、保存或销毁税收情报,应按照《中华人民共和国保守国家秘密法》及有关法律法规的规定执行。

 案例 3-3

情报交换破解巨额境外服务费的秘密

A 公司是 2009 年在东部某市成立的外商独资企业,主要经营船舶入级检验、船用产品检验等。2009 年,A 公司与境外母公司签订了一份服务框架合同(主要包括系统使用、检

---

① 《国家税务总局关于印发〈国际税收情报交换工作规程〉的通知》(国税发〔2006〕70 号),发文日期 2006 年 5 月 18 日。

验、技术人员培训等多个项目),合同金额不定、期限不定,收款发票只列明服务费,未列明具体项目。此后每年,该公司都在此合同服务项目下对外支付服务费且金额巨大,仅 2010 年、2011 年两年间,就向境外母公司支付了 2.4 亿元人民币。该公司在支付这些巨额款项时一直未代扣代缴企业所得税。这引起了税务机关的注意。

根据 A 公司提供的相关年度同期资料显示,其对外支付的服务费并非纯境外劳务,其中还包含特许权使用费项目,而这些项目应从服务费中剥离出来重新计算,在中国代扣代缴企业所得税。

然而,该公司的负责人却坚称,母公司在境外为其提供服务,且在中国不构成常设机构,所以不需要在中国申报纳税。国内目前的征管手段无法核实该企业所称情况的真实性,虽然税务人员多次上门调查取证,但企业拒不配合提供母公司的相关证据材料,调查陷入僵局。在此情况下,税务机关决定启动国际税收情报交换调查程序,就该公司相关合同的真实性和相关支付费用的性质等情况,向境外税务机关发出专项情报请求。

2013 年 1 月,税务机关收到了相关境外主管税务当局寄来的回复资料。这些资料证实了 A 公司与母公司曾签订了一份主协议以及基于主协议的三份明细协议,其中两个明细协议的劳务发生地在中国。调查人员在仔细分析资料、核对数据后,对合同明细表中的项目及支付金额进行了测算,对支付项目逐个进行了判定,对合同中劳务费和特许权使用费项目进行了划分。随后,税务机关对 A 公司进行了新一轮调查约谈,在事实与证据面前,企业方面态度明显转变,积极配合调查取证。

经过近一个月的调查与核对,A 公司承认了逃税的事实。截至 2013 年 2 月,A 公司共计补缴营业税 369.25 万元,增值税 605.74 万元,城市维护建设税及教育费附加 126.75 万元,企业所得税 909.68 万元,合计共补缴税费 2011.42 万元。

(资料来源:《国际税收》2015 年第 8 期。作者:国家税务总局国际税务司。)

3.5.3　税收协定相互协商程序实施管理

相互协商是税收协定中设计的解决国际税收争议一个重要机制,为了实施相互协商程序,国家税务总局在 2013 年 11 月制定了《税收协定相互协商程序实施办法》。[①] 该文件主要规范了以下方面内容:

一是相互协商的范围限于税收协定适用范围内的事项,但超出税收协定适用范围,且会造成双重征税后果或对缔约一方或双方利益产生重大影响的事项,经我国主管当局和缔约对方主管当局同意,也可以进行相互协商。

二是相互协商的主管当局为国家税务总局,处理相互协商程序事务的国家税务总局授权代表为国家税务总局国际税务司司长或副司长以及国家税务总局指定的其他人员。省、自治区、直辖市和计划单列市税务局及以下各级税务机关负责协助国家税务总局处理相互

---

① 《国家税务总局关于发布〈税收协定相互协商程序实施办法〉的公告》(国家税务总局公告 2013 年第 56 号)。

协商程序涉及的本辖区内事务。

三是规定各级税务机关应对缔约对方主管当局与相关纳税人、扣缴义务人、代理人等在相互协商程序中提供的资料保密。

四是规定了中国居民申请启动相互协商程序的情形。中国居民有下列情形之一的,可以申请启动相互协商程序:

(1) 对居民身份的认定存有异议,特别是相关税收协定规定双重居民身份情况下需要通过相互协商程序进行最终确认的。

(2) 对常设机构的判定,或者常设机构的利润归属和费用扣除存有异议的。

(3) 对各项所得或财产的征免税或适用税率存有异议的。

(4) 违反税收协定非歧视待遇(无差别待遇)条款的规定,可能或已经形成税收歧视的。

(5) 对税收协定其他条款的理解和适用出现争议而不能自行解决的。

(6) 其他可能或已经形成不同税收管辖权之间重复征税的。

中国国民认为缔约对方违背了税收协定非歧视待遇(无差别待遇)条款的规定,对其可能或已经形成税收歧视时,可以申请启动相互协商程序。

五是规定了中国居民(国民)申请启动相互协商程序的流程。申请人应在有关税收协定规定的期限内,以书面形式向省税务局及相关部门提出启动相互协商程序的申请。主管税务机关依情形决定是否受理。如果决定受理,受理申请的省税务机关应在 15 个工作日内,将申请上报国家税务总局,并将情况告知申请人,同时通知省以下主管税务机关。国家税务总局收到省税务机关上报的申请后,应在 20 个工作日内决定是否启动相互协商程序,并将情况告知受理申请的省税务机关,省税务机关应告知申请人。国家税务总局启动相互协商程序后,可以要求申请人补充材料、终止相互协商程序。在两国主管当局达成一致意见之前,申请人可以以书面方式撤回相互协商申请。对于相互协商结果,国家税务总局应以书面形式告知受理申请的省税务机关,省税务机关应告知申请人。

六是规定了应对缔约对方主管当局请求启动相互协商程序的流程。国家税务总局在收到缔约对方启动相互协商程序的函后,查清事实,决定是否同意启动相互协商程序,并书面回复对方。国家税务总局在收到缔约对方主管当局提出的启动相互协商程序的请求时,相关税务机关的处理决定尚未作出的,国家税务总局应将对方提起相互协商程序的情况告知相关税务机关。相互协商程序不影响相关税务机关对有关案件的调查与处理,但国家税务总局认为需要停止调查和处理的除外。相互协商程序进行期间,不停止税务机关已生效决定的执行,税务机关或者国家税务总局认为需要停止执行的除外。

七是规定了国家税务总局主动向缔约对方主管当局提出协商请求的程序。国家税务总局在下列情况下可以主动向缔约对方主管当局提出相互协商请求:

(1) 发现过去相互协商达成一致的案件或事项存在错误,或有新情况需要变更处理的。

(2) 对税收协定中某一问题的解释及相关适用程序需要达成一致意见的。

(3) 国家税务总局认为有必要与缔约对方主管当局对其他税收协定适用问题进行相互协商的。

案例3-4

青岛市国税局借相互协商程序协助企业追回修理费 42 万美元

青岛市国税局提报的启动税务相互协商程序申请,得到国家税务总局的认可和支持,向某国税务主管当局成功追回属于某企业的修理费 42 万美元。至此,历时 3 年的青岛某船舶公司国际维权案终于尘埃落定,彰显了税务相互协商程序机制的强大作用。

事情还要从 3 年前说起。2010 年 7 月,某国某船舶公司(以下简称 B 公司)与中国某船舶公司(以下简称 A 公司)签订船舶修理合同,总修理费为 205 万美元,维修地在青岛某地。B 公司的船舶自 2010 年 8 月至 2010 年 12 月在 A 公司完成所有维修要求后离境,按照合同约定,船舶修理完后,B 公司应将修理费全款汇给 A 公司。但 B 公司并未按时付款,而是于 2011 年 2 月向 A 公司发来邮件,提出根据该国国内所得税法,A 公司属于从该国获得技术服务费,B 公司需在总修理费中代扣税款 42 万美元。A 公司随即回复邮件表示反对,认为这不符合我国政府和该国政府签署的相关税收协定,A 公司没有义务在该国缴税,要求 B 公司尽快付清全款。2011 年 3 月,在双方没有达成协议的情况下,B 公司将扣税后的修理费 163 万美元汇给 A 公司,并表示这是全部的修理费。2011 年 6 月,A 公司再次向 B 公司发出邮件表明中方的立场,要求 B 公司尽快付清余款 42 万美元,B 公司回复邮件称已无能为力,他们已经根据该国税法将 42 万美元上缴税务机关,并要求 A 公司与该国的税务机关交涉。

A 公司在历时近 1 年时间交涉无果的情况下,向青岛市国税局寻求援助。该局受理后非常重视,寻求所有可以动用的手段,帮助 A 公司及早追回权益,并向青岛市政府作了报备。该局了解了事情的原委后认为,修理船舶劳务发生在我国境内,且修理费不属于技术服务费,按两国税收协定规定,该国税务机关无权对该笔修理费征税。青岛市国税局就此事向国家税务总局国际税务司作了专题汇报并获得支持,决定启动税务相互协商程序。

青岛市国税局会同 A 公司就启动税务相互协商程序开展了细致的研究,并由 A 公司按照国家税务总局相关规定备齐资料,按程序上报。国家税务总局国际税务司通过国际税收组织协调办公室启动了应急机制,并多次与该国税务主管当局交涉协商,在长达 2 年多的时间里,该国税务主管当局始终未能给予中方满意的答复,一度使此案陷入僵局。为尽快解决此案,2013 年 8 月,国家税务总局国际税务司派工作组远赴该国,与该国税务主管当局展开面对面的磋商,以翔实的法律依据和确凿的事实证据,为此案作出充分的论证。经过艰苦谈判,最终该国税务主管当局承认对 A 公司从 B 公司取得的维修费没有征税权,同意全额退还已征税款。2014 年 1 月,A 公司收到了该国税务主管当局退回的 42 万美元。

(资料来源:《中国税务报》2014 年 3 月 19 日。)

第4章 国际避税

在[案例1-1]中,鸿威公司发展到第六阶段,在英属维尔京群岛成立了BVI贸易公司,所有出口的产品由鸿威公司销售给BVI贸易公司,BVI贸易公司再销售给美鸿公司,再由美鸿公司销售给代理商和经销商。通过这新的交易方式,配合适当的定价方式,出口贸易的大部分利润留在BVI公司,鸿威公司和美鸿公司的利润都减少,在中国和美国需要缴纳的企业所得税降低,而BVI对于离岸交易形成的利润不征收企业所得税,结果集团在全球范围内的整体税负降低。像鸿威公司这样,通过改变交易流程,利用国家之间的税制差异降低税负,就是国际避税。

随着国际经济与国际贸易在20世纪快速发展,国际避税也应运而生,不少跨国公司利用国际税收体系的漏洞和各国之间的税收差异避税,极大地降低其在全球范围内的税负,不论是对东道国还是母国的税收收入都产生了巨大的影响。

理 论 篇

4.1 国际避税的定义

要了解什么是国际避税(international tax avoidance),先要了解什么是避税。对于避税这一概念,并无统一明确的定义,下面是各国官方对避税的定义。

英国皇家收入和海关总署(HMRC)将避税定义为:个人或企业采取的与立法精神或目的相对的行为,这些行为可以减少税负,但严格来说并非违法。HMRC还定义了一系列识别避税行为的标志,包括很少或没有经济实质的交易或安排,或者与经济实质不相称的税收后果。[①]

美国对避税的定义为:纳税人减少税负,最大化税后利润的行为。美国税收管理法规还专门定义了"恶意避税交易"(abusive tax avoidance transaction,以下简称ATAT)。恶意避税交易包括组织和兜售导致错误或欺骗性税收申报的安排,帮助编制申报表和其他文件,以获得法律不允许的税收收益,或者阻碍实施和执行税法的行为。恶意避税交易不仅限于减轻税收义务的行为,还包括隐藏资产或收入的交易。[②]

---

① 具体内容参见英国皇家收入和海关总署网页(https://www.gov.uk/guidance/tax-avoidance-an-introduction.)。
② 具体内容参见美国国内收入署主页(https://www.irs.gov/irm/part5/irm_05-020-001.html.)。

欧盟对避税行为的定义为：企业并非通过有意欺骗等手段降低应纳税款，但这些手段本身与立法精神相对。[①]

尽管各国政府对避税的定义各有不同，但是都有两个基本特征：一是避税可以减少企业或个人的应纳税款，降低税负；二是避税并非违法行为。上述第二点将避税行为与偷税行为（tax evasion）区别开，偷税往往是通过瞒报、欺骗等手段隐匿财产或收入，达到不交税或少交税的目的，直接触犯所在国的法律，属于违法行为，达到一定程度的偷税行为还需要承担刑事责任；而避税行为往往是利用税收规则的漏洞，行为本身并不违法，只是与立法精神相违背，其法律后果一般仅是补税和缴纳利息、滞纳金，通常不涉及刑事责任。部分国家将避税行为进一步区分为正常的避税行为与违背立法精神的避税行为。正常的避税行为是法律所允许的，甚至是鼓励的，比如企业通过筹划享受国家给予的高新技术企业的优惠。违背立法精神的避税行为虽然不触犯法律，但是与立法精神相对，比如美国税法中所称的恶意避税交易。判断一项避税行为是否违反立法精神，主要看交易实体或交易本身是否真实，有合理商业目的，有经济实质。大部分国家或地区并不会有意区分正常的避税行为和违背立法精神的避税行为，但关注和管理的重点实际上也是违背立法精神的行为，如英国和欧盟。在本书中，我们对于违背立法精神的避税行为称为恶意避税（abusive tax avoidance）或过激税收筹划（aggressive tax planning）。对于上面谈到的几个概念，根据是否属于违法行为、是否违背立法精神进行适当划分，如表 4-1 所示。

表 4-1

避税与偷税的区别

	非违法行为	违法行为
不违背立法精神	合理避税、税务筹划	偷税（违法行为）
违背立法精神	恶意避税或过激的税收筹划	

所谓国际避税，就是纳税人利用各国税法之间的差异和漏洞，尽可能地减少或延迟应纳税款，降低全球范围的整体税负。与国内避税相比，国际避税有以下几个特征：

一是国际避税的主体往往是跨国公司或在国际范围内拥有和配置资产的个人。对于仅在某国的范围内从事经营、拥有资产、取得收入的纳税人（"非跨国纳税人"）来说，一则视野有限，资源也有限，没有从事国际避税的能力和手段，二则也很难承担设计和实施国际避税方案的成本。因此，与跨国公司相比，非跨国纳税人在竞争中处于劣势，导致不公平竞争，这也是国际避税行为广受经济学家诟病的原因。

二是国际避税的主要目的是降低在全球范围内的税负，或实际延迟缴纳税款。从一国的范围来看，某些避税行为未必导致企业的税负降低，甚至会有增加，但从全球范围来看会降低。

三是国际避税行为相对国内避税行为更加隐蔽。由于各国政府的税权往往局限在一国

[①] 具体内容参见：http://europa.eu/rapid/press-release_MEMO-15-4609_en.htm.

的国境之内,本国税务机关很难掌握纳税人在海外的资产和收入情况,对于纳税人的避税行为也无法及时发现和处理。

四是国际避税相对国内避税来讲空间更大。国内避税与国际避税都是利用税法的差异与漏洞来设计的,但是相对一国的税法而言,国际上不同国家的税法差异更大、漏洞更多,避税的空间也更大。在一些典型的跨国公司避税案例中,如苹果、谷歌避税案当中,这些跨国公司在母国的税负其实并不低,都在 20%以上,但是海外所得的税负往往只有3%~5%。

4.2 国际避税的成因

任何避税行为产生的主观原因都可以归结为一条,那就是利益驱动。在收入、成本和费用不变的前提下,利润和税收之间是此消彼长的关系。所以无论是法人还是自然人,都希望尽可能地降低税收,增加税后所得。

国际避税形成的客观原因在于各国税收制度的差异性。具体而言,各国的税收制度在以下方面存在的差异可能为国际避税行为创造机会。

4.2.1 各国税收管辖权的选择和运用差异

如本书第 2 章所述,目前世界各国对税收管辖权的选择有很大不同,一般来说,资本和技术输入较多的发展中国家,多侧重维护地域管辖权;而资本技术输出较多的发达国家,多侧重维护居民(公民)管辖权。尽管大多数国家为维护本国权益,一般都同时行使两种税收管辖权,但是也有一些国家和地区仍然行使单一的地域管辖权。即使是同时行使居民管辖权或地域管辖权的国家,对于居民和所得来源地的定义也可能存在不同。因此,跨境纳税人的纳税义务在行使不同税收管辖权的国家和地区之间有很大差别。这种差异既可能像本书第 2 章中介绍的那样造成重复征税,也可能为跨境纳税人利用,帮助避开或者降低纳税义务,实现其国际避税目的。

4.2.2 各国和地区间在税率、税基等方面存在差异

税率的高低直接影响纳税人的应纳税额,在税基一样的情况下,如果各个国家统一适用相同的税率,纳税人就没有动机,也没有机会将利润转移到低税率税区避税。但现实情况是,不同国家或地区之间税率水平极度不一致,同样是征收所得税,有的实行高税率,有的却实行低税率甚至是零税率。纳税人往往通过在低税率国家和地区设立中间公司,将利润从高税率国家和地区转移到中间公司,实现避税的目的。实践经验告诉我们,低税率(零税率)国际避税地的存在是跨境纳税人进行国际避税的重要驱动因素之一。特别是 20 世纪 60 年代之后,各国之间的税收竞争愈演愈烈。一些表面上税率较高的国家,如卢森堡、荷兰及瑞士等国,通过不同形式的税收优惠政策给予个别企业较优惠的税收待遇,降低实际税率,吸引大批纳税人利用优惠政策开展国际避税。除了税率之外,税基也是决定纳税人实

际税负的重要因素,各国在税基的确定方面也存在不少差异,比如有的国家为了鼓励企业创新,允许企业加计扣除研发费,吸引一些跨国公司在这些国家设立研发中心,降低集团的整体税负。

4.2.3 国际税收协定具体条款存在的差异

如本书第 3 章所述,为避免国际重复征税,全球各国、各地区之间广泛开展协商谈判,签订了大量的国际税收协定。虽然这些协定都是基于 OECD 范本和 UN 范本签订的,但是不同国家和地区之间签订的税收协定都存在差异,一些国家之间签订的税收协定提供的待遇比其他协定更为优惠,就为跨境纳税人进行国际避税开启了方便之门。跨境纳税人利用"导管"公司(conduit company)①,将原本无法享受的协定待遇,巧妙地由"导管"公司获取,从而享受优惠协定待遇。这一类的避税安排通常称为"择协避税"或"滥用税收协定"。

4.2.4 各国或地区的税收征管效率存在差异

各国和地区之间由于资源、传统、文化等方面的差异,在税收征管效率方面存在很大的差异。有的国家虽然在税法上规定的纳税义务很重,但税法实施的有效程度差,征管效率低,使跨境纳税人的税负名高实低,这也为国际避税创造了条件。

综上所述,各国在税收制度、税收征管水平、税收协定方面存在差异,为企业利用这些差异开展国际避税提供了制度基础,而全球化、信息技术的发展与现代商业模式的出现,使跨国公司大规模的避税活动成为可能。正如 OECD 在《税基侵蚀与利润转移行动计划》序言中所述:"全球化并不是一个新的概念,但是各国经济与市场融合的速度在近些年来愈发加快。资本与劳动力的自由流动、制造基地从高成本地区向低成本地区转移、贸易壁垒的逐渐消除、科学与通信技术的发展、风险管理与发展的重要性日趋提升以及对知识产权的保护与利用,这些都对跨境交易产生了极其重要的影响。全球化在很多国家都促进了贸易的发展,增加了外商直接投资。因此可以说,全球化带动了经济的增长,促进了就业,鼓励了创新,并且帮助成千上万的人们脱离了贫困。全球化的发展在促进各国经济发展的同时,也对各国的企业所得税体系产生了重大影响。全球化使得经营活动从只需关注单个国家的操作方式,向基于多维管理组织与集成供应链的全球操作模式转变,而后者使得不同的职能在区域或者全球范围得到集中化。除此之外,随着经济活动中的服务与通过网络就可以实现传送的数字产品变得越来越重要,企业更容易将其多项生产活动所在的区域设立于远离客户所在的区域。税收筹划者识别并利用法律套利越来越老练,可以接受的税收筹划的界限越来越模糊,这些发展使得跨国公司更有信心采取激进的税收行为。"②

---

① "导管"公司,是指通常以逃避或减少税收、转移或累积利润等为目的而设立的公司。这类公司仅在所在国登记注册,以满足法律所要求的组织形式,而不从事制造、经销、管理等实质性经营活动。

② OECD. Addressing Base Erosion and Profit Shifing[R/OL]. (2013-02-13)[2021-05-19]. https://www.oecd.org/tax/addressing-base-erosion-and-profit-shifting-9789264192744-en.htm.

4.3 国际避税的后果

自然人和企业通过国际避税减轻税负,会造成一系列的后果。一是会使各国的税收收入减少,从而导致支持公共支出与经济增长的资金不足。二是影响税收公平,相对采取避税行为的纳税人来说,不采用避税手段来降低税负的纳税人承受的税收负担较重,比如只在一国范围内从事经营的企业,比跨国公司利用税收筹划避税的机会少,从而损害纳税人之间的公平竞争。

对于国际避税是否广泛存在? 国际避税的规模到底有多大? 对各国的税收收入造成了什么样的影响? 这些一直是学界和政府关注的重点。有许多间接证据证明避税行为是广泛存在的。例如,国际货币基金组织协调直接投资调查(CDIS)的数据显示,在 2010 年,巴巴多斯、百慕大和英属维尔京群岛收到的外国直接投资为全球直接投资总额的 5.11%,超过了德国的4.77%和日本的3.76%。在同一年,这三个地区对世界的投资为 4.54%,也超过了德国的4.28%。从单个国家来看,在 2010 年,英属维尔京群岛是中国的第二大投资者(14%),仅次于中国香港的 45%,领先于美国的 4%。同年,百慕大是智利的第三大投资者(10%)。类似的数据也存在于其他国家,例如,毛里求斯是印度的第一大投资者(24%),同时,塞浦路斯(28%)、英属维尔京群岛(12%)、百慕大(7%)以及巴哈马群岛(6%)位于俄罗斯前五大投资者之列。①

但是国际避税的规模到底有多大? 虽然有很多学者和机构从不同的角度进行了研究,但是这些观点都不是结论性的。

美国研究者估计跨国公司与银行每年避税的金额是 370 亿美元。英国的非政府组织ActionAid 计算出英国伦敦股票交易所上市的 100 家最大的集团每年避税的金额是 8.4 亿英镑。德国没有严格的申报要求,因此相关的数据较少,但一些相关的研究估计,每年的税收流失也在 100 亿欧元以上。② 也有一些经济学家试图利用有限的数据分析国际避税对发展中国家的影响。有相关研究认为,发展中国家每年因为利润转移而遭受的税收收入损失在 350 亿美元至 1 600 亿美元之间。③ 另一组研究关注居住在发展中国家的富有个人,认为这些人通过持有海外金融资产不申报而造成的偷税额在 20 世纪 90 年代为 150 亿美元,近年这一数字高达 1 240 亿美元。④

4.4 国际避税的模式与主要手段

一般而言,在确定纳税人跨境所得的纳税义务时,先明确税收管辖权,即纳税人是否需

---

① OECD. Addressing Base Erosion and Profit Shifing[R/OL]. (2013-02-13)[2021-05-19]. https://www. oecd. org/tax/addressing-base-erosion-and-profit-shifting-9789264192744-en. htm.

② MARKUS HENN. Tax Policy Analysis, Tax Havens and the Taxation of Transnational Corporations[J/OL]. (2013-06)[2016-11-12]. https://library. fes. de/pdf-files/iez/global/10082. pdf.

③ CLEMENS FUEST, NADINE RIEDEL. Tax evasion, Tax Avoidance and Tax Expenditures in Developing Countries: A Review of the Literature[R]. Oxford University Centre for Business Taxation, June 19th, 2009.

④ 同脚注③。

要在某国纳税,然后确定在某国纳税的税基与税率,之后再判断纳税人是否可以按税收协定享受优惠税率。因此,影响跨境活动纳税义务的主要是四个方面,即税收管辖权、税基、税率和税收协定。由于国际税收领域在以上四个方面存在种种差异,可以为跨境纳税人提供很多避税的机会。总体而言,针对以上差异,国际避税有四种基本的避税模式。一是利用税收管辖权的差异避税,如通过人员流动或公司迁移改变居民身份;通过交易流程与交易模式的安排改变所得的来源地,避免在任何一个国家或地区纳税,或在税负较低的国家或地区纳税;通过选择合适的组织结构来规避居民管辖权。二是通过税基侵蚀和利润转移避税,主要是通过商品、服务、技术、融资等多种交易,将利润从高税负地区转移到低税负的地区,实现集团整体税负的最小化。在这一模式中,为了避免利润分回税负较高的母国时补缴税款,企业往往将利润滞留在低税负的地区不分配,形成受控外国企业。三是利用税收协定的优惠待遇避税。纳税人通过在协定国成立"导管"公司,享受协定优惠待遇,来规避或降低来源国所征收股息、利息、特许权使用费的预提税,俗称"滥用税收协定"。四是通过各国税收规则中的不同规定避税,如混合错配。下面就以上几种模式,列举一些常见的国际避税手段,如图 4-1 所示。

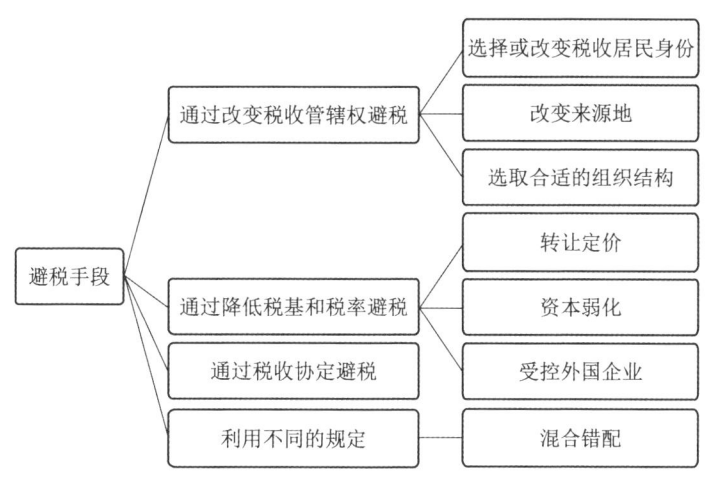

图 4-1 常见的国际避税手段

4.4.1 选择或改变税收居民身份

如本书第 2 章中所述,各国对税收居民有不同的定义,这些定义上的差异可能会形成居民管辖权的冲突,造成双重征税,但也可能带来税收筹划的空间。企业和个人可以通过选择居民身份来避税。相对来讲,个人的居民身份受制于一些先天的因素,比如个人的出生地、国籍、父母的居民身份等,要转换税收居民身份,必须从一个国家("迁出国")迁往另一个国家("迁入国")。而个人迁出一个国家,往往会在心理、家庭、经济、法律等方面面临巨大的挑战,因此采用这一方法避税的,往往是高净值人士,比如高收入的艺术家或运动员。高净值人士通过这一方法避税的例子有 Facebook 的共同创始人萨维林和国际著名投资家吉姆·

罗杰斯移民新加坡;德国的网球明星 Boris Becker 移民摩洛哥①;还有意大利的歌唱家 Luciano Pavarotti 移民摩洛哥②。

 案例 4-1

Facebook 联合创始人萨维林移民新加坡

2012 年,Facebook 联合创始人爱德华多·萨维林(Eduardo Saverin)于 Facebook 登陆纳斯达克之前宣布自己移民新加坡,并放弃美国国籍。持有价值 36.4 亿美元 Facebook 股票的萨维林选择在此时宣布放弃美国国籍,引发了强烈的避税质疑,因为新加坡并不征收资本利得税(Capital Gains Tax)。

萨维林 1992 年来到美国,1998 年成为美国公民。尽管已经退出美国国籍,但萨维林也不可能避开美国的全部税收。根据美国税法,美国人在放弃公民身份时需要缴纳弃籍税(Exit Tax)。

可能因为税务的考虑放弃美国公民身份或绿卡的还有量子基金的创始人之一吉姆·罗杰斯以及功夫明星李连杰等。

与个人不同,企业作为一种法律实体,注册地、经营地等都可选或可变,因而在公司的成立阶段就可以根据各国的法律作出有利于降低税负的选择。比如,苹果公司在爱尔兰注册的两家子公司 Apple Operations International(苹果集团主要的境外持股公司) 和 Apple Sales International(苹果集团主要的无形资产使用权收费公司)的经营管理控制地是在美国,因为爱尔兰主要是采用管理和控制原则来判断企业的居民身份,按照爱尔兰的税法,这两家公司不是爱尔兰的居民企业。同时,按照美国的税法规定,这两家企业也不是美国的居民企业,因为美国是采用注册地原则来判断企业的居民身份。因此,这两间公司不需要在任何一个国家作为居民纳税。③

即使在公司成立之后,企业也可以通过迁址或重组等方式转变税收居民身份,典型的做法是美国公司通常采用的公司倒置(corporate inversion)。由于美国采用全球征税的制度,对于居民企业从海外分回的利润,需要按照美国的税率征税,而英国、爱尔兰、荷兰等国税率较低或对海外收入不征税,为了降低税负,美国公司可以通过与海外公司合并,将美国公司变成境外公司的子公司,从而避免集团来自美国境外的所得在美国纳税。具体操作方式有几种:一是美国公司的股东同境外公司的股东换股,境外公司的股东与美国公司的股东互相持有对方的股份,美国公司可选择将境外公司作为母公司,成为境外公司的子公司;二是美国公司同境外一家较大规模的公司吸收合并,新公司设在境外,是境外的居民企业,美国股东仅持有新公司的少数权益;三是美国公司同境外一家规模较小的公司吸收合并,新公司设在境外,是境外的居民企业,美国股东持有新公司的多数权益,仍然控制新成立的公司。经

---

① 在 BBC 的网站上,可以找到关于此案的详细情况。

② 详细情况请参见 CARMINE, ROTONDARO. The Pavarotti Case[J]. European Taxation, 2000. 40:388.

③ PERMANENT SUBCOMMITTEE ON INVESTIGATIONS U. S. SENATE. Offshore Profit Shifting and the U. S. Tax Code[R]. 2012:28(2012-09-20).

过这样的改变之后,原美国公司的海外公司的利润可以无须汇回美国,因此不需要在美国纳税。[①]

比如,1998 年,德国奔驰汽车公司吸收合并了美国克莱斯勒汽车公司,新的公司是一家德国的居民企业,而不再是美国的居民企业。近年来,此种避税方法愈演愈烈。最新的案例是美国的汉堡王(Burger King)与加拿大的提姆霍顿(Tim Hortons)公司重组。[②]

 案例 4-2

公司倒置:汉堡王与提姆霍顿公司合并

汉堡王(Burger King)是美国快餐业的巨头之一,1954 年成立于佛罗里达州的迈阿密,在美国有 7 000 多家餐厅,年收入 850 亿美元,其中有 52% 的销售来自美国本土。提姆霍顿公司(Tim Hortons)成立于 1964 年,是加拿大最大的快速服务连锁餐厅,主要售卖咖啡、烘焙食品和自制午餐。自 2010 年起,三位巴西富豪在开曼群岛成立的私人公司 3G Capital 收购了汉堡王 69% 的股权,成为汉堡王的主要股东。

2014 年,Burger King 和 Tim Hortons 两家公司宣布合并。合并分几步完成:第一步,在加拿大成立 9060669 Canada Inc.(以下简称加拿大控股公司),加拿大控股公司直接或间接持有加拿大合伙企业 New Red Canada Limited Partnership(以下简称加拿大合伙企业)的权益。加拿大合伙企业在美国 DELAWARE 成立全资的 Blue Merger Sub, Inc.(以下简称美国合并公司),并在加拿大成立全资的 8997900 Canada Inc.(以下简称加拿大合并公司);第二步,加拿大合并公司收购 Tim Hortons 的股权,使 Tim Hortons 成为加拿大控股公司间接持有的子公司;第三步,美国合并公司和汉堡王公司合并,从而使 Burger King 成为控股公司间接持有的子公司。以上几步合并主要通过换股的方式完成,原 Burger King 和 Tim Hortons 的股东用自己原来持有的股票换取控股公司的股权或合伙企业的收益权。

专家预计,经过这一系列复杂的交易之后,Burger King 及其主要股东可在合并后 4 年通过各种手段减少约 4 亿美元的美国税。其主要手段是将 Burger King 累积在美国境外的未分配利润和未来海外业务实现的利润通过各种方式转入加拿大的控股公司,由于加拿大对于海外分回的利润实际上不征税,可以大大减少海外所得的税负。

需要注意的是,完成公司倒置之后,美国母公司仍然还持有海外子公司的大部分股权,从海外子公司获得分红仍需缴纳美国的所得税,为了能够不就延迟分配的利润缴纳任何美国税,倒置后的公司往往还需要一系列的手段将堆积在海外子公司的利润转移到新的海外母公司。常用的手法有以下几种:

(1) 通过使用"跳房子贷款"的方式规避美国税。根据美国税法,海外子公司使用延迟

---

① DONALD J MARPLES & JANE G. GRAVELLE. Corporate Expatriation, Inversions, and Mergers: Tax Issues [R]. [S. l.],2019.

② 在美国证券交易委员会网站上,可找到此案的详细情况。

交税的利润投资于美国资产(比如提供贷款给美国公司和购买美国母公司的股票时)，视为将利润和股息汇回美国母公司，美国母公司需要交税。于是，倒置后的公司将贷款提供给新的海外母公司，于是该笔贷款不被视为美国资产，也就不会被视为海外子公司分配的利润缴纳美国税。

（2）公司倒置之后，新的海外母公司会通过购买海外子公司的股权获得对海外子公司的控制权，然后新的海外母公司从子公司分红，海外母公司取得的分红无须缴纳美国税。

（3）公司倒置之后，新的非美母公司将它持有的美国母公司的股权卖给海外子公司，作为对价，海外子公司公司支付现金或其他资产，从而有效地将海外子公司公司的现金和资产绕过美国母公司汇给新的海外母公司。[1]

4.4.2 选择或改变来源地

各国税法中对于来源地有不同的规定，熟悉各国规则的纳税人可以通过安排交易模式，避免在实行来源地管辖权的国家或地区缴纳所得性质的税收。比如，对于贸易利润的来源，中国香港税法规定："确定从货品和商品交易所得利润来源地时，一般是以买卖合约订立的地点为根据。'订立'一词不仅表示合法执行合约，其含义亦包括商议、订定和执行合约的条款。"基于以上规定，注册成立于中国香港的贸易公司，可以向中国香港税务局声明，公司的主要经营活动不在中国香港开展，贸易合约均在中国香港以外商议、订定和执行，因而无须在中国香港交税。

另外，为了降低集团的整体税负，跨国企业集团往往将可能产生高额利润的活动，如研发、营销等功能，集中在税率比较低的国家的子公司，由这些活动产生的无形资产也由这些子公司所有，未来使用这些无形资产产生的收益也就属于这些子公司，可以由这些公司按较低的税率纳税，相比由税率较高的母公司持有无形资产并交税，整体税负会明显降低。

4.4.3 选择合适的组织形式

由于大部分国家对居民企业的全球所得征税，而仅对非居民企业来源于本国的所得征税。一国企业涉及境外业务时，需要认真地筹划可以采取的组织形式。通常可以采取的组织形式有代表处[2]、分公司和子公司三种。

公司在其他国家设立的代表处可以在所在国从事一定程度的辅助活动，比如联络、推广等，但是不能直接从事生产和销售活动，也不能订立合约。对于希望在国外通过经销商销售产品，仅在境外管理本公司品牌的企业来说，代表处容易设立，不产生销售收入，仅从事辅助性和准备性活动，一般根据两个国家之间签订的税收协定，在协定对方国家不构成常设机构，也不需要就销售利润缴纳所在国的企业所得税，通常也不被当地的税局关注，是一种比

---

[1] 具体规定见美国财政部网站(https://www.treasury.gov/press-center/press-releases/Pages/jl2645.aspx.)。
[2] 代表处在中国体现为2.5.4.1中的外国企业常驻代表机构。

较理想的选择。① 但是，代表处只能从事非核心、非销售型的业务，在人员设置、薪金发放等方面都要符合代表处的目的，不适合希望在所在国直接发展业务，扩大生产经营规模的企业。②

分公司是总公司在境外的延伸，这一组织形式允许公司在境外从事核心业务，开展销售活动。但是，分公司本身不是法人实体，它从事经营活动所形成的任何风险，由总公司承担，无法起到隔离海外业务风险的作用。另外，分公司的所得在当地要缴纳企业所得税，而且要并入总公司当年的所得在母国纳税，因此，分公司这种组织形式无法起到延迟纳税的效果。但是一些国家允许分公司在境外形成的亏损与总公司的利润相抵，对于在海外初创业务，初期没有利润，且潜在风险可控的公司来说，是较好的选择。③

子公司是独立的法人实体，独立承担与生产经营相关的风险。可以有效地将母公司从海外经营的风险中隔离开来，对于希望大规模、长期发展海外业务的公司来说，子公司是一种较好的选择。另外，站在税务的角度，通常子公司的利润在汇回母公司之前，不需要在母公司所在国纳税，而且子公司可以享受所在国提供的各种税收优惠政策。因此，对于风险较大的海外业务，采用子公司这种形式更为有利。但是，设立子公司手续繁杂、成本较高，对于短期在海外从事业务的企业来说，并非最佳选择。

选择建立代表处、分公司，还是选择设立子公司，需要根据所在国情况，反复权衡利弊，达到减轻税负的目的。

 案例 4-3

韩国 KT 公司巧用联络处避税

韩国 KT 化工公司，主要通过经销商在印度销售本公司的聚酯产品，公司计划在印度从事下列活动：

(1) 举办化工方面的研讨会与座谈会。

(2) 从客户那里收集对本公司相关产品的意见。

(3) 给公司的产品及使用的技术等进行宣传推广等活动，回答客户相关的问题。

(4) 从潜在的客户、贸易组织处收集反馈意见。

公司经过考量，决定在印度设立联络处(Liaison Office)，并向印度税务机构提出预先裁定申请。根据以上事实，印度的预先裁定机关给出裁定意见，认为只要该联络处不在印度从事核心经营活动，仅从事准备性、辅助性活动的话，则在印度不构成常设机构，无须在印度缴纳企业所得税。

---

① 常驻代表机构、代表处、联络处等一般是商事登记方面的名称，不同于税法中的机构、场所或税收协定中的常设机构概念，常驻代表机构、代表处、联络处等一般都是机构、场所，但是，不一定构成协定中的常设机构，只有当这些机构属于"固定营业场所"的时候，才会构成常设机构，如果只从事准备性、辅助性的活动，则不构成常设机构。

② 如果代表处直接从事销售活动，就可能在所在国构成常设机构，从而需要缴纳企业所得税。具体案例见 http://www.nishithdesai.com/fileadmin/user_upload/pdfs/Research%20Articles/Landmark%20International%20Tax.pdf.

③ 按照我国《企业所得税法》的规定，境外分公司的亏损不能用境内的利润来弥补。

4.4.4 利用关联交易转移利润

利用关联交易转移利润避税，就是通过转让定价避税。转让定价（transfer pricing）也称转移定价、调拨价格、内部价格等，就是关联企业之间的交易定价。在经济全球化的背景下，为了充分利用不同国家和地区的比较优势，公司内部趋于专业化，价值链中的各个环节，包括设计、生产、销售等往往位于不同的国家和地区，从而使得跨国公司内部的关联交易成为经济生活中的必然现象，转让定价也随之变得广泛存在。虽然 OECD 的《跨国公司转让定价指南》中明确提出"在缺乏市场力量的情况下，或者在采取特殊市场策略的情况下，要确定交易的合理价格确实有难度，税务机关不应该假设关联企业都会操纵利润"。① 但是，毋庸讳言，现实中确实有一些跨国公司，通过不合理的关联交易定价来转移利润，实现避税的目标。据著名的智库"Global Financial Integrity"估算，2010 年，从发展中国家非法流出的8 590亿美元中，有80％是转让定价造成的。②

利用转让定价避税是指跨境纳税人违反独立交易原则，人为将关联交易价格扭曲，通过控制关联交易价格实现其利润转移的一种避税手法。该方法主要是利用各国和地区之间的税负差别来实现避税的目的，是全球跨境企业使用最频繁的避税手法，也是最直接且容易操作的方法。跨境企业集团可以对商品、劳务、技术、资金等内部交易采取与独立企业之间的正常交易价格不同的计价标准，人为地压低高税国销售货物、提供贷款、提供服务、租赁和转让无形资产等业务的收入，或提高低税国销售货物、贷款、服务、租赁和转让无形资产等业务的收入，从而将利润集中转移到低税国家（地区）的关联方，达到降低集团总体税负的目的。

我们可以从一个简单的例子看到一个跨国企业集团如何利用关联公司间定价减轻税负。

假设 ABC 集团的三个公司 A、B、C 分别设在甲、乙、丙三个国家，法人所得税税率在甲、乙、丙三国分别为 50％、40％、20％。A 公司为 B 公司生产组装某机器的零部件。现在 A 公司以 100 万美元的成本生产了一批产品，如果与 B 公司之间按照独立交易原则进行交易，本应以 120 万美元的价格直接销售给 B 公司，B 公司按 150 万美元的价格投放 B 国市场。

不考虑其他成本费用情况下，A 公司的应纳税额为：

$$(120-100)\times 50\% = 10(万美元)$$

B 公司的应纳税额为：

$$(150-120)\times 40\% = 12(万美元)$$

---

① OECD. OECD Transfer Pricing Guidelines for Multinational Enterprises and Tax Administration［R］.［S. l.］，2010：31.

② DEV KAR，RAYMOND BAKER，TOM CARDAMONE. Illicit Financial Flows：the Most Damaging Economic Condition Facing the Develoing World［R/OL］.［2021 - 05 - 19］. https：//gfintegrity. org/report/illicit-financial-flows-damaging-economic-problem-facing-developing-world/.

ABC 集团总的应纳税额为：

$$A 公司应纳税额 + B 公司应纳税额 = 10 + 12 = 22(万美元)$$

然而,为了减轻税负,A 公司没有直接对 B 公司供货,而是以 105 万美元的低价卖给 C 公司,C 公司转手以 140 万美元的高价转卖给 B 公司,B 公司按 150 万美元总价格出售,这样一来,A 公司应纳税额为：

$$(105 - 100) \times 50\% = 2.5(万美元)$$

B 公司应纳税额为：

$$(150 - 140) \times 40\% = 4(万美元)$$

C 公司应纳税额为：

$$(140 - 105) \times 20\% = 7(万美元)$$

ABC 集团总的应纳税额为：

$$A 公司应纳税额 + B 公司应纳税额 + C 公司应纳税额 = 2.5 + 4 + 7 = 13.5(万美元)$$

ABC 集团共减少应纳税额 8.5 万美元。

从上面的例子可以看出,在不同地区存在税率差异的情况下,通过调整关联企业之间的交易价格,可以降低集团的整体税负。需要特别说明的是,税率差异不仅包括名义税率的差异,还包括实际税率的差异。一般说来,世界各国都有各种税收优惠政策规定,诸如加速折旧、投资抵免、差别税率、专项免税、亏损结转、减免税期、延缓纳税等。跨国公司往往可以利用税收优惠从事国际避税活动。比如,一些国家对研发活动规定有特殊的优惠政策,跨国公司就在这些国家设立研发中心,向集团内的其他公司收取研究开发费用,降低集团的整体税负。

在利用关联交易避税的诸多方式当中,有一种比较特殊,就是向关联企业购买保险,这一类保险叫自保险(captive insurance),提供保险服务的关联公司叫自保险公司(captive insurance company)。自保险公司一般成立在避税港,无须缴纳企业所得税,通过向关联的自保险公司支付保费,投保的公司可以在税前扣除保险费用,而承保的公司又无须缴纳企业所得税,从而集团整体的税负降低而利润高。出现自保险公司一方面是出于避税的目的;另一方面是因为某些企业或行业面临的许多特殊风险,一般的保险公司不愿意承保,或者保费较高。如果这些企业或同行业的企业共同出资在避税地成立保险公司,承保行业特殊风险,并通过再保险市场降低相应的风险,这也是企业风险管理的需要。

4.4.5 资本弱化

在利用关联交易避税的诸多方式中,有一种方式叫做资本弱化,是指企业和企业的投资者为了最大化自身利益或其他目的,在融资和投资方式的选择上,降低股本的比重,提高贷款的比重,造成企业负债与所有者权益的比率超过一定限额的现象。跨国公司向境外子公司注入资金时往往利用资本弱化来降低应交税款，因为境外的子公司向关联企业贷款该公司向关联企业支付的利息就可以在税前扣除，从而减少应纳税所得额。相反，如果跨国公司全部采用股权融资，子公司支付的股息、红利等无法计入成本，而是在税后支付，其应纳税所得额相对会较高。[①] 下面我们用一个例子来说明跨国企业如何利用资本弱化避税。

A 国甲公司拟在 B 国投资设立子公司（乙公司），公司总投资额为 3 000 万元。预计每年息税前利润为 500 万元，B 国的企业所得税税率为 30%。乙公司的资本结构有如下三种方式：

一是 3 000 万元的投资额全部采用甲公司投资的方式。

二是 2 000 万元的投资额由甲公司投资，乙公司另外向银行借款 1 000 万元，年利率为 10%，每年的利息额为 100 万元。

三是甲公司投资 1 000 万元，乙公司另外向银行借款 2 000 万元，年利率为 10%，每年的利息额为 200 万元。

采用以上三种不同的资本结构，乙公司每年的应纳企业所得税和税后利润如表 4-2 所示。

表 4-2

不同资本结构下乙公司应纳的企业所得税和税后利润比较　　　　单位：万元

项目	方式一	方式二	方式三
乙公司息税前利润	500	500	500
乙公司支付的利息费用	0	100	200
乙公司税前利润	500	400	300
乙公司应纳企业所得税	150	120	90
乙公司税后利润	350	280	210

从表 4-2 可以看出，在其他条件均相同的情况下，企业的负债比率越高，则支付的利息费用越高，税前利润越低，支付的所得税越低，这就是财务管理学所称的负债的"税盾效应"。但与此同时，企业因为承担了巨额的利息费用，税后利润也降低。为了减少这一影响，跨国公司往往通过关联企业间借款的方式，既享受高负债带来的节税效应，又不减少集团整体的利润。假设以上三种资本结构中，乙公司并非向银行借款，而是向集团位于避税地 C 的丙公司借款，假设 C 国不征收企业所得税，B 国对向境外支付的利息不征收预提所得税。采用以上三种不同的资本结构，集团与此相关业务的每年的应纳所得税和税后利润如表 4-3 所示。

---

① 1958 年，诺贝尔经济学奖获得者美国经济学家费朗哥·莫迪格里安尼和默顿·米勒在《美国经济评论》发表了题目为《资本成本、公司财务和投资理论》的论文，无公司税情况下企业的价值与资本结构无关，有公司税情况下债务会增加企业的价值，称为"MM 定理"。依据"MM 定理"，企业也可以适当利用债务资本来进行税收筹划，通过节税或避税的方式增加企业市场价值。但是，负债太高也会加大企业的经营风险，一旦出现管理不善和经济波动，可能会对企业投资者、企业、所在行业、地区甚至整个社会经济产生不良影响。

表 4-3

不同资本结构下向关联企业借款乙公司的应纳企业所得税额和税后利润　　单位:万元

项目	方式一	方式二	方式三
乙公司息税前利润	500	500	500
乙公司支付的利息费用	0	100	200
乙公司税前利润	500	400	300
乙公司应纳企业所得税	150	120	90
乙公司税后利润	350	280	210
丙公司利息收入	0	100	200
丙公司在 B 国应纳企业所得税	0	0	0
丙公司在 C 国应纳企业所得税	0	0	0
丙公司税后利润	0	100	200
集团整体利润	350	380	410

通过关联企业间贷款,整个集团实现了税后利润的最大化。在现实当中,丙公司很难在 B 国和 C 国都不交税,假设丙公司收到利息收入,在 B 国要缴纳 10% 的预提所得税,则集团整体利润在三种资本结构下分别是 350 万元、370 万元和 390 万元,后两种资本结构下,集团的整体利润仍高于第一种方式。

4.4.6　受控外国企业延迟分配

在跨国公司通过转移定价将利润转移到低税负国家的子公司之后,如果子公司把这些利润分回母公司,母公司所在的国家一般会对母公司从境外分回的所得征收企业所得税,那样就无法实现避税的最终目标。因此,需要把利润尽可能保留在子公司,以规避利润分配需负担的预提所得税及母公司所在国的企业所得税,实现延迟纳税的效果。跨国公司通常的做法是不分配利润,直接将这部分利润用于境外投资,或者转化为股东所持有的股票价值的升值额,以达到少纳税的目的。这一类在境外低税地累积利润的公司通常被称为受控外国企业(controlled foreign companies,以下简称 CFC)。据 Bloomberg 报道,2014 年年底,304 家美国上市公司保留在境外的利润高达 2.1 万亿美元,比上一年增加了 8%,其中有约 1/5 属于微软、苹果、谷歌和另外 5 家高科技企业,这 8 家企业保留在境外的利润仅 2014 年就增加了 690 亿美元。微软、苹果和谷歌三家公司在境外的利润都比上一年增加了 20% 以上。[①] 这些利润一旦分回美国,就要缴纳可能高达 39.6% 的美国税,保留在境外的话,可以等到美国企业通过前面的"公司倒置"方法改变居民身份之后再分配,或是等到美国境内改变税收政策,降低对境外所得的税率之后再征税,如美国前任总统唐纳德·川普就曾降低美国的所得税税率,并且降低海外利润汇回美国的税率。

---

① RICHARD RUBIN. US Companies Are Stashing $ 2.1 Trillion Overseas to Avoid Taxes[N/OL]. Bloomberg Business. (2015-03-04)[2016-12-07]. https://www.bloomberg.com/news/articles/2015-03-04/u-s-companies-are-stashing-2-1-trillion-overseas-to-avoid-taxes.

4.4.7　运用消除国际重复征税的方法避税

如本书第 2 章所述,纳税人从境外取得所得,首先要在来源地纳税,然后需要就此笔境外所得在居住地纳税,从而可能产生双重征税。为了避免双重征税,大部分国家的国内税法规定了单方面免除双重征税的办法,如免税法、抵免法;还通过签订税收协定,达到降低国际重复征税的目的,如免税法、抵免法、税收饶让等。这些方法(特别是免税法和税收饶让)的实施和推广,在避免或消除跨国纳税人重复征税时,也为跨国纳税人的避税提供了机会。

4.4.7.1　利用免税法避税

目前越来越多的发达国家采用免税法消除境外所得可能产生的双重征税,采用免税法的情况下,跨国公司来自海外的股息所得无须在母国纳税。2012 年,34 个 OECD 成员国中,有 27 个国家对于从境外分回的来自经营所得的股利,通过国内法或税收协定,规定采取免税的方法避免双重征税[①]。而在 10 年前,只有 17 个国家是采用免税法。关于免税法的具体介绍详见本书第 2 章。由于免税法比抵免法能够更加完全地消除双重征税,所以跨国公司如果把母公司设在实行免税法的国家,就可以降低海外所得的税负。在 4.4.1 当中,美国公司汉堡王之所以要通过逆向收购将公司的总部迁移至加拿大,就是因为美国对海外所得采用抵免法而加拿大采用免税法。

4.4.7.2　利用抵免法避税

跨国公司从海外低税负地区取得的收入,在分回母国时,应该并入跨国公司的境内外所得,在母国缴纳税款,但是,在境外来源地已经支付的税款,可以享受抵免,由于目前各国抵免制度中都有抵免限额的规定,往往会出现有时海外缴税额较高,无法全部抵免,可抵免额有剩余,而有时海外缴税额较低,抵免限额有剩余的情况。但是,跨国公司可以通过安排海外利润汇回母国的时间,让位于高税率地区和低税率地区的境外子公司同时分配,由于不同地区的境外已缴税款可以交叉抵免,来自低税率地区的所得可以利用高税率地区的抵免额,避免在母国补缴税款。但是这种方法仅限于母公司所在国的抵免制度采用综合限额法的情况,如果母公司所在国抵免制度采用分国限额法,则无法通过以上的做法避税,而只能通过设立中间控股公司的方法避税。

甲国 A 公司在乙国、丙国分设 B、C 两家子公司。甲、乙、丙三国的企业所得税税率分别为 30%、40%、20%。甲国抵免制度采取分国限额法,抵免额不得超过同期所得按甲国税率计算的税额,允许间接抵免。假设该年度 A 公司在甲国实现应纳税所得额 2 400 万元;B 公司在乙国应纳税所得额为 500 万元;C 公司在丙国应纳税所得额为 300 万元。

则 A 公司的境外所得在境外应该缴纳的税款为:

B 公司所得在甲国应缴纳的税款:$500 \times 30\% = 150$(万元)

B 公司在乙国已经缴纳的税款:$500 \times 40\% = 200$(万元)

①　PHILLOP DITTMER. A Global Perspective on Territorial Taxaion[R/OL]. (2012-08-10)[2016-12-19]. https://files.taxfoundation.org/20170330162854/sr202_0.pdf.

B公司所得在甲国可以抵免的限额：500×30％＝150(万元)

B公司所得在甲国仍需缴纳税款为0,有50万元在乙国已缴纳税款无法抵免。

C公司所得在甲国应缴纳的税款：300×30％＝90(万元)

C公司在丙国已经缴纳的税款：300×20％＝60(万元)

C公司所得在甲国可以抵免的限额：300×30％＝90(万元)

C公司所得在甲国仍需缴纳税款：90－60＝30(万元)

为减轻税负,A公司采取了以下办法:在抵免制度采用综合限额法的丁国设立D公司,丁国的企业所得税税率为30％,B、C两家公司是D公司的子公司。则B、C两家公司的所得在分回给D公司时:

B、C所得在丁国的应纳税额：(500＋300)×30％＝240(万元)

B、C所得在丁国的抵免限额：(500＋300)×30％＝240(万元)

B、C所得在丁国境外已纳税款：200＋60＝260(万元)

无须在丁国纳税。丁国所得再分回甲国。

D公司境外所得在甲国应纳税款：800×30％＝240(万元)

D公司境外所得在境外已经缴纳税款：200＋60＝260(万元)

D公司所得无须在甲国补缴税款。

通过以上筹划,集团的整体税负降低了30万元。

4.4.8 滥用税收协定

在本书第3章中,我们看到,虽然各国的协定都是在OECD范本和UN范本的基础上谈签的,协定的框架结构、处理思路和文字表述类似,但是不同的协定在细节方面会略有不同,正是这些细小的不同,会给企业的税务处理带来巨大的差异。举例来说,2016年5月之前印度与英国和毛里求斯两个国家签订的税收协定,就存在如表4-4所示的差异。

表4-4

印度与英国、毛里求斯税收协定比较[1]

	印度英国协定	印度毛里求斯协定
股息红利	15％	5％(收款人为受益所有人的情况下)/15％(其他)
利息	15％	0％(仅在居民国征税)
特许权使用费	15％或(20％)	15％
股权转让收益	根据国内法,未约定	0％

从表4-4中可以看出,印毛协定中规定的税率比印英协定中规定的税率更优惠。因此,英国企业投资印度时,首先在毛里求斯设立一个中介控股公司,再由毛里求斯中介控股公司

---

[1] 2016年5月,印度与毛里求斯签订了税收协定的议定书。议定书规定,从2017—2018年度开始,转让印度企业的股权在印度征税,对于2017年4月1日之前取得的印度公司股权,仍可适用旧的协定,仅在毛里求斯征税。

投资于印度的运营公司,未来印度运营公司分配利润时,只需支付5%的预提所得税,远远低于英国直接投资印度的15%。在向母公司借款支付利息时,无须支付预提所得税,加上未来转让股权时,也无须就股权转让所得在印度交税,因此,通过在毛里求斯设立中间控股公司投资印度远远优于英国公司直接投资印度。

实际上,任何一个国家与其他国家签订的税收协定,都会有这些方面的不同,因此跨国公司在对外投资之前,往往对目的国的税收协定网络作比较深入的分析和比较,确定投资的路径,从而降低海外投资在股息、利息、特许权使用费等方面的税负。为此目的设立的中介控股公司并无什么经济实质,往往是单纯为享受税收协定利益而设置的"空壳"公司(shell company),或称"邮箱"公司(mailbox company)、"导管"公司,这种避税方法往往被称为"滥用税收协定"或"择协避税"(treaty shopping)。典型的模式如图4-2所示。

图 4-2　利用中介公司避税模式

在上面的模式中,最核心的问题是中介国I的选择。在选择时,要考虑以下几个因素:一是I国与B国之间的税收协定所规定的协定税率是否比A国与B国之间的协定税率优惠;二要考虑I国的税收法规,重点是I国是否对中介公司收到的所得征税;三是中介公司再向A国母公司支付股息、红利时,是否需要在I国缴纳预提所得税。在上面的模型中,I国的子公司在收到B国子公司分配的利润时,如果需要在I国缴纳企业所得税,而且在向A国母公司分配利润时,还需要缴纳预提所得税的话,实际上并不能起到避税的效果。因此在选择控股公司的所在地时,I国既要有广泛的税收协定,又要对本国居民从境外取得的被动所得等免税或低税。除此之外,I国企业向非居民支付被动所得时征收的预提税要尽可能低,甚至免税。同时满足以上三个条件的国家并不多,在亚太区主要是中国香港和新加坡,欧洲的比利时、荷兰、卢森堡、爱尔兰等则是投资欧洲时比较理想的控股公司所在地,此外,塞浦路斯和毛里求斯等国也经常被用作对某些特定国家投资。塞浦路斯的人口只有779 000人,但2002年塞浦路斯是俄罗斯的第二大投资国。这主要是因为塞浦路斯被用作中介控股公司所在地,利用它与俄罗斯之间非常优惠的税收协定来避税。俄罗斯与塞浦路斯的税收协定规定缔约双方对超过100 000美元部分的股息收入征收5%的预提税,对于利息、债券所得免征预提税。再加上塞浦路斯国内的低税收政策,从总体上大大降低了国际投资者向俄罗斯投资应负担的税收。

4.4.9　混合错配安排

不同国家对某些类型的实体和金融工具,在税务上有不同的认定和处理,跨国公司利用这些差异,实现跨国所得双重不征税或双重扣除,这就是通过混合错配安排(Hybrid Mismatch Arrangement)避税。混合错配安排主要包括混合实体和混合金融工具两种避税模式。

4.4.9.1　混合实体

按照OECD组织的定义,混合实体就是站在税务的角度,被一个国家认为是税收虚体的组织,在另一个国家被认定为税收实体的组织。[①] 所谓的税收虚体,也称作"财政透明",是指忽略组织的存在,穿透处理,直接对组织的所有者征税。被穿透的组织,可能在一个国家被视为透明,而在另一个国家并不被视为透明。同一组织在不同的国家具有了两种不同的性质判断与税收处理,也就被称为混合实体。常见的混合实体有合伙企业、信托以及个别国家一些特殊性质的组织。

税务上产生混合实体的原因主要来自三个方面:

一是不同法律体系存在的差异。比如普通法系与大陆法系在对一些法律安排(legal arrangements)定性时,通常存在一定的差异。由于各国在制定税法时,往往会参考国内民法与商法对经济组织(实体)的定义,法律体系的不同就会导致不同法系的国家的税法之间,对于同一组织会产生不同的判断。实际上,在不同法系的内部,比如普通法系内部不同的国家,对于同一法律安排的定性也会存在差异,只是这种差异没有不同法律体系之间那么明显。

二是大多数国家对于如何处理一些特殊的法律安排也没有形成全面和一致的观点。

三是在一些国家,税法中对于组织性质的判定并不一定与私法中对组织的性质判断保持一致。

下面以合伙企业为例,说明不同国家或地区对同一类型组织的处理差异。

1) 英美法系对合伙企业的税务处理

大多数英美法系的国家或地区对合伙企业应用"穿透征税"的原则,认为合伙企业应当被"穿透",对合伙企业的合伙人征税,而不是对合伙企业本身征税。

(1) 美国。美国对合伙企业征税的规定主要在《国内收入法典》的第 1 章第 K 部分,根据该部分的规定,在征收联邦所得税时,合伙企业被穿透。即合伙企业无须就其取得的所得交税,而合伙企业的合伙人就归属于各自的所得缴纳所得税(不管利润是否实际分配给合伙人)。该法规同时规定,合伙人可以自行约定分配的方式与比例,但分配必须能反映商业安排的经济实质。

(2) 英国。英国有关合伙企业如何征税的规定主要是在《所得和企业税法典 1988》的第

---

① 关于混合错配的详细介绍,请参见 OECD 2012 年的报告《混合错配安排—— 政策与合规问题》"Hybrid Mismatch Arrangements-Policy and Compliance Issues"。

111 部分和《所得税(贸易和其他所得)2005》的第 848 部分。根据这两部法规的规定,合伙企业并非区别于其合伙人的独立实体。因此,合伙人分别就其分享的利润或亏损缴纳所得税(个人合伙人)或公司税(公司合伙人)。当合伙企业实际向合伙人分配利润的时候,无须再征税。

(3)中国香港。尽管中国香港是属于英美法系,但是在对合伙企业的征税上,却不同于英国与美国。在中国香港,根据《国内收入法典》第 112 章第 22 条,如果任何行业、专业或业务是由 2 人或多于 2 人共同经营,则从该来源所得的应评税利润须以一笔款项计算,而且就该笔款项征收的税款须以该合伙的名义征收。但是,由于在中国香港,个人同时缴纳利得税、薪俸税的,可以选择个人入息课税的方式,将从合伙企业取得的利润与受雇取得的薪金合并纳税,适用扣除额等,从而降低应纳税额。如果个人选择了个人入息课税这种方式,则对该合伙人的利润,不再在合伙企业层面征税。

2) 大陆法系对合伙企业的税务处理

大陆法系下,各国对合伙企业的税务处理不太相同。

(1)德国。德国的合伙企业分为一般合伙企业(OHG)和有限合伙企业(KG)。在征税时,德国将合伙企业视为一个"导管"公司,合伙企业本身不交所得税,而是由合伙人将归属于该合伙人的所得并入个人的所得申报。对于从事经营的合伙企业,在计算应纳税所得的时候,是用该企业纳税期末的净资产减去上期末的净资产,加上当年分配资产(withdrawals),减去投入资产(contributions),如果是正数,则合伙企业当年盈利,如果是负数,则合伙企业当年亏损。[①]

(2)法国。法国的合伙企业是"半透明"的,它们既不是完全透明的,但也不需要缴纳企业所得税。具体来讲,合伙企业在企业的层面计算盈亏,但是由股东根据持股比例纳税。

除了合伙企业、信托这一类实体之外,个别国家的法律规定还导致产生一些特殊类型的混合实体。比如根据美国的打钩规则(check the box rules),美国的有限责任公司(LLC)在计算与缴纳联邦所得税时,可以自由选择将实体的性质定为公司、合伙企业,还是被忽略的实体(当只有一个股东时)。同样,外国企业可以自由选择它们在适用美国税法时的实体分类。由于企业在美国可以脱离具体的法律形式和组织形式,自由地选择实体分类,而其他国家往往是根据企业的法律组织形式判断实体是属于公司还是合伙企业,在涉及跨境业务时,打钩规则就会使很多企业变成混合实体。[②]

另外,根据荷兰的相关法律,有三种法人实体,站在国际税收的角度,可能会成为混合实体:

(1)普通的荷兰有限责任公司(BV):如果这样一个企业选择与母公司合并纳税,那么很可能出现这样的情况,根据荷兰企业所得税的规定,这个公司就"不复存在"了。但是,如果

---

① WALTER D, SCHWIDETZKY. A Comparison of Partnership Income Taxation in the United States and Germany: A Study in Differences[J]. American University International Law Review, 1995 (10):1331-1364.

② 关于美国打钩规则的详细介绍,请参见 https://www.irs.gov/irm/part4/irm_04-061-005.html 或 https://en.wikipedia.org/wiki/Entity_classification_election.

这样一个实体在国外有经营业务,国外税务机关会继续把这个荷兰实体当成独立的纳税人。

（2）有限责任合伙企业(CV)。在荷兰有限责任合伙企业可以被视为企业所得税税收实体,遵循荷兰企业所得税的规定缴纳荷兰企业所得税,也可以选择作为税收透明体,由合伙人就从合伙企业分得的利润来申报纳税。实际上,企业可以自由选择这两种形式之中的一个,它们之间的区别在于公司文件中的极其微小的差异,但是在税收上可能产生非常大的差别。由于荷兰的税收分类方法也适用外国有限责任合伙企业。所以,有限责任合伙企业的税收地位在荷兰与国外不匹配是一种常见的现象,而不是例外事件。

（3）合作协会(COOPS)。在荷兰的民法下,存在三种形式的合作协会,它们的成员对于COOPS的债务,存在不同的责任。在荷兰企业所得税法下,三种形式的合作协会都会被当成税收实体征收荷兰企业所得税(但不征收荷兰股息税);并且作为税收居民,可以享受荷兰税收协定中的优惠待遇,而且合作协会在分配利润时,不需要代扣代缴股息所得税,因此,经常被用于投资基金的架构设计中。然而在国外,合作协会很可能因为成员对债务承担的责任程度不同,而被视同有限责任合伙企业进行税务处理,导致税收错配。

利用混合实体实现避税最简单的方法是双重扣除。举例来说,如图4-3所示,如果A国的甲公司通过某混合实体H间接持有B国的运营公司乙公司。该混合实体H在B国被视为一个独立的纳税实体,但在A国被视为一个税收虚体。H向第三方贷款,作为股本投入乙公司,并向第三方支付利息。站在B国税收的角度,H是一个纳税实体,它向第三方支付的利息可以在税前扣除。与此同时,站在A国的角度,H只是甲公司的一部分,因此,H所发生的成本和费用可以在甲公司扣除。这样,同一笔利息费用就同时在A国和B国在计算企业所得税时扣除,这就是双重扣除。

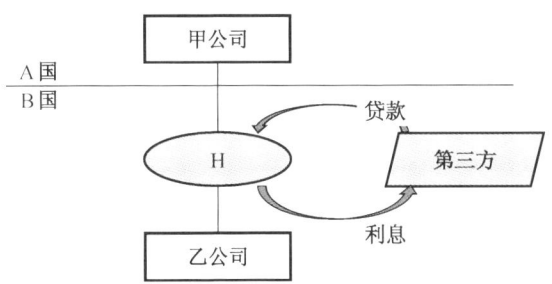

图 4-3　利用混合实体实现双重扣除示意图

但是,在上面的避税方案设计中,如果H公司没有任何收入的话,即使利息可以在税前扣除,也不能起到节税的效果。反之,H公司如果有收入,其收入也要并入甲公司的所得交税,同样起不到节税的效果。因此,双重扣除要真正起到节税的作用,还取决于B国是否有集团合并纳税的政策。如果B国允许集团合并纳税,则H公司支付的利息费用可以抵销集团内其他公司,如乙公司的所得,从而一笔利息费用在甲乙两国都可以冲抵收入,降低集团的整体税负。目前允许集团合并纳税的国家有英国、新加坡、爱尔兰、马来西亚等国家。

除了混合实体之外,如果某公司同时是两个国家的税务居民,而且甲乙两国都允许集团合并纳税的情况下,也可以实现双重扣除的节税效果。①

4.4.9.2 混合金融工具

混合性金融工具是指既具有债权投资性质,又具有股权(权益)投资性质的金融工具。常见的混合性金融工具包括可转换债券、永久性债券、利润分享贷款。由于现代金融业的发展,想要准确地区分债权与股权十分困难。现代金融工具通常同时具备债权和股权的特征,只是程度大小不同。如果一条线段,一端是股权,另外一端是债权,混合性金融工具并不是处于这个线段的两端,而是位于这个线段中间的某个位置。

混合性金融工具在不同国家的税务处理可能不同。一些典型国家的相关规定如下:

(1)美国:美国税法典 385 条中明确了区分债权与股权性投资需要考虑的因素如下:①是否有无条件承诺将在特定时间或应要求支付一笔固定的金额作为取得一笔资金的对价,支付的利息率是固定的;②受偿权是优先于还是落后于公司的其他债权;③债权性融资与权益性融资的比例;④该项权益是否可以转换为股票;⑤持有的公司股权与利息之间的关系。对于判定为股息性质的支出,美国税务局是不允许在税前扣除的。②

(2)英国:英国税法并未明确规定如何区分债权性质的投资和权益性质的投资,但是有一些法规限制利息的扣除,部分限制利息扣除的规定如下:

① 超过(同类贷款)合理商业收益的支出。

② 收益与发行者经营业绩相关。

③ 可转换成股票的证券支付的利息。

④ 权益性票据③支付的利息。

如果发行者向证券持有者支付的利息具有以上特征,则支付的利息可能全部或部分不能扣除。④

从上面的介绍可以看出,对于一项金融工具到底是属于债权还是属于权益性金融工具,各国会有不同的判断标准,当同一项金融工具在不同的国家有不同的性质判断和税务处理时,就可能产生混合错配,在支付利息的国家被作为利息允许扣除,而在接受利息的国家又被作为股权性的收益免税。一些企业会利用混合错配来避税,通常被称为"扣除/不征税模式",具体如图 4-4 所示。

一个典型的案例发生在荷兰,如图 4-5 所示,荷兰 P 公司通过荷兰 S 公司间接持有澳大利亚 A 公司 16% 的股权,P 公司提供一笔股东贷款给 A 公司,A 公司支付利息给 P 公司,该笔利息在澳大利亚作为利息支出在 A 公司税前扣除,同时作为利息所得并入 P 公司的所得中纳税。后来,该公司在 2004 年对该笔贷款重新作了安排,澳大利亚 A 公司偿还荷兰 P 公

---

① 具体请参见 OECD 2012 年的报告《混合错配安排——政策与合规问题》"Hybrid Mismatch Arrangements-Policy and Compliance Issues"。

② 具体规定参见美国国内收入署网站(https://www.irs.gov/pub/irs-utl/tier1internationalhybridtrifold6909.pdf.)。

③ 此处指没有到期日或到期日长于 50 年的证券。

④ ALLEN & OVERY LLP. Global Tax Practice:Tax Treatment of Additional Tier 1 Capital under Basel III[R/OL]. [2021-05-19]. https://pdf4pro.com/view/global-tax-practice-tax-treatment-of-additional-2120e.html.

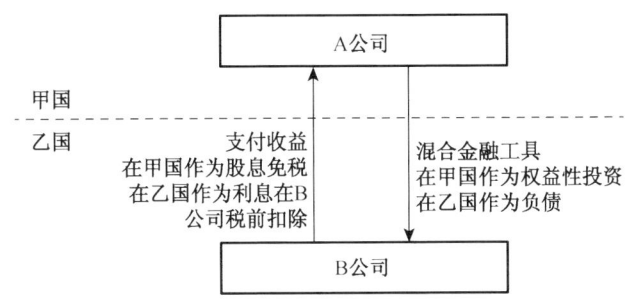

图 4-4 利用混合金融工具避税示意图

司的股东贷款,同时荷兰 P 公司收到澳大利亚 A 公司发行的可赎回优先股。可赎回优先股的条件如下:(1)每年支付累积性优先股息 8%,慢慢提高到 12%;(2)优先股股东没有投票权;(3)10 年之内 A 公司将赎回该笔优先股。经过重组之后,A 公司支付给 P 公司的优先股股息可以享受荷兰的"参与豁免",不再需要在荷兰纳税,而在澳大利亚支付的优先股息还是作为利息扣除,从而降低了集团的整体税负。[①]

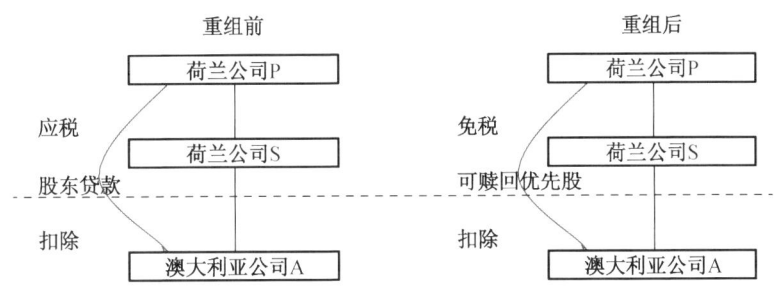

图 4-5 荷兰某公司利用混合金融工具避税示意图

4.5 国际避税地

前面 4.4 中介绍的各种国际避税手段,比如转让定价、受控外国企业和滥用税收协定等,要想较大程度地发挥避税作用,必须在方案中包括一个或多个避税地。所谓避税地(又称"避税天堂""税收绿洲"),一般有以下几点特征:

一是"避税地"通常不征收或只征收很少的所得税。传统的避税地通常地域小、人口少,而且多为大国的属地,没有国防支出,财政预算支出也不沉重,只需要少量的财政收入就可维持国家的运转,所以不征企业所得税。即使征收企业所得税,往往也是实行二元税制,对于在本地区有经营活动的企业正常征税,对于在本地区没有经营活动,仅从事离岸业务的企业不征税或只是象征性地征税。还有些国家,在境内划分一块独立的区域,对于在此区域内

① GABRIËL VAN GELDERAND BOUDEWIJN NIELS. Tax Treatment of Hybrid Finance Instruments[J]. Derivatives & Financial Instruments,2013:140-148。

注册成立的从事离岸业务的企业免税。

二是有比较完善和灵活的法律体系。纯粹的避税地多为英美等国的殖民地,在法律体系上承袭了英美法系的基本框架和原则,但在公司法层面,更加灵活,更少管制,可以很容易地在这些国家成立和注销公司,而且保密性比较高,不需要披露股东姓名及注册资本等。

三是"避税地"的金融组织和机构比较发达,且实行严格的保密制度,很多"避税地"都自称为"国际金融中心"。在"避税地",银行管理条例比较松,银行开办费用低,当地政府对银行之间及与银行有往来业务关系的经济实体和个人之间所需保密的信息、文件等给予保密,绝不泄露。因而,许多金融组织和机构愿意到"避税地"设置机构,开展业务。

四是交通与通信发达。避税地必须有良好的基础设施,包括便捷的交通、邮政、电信设施,从而在避税地设立公司、开设账户的企业可以很方便地管理和控制避税地公司的运作。

五是有成熟的专业服务体系。对于大部分公司来说,都只是在避税地注册成立机构,享受税收上的优惠待遇,并不会有员工在避税地常驻,主要依靠当地的专业服务机构来为投资者处理当地的公司注册、年度申报与资金运作,因此,具备完善的专业服务体系也是避税地的重要特征。

六是政治经济稳定。政治经济稳定,对于保证投资安全来说,是非常重要的,大部分投资者在选择避税地的时候,都会仔细考量当地的政局,历史上有一些避税地,如巴拿马和直布罗陀由于近年来政局不稳,大大减弱了这些地区作为避税地的吸引力。

以上是避税地通常具备的几个特征。实际上,对于什么是避税地,到底哪些国家是避税地,并没有一个统一而清晰的标准。有些国际组织,比如OECD和欧盟都曾列出自己的避税地清单,不少国家也曾列出自己国家的黑名单或是白名单。[①] 综合这些名单,可将国际上形形色色的避税地分为三类:

第一类是没有个人或公司所得税、财产税、遗产税或赠予税的国家或地区,一般被称为"纯国际避税地",如开曼群岛、巴哈马、百慕大、英属维尔京群岛等。

第二类是本辖区税率较低的国家或地区,比如中国香港(16.5%)、中国澳门(12%)、塞浦路斯(12.5%)、毛里求斯(15%)、列支敦士登(12.5%)等。除了本身税率低,个别国家和地区还单纯行使来源地管辖权,比如中国香港、中国澳门,另外一些国家提供特别的税收优惠,比如塞浦路斯对来自专利或其他无形资产的所得的80%免税,毛里求斯对Ⅰ类集团公司提供抵免后,实际税率只有3%,进一步增加了这些国家的吸引力。[②]

第三类是本国税率并不低,但是有广泛的税收协定网络,同时又对投资者提供某些税收优惠的国家和地区。比如马来西亚、比利时、卢森堡、荷兰、瑞士等。这些国家与很多国家签有税收协定,而且协定待遇比较优惠,同时,这些国家通过税收政策对某一类企业给予特别

---

① Tax Justice Network 曾经比较了不同国际组织列出的避税地和离岸金融中心清单,共分析了81个国家,具体请见"Identifying Tax Havens and Offshore Finance Centres",Tax Justice Network,2007。

② 有关这些国家和地区的税收政策,具体见 https://www. world. tax.

的优惠,甚至通过税收协议给予某一家企业特殊优惠,从而成为很多跨国公司避税模式设计的关键一环。

下面,我们选择几个有代表性的避税地,简要介绍这些地区的基本情况。

4.5.1　开曼群岛

开曼群岛(The Cayman Islands)是英国在西加勒比群岛的一块海外属地,首府为乔治敦(George Town)。开曼由大开曼、小开曼和开曼布拉克等三个岛屿组成,土地面积 264 平方千米,人口接近 6 万人,人均 GDP 71 549 美元,世界排名第 10 位。[①] 开曼是世界著名的潜水胜地、旅游度假胜地,也是著名的离岸金融中心和避税地。据说开曼群岛作为避税地的传统最早开始于 1794 年,当时开曼人拯救了十艘遇险商船的船员,其中有一位是英国国王的近亲,国王乔治三世因此承诺对开曼永不征税。[②]

开曼群岛不征收个人所得税、企业所得税、遗产税、资本利得税等直接税,也不征收房产税等财产税,政府的收入主要来源于进口关税、印花税,以及一些收费,比如金融机构的许可费、外地劳工的工作许可费等。[③]

金融业在开曼有十分重要的地位,占开曼群岛 GDP 的 30% 以上(2018 年),截至 2020 年7 月,开曼共有 123 家银行,其中包括 50 家全球最大银行中的 40 家,这些银行提供信用证、外汇、担保、保管、商业贷款、房屋抵押贷款等一系列的服务。另外,开曼群岛有 679 家保险公司,11 157 家共同基金,12 343 家私募基金。[④] 相对其他避税地来说,开曼群岛具有完备的公司法制度,但又比较灵活,它允许公司修改章程,以满足经营地或上市地的合规要求,而且在并购等方面的程序比较简单。因此,许多上市公司会选择将开曼群岛作为公司的注册地。据统计,2017 年,中国香港上市公司中,有 1 000 多家(约 49%)在开曼注册。新加坡证券交易所的上市公司中,有 10 家注册于开曼,美国纽约证券交易所挂牌的公司中,有 52 家注册于开曼,纳斯达克证券交易所挂牌的公司当中,有 60 家是在开曼注册。[⑤]中国的百度、阿里巴巴、汇源果汁、新浪、联想等境外上市公司的主体都在开曼注册。

4.5.2　百慕大群岛

百慕大群岛(Bermuda)是自治的英国海外领地。距美国东岸佛罗里达州迈阿密东北约1 100 海里及加拿大新斯科舍省哈利法克斯东南约 840 海里。百慕大群岛土地面积54 平方千米,由 7 个主岛及 150 余个小岛和礁群组成,呈鱼钩状分布,其中百慕大岛最

① CENTRAL INTELLIGENCE AGENCY. The World Factbook [EB/OL]. (2021 - 05 - 11) [2021 - 05 - 19]. https://www.cia.gov/the-world-factbook/countries/cayman-islands/.
② 此故事流传甚广,但其真实性并没有经过考证。
③ 具体见开曼政府官网。
④ 参见中国国家税务总局网(http://www.chinatax.gov.cn/n810341/n810770/c1153042/5026995/files/5a2bb207b6cc4c46ace52ef659299a81.pdf.)。
⑤ 参见网址 https://www.applebyglobal.com/wp-content/uploads/2019/04/ealert-supplement-report-on-cayman-listed-companies-june-2017-final.pdf。

大。百慕大的首府是哈密尔顿，全岛共有 70 000 余人，2019 年人均 GDP 81 000 多美元，位居全球第九。[①]

百慕大的税制十分简单，不征收资本利得税、赠予税、遗产税等直接税，也不征收销售税、增值税等间接税。目前，百慕大的主要税收包括针对房地产转让的印花税、根据房地产的租价累进(0.8%~47%)征收的土地税。对于在当地工作的雇员征收工薪税，另外还有公司服务税、外汇购买税、酒店税、乘客税等一些零星的税种。[②] 但是，从 1947 年开始，对于注册在百慕大、并非由百慕大人所持有且并不在百慕大当地从事经营的国际公司来说，各项税收全免，仅需缴纳年度注册费，年度注册费根据资本额大小，从 1 995 美元至 31 120 美元不等。

相对其他避税地来说，百慕大的法律体系较完善，百慕大的金融监管机构 The Bermuda Monetary Authority 给了保险公司很大的灵活性，比如对保险资产的投资没有设置什么限制；保险公司可以向经纪人按成功收费的模式支付佣金。与此同时，百慕大又建立了有效的监管机制，来保证保险公司有足够的资金满足赔付需求，达到包括欧盟、美国、英国等国家的保险业标准，因此成为世界上最大的离岸保险和再保险中心。截至 2018 年年底，百慕大共有 1 262 家保险公司，收取总保费 2 435 亿美元，净保费 1 979 亿美元。百慕大的保险公司中有 746 家自保险公司，其中很大一部分(478 家)自保险公司的最终所有者来自北美，109 家的最终所有者来自欧洲。另外，516 家公司是商业保险公司，其中 170 家保险公司的最终所有者来自北美，85 家的最终所有者来自欧洲。[③]

4.5.3　英属维尔京群岛

英属维尔京群岛(The British Virgin Islands，以下简称 BVI)位于大西洋和加勒比海之间，与美属维尔京群岛毗邻。BVI 曾经是英国的海外属地，1967 年成为英国的自治区。BVI 由托土拉岛(Tortola)、处女戈达岛(Virgin Gorda)、阿内加达岛（Anegada）和约斯特·范大克岛(Jost Van Dyke)这四个主岛和 50 个小岛组成，面积 150 平方公里，人口约 30 000 人，首都罗德城 Road Town 位于最大的托土拉岛上。BVI 人均 GDP 34 200 美元[④]。

BVI 的税制十分简单，不征收资本利得税、赠予税、遗产税等直接税，也不征收销售税、增值税等间接税，名义上，企业和个人要缴纳所得税，但目前税率为 0，实际上不用缴纳。但是，对于个人取得的工资薪金，金额超过 10 000 美元的，雇员和雇主要分别支付 8% 和 12% 的工薪税。目前，对于房地产转让，BVI 征收 4% 或 12% 的印花税，对于进口商品，需要征收关税，另外还有房产税、土地使用税、酒店税、汽车税等一些零星的税种，但这些税的税率都很低，收入规模很小，政府财政收入主要以离岸公司的注册费为主。对于注册成离岸公司的

①　CENTRAL INTELLIGENCE AGENCY. The World Factbook［EB/OL］.（2021－05－11）［2021－05－19］. https://www.cia.gov/the-world-factbook/countries/bermuda/.
②　具体见百慕大政府官方网址 https://www.gov.bm/.
③　参见网址 https://www.bma.bm/publications/annual-reports.
④　数据源自 WIKIPEDIA 和 CIA 相关网页。

企业,各项税收全免,仅需缴纳 350 美元到 5 000 美元不等的年度费用。

BVI 政府从 1980 年开始提供离岸公司注册服务。BVI 的公司法律体系参照英国普通法体系设立,同时还参考了美国特拉华州公司法的条款,并以当地条例配合施行。由于 BVI 的公司法简单明确,BVI 逐渐成为深受国际社会欢迎的离岸公司注册地,政府收取的公司注册费占政府收入的一半以上。2000 年,已经有大约 40 万家公司在 BVI 注册,约占当时全世界离岸公司数量的 45%。① 截至 2019 年 6 月 30 日,在 BVI 注册的公司总数为 430 310 家,其中包括 1 078 家私人信托公司和 692 家有限合伙企业,另有 175 家持牌信托机构,463 家投资公司,1935 家共同基金,178 家保险公司(其中 139 家为自保险公司)②。

从上面的数据可以看出,BVI 的金融服务业并没有开曼群岛和百慕大群岛发达,但是离岸公司的数量远远超过其他避税地,那是因为与其他避税地相比,BVI 在公司法方面有如下一些独特的优势:

(1) 股东人数和董事人数可低至一人。

(2) 公司可以作为董事。

(3) 没有最低资本要求,而且可以是任何货币。

(4) 可以发行记名股票(bearer shares),不同类型股票和无面值股票,并可回购自己的股票。

(5) 无须提交年度财务报表。

(6) 无须向公司注册部门提交股东和股东的情况。

(7) 公司运行成本低,免交所有的 BVI 税收,注册资金低于 50 000 美元的公司每年只需 350 美元的注册费,在知名的避税地当中属于成本较低的。

4.5.4 中国香港

中国香港全称为中华人民共和国香港特别行政区,是一座高度繁荣的国际大都市,全境主要由香港岛、九龙半岛、新界三大区域组成,管辖陆地总面积 1 104.32 平方千米,截至 2020 年,总人口约 750.9 万人。③

中国香港是全球第三大金融中心,亚洲重要的金融、服务和航运中心,是全球最自由经济体和最具竞争力城市之一,在世界享有极高声誉。中国香港 2019 年的人均 GDP 接近 60 000 美元,全球位列第 18 位。④

如本书第 2 章中所介绍,中国香港是目前世界上不多的仍单纯行使地域管辖权的地区之一,即使是来源于中国香港的所得,中国香港的利得税税率也仅为 16.5%。中国香港公司在收到和对外支付股息、红利时,不需要缴纳所得税。另外,中国香港不征收资本利得税,这些都使中国香港成为亚太地区颇受欢迎的控股公司注册地,特别是中国香港和中国内地签

---

① 数据源自 WIKIPEDIA 和 CIA 相关网页。
② 同脚注①。
③ 数据源自香港统计局官方网站。
④ CENTRAL INTELLIGENCE AGENCY. The World Factbook[EB/OL]. (2021-04-30)[2021-05-19]. https://www.cia.gov/the-world-factbook/countries/hong-kong/.

署了相对优惠的税收安排之后,中国香港更成为许多跨国企业投资中国的最佳入口。

4.5.5 毛里求斯

毛里求斯共和国为非洲东部一岛国,位于印度洋西南方,距马达加斯加约 800 千米,与非洲大陆相距 2 200 千米,整个国土由毛里求斯岛和其他小群岛组成,面积 2 040 平方千米,毛里求斯经历荷兰、法国和英国等国殖民统治后,于 1968 年 3 月 12 日脱离英国殖民获得独立。毛里求斯 2019 年预计的人均 GDP 22 870 美元,全球排第 85 名,但在非洲地区属于较发达的国家。毛里求斯的经济主要依赖制糖业、旅游业、制衣业和金融服务业。①

毛里求斯一般企业所得税税率为 15%,Ⅰ类集团企业的税率为 15%(可享受税收协定待遇),Ⅱ类集团企业的税率为 0(不可享受税收协定待遇)。其中,Ⅰ类集团企业对于来自境外的所得(包括股息、利息、特许权使用费),可按境外所得本国应纳税额的 80% 和境外实际应纳税额中的孰高者享受抵免,实际税率不超过 3%。Ⅰ类集团企业支付给境外的股息、利息、特许权使用费不征收预提所得税。另外,境外个人转让非房地产持股公司的股权,不征收资本利得税。境外企业转让持股 6 个月以上的股权,按一般所得纳税。

毛里求斯的集团企业税制,以及毛里求斯与印度、南非、中国②、俄罗斯等国非常优惠的税收协定,使毛里求斯成为一个避税地。一般来说,Ⅰ类集团企业比较适合中介控股企业、IP 持有企业和共同基金。而Ⅱ类集团企业比较适合私募基金。截至 2015 年年底,毛里求斯共有 21 437 家Ⅰ类和Ⅱ类集团企业,其中有 958 家基金。③

4.5.6 马来西亚

马来西亚并非像 BVI、百慕大、开曼等一类的避税地,马来西亚本身征收各种各样的直接税和间接税,企业所得税最高税率可达 24%,并且马来西亚实行外汇管制,并不适宜作为避税地。但是,马来西亚在 Labuan 地区实行特殊的税收政策。Labuan 是马来西亚的一部分,由七个小岛屿组成,距马来西亚的沙巴省(Malaysian state of Sabah)8 千米远。Labuan 的面积有 92 平方千米,人口约 78 000 人。从 20 世纪 90 年代开始,马来西亚希望将 Labuan 发展成为金融中心,并于 1996 年设立了 Labuan 离岸金融服务管理局(Labuan Offshore Financial Services Authority),负责管理离岸公司。在 Labuan,可以注册两种类型的离岸公司:一种是非贸易(控股)公司,主要是持有股票、债券、存款等,非贸易公司可以免税。另外一种是贸易公司,Labuan 贸易公司可以选择按利润的 3% 缴纳所得税,也可以选择按每年 20 000 元林吉特(相当于 4 500 美元)纳税。但是,这些公司不能用林吉特交易,也不能采用林吉特作为注册资本,这些

---

① CENTRAL INTELLIGENCE AGENCY. The World Factbook[EB/OL]. (2021-04-30)[2021-05-19]. https://www.cia.gov/the-world-factbook/countries/mauritius/.

② 《中毛税收协定》确定的股息的协定税率为 5%(不区分持股比例),利息和特许权使用费为 10%,股权转让所得仅在居住国征税,相对其他国家的协定非常优惠。后在 2006 年,中毛双方签订议定书,规定转让持股比例 25% 以上的股权,可以在被转让公司所在国(来源国)征税。

③ MAURITIUS FINANCIAL SERVICES COMMISSION. Annual Statistical Bulletin 2019[EB/OL]. [2021-02-19]. https://www.fscmauritius.org/media/82189/fsc-mauritius-annual-statistical-bulletin-2019.pdf.

公司如果和马来西亚的居民个人或企业从事交易,必须要向相关部门报告。

截至 2020 年,Labuan 已经吸引了 16 000 多家来自 80 多个国家的公司注册,包括 59 家国际性银行(40 家商业银行和 19 家投资银行),116 家保险公司(64 家保险公司,52 家自保险公司)以及 294 家租赁公司。所有希望在 Labuan 注册的公司必须通过信托公司办理,这些信托公司提供包括秘书服务、会计审计服务、提供当地董事等一系列服务。[①]

4.5.7 卢森堡

卢森堡是位于西欧的一个公国,与德国、法国、比利时交界,卢森堡有约 58 万人口,2019 年人均 GDP 114 482 美元,位居世界第四。[②] 金融服务业是卢森堡最重要的产业,早在 1929 年,卢森堡就通过了控股公司立法,规定在卢森堡设立的用于持有其他国家资产的控股公司免征卢森堡的各项税收。[③] 但当时这一政策并没有发挥很大的作用。直到 20 世纪 70 年代,卢森堡的传统支柱产业钢铁工业崩溃,加上离岸欧洲债券的兴起,卢森堡开始有意识地发展离岸服务,吸引海外企业在卢森堡投资,并渐渐成为一个避税地。卢森堡的法定税率是 28.8%,但是据统计,美国企业在卢森堡的有效税率仅为 1.1%。[④] 2012 年,美国企业保留在卢森堡的利润有 950 亿美元之巨[⑤],甚至高于卢森堡的 GDP。跨国公司在卢森堡的税收之所以这么低,是因为卢森堡有一系列的税收优惠政策。比如卢森堡对于知识产权有特殊的优惠政策,使用和转让专利、商标等知识产权获得的所得的 80% 可以免税。[⑥] 此外,对于在卢森堡设立的控股公司,直接或间接持有境外公司 10% 以上股份的,从境外获得的股息可以免除卢森堡的所得税。[⑦] 而且,对于投资公司 15 万美元之内的海外投资,可以申请投资额 7% 的国际投资抵免,超过 15 万美元的部分,可以申请 2% 的国际投资抵免。部分符合条件的投资主体还可以享受零税率。因此,在卢森堡设立的离岸金融公司往往无须纳税,或者只需象征性地缴纳一点点税收。[⑧] 以上政策,和卢森堡的银行保密措施等一起,很快地促进了卢森堡的金融业的发展。目前,卢森堡注册了 3 908 家投资基金,管理着 4.67 万亿美元的资产,仅次于美国。有来自全球 27 个国家的 129 家银行。[⑨] 除了以上公开的税收优惠政策之外,卢森堡政府在会计师事务所

① LABUAN FINANCIAL SERVICES AUTHORITY. Labuan International Business and Financial Center Market Report 2019[EB/OL]. [2020-11-17]. https://www. labuanibfc. com/clients/Labuan_IBFC_78C2FF81-703A-4CAA-8926-A348A3C91057/contentms/img/resource_centre/publication/download/2020/Market%20Report%202019_FinalV_27052020. pdf.

② 数据来源 OECD 官网。

③ CENTRAL INTELLIGENCE AGENCY. The World Factbook [EB/OL]. (2021-04-30)[2021-05-19]. https://www. cia. gov/the-world-factbook/countries/luxembourg/.

④ 2015 Oregon Department of Revenue, Recommendations on Tax Haven Jurisdictions HB 2460(2013 Regular Session) Executive Summary [R/OL]. (2015-01-01)[2016-12-13]. https://www. oregon. gov/DOR/about/Documents/800-558_15prn-tax-haven. pdf.

⑤ 详见美国商务部经济分析局官网(https://www. bea. gov/international/di1usdop.)。

⑥ 此政策从 2016 年 7 月开始停止执行。

⑦ 此政策从 2016 年 1 月开始有变化,部分从其他欧盟成员国取得的股息红利不能再免税。

⑧ DELOITTE TOUCHE TOHMATSU. International Ta: Luxembourg highlights[R/OL]. [2020-11-18]. https://www. statista. com/topics/4189/the-financial-sector-in-luxembourg/#dossierSummary.

⑨ 具体参见 https://www. statista. com/topics/4189/the-financial-sector-in-luxembourg/#dossierSummary。

的帮助下，与来自世界各国的跨国公司签署秘密协议，将这些跨国公司在卢森堡的实际税率降至1%甚至更低，部分秘密协议在2014年被这些会计师事务所的雇员公布，根据这些公布的文件，卢森堡政府和包括百事（Pepsi）、宜家（Ikea）、艾森哲（Accenture）、博佰利（Burberry）、宝洁（Procter & Gamble）、享氏（Heinz）、JP摩根（JP Morgan）以及联邦快递（FedEx）等在内的300多家跨国公司签订了类似的秘密协议。①

4.5.8 荷兰

荷兰位于西欧，面积41 543平方千米，人口约1 700万。

2021年荷兰的法定所得税税率是15%（20万欧元以内的所得）和25%（超过20万欧元的所得），名义税率并不低，它之所以成为避税地，主要是因为以下几个原因：一是荷兰的参与免税政策，只要满足一定的条件，荷兰公司从海外子公司分回的股息和转让股权所取得的资本利得可以在荷兰免交企业所得税。二是荷兰有广泛的税收协定网络，与协定国家之间互相支付股息、利息和特许权使用费时，预提所得税税率比较低，甚至是零税率。三是荷兰有税收预先裁定制度（the advance tax ruling system），在此制度下，企业可以与荷兰税务当局就特定持股架构、特定交易下如何定价、如何征税签订协议，比如确定背对背贷款的利差，或者明确对混合实体如何征税，从而给企业使用的各种避税方法提供确定性，保证跨国公司在荷兰的子公司比较安全地按低税率征税。另外，荷兰之前对于集团融资公司（Group Finance Companies）和特殊金融机构（Special Financial Institutions，以下简称SFI）有特殊的税收优惠，根据荷兰中央银行Dutch Central Bank（DCB）公报，2016年荷兰有15 000家特殊金融机构资产总额高达3.6万亿欧元，甚至高于银行的资产额（2.3万亿欧元），2013—2016年，这些公司每年的所得（利息、股息、特许权使用费）高达1 800亿欧元。②相比2009年，这一数字几乎翻了一倍。2009年，SFI的总收入为930亿欧元，对外支付的总支出900亿欧元，如表4-5所示。其中，有约3/4付给集团内关联企业，其他是SFI发行的各类证券、债券和银行贷款的利息支出。③

表4-5

荷兰特殊金融机构2009年收入与支出统计表　　　　　　单位：十亿欧元

	收到的收入	付出的收入	净收益
权益性收益	81.3	66.5	14.8
证券的收益	1.0	14.7	−13.7
银行贷款收益	11.1	8.9	2.1
总　计	93.4	90.1	3.3

---

① 关于卢森堡作为避税地的更详细的分析，请参见2015 Oregon Department of Revenue"Recommendations on Tax Haven Jurisdictions HB 2460（2013 Regular Session）Executive Summary"January 1, 2015，报告详见相关网页。

② 数据银行来自荷兰银行。

③ 数据来自De Nederlandsche Bank 2010年12月的统计公报。

4.5.9　爱尔兰

爱尔兰是一个西欧国家,欧盟成员国之一,面积 70 273 平方千米,在 2020 年时的人口接近 500 万。

爱尔兰的企业所得税税率比较低,企业经营所得的税率为 12.5%,消极所得(投资、房租、矿产开采所得)的税率为 25%。虽然爱尔兰的名义税率相对其他欧洲国家较低,但是并没有百慕大、英属维尔京群岛等传统避税地低。但爱尔兰为什么被这么多科技巨头青睐呢?一则因为相对传统避税地,爱尔兰拥有广泛的协定网络;二则因为跨国公司利用爱尔兰国内税法的规定,在爱尔兰使用了一系列侵蚀税基与转移利润的方法,其中最主要的是双重爱尔兰三明治避税架构(参见案例 4-7)。2014 年,在欧盟与 OECD 的巨大压力下,爱尔兰修订了国内税法,堵塞有关漏洞,使双重爱尔兰避税架构变得不再可行。对于此前已经使用双层爱尔兰结构的公司,比如谷歌、苹果、脸书、辉瑞等,有 5 年的过渡期。跨国公司很快在双重爱尔兰避税架构的基础上演变出"单层马尔他(Single Malt)"和"无形资产资本扣除(Capital Allowances for Intangible Assets)"架构,使跨国公司可以继续在爱尔兰享受极低的有效税率。据统计,2016—2017 年,外国公司支付了爱尔兰 80% 的税收,雇佣了 25% 的雇员。其中 50 家最大的爱尔兰公司中,有 25 家是美国控制的,这 25 家公司的收入占 50 家公司收入额的 70%,其中苹果一家公司创造的 GDP 占爱尔兰 GDP 的 1/5 以上。[①]

 案例 4-4

比利时、卢森堡缘何成为避税天堂

比利时公司所得税税率为 33%,绝非传统意义上的税收洼地。但早在 1982 年,比利时就颁布了一项对获得相应资格的跨国公司实施特殊财税优惠政策的"比利时协调中心"制度,涉及与利润和股息相关的公司所得税等多个税种以及系列服务,并逐渐成功吸引超过 400 家跨国企业集团落户。然而,随着国际经济结构日渐变化,该政策后来被欧盟委员会认定为违反《国家援助法》和《不公平竞争法》,并在运行 20 余年后被取消。

2004 年,为弥补"协调中心"制度废除后的政策空白,挽留甚至吸引更多跨国公司,比利时时任首相伏思达推出了一项以"只有在比利时"为宣传口号的新型税收优惠政策——虚拟利息抵扣制度。简言之,就是所有使用自有资金的比利时企业(无论是居民企业还是非居民企业)在计算企业所得税时,可将自有资金虚拟出银行贷款利息在税基中抵扣,而抵扣率每年由联邦政府确定。

通常情况下,计算公司所得税时,只有利息支出可以在税前按费用扣除,股权以及企业利用自有资金取得的收益则不能,而该政策扭转了这一点,使得用自有资本投资和集团内股权融资与借贷资本投资(或债务融资)之间的税收差别缩小,那些跨国企业可以得到抵扣虚拟利息的大笔好处。

---

① 数据来源于维基百科。

该制度于 2006 年 1 月 1 日起正式实施,比利时政府曾预测企业所得税的实际税率将在 2007 年降至 26% 左右甚至更低一些。然而事实证明,此政策的"受欢迎程度"远不止如此——跨国企业大部分"超额利润"都被放跑了。特定的跨国企业将其税负降低 50% 根本不是难事,部分公司甚至可以最高免除应纳企业所得税额的 90%。据普华永道会计师事务所测算,企业有效税率最低能够达到 8%。

据商业调查企业 Graydon 所作的一项统计,截至 2013 年,全球共有 17 家自有资金超过 100 亿欧元的跨国企业在比利时设立资金调拨中心,其中 5 家是巨型能源企业。这些企业在比利时注册成立控股公司,对不同国家内的下属企业的资金进行调拨。它们利用比利时特有的虚拟利息抵扣制度合法地大幅避税。据统计,2012 年,跨国公司在比利时成立的 10 家最大的资金拨付中心共实现利润 5 亿欧元,但缴纳的税收只有 700 万欧元。

当然,比利时政府允许对这部分额外利润少征税收,是基于避免在两国或多国造成双重征税局面的原则,如果比利时公司登记"额外利润",并宣称是这些利润来源于其作为跨国公司组成部分带来的优势,前提必须是这家外国分支机构是在一个与比利时签订避免双重征税条约的国家建立的。

卢森堡成为国际避税地的主要方法则是与跨国公司签订秘密税务协议,给予这些跨国公司特殊的税收待遇。国际调查记者联盟(ICIJ)2014 年 11 月 6 日公布的一项调查显示,近 340 家跨国公司与卢森堡政府签订了秘密税务协议,大幅削减这些公司在卢森堡的应缴税费,而这些公司利用与卢森堡政府签订的税收协议,通过关联交易将利润转移到卢森堡,降低集团的整体税负。调查公布的公司名单中不仅包括美国百事公司、美国国际集团、摩根大通集团、联邦快递公司等美国公司,还包括德意志银行、家居企业宜家等欧洲企业。

(根据中国税务报文章《欧盟向跨国企业追税比利时缘何先遭大棒》改编。原文作者:郭红雨)

实 务 篇

国际避税在中国的表现既涉及外商投资企业或外国企业在中国从事经营活动中如何避税,也涉及中国企业在境外投资与经营(俗称"走出去")过程中如何降低全球范围内的税负。相比较而言,由于我国一直以来都是资本与技术输入国,因此外商投资企业与外国企业规避中国税收的问题比较突出,而"走出去"企业如何避税的问题是随着这几年我国对外直接投资的规模增大,才开始显现。

4.6　外商投资企业避税的规模

一直以来,对于外商投资企业避税的规模到底有多大,并没有系统的研究。但是,实务界与学术界普遍关注到我国外商投资企业长期大面积亏损的情况。表 4-6 列出了我国各类工业企业从 2000 年至 2014 年亏损的情况,从表中可以看出,我国台湾、香港、澳门投资工业

表4-6

2000—2014年工业企业亏损情况表

指标	2000年	2001年	2002年	2003年	2004年	2005年	2006年	2007年	2008年	2009年	2010年	2011年	2012年	2013年	2014年
工业企业单位数（个）	162 885	171 000	182 000	196 000	276 474	271 835	301 961	336 768	426 113	434 364	452 872	325 609	343 769	369 813	377 888
工业亏损企业单位数（个）	38 042	39 346	37 782	36 520	58 203	48 305	47 135	45 648	65 393	59 868	45 379	30 456	39 664	41 711	43 452
工业企业亏损面	23.36%	23.01%	20.76%	18.63%	21.05%	17.77%	15.61%	13.55%	15.35%	13.78%	10.02%	9.35%	11.54%	11.28%	11.50%
内资工业企业单位数（个）	134 440	139 833	147 091	157 641	219 309	215 448	241 089	269 312	348 266	358 988	378 827	268 393	286 861	312 445	322 716
内资工业亏损企业单位数（个）	30 407	30 677	29 084	27 386	42 210	34 826	33 907	31 125	44 640	42 003	32 167	20 712	28 143	30 238	32 866
内资工业企业亏损面	22.62%	21.94%	19.77%	17.37%	19.25%	16.16%	14.06%	11.56%	12.82%	11.70%	8.49%	7.72%	9.81%	9.68%	10.18%
港澳、台商投资工业企业单位数（个）	16 490	18 257	19 546	21 152	28 399	27 559	29 181	31 949	35 578	34 365	34 069	25 952	25 935	26 455	25 444
港澳、台商投资工业亏损企业单位数（个）	4 475	5 150	5 022	5 054	8 076	6 764	6 327	6 858	9 469	8 149	5 882	4 126	4 997	5 011	4 598
港澳、台商投资工业亏损面	27.14%	28.21%	25.69%	23.89%	28.44%	24.54%	21.68%	21.47%	26.61%	23.71%	17.26%	15.90%	19.27%	18.94%	18.07%
外商投资工业企业单位数（个）	11 955	13 166	14 920	17 429	28 766	28 828	31 691	35 507	42 269	41 011	39 976	31 264	30 973	30 913	29 728
外商投资工业亏损企业单位数（个）	3 160	3 519	3 676	4 080	7 917	6 715	6 901	7 665	11 284	9 716	7 330	5 618	6 524	6 462	5 988
外商投资工业企业亏损面	26.43%	26.73%	24.64%	23.41%	27.52%	23.29%	21.78%	21.59%	26.70%	23.69%	18.34%	17.97%	21.06%	20.90%	20.14%

注：1998年至2006年，规模以上工业是指全部国有及年主营业务收入达到500万元及以上的非国有工业法人企业；从2007年开始，按照国家统计局的规定，规模以上工业的统计范围为年主营业务收入达到500万元及以上的工业法人企业；2011年经国务院批准，纳入规模以上工业起点标准从年主营业务收入500万元提高到2 000万元。

企业与外商投资工业企业的亏损面都远远大于内资工业企业。但与此同时，自 2000 年以来，我国实际利用外商投资金额除在 2001 年稍有下降，各年均处于增长中，外商投资企业长亏不倒，以及外商直接投资规模与亏损面的不协调，都从侧面说明外商投资企业避税的客观存在。① 至于避税导致税收损失的金额，普遍认为每年不低于 300 亿元。2004 年，厦门国家税务局课题组（黄永高、孙隆英等人）承担的国家税务总局研究课题《反跨国公司国际避税方略研究》，对涉外企业避税给我国造成的税收损失金额进行了测算，表明这个数据可能达到 1 270 亿元之巨。

4.7 外商投资企业的避税手段

4.7.1 转让定价

转让定价是外商投资企业在中国境内避税最主要的手段。实际上，在 2008 年之前，为了吸引外商投资，我国一直对外商投资企业实行比较优惠的税收政策。根据《外商投资企业和外国企业所得税法》的规定，外商投资企业可从获利年度起享受"两免三减半"的优惠政策，按照一般的逻辑，跨国公司应该将更多的利润留在中国享受税收优惠政策。但实际上，跨国公司并未将利润转移或保留在中国，仍然大面积亏损或是微利，主要原因可能是以下几条：

一是因为通过不合理的转让定价，可以让企业保持亏损，迟迟不获利，也就一直不需要交税；二是很多交易是与避税港企业进行的，相比中国"两免三减半"的优惠政策，避税港不征企业所得税，相对更为优惠；三是中国长期实行外汇管理，通过转让定价可以尽可能少地保留外汇在中国境内。

根据公开的案例，跨国公司在中国通过转让定价避税的方式主要有以下几种：

一是通过商品购销交易避税。这是最常见的避税方式，跨国公司通过"高进低出"，高价采购原材料和半成品，低价销售产成品，将大量的利润留在国外，境内企业保持亏损或微利，以此规避境内的税收。

二是通过无形资产交易避税。随着中国经济不断发展，越来越多的跨国公司投资中国不再是为了利用中国较低廉的劳动力，而是为了占领中国迅速扩大的市场。单纯"两头在外"的外商投资企业在外商投资企业中所占的比例不断降低，仅仅利用产品和原材料的关联购销不一定能达到避税的效果。因此，跨国公司开始通过向境外关联公司支付商标费、技术使用费等无形资产费用来降低中国境内企业的利润。

 案例 4-5

M 公司通过无形资产交易避税

M 公司是一家全球知名企业，在世界五百强的排名长期名列前茅，总部设在美国。

---

① 数据来源于国家统计局网站。

1995 年公司在北京投资设立了外商独资企业,经过两次增资,注册资本高达 2 000 万美元。虽然 M 公司实力强大,令人感到蹊跷的是,它在中国的子公司自设立以来几乎没有什么盈利。企业财务报表显示,除个别年度微利外,多年来一直处于亏损状态,6 年累计亏损达 20 多亿元。

但是,从 M 公司所处的行业看,北京市该行业的平均利润率在 12% 以上,而这家公司的平均利润率只有—18%。调查发现,这家公司累计亏损巨大,并不是因为产品在市场上销售差,而是因为利润的一半以上都要支付给美国母公司,作为提供研发服务和技术支持的特许经营费用,也就是说中国子公司利润需至少超过目前的一半以上方能盈利。①

三是通过提供劳务避税。除了支付各种商标费、技术使用费之外,跨国公司还可能利用各种名目,向中国境内子公司收取劳务费,以侵蚀中国子公司的税基,常见的名目有管理费、法务服务费、财务服务费、营销服务费、IT 技术服务费等。需要说明的是,确实有不少跨国公司的母公司在指导企业提高经营效率方面付出了努力,但是有不少跨国公司的母公司,并未向子公司提供任何有价值的服务,也没有明确的收费标准和收费依据,单纯为了减少子公司的利润向子公司收费。

 案例 4-6

利用劳务费避税

某跨国企业分别于 1998 年和 2004 年在厦门设立两家子公司。从 2008 年开始,在销售收入不断增长的情况下,两家中国子公司的利润率却大幅下降,财务数据显示,利润下降的主要原因是支付集团内部的费用大幅增加。2008 年至 2010 年,两家中国子公司向该跨国企业在新加坡设立的关联公司支付高额的跨境服务费,总金额达到 38 亿元。该笔跨境服务费实际上是将该跨国集团全球服务成本池中的费用先分配给设在新加坡的关联公司,关联公司作为全球运营中心,再分配给中国子公司。关联公司在新加坡的经营所得可免缴企业所得税,因此,这其中存在利用国家间税制差异转移利润的嫌疑。该跨国公司总部与新加坡关联公司之间签订了合同,明确按相关部门雇员人数来计算分摊跨境服务费,但关联公司与中国子公司却是按照销售收入分摊费用;同样的费用分摊,关联公司对该公司信息系统开发、研发、市场营销等无形资产享有经济所有权,而中国两家子公司以更高的比例分摊费用,却不享有任何所有权和利益。②

四是通过进口设备避税。外商投资企业进口设备免征关税与增值税,如果提高从关联企业进口设备的价格,就可以在以后年度多计提折旧,从而减少境内企业的利润,实现避税的效果。由于生产线往往是定制的、很少可比的交易,采用这一方式避税更为隐蔽。

---

① 中国税务部门对 M 公司进行了转让定价调查,M 公司的中国子公司补税及利息共计 8.4 亿元,按照企业目前销售规模测算,其未来每年将为中国增加税收 1 亿多元。有关此案更详细的信息,请参见网易新闻。

② 2013 年 11 月 29 日,厦门市国税局查结某跨国公司在华子公司避税案件,对该公司支付的大额跨境服务费实施了纳税调整,累计查补税款和利息将超过 8 亿元。有关此案更详细的信息,请参见中国新闻网。

4.7.2 资本弱化

一直以来,资本弱化的问题在中国最主要的体现并不在于债资比例高,而在于关联企业之间的融资利率高。这主要是因为中国在 2014 年 3 月 1 日之前,一直实行注册资本实缴登记制,企业营业执照上的注册资本是多少,该公司的银行验资账户上就必须有相应数额的资金。而且,外商投资企业在注册成立的时候,必须经过外经贸部门的批准,外经贸部门发放批准证书时,会根据《中华人民共和国中外合资经营企业法》及《中华人民共和国中外合资经营企业法实施条例》,确定外商投资企业的投资总额与注册资本。具体来说,中外合资经营企业的注册资本与投资总额的比例,应当遵守如下规定:

"(一)中外合资经营企业的投资总额在三百万美元以下(含三百万美元)的,注册资本至少应占投资总额的十分之七。(二)中外合资经营企业的投资总额在三百万美元以上至一千万美元(含一千万美元)的,其注册资本至少应占投资总额的二分之一,其中投资总额在四百二十万美元以下的,注册资本不得低于二百一十万美元。(三)中外合资经营企业的投资总额在一千万美元以上至三千万美元(含三千万美元)的,其注册资本至少应占投资总额的五分之二,其中投资总额在一千二百五十万美元以下的,注册资本不得低于五百万美元。(四)中外合资经营企业的投资总额在三千万美元以上的,其注册资本至少应占投资总额的三分之一,其中投资总额在三千六百万美元以下的,注册资本不得低于一千二百万美元。"[①]

因为有以上规定,外商投资企业的债务和资本的比例不能太高,但是,关联企业之间的借款利率高于正常利率水平,降低应纳税所得额的现象仍然存在。

4.7.3 滥用税收协定

滥用税收协定的问题,在 2008 年之前,并不突出。因为在 2008 年之前,外商投资企业对外支付股息时,无须缴纳预提所得税。而且中国和各国所签的税收协定,在股息、利息、特许权使用费条款方面,并无太大的区别。但是,随着 2008 年内外资企业所得税两法合一,外商投资企业对外支付股息时,需要支付 10% 的预提所得税。而且,随着中国内地与中国香港、中国澳门等地逐渐签订税收安排,并且与新加坡等国续签税收协定,在股息、利息、特许权使用费、财产收益等条款方面,这些国家或地区与中国所签的税收协定的相应条款比其他国家更优惠,因此许多跨国企业在投资中国时,都开始有意识地采用税负相对更低的架构,比如在中国香港、新加坡、毛里求斯等地设立控股公司,滥用税收协定的问题逐渐变得突出。

4.8 "走出去"企业的避税模式

改革开放初,中国的对外开放最主要是利用外资,"走出去"企业主要是一些大型国企,

---

① 具体比例规定源自《国家工商行政管理局关于中外合资经营企业注册资本与投资总额比例的暂行规定》(工商企字〔1987〕第 38 号)。

随着对外开放不断深入,"走出去"企业逐渐增多,但是避税问题并不突出。一则在 2008 年金融危机以前,"走出去"企业主要是国有企业,而国有企业在决策的时候,与利润考核等目标相比,避税的动机不是很足。二则过往对外投资管理体制较复杂,大部分"走出去"企业并没有经过正规的对外投资审批,多是以个人的名义在境外成立的公司,规模较小,很多都没有实际的经营,避税的空间也不大。但是,2008 年金融危机之后,特别是 2014 年以后,政府加强对外投资管理体制改革力度,加快完成从核准制向备案制的转变,提升了中国企业对外投资的便利化,大大推动了中国企业"走出去"步伐,尤其在"一带一路"倡议构想背景下,中国企业对外投资迎来新一轮的热潮。2014 年中国不仅成为国际对外投资的最大吸收国,而且首次成为对外投资净流出国。而民营企业对外投资活动频繁,涉及领域广泛。从 2014 年的数据看,中国民营企业已成为中国"走出去"的主力①。在这样的背景下,"走出去"企业的避税问题也将日益突出。"走出去"企业最主要的避税方式就是通过各种方法将利润转移至境外,并将利润累积在低税率地区不分配。在这方面,虽然没有直接的数据,但是从对外投资的流向上看,很大一部分流向了避税地。2015 年,我国对外投资流向中国香港、荷兰、开曼群岛、英属维尔京群岛、百慕大群岛的投资共计 1 164.4 亿美元,占当年流量总额的79.9%。②

案例 4-7

双层爱尔兰三明治避税模式

一、案例背景

自 2008 年全球金融危机爆发以来,苹果、亚马逊、星巴克、谷歌等公司的避税行为引发公众愤怒。谷歌(Google)在 2011 年把其当年全球利润的 80%(约 98 亿美元)转移至百慕大群岛的空壳公司,避税超过 20 亿美元。③ 根据《金融时报》的报道,谷歌 2012 年将 119 亿美元特许权使用费转移到了百慕大,比 2011 年增长 25%。根据资料显示,通过利润转移,Google 的海外税率降到了 2.4%,是在美国最大五家科技企业(按市值)中税率最低。

谷歌通过避税少交的税款到底有多么庞大,我们可以通过分析谷歌公司的相关数据看出端倪。谷歌公司在 2011 年总的税前利润 123.26 亿美元,支付的企业所得税为 25.89 亿美元,由此可以计算出谷歌在全球的平均税率约为 21%。同样,谷歌在 2012 年总的税前利润为 133.86 亿美元,支付的企业所得税为 25.98 亿美元,在全球的平均税率为 19.41%。2013 年,谷歌总的税前利润为 144.96 亿美元,支付的企业所得税为 22.82 亿美元,在全球的平均税率约为 15.74%。美国国内的企业所得税税率是 35%,而谷歌从 2011 年至 2013 年这三年企业所得税在全球的加权平均税率仅为 18.57%,而且呈现出逐年快速下降的趋势,最主要原因是谷歌采用了避税手段将大部分利润转移出美国。

---

①　"走出去"企业的更多情况参见本书第 6 章。

②　有关数据来源于《2015 年度中国对外直接投资统计公报》。

③　宁琦,励贺林.苹果公司避税案例研究和中国应对 BEPS 的紧迫性分析及策略建议[J].中国注册会计师,2014(2):107-113.

二、谷歌避税模式分析

谷歌采用的避税模式是1994年由苹果公司的一名欧洲财务经理提出的一种国际避税策略，因为其避税架构主要是在两家爱尔兰子公司之间设立一家荷兰子公司，就像两片面包夹着一片奶酪的三明治，所以俗称"双层爱尔兰三明治"。在具体分析谷歌公司避税策略之前，先了解一下谷歌公司的海外交易架构，如图4-6所示。

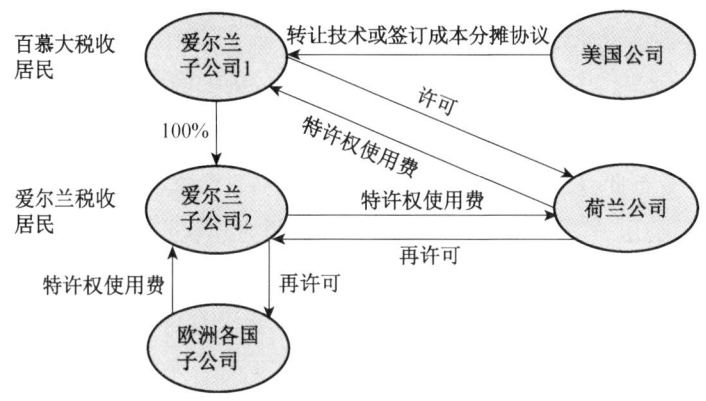

图4-6　谷歌"双层爱尔兰三明治"避税安排机理图

谷歌美国母公司在爱尔兰设立爱尔兰控股公司，即图4-6中的子公司1。爱尔兰控股公司是根据爱尔兰法律成立，但是它的实际管理机构在百慕大群岛。如本书第2章介绍，爱尔兰税法单纯采用管理和控制地标准判断企业纳税人的居民身份，虽然子公司1是根据爱尔兰法律注册成立的，但是其实际管理机构在百慕大，因此不是爱尔兰公司所得税的居民纳税人，仅需就来自于爱尔兰的所得在爱尔兰纳税。

子公司1在爱尔兰投资设立另一家爱尔兰运营公司，即图4-6中的子公司2，公司2是在爱尔兰设立的全资子公司，注册地和实际管理机构都在爱尔兰，是爱尔兰的税收居民。在美国税法的角度，该公司适用"打钩规则"，不被视为独立纳税人，而是美国母公司的一个分支机构。同时，爱尔兰控股公司（子公司1）在荷兰设立子公司，荷兰子公司在美国应用"打钩规则"，被视为非独立实体。

谷歌美国母公司和爱尔兰控股公司（子公司1）签订了技术转让协议或成本分摊协议。在成本分摊协议中，爱尔兰子公司1通过"加入支付(buy-in payment)"的方式换取美国母公司对软件的合作开发权，共同研发无形资产，共同承担研发费用，共同拥有未来开发出的无形资产。这样，子公司1通过成本分摊协议就取得了新研发的软件的所有权，可在规定的范围内自由使用，而无需向美国母公司支付技术许可费。

爱尔兰子公司1在取得软件所有权后，将新软件授权给荷兰子公司使用，荷兰子公司再许可给爱尔兰子公司2，爱尔兰子公司2再将软件转授权给位于欧洲各国的谷歌子公司使用。爱尔兰子公司2向位于欧洲各国的谷歌子公司收取特许权使用费，并将其中的绝大部分支付给荷兰子公司，荷兰子公司再支付给爱尔兰子公司1。

下面具体分析此交易在美国、爱尔兰、荷兰等国家的纳税情况。

1. 美国境外子公司在当地收取广告费,然后将大部分收入以技术使用费的方式支付给爱尔兰子公司,只在当地留下很低的利润,交很少的所得税。

2. 由于欧盟成员国之间收取的特许权使用费不收取预提所得税,爱尔兰子公司 2 从欧盟其他成员国取得的特许权使用费无须在来源国缴纳预提所得税。

3. 爱尔兰子公司 2 收到特许权使用费后,将其中的绝大部分支付给荷兰子公司。由于两家公司都位于欧盟成员国内,爱尔兰对于荷兰子公司收到的特许权使用费不征收预提所得税。爱尔兰子公司 2 在支付特许权使用费之后,只剩极少的利润,只需要在爱尔兰缴纳极少的企业所得税。在美国根据"打钩规则",他们之间支付的特许权使用费作为公司内部行为没有任何税收效果。

4. 荷兰子公司收到特许权使用费之后,将其中的绝大部分支付给爱尔兰子公司 1。由于荷兰不对向境外支付的特许权使用费征税,所以荷兰子公司支付给爱尔兰子公司 1 的特许权使用费不需在荷兰缴纳预提所得税。荷兰子公司只需就向爱尔兰子公司 2 收取的特许权使用费与向爱尔兰子公司 1 支付的金额的差额在荷兰缴纳少量的所得税。

5. 爱尔兰子公司 1 收到大量的特许权使用费,获得巨额的利润,但是由于爱尔兰子公司 1 不是爱尔兰居民企业,无须就来源于爱尔兰境外的所得缴纳所得税。作为开曼的税收居民,开曼不征收企业所得税,所以也无须在开曼缴纳企业所得税。

6. 在此架构中,之所以要使用"打钩规则",是为了规避美国 CFC 规则。采用"打钩规则"之后,荷兰子公司和爱尔兰子公司均被穿透,分支机构之间的交易被忽略,从合并报表的角度来看,爱尔兰子公司 1 取得的都是来自独立第三方的主动收入,不再受美国 CFC 规则的影响,可以延迟纳税。

谷歌公司就是通过这一系列的交易,将谷歌公司的海外收入最终流入避税天堂,而收入在一次次的转移中只交了少量的税。在上例中,谷歌同时应用了多种避税手段。有通过选择居民身份使得在爱尔兰注册的公司无须缴纳企业所得税,有使用转让定价的方法将利润转移到该低税负公司,还有通过设立爱尔兰子公司 2 滥用爱尔兰、荷兰与其他国家签订的税收协定,还有通过打钩规则实现延迟纳税,可以说,以上几种手段缺一不可。

2014 年,在欧盟与 OECD 的巨大压力下,爱尔兰修订了国内税法中关于企业居民身份的条款,由过去单纯使用"管理与控制地"标准改为同时采用法人注册地标准和管理与控制中心所在地标准。按照新的规定,爱尔兰公司是爱尔兰税收居民,而不再是百慕大税收居民,需要在爱尔兰交税,使得双层爱尔兰架构的避税效果大打折扣,于是双层爱尔兰演变成单层马耳他架构。单层马耳他结构是将上面双层爱尔兰结构中的爱尔兰子公司 1 的实际管理与控制地换成马耳他。马耳他的税法以管理和控制地作为判断税收居民身份的标准,而且对于在境外注册但是管理与控制地在马耳他的居民企业,收到的并非来自马耳他的所得,不需要在马耳他交税。而且马耳他与爱尔兰的税收协定明确当企业同时为两个国家的税收居民时,该企业是实际管理机构所在地的税收居民。因此爱尔兰子公司 2 直接将特许权使用费支付给爱尔兰子公司 1。爱尔兰子公司 1 是马耳他税收居民,但它从爱尔兰子公司收取的特许权使用费不需在马耳他交税,而爱尔兰子公司 2 可以将支付的金额作为成本扣除,从而不缴或只缴很少的企业所得税。但是,在爱尔兰和马耳他签署了 BEPS 多边公约之后,两国明确协定第四条中对于企业居民身份的判定,不适用于避税的用途。因此单层马耳他架构下的爱尔兰注册公司,将不能被认定为马耳他居民企业,而应该作为爱尔兰公司,在爱尔兰交税。此条规定在双方各自履行完 BEFS 公约批准程序之后生效,从而终结了单层马耳他避税架构。

单层马耳他架构不再有效之后,无形资产资本扣除(the Capital Allowances for Intangible Assets，CAIA)避税架构应运而生,为跨国公司提供新的避税方案。相对双层爱尔兰和单层马耳他架构,CAIA 可以将未完税的利润最终留在爱尔兰。CAIA 的基本架构如下:

1. 美国公司在美国研发出新的软件,成本为 100 万美元。

2. 美国公司将该软件以成本价转让给百慕大公司。

3. 百慕大公司对该软件重新估值,按照重估价值 10 亿美元入账,并将评估增值计入损益,但无须缴税。

4. 爱尔兰子公司 1 花费 10 亿美元从百慕大公司购买该软件。根据 CAIA 规则,爱尔兰子公司可在未来摊销 10 亿美元的无形资产采购成本。

5. 爱尔兰子公司 1 向百慕大公司贷款 10 亿美元,用以支付购买无形资产,贷款期 10 年,年利率 7%。未来 10 年,爱尔兰子公司扣除集团贷款的利息支出 7 亿美元。

6. 在 10 年当中,爱尔兰子公司 1 向最终用户收取无形资产使用收入,步骤和双层爱尔兰架构一样。

7. 10 年期间,爱尔兰子公司 1 一共可以扣除 17 亿美元的成本,对应的收入无须在爱尔兰交税。

8. 在 10 年结束的时候,爱尔兰公司 1 将 17 亿美元支付给百慕大公司,百慕大公司无须交税。

9. 10 年期间,美国公司又研发出新的软件,重复以上几个步骤。

最早采用 CAIA 架构的是爱森哲(Accenture)和苹果(Apple)公司。在双层爱尔兰架构下,跨国公司在爱尔兰的税负接近零。爱尔兰允许 80% 的无形资产扣除,从而 CAIA 可将有效税率控制在 2.5% 左右,再加上集团融资利息扣除金额,实际税负也和双层爱尔兰架构接近。

第5章 国际反避税

在［案例1-1］当中，鸿威公司通过改变交易流程，利用国家之间的税制差异降低税负，实现避税的目的。鸿威公司所采取的国际避税行为，会减少相关各国的税收，必然会引起税务机关的注意。2020年，中国的税务机关关注到鸿威公司外销的利润近几年大幅减少，对鸿威公司开展了转让定价调查，经过为期一年的调查与谈判，税务机关认为鸿威公司与其BVI关联公司之间的交易价格不符合独立公平交易原则，应当进行调整。税务机关在可比性分析的基础上，依据同行业可比企业的利润率对BVI公司和鸿威公司的利润进行了调整，共调增鸿威公司应纳税所得额1.2亿元，补交企业所得税3 000万元，并按同期贷款率加收利息。

理 论 篇

国际避税行为导致各国政府税收收入流失，减少了各国政府用于公共福利和促进经济增长的资金来源，为此，各国政府纷纷制订法规，打击企业与个人的避税行为。最初，各个国家分别依靠国内立法，独立地打击本国关注的国际避税行为。但是近两年，各国政府逐渐认识到，打击国际避税只靠单个国家的努力是不行的，必须依靠国际社会的共同合作才能取得良好的效果。因此各国近年来逐渐联合起来，通过各类国际组织，讨论和研究如何通过国际合作，共同打击避税行为。在本章中，我们会先介绍各国在反避税方面的法规与措施，然后介绍各国合作打击避税行为的最新实践。

5.1 各国的反避税措施

5.1.1 转让定价税制

5.1.1.1 转让定价税制的发展

转让定价是跨国企业最早、最广泛使用的避税工具，也是各国政府最早、最着力打击的避税行为。世界上最早实施转让定价税制的是美国，美国早在1917年的《战争减轻法案》（*War Relief Act*）中，就试图管理企业的定价行为，该法案允许税局要求企业提供合并财务报表，来了解整个企业集团的利润情况。1921年的法案，进一步允许税务官员根据企业提供的合并报表，计算"正确"的应纳税额。1928年，该规定被纳入《国内收入法典》。1935年，美国税法首次引入公平交易原则来确定国内和跨境关联交易的定价是否合理。如今，公平交易原则已经成为国际公认的关联交易定价原则。1954 年美国出台了关于对国内关联企业间不合理转让定价进行调整的具体规定,此后又将该规定的适用范围扩大到跨国关联企业之间的贸易活动,并于 1968 年制定了详细的程序性规则,包括如何适用公平交易原则及具体的转让定价方法,其中提出的可比价格法、再销售价格法和成本加成法也已经成为国际上普遍接受的转让定价方法。1986 年美国国会修订了转让定价税制,加入了无形资产转让的定价原则。1988 年至 1992 年,美国国会对转让定价税制进行了一系列的调整,包括加入成本分摊协议、转让定价调整的相关处罚,还有纳税人的信息报告义务。[①] 此后,美国的转让定价法规又历经多次修订,形成了目前美国的转让定价税制,具体内容都集中在美国《国内收入法典》(*Internal Revenue Code*)的第 482 条款中,所以美国转让定价税制俗称 482 条款。[②]

　　OECD 组织作为发达国家讨论与解决国际税收问题的重要平台,在 20 世纪 70 年代起就开始关注转让定价税收问题,先后发布了《转让定价和跨国企业》(1979 年)、《转让定价和跨国企业:三个税收问题》(1984 年)和《跨国公司与税务机关转让定价指南》(1995 年),并以活页的形式定期发布转让定价的各种研究成果。这些报告坚持要求用"公平交易原则"来对转让定价进行调整,其中 1979 年报告确立了三种传统的以价格为基础的调整方法,包括可比非受控价格法、再销售价格法和成本加成法,这三种方法已经成为建立转让定价税制的国家普遍采用的方法;1995 年的《跨国企业与税务机关转让定价指南》(以下简称 OECD 转让定价指南)在此基础上增加了以交易利润为基础的转让定价调整方法,包括利润分割法和交易净利润法等。此后,OECD 转让定价指南经历多次修改,最新一版的指南是在 2017 年 7 月发布的对一些重要的理论问题进行了澄清,并尝试降低应用公平交易原则的复杂性。[③]

　　作为讨论国际税收问题的另外一个重要平台,联合国也发布了转让定价指南,用以指导成员国的转让定价实践。UN 转让定价指南的主体思想与 OECD 的转让定价指南基本相同,也主要采用了公平交易原则,并采用了同样的转让定价方法。但是,UN 转让定价指南更加注重发展中国家的转让定价实践经验和需要,这是因为发展中国家在应用公平交易原则的时候,会面临很多不同于发达国家的问题,比如缺乏可比公司、成本节约等。UN 的转让定价指南与 OECD 转让定价指南最大的区别在 UN 转让定价指南的第十章。在联合国转让定价指南的第十章里,介绍了一些发展中国家,如巴西、中国、印度和南非在开展转让定价工作方面的实践经验和理论探索。

　　目前,世界上已经有接近 100 个国家建立了转让定价税制。大部分国家的转让定价税制都参照了 OECD 转让定价指南和 UN 转让定价指南,但是在具体细节,比如可比性、转让定价方法的选择等细节方面均有所不同。

　　① BIBIANA A, CRUZ MARTÍNEZ. The Arm's Length Standard vs the Commensurate With Income Standard: Transfer Pricing Issues in the Valuation of Intangible Assets[J/OL]. UPR Business Law Jounal, 2011,7: 302-313 [2017-09-11]. http://uprblj. org/issues/volume%202%20issue%202/notes/2-UPRBLJ-302. pdf.
　　② 具体内容税务局参见美国国内收入署网页(https://www. irs. gov/irm/part4/irm_04-011-005. html.)。
　　③ 主要的修改请参见 OECD 官方网页(http://www. oecd. org/ctp/treaties/oecdapprovesthe2010transferpricing guidelines. html.)。

5.1.1.2　转让定价税制的具体内容

1）独立公平交易原则

独立公平交易原则（arm's length principle），亦称"公平独立原则""公平交易原则""正常交易原则"等。独立公平交易原则的权威表述是在国际税收协定中，OECD 范本和 UN 范本的第九条均规定：

"一、当：

"（一）一方企业直接或者间接参与另一方企业的管理、控制或资本，或者；

"（二）同一人直接或者间接参与一方企业和另一方企业的管理、控制或资本，在上述任何一种情况下，两个企业之间的商业或财务关系不同于独立企业之间的关系，因此，本应由其中一个企业取得，但由于这些情况而没有取得的利润，可以计入该企业的利润，并据以征税。"

独立公平交易原则要求具备关联关系的企业之间的交易（以下简称受控交易）的定价，应该和完全独立的无关联关系的企业或个人之间的交易（以下简称非受控交易）的定价一致。要将关联企业之间的交易视同独立企业之间的交易，来确定关联企业之间的交易价格和利润。

OECD 转让定价指南用了一章的篇幅来介绍公平交易原则。该指南指出，关联关系并不一定会扭曲关联企业之间的定价，关联企业之间的定价扭曲也不一定是出于避税的考虑，还有可能是因为海关评估、反倾销、市场营销策略等商业原因。但是，只要关联企业之间的定价没有反映独立企业在可比条件下的非受控交易的价格，税务机关就可以对关联企业之间的定价进行调整。

独立公平交易原则作为一种理论概念和模型，有很强的指导意义，已经被大多数国家所承认和采用。但在应用过程中存在不少难题。首先，一些学者认为独立交易原则不能反映关联企业经营所带来的规模经济效应与一体化效应。其次，在很多情况下，由于交易产品和服务的特殊性以及所涉及无形资产的特殊性，在独立企业之间往往找不到可比的交易，导致很难应用独立公平交易原则。最后，很多时候纳税人和税务局很难收集到足够的信息，特别是独立企业的信息来确定独立公平交易价格。因此，很多时候应用独立公平交易原则所获得的价格只是一种基于可获得信息的近似，在此过程中，涉及很多主观判断，而不是一门科学。

一种与独立公平交易原则相对的定价原则是全球公式分配法。公式分配法本来是部分国家（如美国、加拿大）在确定跨州（省）经营的企业在国内各州（省）之间的税收分配的方法，美国有一半左右的州用这一方法来计算跨州经营的公司在各州的纳税额。公式分配法是按照分布于不同国家（州、省）的各个企业的核心要素（资产、收入、成本、工资额等），通过事先设定的公式，确定各企业按一定要素比例组合起来的金额在总额中所占的份额，确定每个企业对跨国企业全部所得的贡献率，然后根据贡献率确定每个企业的所得和利润。全球公式分配法的支持者认为该方法增强了纳税人的便利性和确定性，减少了遵从成本，应该在全球范围内推广。而 OECD 认为，全球公式分配法没有反映各个国家在经营效率、市场环境、汇率等方面的区别，不符合经济学一般原理，而且全球公式分配法在全球范围内应用也有很大的难度。一是因为各国的会计政策与税收法规不同,想要确定统一的所得税税基并不容易。二是因为各种要素在各国的分布并不相同,各国为了保证本国在总所得中的分配比例,很难就统一的公式(包括要素构成与要素比例)达成一致意见。即使各国就分配公式达成了一致意见,纳税人很容易改变核心要素在各国分配的状况,从而有意识地将更多的所得分配至税率低的国家。最后,由于在世界各国都要提供全球范围内的资料,纳税人的遵从成本并不低,税务局在管理时,也需要了解和分析纳税人在全球范围的资料,管理起来并不便利。更糟糕的是,如果国家之间不能就分配公式达成一致意见,纳税人需要在两种不同体系下准备资料,遵从成本更高。基于以上考虑,OECD 明确地摒弃全球公式分配法。UN 转让定价指南并未对两种原则的科学性与适用性旗帜鲜明地发表意见,只是介绍除了美国和加拿大之外,欧盟也考虑在欧盟范围内经营的企业可以采用公式分配法,而巴西的转让定价法则部分地采用了公式分配法。

2) 可比性分析

独立公平交易原则比较简单易懂,但在实践中,要贯彻这一原则并非易事。其中如何确定可比的非受控交易是最困难的。实际上,应用独立公平交易原则的核心就是可比性分析(comparability analysis)。

当受控交易与非受控交易的相关经济特征以及它们所处的情况相似到足够可靠地衡量公平交易结果时,该两项交易被认作是可比的。但实际上,在现实中没有任何两项交易是完全一样的,完美的可比交易通常是不存在的。因此,有必要使用现实的方法来确定受控与非受控交易之间的可比程度,从而为确定受控交易的价格或利润取得一个近似的结果。实务操作中,可比并不要求两项交易一定完全相同,但是它们之间的差异不应对交易价格或利润产生实质性的影响,或者当这种重要差异存在时,可以作出合理调整(称作"可比性调整")以排除这种影响。

在确定受控与非受控交易之间的可比程度时,通常要考虑交易本身或交易各方的一些可能会影响到价格或利润的特性,这些特性就是可比因素。可比因素通常被分成五个方面,包括:①转让的财产或服务的特征;②交易各方承担的功能、使用的资产与承受的风险;③合同条款;④经济环境;⑤使用的经营战略。以上各因素究竟哪个重要,取决于交易的性质和所使用的转让定价方法。

财产和服务的不同特性可能会导致它们在公开市场上的价值差异,因此,在对受控与非受控交易进行可比性分析时,必须关注这些差异。就有形资产而言,重要的特性有:物理特征、品质、可靠性、可获得性和供应数量等;就服务而言,重要的特性有:业务性质、技术要求、专业水准、承担责任、付款条件和方式、直接和间接成本;就无形资产而言,重要的特性有:交易形式(许可还是销售)、资产的类型与形式(技术、品牌还是专有技术)、受保护期间与程度、资产使用的地点以及使用资产的预期受益等。

交易各方在交易中承担的功能多少、承受的风险高低,以及使用的资产性质通常会决定参与非受控交易的各方的回报。一般来说,交易一方承担的功能越多、承受的风险越大、使用的资产越独特,他所期望的回报就越大。因此,在查找可比交易时,需要对交易各方的功能、风险和资产作详细的分析,这一工作通常被称为"功能风险分析"(function and risk analysis)。功能风险分析可以帮助寻找与受控交易各方之间具有相似功能、资产及风险分配的非受控交易,也有助于选择和确定受控交易中的被测试方。

影响可比性的重要功能通常有:研究与开发;产品设计与工程;制造、生产与流程改进;材料、设备购买及其他采购活动;运送、储存与存货管理;集团内部服务,如管理、法律、会计与财务、信用与收款、培训与人事管理服务。影响可比性的重要资产包括有形资产与无形资产。风险分析通常需要关注产品风险、财务风险、信用风险、质量风险、研发风险、市场风险、存货风险等。在进行功能风险分析时,功能、风险与资产三个方面相比,最重要的是风险分析。因为按照经济学的一般理论,个体承担的风险越高,期望的收益越高。

合同条款中的交易数量、交货期、信用期等条款都会影响交易价格,所以在进行可比性分析时,需要特别关注这些条款。

经济环境主要考虑全球经济发展趋势、企业所在国家和行业的发展趋势、企业的市场位置等。在进行行业分析时,要考虑以下因素:市场的地理位置、市场规模、市场层次(批发还是零售)、市场竞争情况、替代品的情况、政府管制、周期性(包括产品、行业和经济周期)、消费者购买能力、成本构成情况(UN 转让定价指南特别强调要分析与地理位置相关的成本差异)等。

经营策略会影响跨国公司的定价策略,比如对于采取市场扩张策略的企业来说,倾向于降低销售价格来实现更多的销售。

3) 转让定价方法的选择与运用

可比性分析的结果决定应该选择哪一种转让定价方法。目前普遍采用的转让定价方法基本分为两类:一类是传统的基于交易的定价方法,包括可比非受控价格法、再销售价格法和成本加成法;另一类是基于利润的方法,包括交易净利润法和利润分割法。在既定情形下可得到的可比交易的类型与特性通常决定最适合采用哪种转让定价方法。

(1) 可比非受控价格法。

可比非受控价格法(Comparable Uncontrolled Price,以下简称 CUP)将受控交易的价格与可比的非受控交易的价格进行比较,如果两项价格之间存在差异,就可能表明关联企业在其交易或财务关系中设定的条件不符合独立公平交易原则,需要用非受控交易的价格来替代受控交易的价格。

根据独立公平交易原则,如果满足以下两个条件之一,那么一项非受控交易与一项受控交易即为可比(即该项非受控交易就是可比非受控交易),可使用 CUP 法:①在进行比较的交易之间,或进行这些交易的企业之间存在的差异(如果存在的话)对公开市场上的价格没有实质性影响;②能够进行合理准确的调整,以消除此类差异所产生的实质性影响。如果存在可比非受控交易,CUP 法是运用独立公平交易原则最直接、最可靠的方法,比其他各种方法更可取。

在图 5-1 中,对于关联企业 1 与关联企业 2 之间的受控交易,可以参照交易 1、交易 2 与交易 3 的价格确定,其中交易 1 与交易 2 是内部可比非受控交易,而交易 3 是外部可比非受控交易,参照的前提是交易 1、交易 2、交易 3 在产品、功能风险、合同条款、经济环境、经营策略等各个方面均可比或可以作出合理的调整。

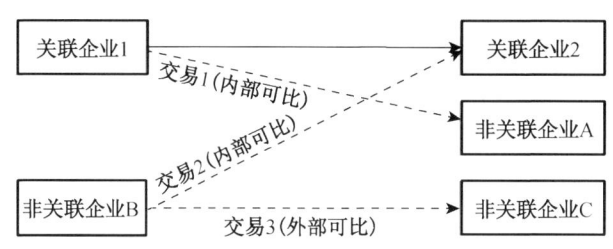

图 5-1　可比非受控价格法示意图

实际上,要找到与受控交易类似的非受控交易,且两项交易间不存在对价格有实质性影响的差异,是一件很困难的事。因为五类可比因素当中任何一点差异都可能对交易的价格产生影响,而且通过可比性调整来消除上述因素对价格的影响也是非常困难的,因此 CUP 法在实务中应用的非常少,主要应用于标准化的、有公开市场报价的产品交易。但是,在对无形资产交易定价时,CUP 法应用得比较多,企业和税务机关会通过寻找与受控交易在资产性质、交易条件、地理区域等各方面接近的无形资产交易,作为定价的参考,当 CUP 法用于无形资产定价时被称为可比非受控交易法(Comparable Uncontrolled Transactions)。

 案例 5-1

可比非受控价格法案例

一家独立企业销售的无品牌哥伦比亚咖啡豆在品质和数量方面与关联企业间所销售的类似,在交易环节、交易时间、交易条件等各个方面都相同,唯一的区别是受控交易的价格是到岸价,而非受控交易的价格是工厂离岸价,运输和保险条款方面的差异对价格的影响一般是明确且可以加以合理确定的,因此可以根据交货条款的不同调整非受控交易价格,作为确定受控交易价格的依据。

在上例中,如果受控交易销售的是无品牌巴西咖啡豆,那么需要了解一下咖啡豆的差别对价格是否有实质性影响,可以了解一下在公开市场上咖啡豆产地不同一般是否会造成价格的不同。如果这一差别对价格确实有实质性影响,那就应该作一些调整。如果无法作出既合理又准确的调整,CUP 法的可靠性会有所降低,有必要将 CUP 法和其他不太直接的方法结合使用,或者直接使用其他方法。

(2)再销售价格法。

再销售价格法是从关联企业购得的产品再销售给独立企业的价格(再销售价格)中减去适当的毛利(再销售毛利),并对减去毛利后的余额按照与产品购买活动相关的其他费用(如关税)作了调整后,视为关联企业间最初转让资产时的公平交易价格,如图 5-2 所示。再销售企业用此毛利弥补其销售费用和其他经营费用,并根据企业发挥的功能(考虑到所使用的资产和承担的风险)而获取适当的利润。

再销售价格法应用的关键是确定再销售毛利,可以参照同一企业在可比非受控交易中购买并销售产品获取的再销售毛利率确定受控交易中的再销售毛利,也可以用独立企业在

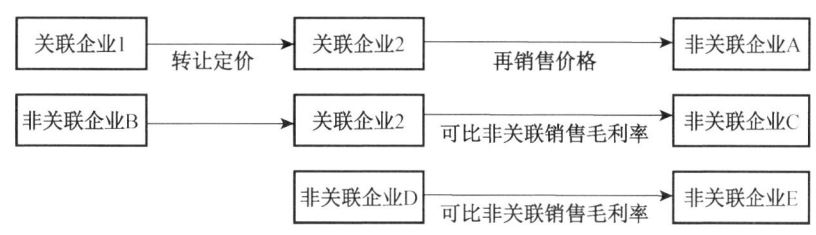

图 5-2　再销售价格法示意图

可比非受控交易中获取的销售毛利率作为参考。

再销售价格法的公式为：

$$转让定价 = 再销售价格 \times (1 - 可比非关联销售毛利率)$$
$$可比非关联销售毛利率 = 销售毛利 / 销售收入 = (销售收入 - 销售成本) / 销售收入$$

根据独立公平交易原则，如果满足以下两个条件之一，可使用再销售价格法：①在进行比较的交易之间，或进行这些交易的企业之间存在的差异（如果存在的话）对公开市场上的销售毛利率没有实质性影响；②能够进行合理准确的调整，以消除此类差异所产生的实质性影响。

产品差异对毛利率产生的实质性影响比对价格产生的影响要小，比如某水果商人在销售 1 千克的苹果和销售 1 千克的梨时，价格可能相差很大，但是毛利差别并不大。因此，在使用再销售价格法时，为消除产品差异而要作的调整比使用 CUP 法时少。一般来讲，毛利率代表了扣除产品成本之后得到的总的补偿，补偿的高低一般与企业具体承担的功能、风险和使用的资产相关，而与具体产品关系不大。比如，经销公司在销售烤面包机时所发挥的功能（考虑到所使用的资产和承担的风险）和销售咖啡机时的功能和风险是相同的，因此在市场经济条件下，这两种活动所得到的补偿应处于类似的水准。但是，如果存在一些因素会影响毛利水平，比如，业务模式有实质性差异，或者所发挥的功能（考虑到所使用的资产和承担的风险）有差异，或者再销售企业通过加工或使用无形资产实质性地增加产品的价值时，或者再销售企业所处的市场层次（批发或零售）有差异，或者再销售企业拥有再销售的专有权利，就必须对这种差异进行调整，或者选用其他合适的转让定价方法。

此外，计算毛利率会受到会计政策的影响。比如，产品包装的费用是作为销售费用还是作为产品成本核算，计算出来的毛利率差别很大。如果受控交易和非受控交易的会计处理不同，在计算再销售价格毛利时，要对所使用的数据进行适当的调整，以确保使用同样口径来计算毛利率。但是，由于大部分时候很难获得可比交易会计处理的详细资料，再销售价格法的可靠性很难确定，因此，其应用得也较少。

（3）成本加成法。

成本加成法是以受控交易中财产（或服务）的成本为基础，加上一个适当的成本加成额，作为受控交易的公平交易价格。对受控交易中成本加成额的确定可以参照同一供应方在可比非受控交易中的成本加成率，也可以参考独立企业在可比交易中获得的成本加成率。成本加成法的公式为：

转让定价 = 关联企业的产品销售成本 × (1 + 可比非关联交易成本加成率)

可比非关联交易成本加成率 = 销售毛利 / 销售成本 = (销售收入 − 销售成本) / 销售成本

根据独立公平交易原则,如果满足以下两个条件之一,可采用成本加成法:①在进行比较的交易之间,或进行这些交易的企业之间存在的差异(如果存在的话)对公开市场上的成本加成额没有实质性影响;②能够进行合理准确的调整,以消除此类差异所产生的实质性影响。与再销售价格法一样,产品差异对成本加成率的影响相对其他因素较小,对产品(服务)的可比性要求没有 CUP 法要求高。如果存在对成本加成率有实质性影响的其他因素,例如交易各方所发挥的功能有差异,或是一方使用自有资产而另一方使用租赁资产,或是一方使用了有价值的无形资产等,都需要进行调整,如果调整无法消除差异,则需要考虑其他合适的转让定价方法。

同样地,成本加成法也会受到会计核算方法的影响,必须用具有一致性的方法来衡量关联企业与独立企业的毛利。由于各国间对于判定成本与费用的标准可能不同,某种费用在一国被视为成本,在另外一个国家可能会作为费用,这会影响成本加成法的适用性。如果受控交易和非受控交易核算的会计方法不同,就应对所采用的资料进行适当的调整,以确保可比交易采用的成本构成相同,从而确保一致性。但是,和再销售价格法一样,独立企业会计处理的详细资料通常很难获得,因此成本加成法的可靠性也大受影响。

(4) 交易净利润法/可比利润法。

OECD 转让定价指南中的交易净利润法与美国 482 条款中规定的可比利润法比较接近。交易净利润法是通过参考可比非受控交易取得的净利润率来确定纳税人从某项受控交易中实现的净利润,净利润率的计算与适当的基础(如成本、销售额、资产)相关。由于交易净利润法考查的是交易的净利润,与价格相比受交易差异的影响要小,也比毛利更能承受受控和非受控交易之间的某些功能差别,因为企业履行功能的差异通常反映在营业费用的不同上,功能不同的企业在毛利率方面可能存在很大差异,但仍获得相近水平的净利率。相对传统的方法,交易净利润法对交易的可比性要求更低,更容易找到可比的交易或企业。所以,尽管实务中很少有企业采用交易净利润法确定关联交易的价格,但是,在税务当局与企业验证关联交易定价的合理性时,却被广泛地采用。

除了产品和功能之外,净利润可能受到下列因素的直接影响:新加入者的威胁、竞争地位、管理效率和自身战略、替代产品的威胁、成本结构变动、筹资成本的差别、经营经验水平,因此,同其他方法一样,有必要进行调整增强分析的可靠性,同时,可以采用利润区间(值域)的方法来确定合理的利润水平。

(5) 利润分割法。

当两个企业之间存在多项交易,多项交易之间又存在紧密关联时,不能对各交易单独进行评估,此时可以考虑采用利润分割法。利润分割法首先确认各关联企业从事关联交易所获得的利润总额,然后按照独立企业间采用的利润分割方式,在关联企业间分割这些利润。分割的利润可以是交易的利润总额,也可以是不易简单分配给任何关联方的剩余利润。每个企业贡献的大小建立在功能分析的基础之上,并借助一切可获得的可靠的外部市场数据来评估其贡献价值。

利润分割法的一个优点是不需要直接依赖严格可比的交易,因而可以应用于缺乏可比交易的案例当中。此外,利润分割法要分析交易双方的情况和贡献,所以不会出现受控交易的任何一方获得极端的或不可能的利润结果。这一点在分析受控交易中无形资产贡献价值时尤为重要。

利润分割法也有许多不足之处。其一,与已介绍的其他方法相比,利润分割法中用来评价各关联企业对受控交易贡献大小的外部市场数据与这些受控交易的联系不够紧密。外部市场数据越贫乏空洞,利润分配的结果就越主观。其二,关联企业和税务机关通常很难获取国外关联公司信息,而且,独立企业通常不会运用利润分割法来确定转移价格。其三,确定所有关联企业参与受控交易的合并收入和合并成本也是很困难的,它要求采用共同的会计准则记录交易双方的收入和成本,并对货币进行调整。

根据所分割的利润基础不同,利润分割法可以分为贡献分析法(总利润分割法)和余值分析法(剩余利润分割法)。在贡献分析法下,会根据每一关联企业在受控交易中所履行功能的相对价值在关联企业之间分割受控交易合并的总利润,并尽可能地参考独立企业在相似条件下如何进行利润分割的外部市场数据。如果可以直接测定贡献的相对价值,就不必再评估各参与者贡献的实际市场价值。确定有关各方对受控交易所作贡献的相对价值是很困难的,其方法往往取决于每一个案的具体情况,可能需要通过比较参与各方不同类型贡献(如劳务提供、发生的开发费用、资本投入)的性质和程度,并在外部市场数据的基础上分配贡献比例,以此确定各方贡献的相对价值。

利用余值分析法分割受控交易的合并利润分两个步骤。第一步,对每一参与企业分配与其所从事交易相应的基本利润回报。这一基本回报通常是参考独立企业从事类似交易所获得的市场回报来确定。因此,基本回报并不能确定因参与方拥有独一无二的有价值的资产所产生的回报。第二步,将经过第一步分割后的剩余利润(或亏损)在关联各方之间分配,这一分配会按照独立企业之间如何分配剩余利润来进行,这时候,重点分析各方对无形资产的贡献和相对交易地位方面的指标。

以上介绍的转让定价方法,在实务当中应用最广泛的是交易净利润法,根据美国2019年3月发布的《2018年预约定价年度报告》,美国2018年签订的涉及有形资产与无形资产交易的预约定价安排当中,有86%使用了可比利润法(交易净利润法),所有其他的转让定价方法只占总数的14%。① 因此,下面重点介绍交易净利润法的应用步骤。

4)交易净利润法的应用

应用交易净利润法一般包括以下几个步骤:

第一步:分析与了解关联方与关联交易。通过访谈、调查等方法,系统地了解企业所有的关联方与关联交易,包括关联方的注册地、适用税率、主要关联交易类型、交易定价机制等。

第二步:行业分析。主要了解企业所处的行业的竞争状况、企业在行业中的地位、影响

① IRS. Announcement and Report Concerning Advanced Pricing Agreement[EB/OL]. (2019-03-22)[2020-11-09]. https://www.irs.gov/pub/irs-apa/announcement_2019-03_apa_report.pdf.

行业利润率的主要因素等。了解这些因素之后,可以帮助选择同行业中最可比的企业。

第三步:功能风险分析。通过访谈,了解企业及其关联方在关联交易中承担的主要功能和风险,包括研发、营销、生产、存储、销售、财务、行政管理等功能以及相应的风险,这些功能和风险往往会影响企业的利润率,详细的功能与风险分析可以帮助在后面的经济分析中选择到承担的功能与风险最接近的企业,从而提高利润率的可比性。功能风险分析还可以帮助确定被验证企业,一般是选择从事关联交易的各方中,功能较简单、风险较单一的企业,因为这些企业的利润率相对较稳定,比较容易确定。

第四步:经济分析。经济分析是通过一定的筛选条件,在企业数据库中选出与验证企业各方面较可比的企业,根据这些企业的利润率水平来确定关联交易中被验证企业合理的利润率水平。目前常用的数据库有 BvD 公司的 OSIRIS 数据库和标准普尔公司的 COMPUSTAT 数据库①。鉴于数据的可获得性与可验证性,一般是从数据库的上市公司当中寻找可比公司。经济分析主要通过以下几步完成:

(1)搜寻可比公司。在行业分析和功能与风险分析的基础上,确定搜寻条件,主要是所属行业分类和地理区域。例如,要确定中国某汽车零部件生产企业与海外关联企业的交易利润率,可以将搜寻条件确定为"地区=亚太区""行业=汽车零部件""是否上市=上市公司",将搜寻条件输入数据库,就会返回符合条件的若干公司,同时返回这些公司的经营范围等基础资料。通过阅读这些基础资料,可以初步排除那些经营业务和功能风险与被验证企业差异较大的企业。对于保留的企业,再通过阅读年报和可获得的其他资料进行进一步的筛选,最后只保留最可比的几家企业。

(2)确定利润率指标。在比较被验证企业与可比企业的利润率时,可以采用完全成本加成率、销售利润率、贝里比率、资产收益率等指标。具体选择哪一个指标,取决于受验证企业和可比企业的具体情况。一般来讲,选择的利润率指标应该不受关联交易的影响,应该能够反映功能、风险情况,而且应该能够准确合理地计算。

(3)确定比较年度。企业和行业的经营往往存在一定的周期。被验证企业和可比企业,如果一个处于经营周期的高峰,一个处于低谷,就会影响对合理利润的判断。因此,采用交易净利润法时,为了克服行业和企业经营周期的影响,往往会计算可比企业几年利润率的平均值,以此来确定受验证企业的合理利润率。

(4)进行必要的调整。尽管在寻找可比企业的过程中,尽可能地选择那些与受验证企业最可比的企业,但是可比企业和被验证企业之间,仍然可能存在一定的差异,有些差异可以通过必要的调整去减少对利润率的影响。常见的调整包括会计调整和资本性调整。②

(5)确定受验证企业利润率的值域区间。最后保留的可比企业,利润率有高有低,可以用适当的统计学方法,来确定一个合理的区间作为被验证企业的合理利润区间。目前实务

---

① 目前国内用得较多的数据库是 OSIRIS 数据库。
② 资本性调整是用于调整基于营运资本(包括应收账款、应付账款、存货等)的利润水平指标,用以反映被调查企业与可比企业之间由于营运资本占用不同而对营业利润产生的差异。

中较常采用的是四分位法,也就是计算可比企业利润率的四分位区间,作为受验证企业利润率的合理区间。①

5)转让定价管理

为了加强对转让定价的管理,各国主要采取以下几类措施:一是转让定价文档管理;二是转让定价调查与调整;三是预约定价安排。

转让定价文档管理就是让关联企业就关联交易的合理性进行研究和记录的文档。美国最早在 1994 年开始要求企业准备转让定价文档,随后越来越多的国家要求本国企业准备转让定价文档。② 企业在准备转让定价文档的过程中,可以回顾和检讨本企业关联交易定价的合理性,及时作出调整,也方便税务机关随时获取纳税人的关联交易信息,加强对转让定价的管理,减少未来发生争议的可能性。纳税人准备的转让定价文档应该包括:从事关联交易的关联企业信息、受控关联交易的性质和条件、外部经济环境和条件、已知的可比非受控交易的信息、关联企业集团架构和组织结构,关联交易的销售额和利润率等,以及其他和关联交易定价有关的信息,包括企业战略和企业特殊情况。③

转让定价调查与调整是税务机关对关联交易定价不合理的企业开展调查,并对其交易价格或交易利润进行调整,从而调整其应纳税所得额和应纳税额的行为。由于跨境的关联交易往往涉及两个国家的企业,如果一个国家严格地管理本国企业的转让定价行为,积极地开展调查,而另一个国家不作为或少作为的话,跨国公司就会倾向于将更多的利润保留在转让定价管理比较严格的国家。因此,近年来各个国家都倾向于不断加强对转让定价的调查与调整。④ 关于各国开展转让定价调查与调整的规模,虽然没有准确的统计数据,但不时有案例见诸报端,比如葛兰素史克曾在 21 世纪初被美国国内收入署开展转让定价调查,导致葛兰素史克在美国补缴 34 亿美元的税收。⑤

对企业开展转让定价调查与调整,虽然可以部分地挽回各国政府的税收收入流失,但是容易造成双重征税,而且耗时耗力,比如,在对葛兰素史克的转让定价调查过程中,税企双方就正确的转让定价方法讨论了 14 年之久,为此,实施转让定价税制的各国相继推出了预约定价管理。预约定价管理通常以预先定价协议(Advance Pricing Agreement,以下简称 APA)的形式进行,是指纳税人事先将其和境外关联企业之间的关联交易所涉及的转让定价方法,向税务机关提出申请,经纳税人和税务机关充分地磋商,预先确定受控交易所适用的定

---

① 四分位法是将所有观察值按大小排序,排在最底端的 1/4 位置上的数叫下四分位数,排在上 1/4 位置上的数叫上四分位数,排在最中间的数值为中位值,上下四分位数之间的区间叫做四分位区间。如果被测试企业的关联交易利润水平处于可比公司四分位区间之内,一般即可认为其转让定价遵循了独立交易原则。

② 关于一些国家对转让定价文档管理的要求,参见 OECD:《Public Consultation:White Paper On Transfer Pricing Documentation》,详见网址 http://www.oecd.org/ctp/transfer-pricing/white-paper-transfer-pricing-documentation.pdf.

③ 关于转让定价文档管理的更多信息,可参见易奉菊、李时所著的《转让定价风险管理之本:同期资料准备与审核》。[R/OL]. [2016 - 11 - 23]. https://assets.ey.com/content/dam/ey-sites/ey-com/en_gl/topics/tax/guides/worldwide-transfer-pricing-reference-guide-2014.pdf

④ 关于一些国家转让定价调查与调整的简略规定,请参见 Ernst & Young, 2014 Global Transfer Pricing Tax Authority Survey: Perspective, Interpretation and Regulatorty Change。

⑤ 关于更多美国转让定价调查的案例,请参见 http://www.ustransferpricing.com/decisions.html。

价方法(如覆盖的关联交易、转让定价方法、价格或利润区间、可比的合适调整、对未来事件的关键性假设等)共同签署的一项协议。APA 的推行使税务机关把对关联企业转让定价的事后审计转变为事前审计,对减少转让定价调查和调整的烦琐程序,降低税企双方人力、财力与时间上的消耗都有益处。同时,在交易比较特殊或复杂、传统的方法无法或难以适用时,预约定价也是税企双方通过协商途径解决定价方法的有效途径。预约定价分为单边预约定价、双边预约定价和多边预约定价。单边预约定价由一国的纳税人与该国的税务机关就该企业的关联交易达成协议,达成协议之后,只要该企业按双方同意的方法定价,该国税务机关不会对该企业开展调查,但是交易对方国家的税务机关仍可能对交易对方企业的转让定价进行调查和调整,不能完全地消除转让定价风险。双边预约定价是由交易双方所在国的税务机关就企业间的关联交易定价进行磋商并且签署协议,签署的协议对两个国家的税务机关均有约束力,企业可以获得更大的确定性。多边预约定价则是当关联交易涉及多个国家时,多个国家的税务机关就关联交易定价方法磋商并达成协议,多边预约定价可以给企业最大的确定性。

5.1.2 资本弱化管理

通过资本弱化来避税的主要途径有两个:一个是通过增加债务资本的比例来增加利息扣除;二是通过提高关联企业借款利率来增加利息扣除。各国的反资本弱化法规也基本针对以上两个途径进行管理,主要思路是限制可以扣除的最大的利息额,具体有两种方法。一是正常交易法。即看关联方的贷款条件是否与非关联方的贷款条件相同,如果不同,则关联方的贷款可能被视为隐蔽的募股,按照股息处理,不允许税前扣除。二是固定比率法。主要是看公司资本结构是否超过特定的债务资本比率,对于超过特定比率的利息不允许税前扣除,视同股息征税。也可以参考利息与某些因素(如收入、利润或现金流)的比率来限制利息的扣除。下面简要介绍美国、英国、德国和日本的资本弱化税制。

1) 美国

美国早在 1976 年就制定了资本弱化税制(国内收入法典第 385 条),1989 年增加 163 条 J 条款,使其更加完善。美国税法规定同时满足以下两个条件的公司利息不能扣除:①公司的净利息费用超过了当年的利息扣除限额,则超额部分不能扣除,利息的扣除限额等于公司当年调整后应纳税所得的 50% 加上上一年结转下来的余额;②公司在纳税年度的年末(或财政部部长规定的任何其他日期)的债务资本比率超过 1.5:1。1.5 倍的债资比例可以看作是安全港,低于这一比例的利息支出,税务机关不质疑利息支出的合理性。超过这一比例的,根据具体情况确定。① 美国的资本弱化法规主要是采用固定比率法。

2) 英国②

英国在 2004 年废弃了资本弱化法规,不再有专门的资本弱化条款,而是完全采用独立

---

① STUART WEBBER. Thin Capitalization and Interest Deduction Rules: A Worldwide Survey, Reprinted from Tax Notes Int'l[J]. Tax Notes International, 2010(11): 683.

② 具体见美国收入与海关总署网页。

公平交易原则来应对资本弱化问题。英国税务部门在确定资本弱化税务稽查对象时,并没有严格确定的标准,主要根据独立公平交易原则进行判断。英国税务局曾明确表示,在审查资本弱化问题时,主要是考察在独立公平的环境下会产生什么样的安排,以及其他相关的因素。在检查中,英国税务局首先会考虑被检查公司的情况,比如会考虑英国公司普遍的债务水平,借款人所在产业特点,借款人的经营状况、现金流量、资产状况,以及该企业的其他特殊因素;其次会确定如果没有关联关系是否能取得该项贷款,贷款是否符合市场利率水平;最后会确定被检查企业正常贷款规模和利息水平以及超额利息数额,对于超额利息部分,会被推定为股息分配征收所得税。英国资本弱化规则的另外一个特点是不区别对待居民和非居民关联企业,即给英国居民提供贷款的企业无论是在英国境内,还是在英国境外,只要符合上述标准,都要受有关法规的限制。

3) 德国

德国的资本弱化税制历经几次变迁。其最早在 1994 年引入资本弱化规则,仅针对股份公司、关联贷款和非居民企业,采取固定比率法,规定债资比在 3:1(2001 年之后变为 1.5:1)以内的利息费用可以扣除,但是纳税人需要证明贷款符合独立企业间的"正常交易原则",即如果公司能够证明超过固定比率的债务按相同条件可以从与公司无关联的第三者(即非股东)那里获得,或者通过银行获得,则其支付的利息不作为股息分配,可以从税前扣除。2004 年,因为欧盟法院 2002 年针对德国资本弱化法规的某项判决,德国修订了资本弱化法规,规定资本弱化法规既适用于非居民企业,也适用于居民企业。[①] 2008 年,德国进行了税制改革,降低了企业所得税税率,对资本弱化法规也进行了修订。此次修订,不再区分关联企业贷款与非关联企业贷款,不再限于股份有限公司,同时不再采用固定比率法,并取消了债资比为 1.5:1 的安全港规则。新的资本弱化规则与美国的资本弱化法规相似,规定净利息费用(利息收入减去利息支出)超过当年息税折旧摊销前利润(EBITDA)30%的超额利息费用不允许在税前扣除,但可以在以后利息费用额未达当年息税前利润 30%的年度扣除。新法规定了一些例外条款,比如纯粹的国内企业,特别是中小型企业,当年净利息费用不足 100 万欧元的,可以不受债资比的限制,全额在税前扣除。另外,如果企业可以证明德国子公司的负债率比整个集团公司的负债率低或接近,说明集团公司并未将债务转移至德国,相关的利息费用也可以在税前扣除。[②]

5.1.3　受控外国企业管理

在本书第 4 章中,我们提到跨国公司将集团利润保留在低税率的地区,不分配或延迟分配来达到避税的目的。为了应对这一类的避税行为,很多国家都出台了受控外国企业规则(Controlled Foreign Companies Rules),规定符合受控外国企业定义的公司未分配的利润要

---

① 2002 年 12 月,欧盟法庭判决德国的资本弱化法规对外国投资者存在歧视,违反了"自由成立"(Freedom of establishment),导致欧盟各国纷纷修订资本弱化法规,不再区别对待居民企业和非居民企业。

② MARTIN RUF, DIRK SCHINDLER. Debt Shifting and Thin-Capitalization Rules German Experience and Alternative Approaches[J]. Nordic Tax Journal, 2015 (1):12-33.

在母国视同已分配而征税。受控外国企业规则实际突破了一国对税收管辖权的一般规定，将一般情况下母公司所在国没有征税管辖权的子公司的未分配利润纳入征税范围。

5.1.3.1　美国的受控外国企业规则①

美国 1962 年在国内收入法典中加入 F 分部，在全球范围内首次提出受控外国企业的概念，所以受控外国企业规则在美国通常被称为 F 分部。此后，受控外国企业规则先后在 1975 年、1983 年和 1986 年进行了修订。根据美国国内税收法典 F 分部的规定，受控外国企业的美国股东要将下列收入包括在它的当年年度所得中，在美国缴税：

(1) 受控外国企业的 F 分部收入中属于美国股东的部分。

(2) 受控外国企业的收入中投资于美国财产的部分。

其中：受控外国企业指当年任何时间被美国股东控制了 50％以上投票权或股权价值的外国公司。

美国股东指直接或间接持有外国公司各类有投票权股票的 10％以上的任何个人或企业。

美国财产特指位于美国的有形资产、美国公司的股票、美国纳税人的债务（包括为此债务担保的义务）以及任何在美国使用的由受控外国公司取得或开发的专利、发明、模型、设计、秘方等的权利或其他类似权利。

F 分部收入包括以下几方面：

(1) 外国个人持股公司收入（FPHCI），包括股息、利息、租金、特许权使用费和处置可以产生这类收入的资产所产生的收益。

(2) 外国基地公司销售收入。从关联方采购或销售在受控外国企业所在国家之外制造和销售的货物，所产生的收入被称为外国基地公司销售收入，也属于 F 分部收入。

(3) 外国基地公司服务收入。为关联方提供服务所获得的收入属于 F 分部收入。

(4) 外国基地公司与石油相关收入。对于受控外国企业从其注册所在国之外的石油相关活动取得的收入也属于 F 分部收入。

(5) 保险收入。与受控外国企业所在国家之外的风险相关联的保险年金合约中取得的保险收入也属于 F 分部收入。

但是，F 分部收入不包括以下类型的所得：

(1) 受控外国企业在美国从事业务，获得的来自美国和与美国有实际联系的所得，除非该项所得在美国免税。

(2) 低于最低限额的所得。一方面，如果受控外国企业来自外国基地公司或境外保险所得的毛收入低于总收入的 5％或者总额低于 100 万美元，则该受控外国企业的全部所得不作为 F 分部收入。另一方面，如果外国基地公司加境外保险所得超过总所得的 70％，则该受控外国公司的全部所得将被视为 F 分部所得，除非该所得在境外缴纳的企业所得税高于美国股东最高的边际税率的 90％以上。

对于美国企业股东按照受控外国企业规则，将属于他们的所得按照受控外国企业规则

---

① 美国 CFC 规则详见美国国内收入署官方网页。

计入该企业当年度所得时,受控外国企业在境外已经缴纳的税款可以享受税收抵免。

5.1.3.2　德国的受控外国企业规则

德国的受控外国企业规则既适用于企业股东,也适用于个人股东。根据受控外国企业规则,在满足以下两个条件时,被投资企业的被动收入视同股息分配,包含在德国股东的当年度所得中交税:德国居民控制了非德国公司,具体而言,是指德国的居民纳税人单独或共同地直接或间接控制了外国企业 50%以上的投票权或资本;并且该外国企业被动所得的税率低于 25%。

对于如何区别被动收入和主动收入,德国主要是通过详细规定哪些收入属于主动收入来确定的,对于每一行业的收入,都有不同的判定标准。①

5.1.3.3　英国的受控外国企业规则

英国的受控外国企业规则不适用于个人纳税人,在其他方面则与美国接近。由英国居民企业控制的位于低税率地区的受控外国企业,其未分配的利润要视同分配在英国交税。所谓控制,是指股东持有 40%以上的表决权;所谓低税率,是指受控外国企业实际缴纳的税负低于在英国应缴纳的税负。英国的受控外国企业规则规定了一些免除条款,满足下列条件的公司可以不被认定为受控外国企业:

(1) 属于英国税务与海关总署公布的白名单国家的税务居民。

(2) 外国公司每年分配 90%以上的利润(从 2009 年 7 月 1 日后不再适用)。

(3) 公司的会计利润低于 20 万英镑。(2011 年 1 月 1 日之前为 5 万英镑)。

(4) 外国公司从事积极的经营活动。

(5) 外国公司在股票市场上公开交易。

(6) 集团满足没有避税动机测试。

5.1.4　一般反避税

在本书第 4 章介绍的企业避税案例可以看出,在纳税人与税务当局避税与反避税的斗争中,纳税人总是不断推出新的避税手法,而反避税相关法律的修订往往滞后于纳税人避税方式的变化,为了应对纳税人未来可能采取的激进的税务筹划,防止纳税人通过没有商业实质的安排降低税负,许多国家在反避税法规中加入一般反避税条款,从而纳税人不论采取何种避税行为,税务机关都可以进行调查和调整。② 截至 2017 年年底,OECD 和 G20 共 46 个成员国中,有 35 个制定了一般反避税法规③。一般反避税规则的共同特点是关注纳税人的交易与安排是否具有商业实质,对于缺乏商业实质的交易或安排,税务局可以重新对交易与安排进行定性,并确定其应交企业所得税。与之前介绍的指向特定避税行为的法规不同,各国的一般反避税法规大多简短而空泛,有意避免具体而详细的表达,从而给税务机关更大的

---

① LENA DEICHMANN. CFC Rules: A Comparison Between the German and the UK System[D/OL]. Hamburg: Bucerius/WHU,2009[2017-01-21]. http://www.gbv.de/dms/buls/631007954.pdf.

② 一般反避税条款是相对于其他特定反避税条款而命名的,本章介绍的其他避税法规都属于针对某些具体避税行为的特殊避税条款。

③ 详细内容见 https://www.financierworldwide.com/the-rise-of-general-anti-avoidance-rules-in-taxation#.YKD8R2j7Tic.

裁量空间。下面重点介绍新西兰、美国、德国的一般反避税规则。

5.1.4.1 新西兰的一般反避税规则

1878年,早在新西兰的企业所得税法出现之前,新西兰在其《土地税法》中出现了下面的表达:"基于直接或间接减少税收为目的的契约或安排无效。"此条规定目前被普遍认为是世界上第一个一般反避税法规。1891年,在新西兰的土地和所得税法案公布之后,类似规定保留在该法案的第40分部,之后在企业所得税法的历次修订中,均保留了该规定。在100多年的历史中,其文字表达并未有太大的改变,始终是原则性的、不清晰的,其实施更多是依靠法官的解释与判断。目前新西兰的一般反避税法规表达如下:"如果纳税人的安排属于避税行为,税务局官员可以按照他认为合适的方式对纳税人的应纳税所得额进行调整,以消除纳税人从此安排中获得的税收利益。"①

5.1.4.2 美国的一般反避税规则

在反避税的其他领域,美国均比较积极,但在引入一般反避税法规方面,美国却较晚行动。直到2010年3月30日,美国总统奥巴马签署了美国税法典7701(o),才标志着美国一般反避税法案的出世。美国之所以在一般反避税立法方面比较迟缓,原因可能是此前美国税法中有经济实质原则,税务机关应用该原则可以解决大部分的避税问题。但到了21世纪,康柏电脑案等一系列避税案件的审理结果对税务机关不利,立法机关才开始思考一般反避税立法,对"经济实质原则"作了进一步的澄清,说明在涉及经济实质原则时,仅在满足下列两条要求的条件下,该笔交易可以被认定为有经济实质:此笔交易除了改变纳税人所缴纳的联邦所得税之外,还有效地改变了纳税人其他方面的经济状况;纳税人从事此笔交易,除了可以改变其缴纳的联邦所得税之外,还有其他有实质性的意义。对于缺乏经济实质的交易,纳税人未在其申报表及申报表附件中披露相关事实的,除了与之有关的税收利益无法享受,对于少缴纳的部分,还可以处以少缴部分40%的罚款。②

5.1.4.3 德国的一般反避税规则

德国的一般反避税规则由德国联邦税法的第42节规定,第42节的标题是:"滥用可能的法律安排",具体内容为:不能滥用可能的法律安排来避税,如果有滥用行为,纳税人将被按照适合的法律安排来征税;除非法律明文规定禁止的情况下,第一条始终适用。第42节并未明确什么是滥用可能的法律安排,德国法庭在判决过程中,认为这一概念包含以下因素:纳税人所选择的法律安排是不恰当的,判断是否恰当的标准是看独立第三方在同样情况下是否会和该纳税人采取同样的行动。如果独立第三方不会采取同样的行动,则该安排是不恰当的。该项安排越是刻意(artificial)和不同寻常,则该安排越不恰当。但是,单纯因为某项法律安排节约了税负并不能表明该安排是不恰当的避税行为,因为有些节税行为是符

① CRAIG ELLIFFE. Policy Forum:New Zealand's General Anti-Avoidance Rule-A Triumph of Flexibility over Certainty[J/OL] Canadian Tax Journal/Revue Fiscale Canadienne,2014,62:147-164[2017-01-10]. https://papers.ssrn. com/sol3/papers. cfm? abstract_id=2406659.

② 见美国国内税收法典7701(o),6662(b)和6662(j)。

合法律精神的。[①]

　　由于一般反避税规则所要应对的避税行为并不具体,所以,相关的语言表达也只能是泛泛的。在英美法系的国家,如新西兰、澳大利亚等国家,一般反避税规则具体如何实施,取决于法庭的具体案例。很多案例表明法庭在审理案件过程中,往往比较谨慎,倾向于限制税务机关应用一般反避税条款的范围和条件,避免税务机关随意使用一般反避税条款,对企业正常的生产经营和税务筹划形成障碍。

5.1.5　其他特殊规定

　　除了以上几点共同的规定外,很多国家针对本国企业常用的避税手法,也有一些特殊的反避税规定。这些规定有针对具体避税行为的,比如美国针对公司倒置行为的反避税规定,也有一般性的管理规定,比如美国、英国等实施的强制披露机制。

5.1.5.1　美国针对公司倒置的反避税规定

　　鉴于美国公司的倒置行为越来越普遍,美国财政部先后在 2014 年 9 月和 2015 年 11 月公布了限制美国公司倒置行为的管理规定。从以下方面去限制美国公司倒置或倒置后无税转移受控外国企业(CFC)积累的利润。

　　(1)防止美国倒置公司通过使用"跳房子贷款"的方式规避美国税。将"跳房子贷款"视为投资于美国资产,需要视同美国公司从受控外国企业分配了股息红利,从而在美国交税。

　　(2)新的海外母公司获得 CFC 的控股权后取得的分红,视为新的母公司从旧的母公司取得的分红,而不是从 CFC 取得的分红,CFC 仍然是美国公司的 CFC,CFC 对新的海外母公司的分红仍然要缴纳美国税。

　　(3)增加实施倒置重组的难度。比如现有的税法规定新的海外公司占合并后公司的权益超过 20% 的话,可以选择将海外公司作为新的母公司,为了达到 21% 的比例,海外公司的规模不够大的情况下,可以通过将现金或其他被动资产[②]注入海外公司来做大海外公司的规模。2014 年的规定中,如果海外公司 50% 以上的资产是被动资产,并非用于日常经营的话,海外公司源自被动资产的股份不再被计入海外公司的持股比例。同样地,也不认可美国母公司通过巨额分红降低美国母公司的资产规模来降低美国母公司占新公司的持股比例。

5.1.5.2　强制披露机制

　　强制披露机制(Mandatory Disclosure Regime)是指纳税人在采用自行设计或由代理人设计的避税交易或安排时,纳税人和代理人一方或双方有义务在规定期限内将避税交易或安排的详细信息报告给税务机关的制度。强制披露规则的主要目的,是通过向税务机关提供潜在的恶意税收筹划方案的早期信息,从而提升税收透明度,并识别方案筹划方以及使用者。强制披露的另一目的就是形成威慑作用,纳税人可能因为需要披露方案而慎重考虑是

---

① ZOE M PREBBLE,JOHN PREBBLE. Comparing the General Anti-avoidance Rule of Income Tax Law with the Civil Law Doctrine of Abuse of Law[J/OL]. Bulletin for International Taxation,2008,4 [2017-03-04]. https://papers. ssrn. com/sol3/papers. cfm? abstract_id=1473612.

② 被动资产是指能够产生被动收入的资产,如、现金、出租房产等。

否使用税收筹划方案。强制披露机制出现的时间并不长,但已有美国、加拿大、南非、英国、葡萄牙、爱尔兰、以色列以及韩国建立并实施强制披露机制。美国于 1984 年最早引入该机制(使用 8886 表报告)。1989 年,加拿大针对赠予安排和财产收购等特定税收筹划安排实行强制披露机制,并于 2013 年 6 月通过了避税交易报告法案,扩大了披露要求。南非于 2003 年修订了所得税法,增加 76A 章节("应报告交易"),并于 2008 年对之进行了修订。英国于 2004 年制定了避税筹划方案披露法案,并于 2006 年和 2011 年先后进行了修订。强制披露机制的作用是巨大的。第一,通过实施强制披露机制,税务部门可以尽早获取避税筹划安排的相关信息。在加拿大、爱尔兰、南非、英国和美国这五个实行强制披露机制的国家中,42%的恶意筹划安排是通过报告义务发现的,税务审计的识别效果排在第二位。第二,强制披露机制可以有效识别避税筹划安排的使用者,并有效地加以管理。比如,在加拿大,最常见的避税筹划安排是通过滥用向慈善机构捐赠的税收扣除和抵扣实现的,2006 年有 4.9 万个企业和个人实施此类安排,利用强制披露机制所提供的避税筹划安排识别号等信息,加拿大税务机关已拒绝 59 亿美元的捐赠扣除申请,并对参与这些赠予安排的 18.2 万名纳税人重新进行了纳税评估。第三,纳税人可能因为强制披露义务而减少对税收筹划的使用。据统计,英国每年披露筹划安排的数量呈不断降低的总体趋势。[①]

5.2 反避税国际合作

在一上节中,我们介绍了各国在反避税方面所做的努力。然而,由于国际避税行为通常涉及多个国家间资本、人员和信息的流动,单凭一国之力应对国际避税行为往往效果有限。因此,针对国际避税行为的国际合作日趋重要,若干国际组织已经行动起来,希望推进各国在反避税方面的合作。其中最主要的有以下几个组织。

1) OECD

在以往的各章中,我们已经清楚地看到 OECD 在构建国际税收秩序和规则方面的领导作用。近几年,OECD 的工作重点就是打击国际避税。该组织在 2013 年公布了《应对税基侵蚀与利润转移》(Base Erosion and Profit Shifting,以下简称 BEPS)报告。该报告认为,除了要不断提高跨国公司实际有效税率的透明度,还需要关注以下关键领域:

(1) 各国间对于混合实体和混合金融工具定性的错配,包括混合错配安排和套利。

(2) 如何将税收协定中的概念应用于数字商品和服务。

(3) 关联方之间债务融资、自保险和其他集团内金融交易的税务处理。

(4) 转让定价,特别是集团的法律实体间人为划分资产的所有权、转移风险和无形资产,以及独立实体间几乎不会发生的交易。

(5) 反避税措施的有效性,特别是一般反避税规则、资本弱化规则和防止滥用税收协定

---

① 梁若莲,王明方,张清松,等.国际税收领军人才系列文章(一):对我国引入税收筹划强制披露机制的思考与建议[J].国际税收,2015(9):37-42.

的规则。

（6）有害税收优惠政策的可获得性。①

OECD 随后发布了《税基侵蚀与利润转移行动计划》(BEPS 行动计划)，列出了反避税的 15 项行动计划，在 20 国集团(G20)和 OECD 的共同努力下，这 15 项行动计划正在逐步变为各成员国的实践。鉴于该报告的重要性，我们将专门介绍 BEPS 行动计划的主要内容。

2）G20

G20 是一个国际经济合作论坛，于 1999 年 9 月 25 日由八国集团(G8)的财长在华盛顿宣布成立，由原八国集团以及其余 12 个重要经济体组成，G20 的宗旨是推动发达国家和新兴市场国家之间就实质性问题进行开放及有建设性的讨论和研究，以寻求合作并促进国际金融稳定和经济的持续增长，按照以往惯例，国际货币基金组织与世界银行列席该组织的会议。20 国集团的成员包括：美国、日本、德国、法国、英国、意大利、加拿大、俄罗斯、欧盟、澳大利亚、中国、南非、阿根廷、巴西、印度、印度尼西亚、墨西哥、沙特阿拉伯、土耳其、韩国。这些国家的国民生产总值约占全世界的 85%，人口则将近占世界总人口的 2/3。

G20 多年来关注国际避税的问题，2009 年开始，就和 OECD 合作列出避税地的黑名单。2011 年，该组织又重申了他们打击国际避税的决心，并重新发布了一份新的黑名单。在近几年的首脑会议和部长级会议中，G20 也多次讨论如何打击跨国公司的避税行为，并携手 OECD 共同在全球范围内打击跨国公司避税。

3）欧盟

欧盟在 2012 年 6 月 12 日发布了《欧盟委员会关于激进税务筹划的建议》，指出税务筹划越来越复杂，单纯依靠一国的力量很难应对恶意税收筹划，需要各成员国采用统一的方法应对。具体来说，这份报告建议各成员国采取统一的一般反避税措施来应对越来越复杂的避税方案。②

后来，欧盟在 2015 年 6 月发布《欧盟内公平有效公司税制：5 个关键的行动领域》这份文件。这是一份欧盟委员会、欧盟议会与欧盟理事会之间的沟通文件。文件指明了欧盟在短期和中长期内，拟针对恶意税收筹划采取的行动方案。短期之内，欧盟将配合 OECD 组织，在欧盟范围内积极落实 BEPS 行动计划，比如修改完善对常设机构的定义，修改受控外国企业规则等。与此同时，欧盟会审视此前为防止双重征税制定的税收指南，包括《母子公司税收指南》《利息和股息税收指南》，防止纳税人利用税收指南的规定双重不征税。此外，欧盟会修改完善欧盟的转让定价规则，防止纳税人将利润转移到经济活动发生地以外的国家。长期而言，欧盟将推行"共同合并企业所得税税基"制度（the Common Consolidated Corporate Tax Base，以下简称 CCCTB）。早在 2001 年 10 月 23 日，欧盟委员会就提出了《共同统一公司税基草案》，该草案拟对在一个以上成员国经营的公司采用一套共同的规

---

① OECD. Addressing Base Erosion and Profit Shifting[R/OL]. (2013-02-12)[2017-03-02]. http://dx.doi.org/10.1787/9789264192744-en.

② EUROPEAN COMMISSION, Commission Recommendation of 6.12.2012 on Aggressive Tax Planning[EB/OL]. [2021-05-13]. https://ec.europa.eu/taxation_customs/sites/taxation/files/docs/body/c_2012_8806_en.pdf.

则来计算其在欧盟范围内所获得的利润。跨国公司在欧盟范围内的税基是统一的,而且独立于各成员国的公司税法之外。各成员国按照一定的公式分配税基,并按各自的税率对相应的税基份额课税。由于要取得全部成员国的同意才能通过 CCCTB,难度相当大,此草案虽历经修改,仍未能获得通过。近几年欧盟委员会更加重视此草案的修改与完善,并改变态度,不求一次性通过全部法案,而是首先通过其中的部分条款。欧盟委员会深信,通过实施 CCCTB 制度,各成员国统一税务处理之后,可以有效地降低纳税人的税务遵从成本,防止纳税人通过混合错配、资本弱化、税收洼地等手段少交税或不交税。

2016 年 1 月 28 日,欧盟又发布了《反避税一揽子计划:在欧盟内有效管理税收与提高税收透明度的主要步骤》,[1]这也是一份欧盟委员会、欧盟议会与欧盟理事会之间的沟通文件。根据这份文件,欧盟会采取一系列的措施来打击避税行为。随后的几年里,这些措施在欧盟一步步落实。比如,在 2016 年 5 月通过了《税收相关信息交换指引》,同年 7 月 12 日通过了《反避税指引》,并于 2017 年 5 月正式修改该指引,进一步加强涉及非欧盟国家混合错配行为的管理。

5.2.1 税基侵蚀与利润转移行动计划

税基侵蚀与利润转移项目由 34 个 OECD 成员国、8 个 G20 成员国[2]和 19 个发展中国家共计 61 个国家共同参与。项目目标是防止跨国公司利用不同国家和地区税制中存在的漏洞和空白进行税务筹划,人为减少应税所得。项目提出的一揽子改革方案主要包括三个方面的内容:一是争取各国与跨境交易相关的国内法规协调一致;二是突出强调实质经营活动并提高税收透明度;三是提高税收确定性。OECD 最早在 2013 年发布《应对税基侵蚀与利润转移报告》,并发布了《应对税基侵蚀与利润转移行动计划》,经过 24 个月紧锣密鼓的工作,OECD 于 2015 年 10 月 5 日发布了 BEPS 项目全部 15 项产出成果。这些成果已由 2015 年 10 月 8 日召开的 G20 财长与央行行长会议审议通过,并提交给 2015 年 11 月召开的 G20 安塔利亚峰会,由各国领导人背书。作为近年来反避税领域国际合作的主要成果,BEPS 行动计划的主要内容如下。

5.2.1.1 第 1 项行动计划——《应对数字经济的税收挑战》

数字经济的发展会带来商业模式的改变,数字经济和商业模式的改变会加剧税基侵蚀与利润转移的风险。在 BEPS 的其他行动计划中,已经有一些计划从不同角度解决数字经济带来的税收问题,比如对常设机构认定的例外条款加以修改,同时增加反分割规则,使一些在线销售企业也会在产品销售地构成常设机构;修改转让定价指引,明确仅仅拥有法定所有权并不一定可以收取无形资产的回报;修改受控外国企业规则,使数字经济下产生的典型收益在最终母公司的管辖地征税。除了以上方面,数字经济还会对税收政策带来一

---

① 欧盟关于反避税合作的具体措施与进展请参见 https://www.consilium.europa.eu/en/policies/anti-tax-avoidance-package/。

② 其他 G20 成员国也是 OECD 成员国。

些独特的挑战,行动计划 1 的重点就是回应这些挑战。数字经济工作小组经过讨论,得出的结论包括:第一,落实行动计划 7 中修改常设机构例外条款的建议方案,确定常设机构例外条款只适用于准备性或辅助性的活动,并通过第 15 页行动计划下的多边工具,同步和高效地修改双边税收协议,将该方案落实到现行的税收协定网络中。第二,对跨境交易,特别是企业和个人消费者之间的交易,征收增值税(货物和劳务税)十分重要。第三,在目前阶段,不建议进一步推行其他方案,包括:以显著经济存在(Significant Economic Presence,以下简称 SEP)的方式出现的新关联度(nexus)①;对某些数字交易征收预提税;征收平衡税(equalization levy)②。然而,各国也可以在其国内法中采纳上述三个方案中的任何方案,作为应对 BEPS 的额外举措。

5.2.1.2　第 2 项行动计划——《消除混合错配安排的影响》

为了避免企业通过混合错配避税,BEPS 报告列出了两个方面的建议:一是关于修改国内法的建议;二是确保混合工具、混合实体以及双重税收居民实体不会被用来获取不适当的税收协定利益的建议。修改国内法的建议具体包括几项规则,这些规则按照适用的优先顺序,分成首要规则、次要规则和防御性规则。建议的首要规则是,如果某项支付在收款方所在的国家不计入应税收入或可以扣除的情况下,付款方所在国可以不允许纳税人在税前扣除该项支付,如果首要规则未被采纳,那么收款方所在国可采用防御性规则,即要求将可扣税的支付包含在收入内或根据错配的性质拒绝重复扣除。

关于避免通过混合错配获取不适当的协定利益,第 6 项行动计划提出要个案分析双重税收居民的居民身份,而不是按现行的"实际管理机构所在地"的规则,这可以部分地解决双重税收居民带来的 BEPS 问题,但并不能解决所有的问题。第 2 项行动计划提出需要修订国内法来避免其他涉及双重税收居民的避税方案。第 2 项行动计划也分析了如何对混合实体应用税收协定。报告建议在税收协定范本中增加一个新的条款和详细的注释,确保这些实体可以获得税收协定利益,但是在双方国家的国内法都没有将此类实体的收入作为居民的收入对待的情况下,不给予税收协定利益。

5.2.1.3　第 3 项行动计划——《制定有效受控外国企业规则》

此项计划的报告建议从以下几个方面制定有效的受控外国企业规则:修改受控外国企业的定义、受控外国企业的豁免及门槛要求、收入的定义、收入的计算、收入的归属、防止和消除双重征税。报告同时提出,因为各个国家优先考虑的政策目标不同,各国在受控外国企业规则的执行上可有一定的灵活性。

5.2.1.4　第 4 项行动计划——《限制通过利息和其他款项支付侵蚀税基》

第 4 项行动计划建议根据固定比率规则解决集团企业利用利息进行利润转移,就是

---

①　SEP 概念旨在将那些在付款方所在国没有实际存在,不能按协定判定为常设机构,但是与付款方所在国有显著经济联系的交易,认为与付款方所在国有关联,纳入付款方所在国所得税的征收范围,比如主要收入来自某国,在某国有活跃用户。

②　平衡税也称"数字税"或"谷歌税",是对电子商务企业征收的一种税,最早出现在印度,该国在 2016 年对有从印度获得收入的电子商务企业征收 6%的平衡税。

将一个实体的利息(包括等同于利息的支出)的扣除额限制在该实体息税前利润(EBITDA)的一定百分比之内。根据各国的不同国情,报告建议该比率定在 $10\% \sim 30\%$,并探讨了各国具体确定本国固定比率时需要考虑的因素。鉴于部分跨国集团因为某些非税务原则导致第三方债务偏高,该报告还提出全球集团比率规则作为对固定比率方法的补充,以允许个别实体在某些情况下超过上限。该建议方法还允许各国制定其他条文作为以上两个规则的补充。

5.2.1.5　第 5 项行动计划——《考虑透明度和实质性因素,有效打击有害税收实践》

第 5 项行动计划主要针对利用税收优惠政策转移利润的风险,各国一致同意加强用以评估优惠政策实质性活动的条件,各国就选用"关联法"达成共识,即仅在纳税人从事了相关优惠制度下所要求的核心业务活动并获得了与优惠制度相关的收入时,才能给予优惠。

在提高透明度方面,各方同意在强制性情报交换尚未实施的情况下建立管理框架,该框架涵盖可能产生 BEPS 问题的六大类税收裁定(文件/规定),包括关于优惠制度的裁定、单边预约定价协议、调减利润的裁定、有关常设机构的裁定、导管公司的裁定等。

第 5 项行动计划同时审阅了 43 项优惠制度,其中包括 16 项 IP 制度,这些 IP 制度均被认定为与关联法的实质性活动不一致。

5.2.1.6　第 6 项行动计划——《防止税收协定优惠的不当授予》

第 6 项行动计划主要研究如何应对滥用税收协定。报告提出了新的反滥用协定规则,包括应用利益限制(Limitation of Benefit,以下简称 LOB)规则[1]和主要目的测试(Principal Purpose Test,以下简称 PPT)。[2] 报告认为 LOB 和 PPT 规则都有自己的优势和劣势,但可能无法适用于所有国家,某些国家的国内法可能已经包含特定条款,无须再加入上述两项规则来阻止滥用税收协定避税。各国承诺会采取滥用税收协定的最低措施。报告还阐述了各国与他国缔结税收协定前应该考虑的因素。

5.2.1.7　第 7 项行动计划——《防止人为规避构成常设机构》

税基侵蚀与利润转移行动计划要求对常设机构的定义进行审阅,以防范企业针对现有的常设机构定义采用的某些常见避税策略。第 7 项行动计划针对 OECD 范本提出修改建议,将使得许多原本根据税收协定规定不征税或按很低税率征税的跨境所得被正常征税。比如现有的税收协定范本中,企业通过佣金代理人去另外一个国家商谈合同而不直接签订合同的情况下,销售国的税收机关只能就代理人取得的服务收入征税,而不能就该企业取得的销售所得征税。为了避免企业通过佣金代理人规避来源国税收,第 7 项行动计划建议,若某中介在某国开展的活动是为了经常性订立由境外企业执行的合同,则应认定该境外企业在该国构成常设机构,除非该中介所开展的活动是其独立经营的一部分。

另外,针对常设机构认定中对辅助性和准备性活动的豁免,报告提出反分拆规则,明确

---

① LOB 规则规定,满足某些条件的税收居民或所得才可以享受税收协定利益。
② PPT 规则规定,如果交易或安排的主要目的在于获取税收协定优惠,除非能够证明优惠与协定规则的目标及目的密切相关,否则将不能享受协定优惠。

企业不能将整体商业运营拆分成不同的活动,来使得每个业务满足辅助性和准备性的要求。

5.2.1.8　第 8～10 项行动计划——《确保转让定价结果与价值创造相匹配》

第 8～10 项行动计划都与转让定价相关。BEPS 报告中有关转让定价的工作主要关注三大领域。第 8 项行动计划重点分析了与无形资产相关的转让定价问题。第 9 项行动计划考量了合同约定的风险分配及相应的利润分配,这样的分配结果可能与实际开展的利润创造活动并不相符。第 10 项行动计划则侧重于其他高风险领域,包括不具备合理商业目的的交易的利润分配、利用转让定价方法使跨国企业集团的利润分配与其重要经济活动脱节,以及跨国公司通过支付管理费用和总部费用等无法与价值创造相匹配但会侵蚀税基的行为。

报告提出从以下方面修订 OECD 转让定价指南。

第一,要分析交易双方的合同关系与其实际行为是否相符,来确定关联企业之间的真实交易,并结合适当的转让定价方法防止利润被转移至未对利润作出贡献的企业,以确保将利润分配给从事相应商业活动的企业。当关联企业之间的交易缺乏商业合理性时,税务机关有从转让定价角度否定此类交易安排的权力。

第二,要对"风险"和"无形资产"两个重要定义进行明确。报告指出一些跨国企业集团通过合同安排对风险重新分配,但其商业运作并未发生任何变化。为此,报告指出即使合同约定当事方承担风险,但如果其实际并不能对风险实施控制或不具备承担风险的财务能力,那么相应的风险应由能实际控制风险并具备承担风险的财务能力的企业承担。无形资产方面,报告明确指出企业仅拥有法定法有权并不能使其享有利用无形资产的收益,需要仔细分析关联企业之间的交易安排,判断关联企业的功能、风险和资产情况,并由这些企业享有与其价值贡献相符的适当回报。对于集团中资本富足的成员企业仅提供资金但几乎不开展经营活动的情况,报告指出,如果该企业实际上并不控制与所提供资金相关的财务风险,比如,该企业仅提供资金,但对资金接收方不作任何信用评估,那么它就不应获得与财务风险相关的利润,仅应获得无风险收益,如果该交易不具有商业合理性,其转让定价安排应不予认可。

第三,报告提出转让定价要确保将利润分配给最重要的经济活动。集团协同效应产生的收益不能分配给未对集团效应作出贡献的企业,如集团内多家企业因集中采购而获得折扣所带来的收益仅能在上述进行集中采购的集团企业之间进行分配。

5.2.1.9　第 11 项行动计划——《衡量和监控 BEPS》

行动计划 11 提出以下情况凸显了 BEPS 的存在:①跨国公司位于低税率国家的关联公司高于其集团的全球平均利润率水平;②跨国公司的实际税率,相比从事同类业务但仅在国内运营的企业低 4、5 个百分点;③外国直接投资日益集中;④应税利润与创造价值的活动发生地相分离的现象在无形资产领域非常明显,且这一现象呈快速增长趋势;⑤关联方与第三方借款更多地集中于位于法定税率较高国家的跨国公司。实证分析表明利润转移确实存在,它对企业间的竞争、债务的水平和地域安排等都产生了不利影响,强有力的反避税规则减少了那些已经执行规则国家的利润转移。但是,现有可用数据的局限性严重限制了上述指标的有效性及所有相关的 BEPS 分析,改进衡量 BEPS 所需的可用数据,对于未来衡量、监控和评估 BEPS 行动计划下制定的应对措施的有效性至关重要。报告在强调对纳税人信息进行保密的同时,提出多项建议,以提高对可用数据的分析。报告建议各国政府通力合作,共同对更多的企业所得税统计数据进行披露和分析,并采取国际通用的形式发布该数据,确保政府和研究人员在将来能够更好地衡量和监控 BEPS。

5.2.1.10　第 12 项行动计划——《强制披露规则》

第 12 项行动计划在考虑税收征管成本和商业运营成本的基础上,制定应对恶意税收筹划的强制披露规则。本报告为尚未引入强制披露规则的国家提供一套模板化建议,供其制定相关制度,来获取潜在的恶意税收筹划方案以及方案使用者的早期信息。报告指出,要成功地设计一套有效的强制披露规则,应当考虑以下要素:披露人、披露内容、披露时间以及不遵从的后果。报告建议施加披露义务于方案筹划方或纳税人,要列出需要强制披露的税收筹划方案的具体特征和通用特征,只要符合任一特征就触发披露义务。通用特征普遍存在于税收筹划方案之中,比如保密性要求或者较高的收费;具体特征反映特别关注的领域,如利用亏损。报告建议建立披露跟踪机制,把方案筹划方披露的信息与使用这些筹划方案的纳税人联系起来。鉴于国内的和跨境的税收筹划安排有许多不同之处,报告建议各国在设计特征指标的时候,重点关注那些会导致 BEPS 的跨境交易类型。但是,只有安排会导致在报告国产生重大的税收结果,同时本国纳税人知道会产生这样的税收结果时才需要披露。对于集团内有重大税收影响的跨境交易,参与方应该了解是否需要披露。为了提高税收透明度,报告还建议,引入强制披露规则的各国应将所获信息在国际联合反避税信息中心这一平台上进行交流合作。

5.2.1.11　第 13 项行动计划——《转让定价文档和国别报告》

第 13 项行动计划要求制定相应的转让定价文档规则,以提高税务机关的信息透明度,同时考虑企业的税收遵从成本,这些规则包括要求跨国企业根据统一的模板向相关政府提供其在全球范围内的收入、经济活动以及纳税情况。本报告提出了转让定价文档的三层标准结构。首先,跨国企业要向相关国家税务机关提供"主体文档"。主体文档概括地介绍全球运营信息和转让定价政策。其次,跨国企业要向各相关国家的税务机关分别提供转让定价本地文档。本地文档应该披露与本国相关的重要关联交易、交易金额以及企业对这些交易所作的转让定价分析。最后,大型跨国企业需要按年度申报国别报告,包含其经营所在的每一税收管辖地的收入、所得税前利润、已缴纳的企业所得税、计提的企业所得税等信息,还要按税收管辖地申报其全部雇员、资本、未分配利润、有形资产等信息,包括在各税收管辖地从事经营活动的所有成员实体,以及这些成员所从事的经营活动的性质。这些信息能够协助税务机关判断纳税人是否通过转移定价和其他避税方法,将大量收入转移至税负较低的国家或地区。税务机关可以利用以上三个文档进行转让定价风险评估,确定如何分配税务调查资源,并在有必要时开展调查。

5.2.1.12　第 14 项行动计划——《使争议解决机制更有效》

各国政府都同意,各国在根据行动计划引入有关措施以应对税基侵蚀与利润转移的同时,不应增加纳税人面临的不确定性,或者导致双重征税,除各国国内法规定的一般性法律救济措施以外,OECD 税收协定中的双边磋商程序(Mutual Agreement Procedure,以下简称

MAP)可以帮助各国税务机关在相互协商的基础上解决有关协定解释和应用的分歧。第 14 项行动计划旨在加强 MAP 的效力与效率。报告提出解决协定争议的最低标准,包括确保与 MAP 有关的协定义务被全面而善意地履行,确保纳税人在符合条件时可申请 MAP,且 MAP 案件得到及时解决。各国承诺将快速实施最低标准,并同意构建强有力的国与国相互监督体系,定期通过财政事务委员会将监督结果向 G20 进行报告。

5.2.1.13　第 15 项行动计划——《开发用于修订双边税收协定的多边工具》

全球化进程加剧了不同国家税收体制之间的摩擦,目前的 OECD 范本和 UN 范本可能会导致税基侵蚀与利润转移,亟须修订,但是税收协定数量庞大,更新已有的协定是项非常繁重的工作,即使对于各方认同的修订,也需要较长的时间才能应用到大部分税收协定当中。因此,目前的双边税收协定体系很难与协定范本的修订保持一致,对税收协定范本的不断修订日益加大范本和税收协定实际文本之间的差距。鉴于此,各国政府同意就制定多边协议的可行性进行研究,多边协议的效用相当于同时协商数千个双边税收协定。此实施报告分析了制定多边协议可能产生的问题,并从国际税收、国际公法以及政治影响的角度进行了分析。

BEPS 行动计划及报告,是人类历史上前所未有的税收方面的跨国合作,有超过 60 多个国家直接参与了技术小组,而更多国家通过区域性对话积极参与对各项报告的评论,各个区域性税收组织,比如非洲税务管理论坛(ATAF)、税务管理当局会晤中心(CREDAF)、美洲税务管理中心(CIAT)、国际货币基金组织(IMF)和联合国(UN)等国际性组织共同致力于应对 BEPS 的相关工作。各国政府和国际组织之所以会以前所未有的方式合作,并能在短短两年内完成并且达成共识,主要是因为现在亟须建立起普通民众对其本国税收制度公平性的信心,创造企业间公平的竞争环境,既让各国政府更有效地执行本国的税收法规,同时也防止各个国家采取互不协调的单方面措施而导致双重征税。BEPS 行动计划将确保利润在经济活动发生地和价值创造地征税,有效地打击一系列税基侵蚀与利润转移行为,重建对国际税收体系的信心,打击跨国公司的避税活动。[①]

5.2.2　多边税收征管互助公约

《多边税收征管互助公约》是一项旨在通过开展国际税收征管协作,打击跨境逃避税行为,维护公平税收秩序的多边条约。这一公约由 OECD 与拥有 47 个成员国的欧洲委员会 1988 年 1 月在法国斯特拉斯堡共同发起,并向两个组织的成员开放,1995 年 4 月 1 日生效。近年来,该公约的影响快速上升,日益成为开展国际税收征管协作的新标准。2010 年 5 月 27 日,OECD 与欧洲委员会响应二十国集团号召,按照税收情报交换的国际标准,通过议定书形式对《多边税收征管互助公约》进行了修订。修订后的《多边税收征管互助公约》于 2011 年 6 月 1 日生效,并向全球所有国家开放。中国于 2013 年 8 月 27 日签署了该公约,成为该公约的第 56 个签约方,这也是中国签署的第一份多边税收条约。2015 年 7 月 1 日,全国人大常委会批准了该公约,公约于 2016 年 2 月 1 日在我国生效,自 2017 年 1 月 1 日起开始执行。

---

① 根据 G20《税基侵蚀与利润转移项目 2015 年成果》解释性说明整理。

《多边税收征管互助公约》从情报交换、税收追索协助、文书送达等方面规定了各国之间的协助义务，打击对象不仅针对国际避税，对于打击在国际范围内的偷逃税行为都很有帮助。在适用的税种方面，不仅适用于所得税，也适用于其他签约国希望协助的税种。需要说明的是，《多边税收征管互助公约》的签约国之间往往也签订了税收协定或情报交换协定，在两国都是《多边税收征管互助公约》缔约方且已签署双边税收条约的情况下，《多边税收征管互助公约》允许两国可以选择最有效、最适当的条约执行。为了保证案件处理的一致性，《多边税收征管互助公约》规定两国不得就一个案件适用一种以上的条约。

5.2.3　涉税信息自动交换

BEPS 行动计划关注的主要是如何对应合法的避税行为，而同样由 OECD 主导的税收透明度和情报交换全球论坛，聚焦于如何打击非法的离岸偷税逃税行为，也同样取得了重大突破。2014 年 2 月 13 日，应 G8 和 G20 的要求，OECD 发布了全球金融账户信息自动交换新准则：金融账户信息自动交换主管当局协议范本（Model Competent Authority Agreement on Automatic Exchange of Financial Account Information，以下简称 MCAA）和通用报告准则（Common Reporting Standard，以下简称 CRS），MCAA 是各国税务管理当局签署协议的范本，而 CRS 则是对需要履行识别和申报信息义务的金融机构、需要申报的金融账户类别、金融机构需要履行的尽职调查程序提出的具体标准。OECD 发布的这两个文件是不具有法律效力的范本，但 OECD 提倡成员国按照该范本的要求缔结国家间的情报交换协议。尽管上述两份文件是参照美国的 FATCA[①] 创建的，但与 FACTA 相比，CRS 要求报告的信息量更大。在定期批量移送纳税人的自动情报交换体系中，金融机构将向合作方主管当局提供某些特定纳税人的金融账户信息。信息交换涵盖各类投资所得，包括利息、股息，以及从某些保险合约中取得的所得，还包括其他类似的所得。CRS 和 MCAA 协定将终结数十年来的银行保密体系，它的目标是将居民在海外的金融资产信息传递给居民国的税务机关，协助居民国发现在海外持有金融资产，而又没有按照居民国规定纳税的个人，成为打击海外避税和偷税行为的重要工具。

2014 年 10 月 29 日，在德国柏林召开的税收透明度和情报交换全球论坛上，51 个国家和地区代表签署了《金融账户涉税信息自动交换之多边政府间协议》（CRS Multilateral Competent Authority Agreement，以下简称 CRS MCAA）。后来陆续有国家签订该协议，截至 2020 年 11 月 10 日，已经有 110 个国家和地区签署了该多边协议，签约国中既有德、英、法、意等欧盟国家，也有列支敦士登公国、卢森堡、维尔京群岛、开曼群岛、直布罗陀以及马恩岛、根西岛和泽西岛等在内的多个传统避税地。这些国家都承诺从 2017 年或 2018 年开始首批的自动情报交换。[②] 我国在 2015 年 12 月签署该协议，并承诺从 2018 年 9 月开始首次自动情报交换。

---

① FACTA，即美国的《外国账户税收遵从法》（Foreign Account Tax Compliance Act），根据该法案，外国银行需将个人账户达 5 万美元以上，或企业账户余额达 25 万美元等具美国公民身份客户的资料向美方申报。
② 关于 CRS MCAA 签约国的信息，请参见 OECD 官方网页 https://www.oecd.org/tax/automatic-exchange/about-automatic-exchange/crs-mcaa-signatories.pdf。

根据协议,签约国和地区间将交换外国税收居民在本国开设的金融账户的信息,包括账户余额和受益者名字。自 2017 年起,签约的国家和地区将从本国和本辖区内的金融机构收集所有金融信息,并与其他国家和地区政府自动进行信息交换。第一批签署协议的国家的首次数据信息交换将于 2017 年 9 月进行,后期加入的国家将在 2018 年 9 月首次交换信息。[①]

5.2.4　国别报告多边主管当局间协议

国别报告多边主管当局间协议(CbC Multilateral Competent Authority Agreement,简称 CbC MCAA)是为了落实 BEPS 第 13 项行动计划的建议而制订的。第 13 项行动计划成果报告中基于《多边税收征管互助公约》制订了 CbC MCAA 的范本,并且明确各国间启动国别报告信息交换有以下三个法律基础:

(1)《多边税收征管互助公约》,以及《转让定价国别报告多边主管当局间协议》;

(2)《双边避免双重征税协定》;

(3)《双边税收情报交换协议》。

截至 2020 年 12 月,已经有 2 700 多对 CbC 双边交换关系生效,基本将所有收入额超过 75 亿欧元的跨国公司纳入交换范围。这些交换关系不仅有基于目前 89 个签约国的 CbC MCAA,而且有基于欧盟指南、双边税收信息交换协定或者双边税收协定的。首批签约国已经于 2018 年 6 月完成首次国别报告交换。OECD 网站上也公布了根据首次交换编制的各国统计数据。[②]

我国于 2016 年 5 月 12 日签署了《转让定价国别报告多边主管当局间协议》,属于首批签约的国家,截至 2020 年 12 月,需要向 62 个国家自动交换信息,并从 78 个国家收到国别报告信息。国别报告实现自动信息交换,有利于各国税务部门了解跨国企业集团全球经营状况,促进纳税遵从,确保国际税收体系公平。[③]

5.2.5　实施税收协定相关措施以防止税基侵蚀和利润转移的多边公约

根据 BEPS 第 15 项行动计划报告要求,OECD/G20 设立了特别工作组以研究制定多边协议来修订现行的双边税收协定。99 个国家作为工作组成员参加了该特别工作组的工作,4 个管辖区和 7 个国际和区域性组织以观察员身份参与特别工作组的工作。特别工作组的工作聚焦于如何修订现有的双边或区域性的税收协定中的条款以实施 BEPS 行动计划建议的措施。第 14 项行动计划报告《使争议解决机制更有效》曾提出制定一种具有强制约束力的相互协商程序(MAP)仲裁条款。为实现此目的,特别工作组设立了一个由 27 个成员国参加的仲裁工作小组,研究强制性仲裁条款的实质内容,以及如何在双边或区域性税收协定

---

① 易奉菊,黄驰. CRS 风暴下高净值人士税务风险与应对攻略[M]. 上海:立信会计出版社,2018.

② 具体统计数据请见 OECD 官方网页 https://www.oecd.org/tax/tax-policy/corporate-tax-statistics-database.htm。

③ 关于我国已经生效的自动交换关系,请参见 OECD 官方网页 http://www.oecd.org/tax/automatic-exchange/country-by-country-exchange-relationships.htm。

中实施强制性仲裁条款。特别工作组和仲裁工作小组的成果是《实施税收协定相关措施以防止税基侵蚀和利润转移的多边公约》(Multilateral Convention to Implement Tax Treaty Related Measures to Prevent Base Erosion and Profit shifting,以下简称 BEPS 公约或 MLI)。为了让签约国更好地理解公约,特别工作组和仲裁工作小组的参与方共同拟订了解释性说明,旨在解释说明公约采用的方法,以及公约的各项条款规定如何影响公约所涵盖适用的那些税收协定(以下简称被涵盖税收协定)。参加特别工作组的所有成员在 2016 年 11 月 24 日通过公约文本的同时也通过了解释性声明。多边公约自 2016 年 12 月 31 日开放签署,2017 年 6 月举行了首次高层签约仪式,后面陆续有国家签署该公约。截至 2021 年 1 月 15 日,已经有 95 个国家和地区签署了该公约。

多边公约的运作机制是由签约各国提出的"被涵盖的税收协定",如果某协定的缔约双方都将该协定列入本国"被涵盖的税收协定",则双方之间的协定可以通过公约实现修订。各国在提交被涵盖税收协定列表的同时,还会提交对公约具体条款的立场。只有在税收协定的缔约双方同时将与对方国家所签协定列为"所涵盖的税收协定",且均同意采纳某一条款的情况下,双边协定才会被依照 BEPS 公约修改。为了提高 BEPS 公约修订协定的明确性和确定性,公约秘书处建议各国在签署 BEPS 公约的基础上,制定出经多边协议修订后的双边协定整合文本。但是整合文本并不具有法律效力,只是供税务机关和纳税人参考使用。按照已经签约国家提交的立场资料,预计将有 1 600 多个双边协定会被 BEPS 公约修订。

我国于 2017 年 6 月签订了 BEPS 公约,并将当时已正式签署的 104 个双边税收协定(安排)中的 102 个纳入公约所涵盖的税收协定范围,我国采纳的条款包括第四条、第六条、第七条、第八条、第十六条和第十七条。[①] 有 47 个国家将与我国签订的税收协定作为"被涵盖的税收协定",如果这些国家关于某条款的立场和我国一致,就会实质性地修改两个国家之间的税收协定。

BEPS 公约创造性地解决了税收协定修订谈判过程中的低效问题,迅速落实了 BEPS 行动计划对税收协定的修改建议,对于防止协定滥用、混合错配等国际避税行为起到了巨大的作用。

5.2.6 双支柱方案

2021 年 10 月 8 日,G20/OECD 税基侵蚀和利润转移包容性框架(The OECD/G20 Inclusive Framework on BEPS,以下简称包容性框架)的 140 个成员国中有 136 个成员国表决通过了《关于以双支柱方案应对经济数字化税收挑战的声明》(以下简称双支柱方案声明)。双支柱方案将确保跨国公司承担不低于 15% 的税率,以及最大最赚钱的跨国公司(大而富的跨国公司)在全球范围内分配利润。

支柱一要求那些全球营业收入不低于 200 亿欧元且利润率不低于 10% 的跨国公司(In

---

① 关于我国的立场,参见 OECD 官方网页 http://www.oecd.org/tax/treaties/beps-mli-position-china.pdf。

Scope Companies)将 25% 的剩余利润分配到市场和最终用户所在辖区(以下简称市场所在国)交税。所谓剩余利润就是超过 10% 利润率的利润,支柱一方案称之为 A 利润。目前全球约有 100 家这样的跨国公司。支柱一将在 7 年后审视 200 亿欧元这一门槛,考量是否将门槛降至全球营业收入不低于 100 亿欧元,届时可能更多跨国企业集团落入支柱一的适用范围。那些为跨国公司贡献了超过 100 万欧元的市场所在国,会被认为与跨国公司之间构成"特殊联结度",将具备参与分配剩余利润的资格。对于 GDP 低于 400 亿欧元的经济体,确定特殊联结度的营业收入门槛会降为 25 万欧元。支柱一旨在重新分配居民国与来源国之间的征税权,以此确保大而富的跨国公司在数字经济背景下更加公平地承担全球纳税义务。据双支柱方案声明预计,支柱一实施后,每年会将超过 1250 亿美元的利润重新分配给市场所在国,并在这些国家纳税,从而为发展中国家增加不少税收收入。作为回报,各国税务机关同意,将实施更具确定性和强制性的争端解决机制,来解决与 A 利润相关的各种税收争议,避免来源国与居民国就 A 利润双重征税。同时,各国将通过多边公约停征已经实施的数字服务税或类似措施,尚未开征数字服务税的国家承诺在 2023 年 12 月 31 日之前(或者多边公约生效之前)不开征数字服务税。

支柱二在全球范围内推行最低税率(Global Minimum Tax,以下简称 GMT)。支柱二包括三项具体规则:

一是"所得纳入规则"(Income Inclusion Rule,以下简称 IIR),如果跨国公司内某成员实体的有效税率低于最低税率,则由该实体的最终控股公司或中间控股公司补足税款(Top-up Tax)至全球最低税率。

二是"低税支付规则"(Undertaxed Payment Rule,以下简称 UTPR),如果跨国公司内某成员实体的有效税率低于最低税率,而最终控股公司以及中间控股公司所在的国家未实施 IIR,无法在最终控股公司和中间控股公司层面补足税款,则可以通过不允许跨国公司内其他成员实体在企业所得税前扣除支付给该成员实体的对应金额,或者进行等额调整来补足税负。支柱二规定按照国别原则计算的有效税率(ETR)不低于 15%。UTPR 和 IIR 一起,被称为全球反税基侵蚀规则(the Global Anti-Base Erosion Rules)。全球反税基侵蚀规则的适用范围是那些年度收入额超过 7.5 亿欧元的跨国公司,与需要准备转让定价主体文档的标准一致。但是各国对总部位于本国的跨国公司都可以执行 IIR,而不管该跨国公司的年度收入额是否达到 7.5 亿欧元。

三是基于税收协定的"应予征税规则"(Subject to Tax Rule,简称 STTR),该规则要求适用税率低于最低税率(9%)的国家在协定中加入 STTR 条款,对某些特定关联支付征税,如支付给关联企业的特许权使用费、利息等,避免协定被滥用。

预计支柱二方案实施后,15% 最低税率的实行将帮助全球各国每年多征收 1 500 亿美元的税收。

双支柱方案声明对国际税制体系改革而言具有里程碑意义。接下来,包容性框架将继续开展落实双支柱方案相关法律工具的研究与设计,预计 2023 年之前完成基本工作。

5.3 中国实践

中国从 20 世纪 90 年代开始国际反避税方面的工作。我国第一个针对外商投资企业避税问题制定的税务管理规定是 1987 年深圳政府制定并颁布的《深圳特区外商投资企业与关联公司交易业务税务管理的暂行办法》。1991 年,原《中华人民共和国外商投资企业和外国企业所得税法》及其实施细则引入了转让定价的概念。1998 年国家税务总局颁布了《关联企业间业务往来税务管理规程》(国税发〔1998〕59 号印发,已废止,以下简称国税发〔1998〕59 号文件)。至此,转让定价管理的法律框架基本形成。此后,各地税务机关开始开展转让定价管理。2004 年,在总结各地工作经验的基础上,国家税务总局印发了《国家税务总局关于修订〈关联企业间业务往来税务管理规程〉的通知》(国税发〔2004〕143 号,已废止),对国税发〔1998〕59 号文件的相关规定进行了修订,并于同年印发了《关联企业间业务往来预约定价实施规则(试行)》(国税发〔2004〕118 号,已废止)。2005 年,税务机关下发了《关于 2005 年度反避税工作的通知》,规定各地转让定价审计立案、结案(包括以前年度未结案件)均需报国家税务总局批准后方可进行。自此,我国转让定价管理工作从以往分散探索的阶段进入了集中、规范阶段。

2008 年新《企业所得税法》及其实施条例的施行,使反避税工作不论从深度还是广度都上了一个层次。新的《企业所得税法》用整整一章的篇幅规范反避税,不仅对转让定价管理作出了具体的规定,而且将受控外国企业、资本弱化、一般反避税等相关反避税措施都以国家法律的形式加以明确,标志着我国的反避税工作进入新的纪元。2009 年之后,国家税务总局先后出台《特别纳税调整实施办法(试行)》(国税发〔2009〕2 号印发)、《国家税务总局关于印发〈2008 年版企业年度关联业务往来报告表业务需求〉的通知》(国税函〔2009〕72 号,已废止)、《国家税务总局关于印发〈特别纳税调整内部工作规程(试行)〉的通知》(国税发〔2012〕13 号,已废止)等诸多文件。众多法规的颁布与实施,与《税收征管法》共同形成反避税法律框架和管理指南,为税务机关和纳税人提供了明确的法律指引。在以上这些文件当中,最重要的文件是《特别纳税调整实施办法(试行)》(国税发〔2009〕2 号,以下简称国税发〔2009〕2 号文件),该文件系统地规范了转让定价调查预约定价安排、成本分摊协议、受控外国企业、资本弱化以及一般反避税等事项的管理。随着国际反避税形势的不断变化,并结合近几年反避税的实践经验,2016—2017 年,国家税务总局又出台了《国家税务总局关于完善关联申报和同期资料管理有关事项的公告》(国家税务总局公告 2016 年第 42 号,以下简称 2016 年第 42 号公告)、《国家税务总局关于完善预约定价安排管理有关事项的公告》(国家税务总局公告 2016 年第 64 号,2016 年第 64 号公告)和《国家税务总局关于发布〈特别纳税调查调整及相互协商程序管理办法〉的公告》(国家税务总局公告 2017 年第 6 号)、《国家税务总局关于明确〈中华人民共和国企业年度关联业务往来报告表(2016 年版)〉填报口径的公告》(国家税务总局公告 2017 年第 26 号),以及《国家税务总局关于明确国别报告有关事项的公告》(国家税务总局公告 2017 年第 46 号),对国税发〔2009〕2 号文件的绝大部分内容进行了修订。下面将结合以上文件,逐一介绍我国反避税法规的主要内容。①

5.3.1 转让定价管理

转让定价管理指税务机关对企业与其关联方之间的业务往来(以下简称关联交易)是否符合独立交易原则进行审核评估和调查调整等工作的总称。主要包括关联申报、同期资料管理、转让定价调查与调整、预约定价安排管理等内容。

5.3.1.1 关联申报

实行查账征收的居民企业和在中国境内设立机构、场所并据实申报缴纳企业所得税的非居民企业向税务机关报送年度企业所得税纳税申报表时,应当就其与关联方之间的业务往来进行关联申报,附送《中华人民共和国企业年度关联业务往来报告表(2016 年版)》。

所谓的关联关系,主要是指企业与其他企业、组织或个人具有下列之一关系:

(1) 一方直接或者间接持有另一方的股份总和达到 25% 以上;双方直接或者间接同为第三方所持有的股份达到 25% 以上。

如果一方通过中间方对另一方间接持有股份,只要其对中间方持股比例达到 25% 以上,则其对另一方的持股比例按照中间方对另一方的持股比例计算。

两个以上具有夫妻、直系血亲、兄弟姐妹以及其他抚养、赡养关系的自然人共同持股同一企业,在判定关联关系时持股比例合并计算。

(2) 双方存在持股关系或者同为第三方持股,虽持股比例未达到上述第(1)项规定,但双方之间借贷资金总额占任一方实收资本比例达到 50% 以上,或者一方全部借贷资金总额的 10% 以上由另一方担保(与独立金融机构之间的借贷或者担保除外)。

(3) 双方存在持股关系或者同为第三方持股,虽持股比例未达到上述第(1)项规定,但一方的生产经营活动必须由另一方提供专利权、非专利技术、商标权、著作权等特许权才能正常进行。

(4) 双方存在持股关系或者同为第三方持股,虽持股比例未达到上述第(1)项规定,但一方的购买、销售、接受劳务、提供劳务等经营活动由另一方控制。

上述控制是指一方有权决定另一方的财务和经营政策,并能据以从另一方的经营活动中获取利益。

(5) 一方半数以上董事或者半数以上高级管理人员(包括上市公司董事会秘书、经理、副经理、财务负责人和公司章程规定的其他人员)由另一方任命或者委派,或者同时担任另一方的董事或者高级管理人员;或者双方各自半数以上董事或者半数以上高级管理人员同为第三方任命或者委派。

(6) 具有夫妻、直系血亲、兄弟姐妹以及其他抚养、赡养关系的两个自然人分别与双方具有上述第(1)至第(5)项关系之一。

(7) 双方在实质上具有其他共同利益。关于第(7)项,特别需要注意的是,国家税务总

---

① 具体内容详见以上文件规定。

局曾发文强调，"企业与其他企业、组织或者个人之间，一方通过合同或其他形式能够控制另一方的相关活动并因此享有回报的，双方构成关联关系，应当就其与关联方之间的业务往来进行关联申报"。此规定强调可变利益实体（Variable Interest Entities）等创新架构下的合同控制关系构成关联关系。①

企业需要申报的关联交易不仅包括有形资产的购销，还包括无形资产的转让和使用、金融资产的转让、融通资金、提供劳务等。

为了适应 BEPS 第 13 项行动计划的要求，2016 年第 42 号公告规定，如果某居民企业为跨国企业集团的最终控股企业，且其上一会计年度合并财务报表中的各类收入金额合计超过 55 亿元，或者该居民企业被跨国企业集团指定为国别报告的报送企业，则应当在报送年度关联业务往来报告表时，填报国别报告。国别报告主要披露最终控股企业所属跨国企业集团所有成员实体的全球所得、税收和业务活动的国别分布情况。

5.3.1.2　同期资料管理

同期资料管理就是纳税人每年需要对当年的关联交易情况准备同期文档，对本企业当年关联交易定价的合理性作出判断与说明。2016 年第 42 号公告也根据 BEPS 行动计划，对同期资料管理的要求，进行了完善，相比国税发〔2009〕2 号文件的规定有很大的变化，主要是将同期资料区分为主体文档、本地文档和特殊事项文档。根据 2016 年第 42 号公告，目前同期资料管理主要包括以下内容：

符合下列条件之一的企业，应当准备主体文档：

（1）年度发生跨境关联交易，且合并该企业财务报表的最终控股企业所属企业集团已准备主体文档。

（2）年度关联交易总额超过 10 亿元。

主体文档主要披露最终控股企业所属企业集团的全球业务整体情况，包括组织架构、企业集团业务、无形资产、融资活动、财务与税务状况。通过阅读主体文档，管理者可以了解影响企业集团利润分配的主要因素的分布，以及集团内针对这些因素的转让定价政策，对于企业集团整体是否通过转让定价将利润转移到低税率地区有一个总体的把握。

年度关联交易金额符合下列条件之一的企业，应当准备本地文档：

（1）有形资产所有权转让金额（来料加工业务按照年度进出口报关价格计算）超过 2 亿元。

（2）金融资产转让金额超过 1 亿元。

（3）无形资产所有权转让金额超过 1 亿元。

（4）其他关联交易金额合计超过 4 000 万元。

本地文档主要披露本企业关联交易的详细信息，包括企业概况、关联关系、关联交易、可比性分析、转让定价方法的选择和使用等内容。

---

① 具体规定见《国家税务总局关于进一步深化税务领域"放管服"改革 培育和激发市场主体活力若干措施的通知》（税总征科发〔2021〕69 号）。

特殊事项文档包括成本分摊协议特殊事项文档和资本弱化特殊事项文档。企业签订或者执行成本分摊协议的，应当准备成本分摊协议特殊事项文档。企业关联债资比例超过标准比例需要说明符合独立交易原则的，应当准备资本弱化特殊事项文档。企业执行预约定价安排的，可以不准备预约定价安排涉及关联交易的本地文档和特殊事项文档。①

5.3.1.3　特别纳税调查

2017 年 3 月 17 日，《国家税务总局关于发布〈特别纳税调查调整及相互协商程序管理办法〉的公告》（国家税务总局公告 2017 年第 6 号，以下简称 6 号公告），对特别纳税调整监控管理和特别纳税调查调整的相关问题进行了明确。此文件替代了国税发〔2009〕2 号文件中相关的内容，成为规范特别纳税调查的主要依据。文件的主要内容如下。②

1）特别纳税调整监控管理

6 号公告规定，税务机关要以风险管理为导向，构建和完善关联交易利润水平监控管理指标体系，促进企业税法遵从。税务机关通过关联申报审核、同期资料管理和利润水平监控等手段，对企业实施特别纳税调整监控管理，发现企业存在特别纳税调整风险的，可以向企业送达《税务事项通知书》，提示其存在的税收风险。企业收到特别纳税调整风险提示或者发现自身存在特别纳税调整风险的，可以自行调整补税。企业自行调整补税的，税务机关仍可按照有关规定实施特别纳税调查调整。

特别纳税调整监控管理，可以帮助税务机关及时掌握企业关联交易利润水平变化，及时提示企业存在的风险，从而高效低成本的实现对企业关联交易的管理。此前对企业进行特别纳税调整，往往需要税务机关启动正式的调查程序，费时费力。一些地方的税务机关在实际工作中采用约谈等方法，要求企业自行进行特别纳税调整，缺乏明确的法规依据，6 号公告明确提出税务机关可以进行风险提示，企业可以自行调整，从而可以更加快捷地开展特别纳税调整管理。

2）特别纳税调查的重点对象

6 号公告规定，税务机关实施特别纳税调查，应当重点关注具有以下风险特征的企业：

（1）关联交易金额较大或者类型较多。

（2）存在长期亏损、微利或者跳跃性盈利。

（3）低于同行业利润水平。

（4）利润水平与其所承担的功能风险不相匹配，或者分享的收益与分摊的成本不相配比。

（5）与低税国家（地区）关联方发生关联交易。

（6）未按照规定进行关联申报或者准备同期资料。

（7）从其关联方接受的债权性投资与权益性投资的比例超过规定标准。

（8）由居民企业，或者由居民企业和中国居民控制的设立在实际税负低于 12.5% 的国

---

① 关于同期资料管理的更多内容，参见易奉菊、李时所著的《转让定价风险管理之本：同期资料准备与审核》。

② 此处的分类仅为方便整理文件内容而设，并非原文件中的分类。

家(地区)的企业,并非由于合理的经营需要而对利润不作分配或者减少分配。

(9) 实施其他不具有合理商业目的的税收筹划或者安排。

6号公告特别规定,经预备会谈与税务机关达成一致意见,已向税务机关提交《预约定价安排谈签意向书》,并申请预约定价安排追溯适用以前年度的企业,或者已向税务机关提交《预约定价安排续签申请书》的企业,可以暂不作为特别纳税调整的调查对象,但是预约定价安排未涉及的年度和关联交易除外。

3) 特别纳税调查的取证

税务机关实施特别纳税调查时,可以要求被调查企业及其关联方,或者与调查有关的其他企业提供相关资料。相比之前国税发〔2009〕2号文件的规定,6号公告在调查文书和取证要求等方面明确引入目前税务稽查的许多做法。比如单纯要求纳税人提供资料的,应当向该企业送达《税务事项通知书》,该企业在境外的,税务机关可以委托境内关联方或者与调查有关的境内企业向该企业送达《税务事项通知书》;需要到被调查企业的关联方或者与调查有关的其他企业调查取证的,应当向该企业送达《税务检查通知书(二)》[①],此规定首次明确了税务机关对被调查企业的相关方进行调查时的文书,解决了实务操作中税务机关对相关企业入户调查面临的具体问题。

6号公告明确了被检查企业及相关方提供证据原件、复制件、外文资料、境外资料的具体要求,并规定被调查企业不提供特别纳税调查相关资料,或者提供虚假、不完整资料的,由税务机关责令限期改正,逾期仍未改正的,税务机关按照税收征管法及其实施细则有关规定进行处理,并依法核定其应纳税所得额。

6号公告还根据《税收征管法》及其实施细则的规定,以及税务稽查的相关法规明晰了税务机关实施特别纳税调查的法定权限和程序,以及取证要求,特别对于电子数据、询问笔录、证人证言等的取证形式和要求专门作出了规定,这些规定大多参考了目前税务稽查的相关规定。

4) 转让定价方法

6号公告规定,税务机关应当在可比性分析的基础上,选择合理的转让定价方法,对企业关联交易进行分析评估。转让定价方法包括可比非受控价格法、再销售价格法、成本加成法、交易净利润法、利润分割法及其他符合独立交易原则的方法。其中,其他符合独立交易原则的方法包括成本法、市场法和收益法等资产评估方法,以及其他能够反映利润与经济活动发生地和价值创造地相匹配原则的方法。这几种其他方法主要用于资产价格的评估。成本法是以替代或者重置原则为基础,通过在当前市场价格下创造一项相似资产所发生的支出确定评估标的价值的评估方法。成本法适用于能够被替代的资产价值评估。市场法是利用市场上相同或者相似资产的近期交易价格,经过直接比较或者类比分析以确定评估标的价值的评估方法。市场法适用于在市场上能找到与评估标的相同或者相似的非关联可比交易信息时的资产价值评估。收益法是通过评估标的未来预期收益现值来确定其价值的评估

---

① 《税务检查通知书(一)》是发给被调查的企业的文书。

方法。收益法适用于企业整体资产和可预期未来收益的单项资产评估。

除了以上原则性的规定,6号公告对于应用转让定价方法过程中的一些重点、难点问题作出规定。主要包括以下几点:

(1)税务机关分析评估被调查企业关联交易时,应当在分析评估交易各方功能风险的基础上,选择功能相对简单的一方作为被测试对象。

(2)税务机关在进行可比性分析时,优先使用公开信息,也可以使用非公开信息。

(3)税务机关分析评估被调查企业关联交易是否符合独立交易原则时,可以根据实际情况选择算术平均法、加权平均法或者四分位法等统计方法,逐年分别或者多年度平均计算可比企业利润或者价格的平均值或者四分位区间。

(4)税务机关应当按照可比利润水平或者可比价格对被调查企业各年度关联交易进行逐年测试调整。税务机关采用四分位法分析评估企业利润水平时,企业实际利润水平低于可比企业利润率区间中位值的,原则上应当按照不低于中位值进行调整。

(5)被调查企业为其关联方提供来料加工业务,在可比企业不是相同业务模式,且业务模式的差异会对利润水平产生影响的情况下,应当对业务模式的差异进行调整,还原其不作价的来料和设备价值。企业提供真实完整的来料加工产品整体价值链相关资料,能够反映各关联方总体利润水平的,税务机关可以就被调查企业与可比企业因料件还原产生的资金占用差异进行可比性调整,利润水平调整幅度超过10%的,应当重新选择可比企业。除以上原因之外,对因营运资本占用不同产生的利润差异不作调整。

(6)税务机关分析评估被调查企业关联交易是否符合独立交易原则时,选取的可比企业与被调查企业处于不同经济环境的,应当分析成本节约、市场溢价等地域特殊因素,并选择合理的转让定价方法确定地域特殊因素对利润的贡献。

(7)企业为境外关联方从事来料加工或者进料加工等单一生产业务,或者从事分销、合约研发业务,原则上应当保持合理的利润水平。上述企业如出现亏损,均应当就亏损年度准备同期资料本地文档。上述企业承担由于决策失误、开工不足、产品滞销、研发失败等原因造成的应当由关联方承担的风险和损失的,税务机关可以实施特别纳税调整。

(8)企业与其关联方之间隐匿关联交易直接或者间接导致国家总体税收收入减少的,税务机关可以通过还原隐匿交易实施特别纳税调整。企业与其关联方之间抵销关联交易直接或者间接导致国家总体税收收入减少的,税务机关可以通过还原抵消交易实施特别纳税调整。

以上规定,与之前特别纳税调查过程中转让定价方法的应用规定比较,相对较为灵活。比如,允许来料加工企业进行资本性调整、允许使用多种计算方法确定公平值域,这些都是根据多年来特别纳税调整实践作出的实事求是的调整。也有一些规定,比如,成本节约、市场溢价、还原隐匿交易等则是特别纳税调查过程中的成功经验的总结和升华。

5)无形资产转让定价

针对无形资产转让定价管理中出现的问题,6号公告专门进行了明确,主要有以下几点:

（1）判定企业及其关联方对无形资产价值的贡献程度及相应的收益分配时,应当全面分析企业所属企业集团的全球营运流程,充分考虑各方在无形资产开发、价值提升、维护、保护、应用和推广中的价值贡献,无形资产价值的实现方式,无形资产与集团内其他业务的功能、风险和资产的相互作用。企业仅拥有无形资产所有权而未对无形资产价值作出贡献的,不应当参与无形资产收益分配。无形资产形成和使用过程中,仅提供资金而未实际执行相关功能和承担相应风险的,应当仅获得合理的资金成本回报。

（2）企业与其关联方转让或者受让无形资产使用权而收取或者支付的特许权使用费,应当根据下列情形适时调整,未适时调整的,税务机关可以实施特别纳税调整:①无形资产价值发生根本性变化;②按照营业常规,非关联方之间的可比交易应当存在特许权使用费调整机制;③无形资产使用过程中,企业及其关联方执行的功能、承担的风险或者使用的资产发生变化;④企业及其关联方对无形资产进行后续开发、价值提升、维护、保护、应用和推广作出贡献而未得到合理补偿。

（3）企业与其关联方转让或者受让无形资产使用权而收取或者支付的特许权使用费,应当与无形资产为企业或者其关联方带来的经济利益相匹配。与经济利益不匹配而减少企业或者其关联方应纳税收入或者所得额的,税务机关可以实施特别纳税调整。未带来经济利益,且不符合独立交易原则的,税务机关可以按照已税前扣除的金额全额实施特别纳税调整。

企业向仅拥有无形资产所有权而未对其价值创造作出贡献的关联方支付特许权使用费,不符合独立交易原则的,税务机关可以按照已税前扣除的金额全额实施特别纳税调整。

（4）企业以融资上市为主要目的在境外成立控股公司或者融资公司,仅因融资上市活动所产生的附带利益向境外关联方支付特许权使用费,不符合独立交易原则的,税务机关可以按照已税前扣除的金额全额实施特别纳税调整。

6）关联劳务交易

针对近年来企业与其关联方之间巧设名目发生劳务交易避税的情况,6号公告也综合此前针对关联劳务交易定价的若干文件的精神,作出如下规定:

（1）符合独立公平交易原则的关联劳务交易应当是受益性劳务交易,并且按照非关联方在相同或者类似情形下的营业常规和公平成交价格进行定价。受益性劳务是指能够为劳务接受方带来直接或者间接经济利益,且非关联方在相同或者类似情形下,愿意购买或者愿意自行实施的劳务活动。

（2）企业向其关联方支付非受益性劳务的价款,税务机关可以按照已税前扣除的金额全额实施特别纳税调整。①

（3）企业接受或者提供的受益性劳务应当充分考虑劳务的具体内容和特性,劳务提供方的功能、风险、成本和费用,劳务接受方的受益情况、市场环境,交易双方的财务状况,以及可比交易的定价情况等因素,选择合理的转让定价方法,并遵循以下原则:①关联劳务能够

---

① 关于非受益劳务的具体类型,详见6号公告规定。

分别按照各劳务接受方、劳务项目为核算单位归集相关劳务成本费用的,应当以劳务接受方、劳务项目合理的成本费用为基础,确定交易价格;②关联劳务不能分别按照各劳务接受方、劳务项目为核算单位归集相关劳务成本费用的,应当采用合理标准和比例向各劳务接受方分配,并以分配的成本费用为基础,确定交易价格。分配标准应当根据劳务性质合理确定,可以根据实际情况采用营业收入、营运资产、人员数量、人员工资、设备使用量、数据流量、工作时间以及其他合理指标,分配结果应当与劳务接受方的受益程度相匹配。非受益性劳务的相关成本费用支出不得计入分配基数。

（4）企业向未执行功能、承担风险,无实质性经营活动的境外关联方支付费用,不符合独立交易原则的,税务机关可以按照已税前扣除的金额全额实施特别纳税调整。

7）特别纳税调查的处理

针对特别纳税调查的不同情况,6 号公告明确了以下几种处理方法:

（1）实际税负相同的境内关联方之间的交易,只要该交易没有直接或者间接导致国家总体税收收入的减少,原则上不作特别纳税调整。

（2）经调查,税务机关未发现企业存在特别纳税调整问题的,应当作出特别纳税调查结论,并向企业送达《特别纳税调查结论通知书》。

（3）经调查,税务机关发现企业存在特别纳税调整问题的,应当按照拟定初步调整方案、协商谈判、形成最终调整方案等步骤进行,并以《特别纳税调查调整通知书》的方式将最终调整方案通知企业。企业收到《特别纳税调查调整通知书》后有异议的,可以在依照《特别纳税调查调整通知书》缴纳或者解缴税款、利息、滞纳金或者提供相应的担保后,依法申请行政复议。

（4）税务机关对企业实施特别纳税调整,涉及企业向境外关联方支付利息、租金、特许权使用费的,除另有规定外,不调整已扣缴的税款。

（5）企业可以在《特别纳税调查调整通知书》送达前自行缴纳税款。企业自行缴纳税款的,应当填报《特别纳税调整自行缴纳税款表》。

8）利息

国税发〔2009〕2 号文件中,对于如何计算利息仅作了原则性规定,在特别纳税调查过程中出现一些特殊情况时如何计算利息并无规定,6 号公告在这一方面作出补充,就如何计算补征税款的利息作规定如下:

（1）税务机关对企业实施特别纳税调整的,应当对 2008 年 1 月 1 日以后发生交易补征相关的企业所得税按日加收利息。

（2）企业在《特别纳税调查调整通知书》送达前缴纳或者送达后补缴税款的,应当自税款所属纳税年度的次年 6 月 1 日起至缴纳或者补缴税款之日止计算加收利息。

（3）企业超过《特别纳税调查调整通知书》补缴税款期限仍未缴纳税款的,应当自补缴税款期限届满次日起按照税收征管法及其实施细则的有关规定加收滞纳金,在加收滞纳金期间不再加收利息。

（4）利息率按照税款所属纳税年度 12 月 31 日公布的与补税期间同期的中国人民银行

人民币贷款基准利率(以下简称基准利率)加5个百分点计算,并按照一年365天折算日利息率。

(5)企业按照有关规定提供同期资料及有关资料的,或者按照有关规定不需要准备同期资料但根据税务机关要求提供其他相关资料的,可以只按照基准利率加收利息。经税务机关调查,企业实际关联交易额达到准备同期资料标准,但未按照规定向税务机关提供同期资料的,税务机关补征税款加收利息,需要在基准利率基础上加5个百分点。

(6)企业自行调整补税且主动提供同期资料等有关资料,或者按照有关规定不需要准备同期资料但根据税务机关要求提供其他相关资料的,其2008年1月1日以后发生交易的自行调整补税按照基准利率加收利息。

9)调查期间企业注销

为防止被调查企业在调查过程中注销导致税务机关无法完成特别纳税调查,6号公告规定,被调查企业在税务机关实施特别纳税调查调整期间申请变更经营地址或者注销税务登记的,税务机关在调查结案前原则上不予办理税务变更、注销手续。

10)相互协商程序

本书第3章中专门介绍过税收协定适用的相互协商程序。鉴于特别纳税调整会造成企业的双重征税,企业经常会因为特别纳税调查调整提起相互协商程序,往往要求双方税务主管当局开展协商谈判,避免或者消除由特别纳税调整事项引起的国际重复征税。6号公告专门就双边或者多边预约定价安排的谈签和因为实施特别纳税调查调整提起的相互协商程序作出规定,包括相互协商程序的启动、暂停、终止等。

 案例5-2

北京国税局查结转让定价避税大案补征5亿元

2013年年底,北京市国税局顺利完成对某电子产品生产企业的转让定价调查调整工作。此案件从开始调查到最终结案历时5年多,其间调查人员核查了大量企业数据,走访诸多同行业企业,反复甄选可比数据,制订多套调整方案,与企业开展20余轮谈判,最终使该案件圆满结案。

被调查企业为电子产品生产企业。2003—2009年,该公司将93%的产品销售给境外关联母公司,将7%的产品销售给境内关联公司。该公司原材料采购价格和产品销售价格完全受控于境外母公司,所获利润极低。针对企业存在的转让定价避税嫌疑,北京市国税局开展了转让定价调查。

通过对该公司的功能风险分析,调查人员了解到,该公司除了生产职能外还为母公司提供工业化服务。此项服务与母公司产品研发同时进行,主要是对设计研发出的新产品进行生产验证并测试大规模量产的可行性。该公司认为工业化业务是一种简单组装生产。调查人员对此提出了质疑,认为该项业务应该是参与母公司的产品研发,具有研发职能。为了对该公司工业化服务作出更准确的职能定位,调查人员随后对电子产品行业开展了调研。调研结果显示,行业内普遍认为,工业化是研发的最后阶段,产品定型后才意味着研发阶段结束。由此,调查人员判定该公司参与了母公司的整体研发工作,具有研发职能,推翻了企业坚持的观点。最终,调查人员将该公司的职能定位为承担有限研发职能的合约制造商。鉴于该公司工业化服务定型的生产线直接用于批量生产线上,工业化服务和批量生产两个业务密不可分,北京市国税局在对工业化研发职能调整时并未采取单独成本加成的方法,而是在可比性分析时突出了可比企业的研发职能,提升了整个生产业务的利润回报水平。

在可比企业的选取过程中,由于中国同行业上市公司的可比企业样本量有限,调查人员扩大地域范围,选取了亚太地区上市公司作为可比企业。经过反复甄选,调查人员确定了亚太地区上市公司可比企业的利润水平。随后,调查人员在互联网上搜索了中国同行业企业排名和排在前十名企业的经营情况(被调查企业排在前十名之内)。通过分析产品类别、经营模式和功能风险等,选取了与被调查企业高度可比的非上市企业,并在税务系统内部通过情报交换的方式,获取了这些可比企业的财务数据,进而测算了中国非上市公司可比企业的利润水平。结果显示,亚太地区上市公司可比企业和中国境内非上市公司可比企业的利润水平都高于该公司的利润水平。这个结果不仅说明该公司的利润水平偏低,不符合独立交易原则,而且为后面的调整补税工作提供了依据和基础。

在判定企业间是否具有关联关系和关联交易时,调查人员发现,该公司有一部分业务虽然是向境外非关联公司(以下简称 C 公司)销售半成品,但经过 C 公司简单加工后,最终还是销售给了该公司的母公司,而且该公司向 C 公司销售半成品的价格和数量均由其母公司决定。母公司通过降低该公司向 C 公司的销售价格,间接降低了母公司的采购成本,从而把利润转移到母公司。基于以上交易的实质,根据《特别纳税调整实施办法(试行)》(国税发〔2009〕2 号印发)第九条判定关联关系的第八款"一方对另一方的生产经营、交易具有实质控制"的规定,调查人员认为应该把该公司向 C 公司的销售活动认定为受控的关联交易,并对这项交易进行转让定价调整。最终,调查人员调高了该公司向 C 公司的销售价格,使该公司达到合理的利润水平。此部分调整使该公司在业务发生年度内补缴税款增加了 31%。

由于以上调整,企业补缴税款金额达到 4.25 亿元,加收利息 0.7 亿元,合计近 5 亿元。

资料来源:中国会计网。

5.3.1.4 预约定价安排管理

预约定价安排管理是指税务机关对企业提出的未来年度关联交易的定价原则和计算方法进行审核评估,并与企业协商达成预约定价安排等工作的总称。目前对预约定价管理的主要文件为 2016 年第 64 号公告。该公告的主要内容如下:

预约定价安排包括单边、双边和多边 3 种类型。预约定价安排一般适用于纳税人前 3 个年度每年度发生的关联交易金额 4 000 万元人民币以上的企业。预约定价安排确定的定价原则与方法一般适用于企业未来 3 至 5 个年度的关联交易。经企业申请,税务机关可以将预约定价安排确定的定价原则和计算方法追溯适用于以前年度关联交易的评估和调整。追溯期最长为 10 年。

预约定价安排的谈签与执行经过预备会谈、谈签意向、分析评估、正式申请、协商签署和

监控执行 6 个阶段。具体流程如下:

企业有谈签预约定价安排意向的,应当向税务机关书面提出预备会谈申请。税务机关可以与企业开展预备会谈。

税务机关和企业在预备会谈期间达成一致意见的,主管税务机关向企业送达同意其提交谈签意向的《税务事项通知书》。企业收到《税务事项通知书》后向税务机关提出谈签意向。

企业提交谈签意向后,税务机关应当分析预约定价安排申请草案内容,评估其是否符合独立交易原则。税务机关认为预约定价安排申请草案符合独立交易原则的,由主管税务机关向企业送达同意其提交正式申请的《税务事项通知书》,企业收到通知后,可以向税务机关提交《预约定价安排正式申请书》,并附送预约定价安排正式申请报告。

税务机关应当在分析评估的基础上形成协商方案,并据此开展协商工作。主管税务机关与企业开展单边预约定价安排协商达成一致的,拟定单边预约定价安排文本。国家税务总局与税收协定缔约对方税务主管当局开展双边或者多边预约定价安排协商达成一致的,拟定双边或者多边预约定价安排文本。

主管税务机关与企业就单边预约定价安排文本达成一致后,双方的法定代表人或者法定代表人授权的代表签署单边预约定价安排。国家税务总局与税收协定缔约对方税务主管当局就双边或者多边预约定价安排文本达成一致后,双方或者多方税务主管当局授权的代表签署双边或者多边预约定价安排。国家税务总局应当将预约定价安排转发主管税务机关。

预约定价安排执行期间,主管税务机关应当每年监控企业执行预约定价安排的情况。

预约定价安排执行期满后自动失效。企业申请续签的,应当在预约定价安排执行期满之日前 90 日内向税务机关提出续签申请。

为了深化"放管服"改革,优化营商环境,2021 年 7 月 26 日,国家税务总局发布了《关于单边预约定价安排适用简易程序有关事项的公告》(国家税务总局公告 2021 年第 24 号)。该公告规定符合一定条件的纳税人,可以申请适用单边预约定价安排的简易程序,简易程序将 2016 年第 64 号公告规定的预约定价安排的 6 个阶段进行了简化压缩,简化后的程序仅包括申请评估、协商签署和监控执行 3 个阶段,每个阶段的工作都有具体的时间要求,大大提升了税务机关与纳税人谈签与执行单边预约定价安排的效率。

5.3.1.5　成本分摊协议管理

成本分摊协议管理是指税务机关按照《企业所得税法》第四十一条第二款的规定,对企业与其关联方签署的成本分摊协议是否符合独立交易原则进行审核评估和调查调整等工作的总称。成本分摊协议是企业与其关联方就共同开发、受让无形资产,或者共同提供、接受劳务等签订的协议。成本分摊协议的参与方对开发、受让的无形资产或参与的劳务活动享有受益权,并承担相应的活动成本。关联方承担的成本应与非关联方在可比条件下为获得上述受益权而支付的成本相一致。参与方使用成本分摊协议所开发或受让的无形资产不需另支付特许权使用费。企业对成本分摊协议所涉及无形资产或劳务的受益权应有合理的、可计量的预期收益,且以合理商业假设和营业常规为基础。

关于成本分摊协议,主要规定有国税发〔2009〕2 号文件《特别纳税调整实施办法(试行)》和《国家税务总局关于规范成本分摊协议管理的公告》(国家税务总局公告 2015 年第 45 号,以下简称 45 号公告)。按照国税发〔2009〕2 号文件和 45 号公告的规定,目前税务机关认可的涉及劳务的成本分摊协议一般适用于集团采购和集团营销策划。而且企业应自成本分摊协议达成之日起 30 日内,呈报国家税务总局备案。税务机关判定成本分摊协议是否符合独立交易原则须报国家税务总局审核。对于符合独立交易原则的成本分摊协议,有关税务处理如下:

(1) 企业按照协议分摊的成本,应在协议规定的各年度税前扣除。

(2) 涉及补偿调整的,应在补偿调整的年度计入应纳税所得额。

(3) 涉及无形资产的成本分摊协议,加入支付、退出补偿或终止协议时对协议成果分配的,应按资产购置或处置的有关规定处理。

企业可采取预约定价安排的方式达成成本分摊协议,以减少被调整的风险。企业执行成本分摊协议期间应准备和保存成本分摊协议的同期资料。而且,企业执行成本分摊协议期间,无论成本分摊协议是否采取预约定价安排的方式,均应在本年度的次年 6 月 20 日之前向税务机关提供成本分摊协议的同期资料。

企业与其关联方签署成本分摊协议,有下列情形之一的,其自行分摊的成本不得税前扣除:

(1) 不具有合理商业目的和经济实质。

(2) 不符合独立公平交易原则。

(3) 没有遵循成本与收益配比原则。

(4) 未按有关规定备案或准备、保存和提供有关成本分摊协议的同期资料。

(5) 自签署成本分摊协议之日起经营期限少于 20 年。

5.3.2　受控外国企业管理

根据《企业所得税法》的规定,我国对受控外国企业的定义是:由居民企业,或者由居民企业和居民个人(以下统称中国居民股东,包括中国居民企业股东和中国居民个人股东)控制的设立在实际税负低于《企业所得税法》第四条第一款规定税率水平 50% 的国家(地区),并非出于合理经营需要对利润不作分配或减少分配的外国企业。所谓控制,是指在股份、资金、经营、购销等方面构成实质控制。其中,股份控制是指由中国居民股东在纳税年度任何一天单层直接或多层间接单一持有外国企业 10% 以上有表决权股份,且共同持有该外国企业 50% 以上股份。中国居民股东多层间接持有股份按各层持股比例相乘计算,中间层持有股份超过 50% 的,按 100% 计算。

计入中国居民企业股东当期的视同受控外国企业股息分配的所得,应按以下公式计算:

$$中国居民企业股东当期所得 = 视同股息分配额 \times 实际持股天数 \div$$
$$受控外国企业纳税年度天数 \times 股东持股比例$$

但是，中国居民企业股东能够提供资料证明其控制的外国企业满足以下条件之一的，可免于将外国企业不作分配或减少分配的利润视同股息分配额，计入中国居民企业股东的当期所得：

（1）设立在国家税务总局指定的非低税率国家（地区）。

（2）主要取得积极经营活动所得。

（3）年度利润总额低于 500 万元人民币。

 案例 5-3

中国首例受控外国企业（CFC）反避税案例

山东省税务机关通过深入研究，运用受控外国企业反避税措施对境外子公司应归属于内地母公司的利润，进行了特别纳税调整，这是全国首个运用受控外国企业进行反避税的案例。

一、案例背景

2012 年，设立在境外的 B（中国香港）公司向山东省税务机关提起居民企业身份申请，主管税务机关在掌握该公司股权结构的基础上，对其是否及时向母公司——A 公司分配利润问题进行了深入的调查。

二、企业基本情况

A 公司于 1999 年经批准设立，注册地址在山东省某工业园，主要从事化工产品（不含危险品）销售。

B（中国香港）公司，为 A 公司设立在中国香港的全资子公司，主要从事国际贸易、信息咨询、投资业务，董事会成员 5 人，均为母公司——A 公司委派。

C 投资公司，是 B（中国香港）公司在香港设立的全资子公司。该企业拥有中国境内三家外商投资企业 D 公司、E 公司、F 公司各 90％ 的股份。

2011 年，B（中国香港）公司与荷兰某公司签订了股权转让协议，B（中国香港）公司将 C 投资公司全部股权转让给该荷兰公司。荷兰公司实际取得中国境内三家外商投资企业 D 公司、E 公司、F 公司各 90％ 的股份。扣除相关股权成本，B（中国香港）公司取得股权转让收益 3 亿元。

为享受《企业所得税法》第二十六条"符合条件的居民企业之间的股息、红利等权益性投资收益"免税条款，B（中国香港）公司向主管税务机关提出居民企业身份申请，上报国家税务总局后未予批准。但对应当归属于母公司——A 公司的利润，B（中国香港）公司一直未作分配。

山东省税务机关经过调查，认为存在如下事实：

1. B（中国香港）公司由中国居民企业——A 公司控制。

2. B（中国香港）公司设立在实际税负低于法定税率 50％ 的国家（地区）。

3. B（中国香港）公司所得为消极所得，且非出于合理经营需要对利润不作分配。

基于以上事实，税务机关认为 B（中国香港）公司完全符合受控外国企业特别纳税调整事项管理的条件,归属其母公司——A 公司的利润 3 亿元,需要进行特别纳税调整。经过税企双方反复沟通,A 公司最终认可了税务机关的意见,同意进行纳税调整。截至 2014 年,A 公司已申报税款 8 000 余万元,其中入库企业所得税 5 000 余万元,入库个人所得税 3 000 余万元。

资料来源:《中国日报》详见网页 http://www.chinadaily.com.cn/hqgj/jryw/2015-09-06/content_14161758.html。

5.3.3　资本弱化管理

如前所述,资本弱化是指企业通过加大贷款(债权性筹资)而减少股份资本(权益性筹资)比例的方式增加税前扣除,以降低企业税负的一种行为。很多国家在税法中制定了防范资本弱化条款,对企业取得的贷款和股份资本的比例作出规定,对超过一定比例的贷款利息支出不允许税前扣除。

借鉴国际经验,《企业所得税法》规定,企业从其关联方接受的债权性投资与权益性投资的比例超过标准而发生的利息支出,不得在税前扣除。其中不得在计算应纳税所得额时扣除的利息支出应按以下公式计算:

不得扣除利息支出 = 年度实际支付的全部关联方利息×(1 - 标准比例 / 关联债资比例)

其中,标准比例对于金融企业来说,为 5∶1;对其他企业来说,为 2∶1。

对于企业关联债资比例超过标准比例的利息支出,如要在计算应纳税所得额时扣除,需要准备、保存,并按税务机关要求提供同期资料,证明关联债权投资金额、利率、期限、融资条件以及债资比例等均符合独立公平交易原则。企业未按规定准备、保存和提供同期资料证明关联债权投资金额、利率、期限、融资条件以及债资比例等符合独立交易原则的,其超过标准比例的关联方利息支出,不得在计算应纳税所得额时扣除。

案例 5-4
国内首起资本弱化避税案例

2011 年年初,陕西省国税局在对全省关联企业台账进行综合分析时,发现日本某跨国公司在陕投资的中国子公司,存在大量涉税疑点。

疑点之一:企业负债率高出常规。该子公司 2007—2009 年的资产负债表显示,资产负债率分别为 91.26%、87.32%、93.86%,大大高于一般负债经营企业常规负债率标准。更重要的是,其负债中存在大量来自关联方的借款费用,且每年有高额的担保费用、质押费用和利息在税前扣除并被转移至境外母公司,3 年间的利息支出高达 2 200 多万元。

疑点之二:企业为何长亏不倒,越亏越投资?该子公司的可行性研究报告预计的投资回收期为 3.84 年,但其自 2003 年投产以来,账面显示一直处于亏损状态。即使这样,关联方母公司仍然不断向亏损的子公司增加投资,2007 年增资 100 万美元,2010 年 6 月增资 1 377 万美元,总投资达 5 470 万美元。

疑点之三：第三方银行为何愿意向亏损企业发放高额贷款？该子公司与境外银行签订借款合同，总金额达 5 500 万美元，并由关联方母公司承担连带保证责任。一个账面显示长年亏损的企业，第三方银行为何愿意向其提供高额贷款？母公司的担保安排背后隐藏着什么？

陕西省国税局初步判定该子公司及其母公司存在极大的避税嫌疑，随即决定对其发起反避税调查。陕西省国税局对该企业进行了特别纳税调整。具体处理意见为：弥补以前年度亏损 5 100 多万元，合计调增外商投资企业和外国企业所得税、企业所得税 3 000 多万元。其中，兑现以前各项税收优惠 1 900 多万元，最终企业应补各税 1 100 多万元。11 月 25 日，该日资企业应补各税 1 100 多万元全部缴入国库。这标志着经过近半年数十轮正式或非正式协商谈判后，国内首个资本弱化避税案件顺利结案。

资料来源：《中国税务报》，详见网页 http://www.ctaxnews.net.cn/html/2011-12/02/nw.D340100zgswb_20111202_8-01.html。

5.3.4 一般反避税管理

我国关于一般反避税的管理法规，主要有《企业所得税法》第四十七条、《企业所得税法实施条例》第一百二十条、《特别纳税调整实施办法（试行）》国税发〔2009〕2 号印发第十章，以及《一般反避税管理办法（试行）》（国家税务总局令第 32 号）。

《企业所得税法》第四十七条规定，企业实施其他不具有合理商业目的的安排而减少其应纳税收入或者所得额的，税务机关有权按照合理方法调整。《企业所得税法实施条例》第一百二十条明确了上述法条中所称不具有合理商业目的，是指以减少、免除或者推迟缴纳税款为主要目的。

《特别纳税调整实施办法（试行）》（国税发〔2009〕2 号印发）规定，我国的一般反避税管理主要针对企业以下的税务安排：

(1) 滥用税收优惠。

(2) 滥用税收协定。

(3) 滥用公司组织形式。

(4) 利用避税港避税。

(5) 其他不具有合理商业目的的安排。

税务机关应按照实质重于形式的原则审核企业是否存在避税安排，并综合考虑安排的以下内容：

(1) 安排的形式和实质。

(2) 安排订立的时间和执行期间。

(3) 安排实现的方式。

(4) 安排各个步骤或组成部分之间的联系。

(5) 安排涉及各方财务状况的变化。

（6）安排的税收结果。

税务机关应按照经济实质对企业的避税安排重新定性,取消企业从避税安排获得的税收利益。对于没有经济实质的企业,特别是设在避税港并导致其关联方或非关联方避税的企业,可在税收上否定该企业的存在。

由于一般反避税调查与调整过程中,对于合理商业目的的认定、经济实质的认定等核心问题都存在较大的主观性,而基层税务局普遍缺乏一般反避税管理的经验,为提高工作质量,减少可能的争议,《特别纳税调整实施办法(试行)》(国税发〔2009〕2 号印发)特别规定,一般反避税调查及调整须呈报国家税务总局批准。

总体来看,从《企业所得税法》到《特别纳税调整实施办法(试行)》(国税发〔2009〕2 号印发),都只是提出了一般反避税管理的总体原则,缺乏具体的实施指引。经过几年的实践之后,国家税务总局在 2014 年制订发布了《一般反避税管理办法》,进一步明确了一般反避税管理的有关事项。

避税安排具有以下特征:

（1）以获取税收利益为唯一目的或者主要目的。

（2）以形式符合税法规定但与其经济实质不符的方式获取税收利益。

税务机关应当以具有合理商业目的和经济实质的类似安排为基准,按照实质重于形式的原则实施特别纳税调整。调整方法包括:

（1）对安排的全部或者部分交易重新定性。

（2）在税收上否定交易方的存在,或者将该交易方与其他交易方视为同一实体。

（3）对相关所得、扣除、税收优惠、境外税收抵免等重新定性或者在交易各方间重新分配。

（4）其他合理方法。

《一般反避税管理办法》还明确了一般反避税调查案件立案、调查至结案的具体程序和文件要求,对如何就立案和结案过程层报国家税务总局获得批准,以及各个阶段需要向被调查企业发送的税务文书作出了规定。特别是该办法提出主管税务机关实施一般反避税调查时,可以要求为企业筹划安排的单位或者个人提供有关资料及证明材料。

 案例 5-5

重庆渝中国税否定新加坡中间控股公司反避税

2008 年 5 月,重庆市渝中区国税局两路口税务所通过合同登记备案发现重庆 A 公司与新加坡 B 公司签订了一份股权转让协议,新加坡 B 公司将其在新加坡设立的全资控股公司 C 公司 100% 的股权转让给重庆 A 公司,转让价格为人民币 6 338 万元,股权转让收益 900 多万元,具体交易情况如图 5-3 所示。从表面上看,该项股权转让交易的目标公司 C 公司为新加坡企业,股权转让收益并非来源于中国境内,中国没有征税权。但出于维护国家税收权益的高度责任感和敏锐性,渝中区国税局没有就此止步,在继续开展调查分析的同时,及时向市局汇报了相关情况。通过进一步调查核实,目标公司 C 公司实收资本仅为 100 新加坡元,该公司持有重庆 D 公司 31.6% 的股权,除此之外没有从事其他任何经营活动。因此,新加坡 B 公司转让 C 公司股权的实质是转让重庆 D 公司 31.6% 的股权。由于该项股权转让交易错综复杂,经请示总局,最终判定新加坡 B 公司取得的股权转让收益实质上为来源于中国境内的所得,根据新《企业所得税法》第三条第三款,以及《中华人民共和国政府和新加坡共和国政府关于对所得避免双重征税和防止偷漏税的协定》第十三条第五款的规定,中国有征税权。2008 年 10 月,渝中区国税局对新加坡 B 公司取得的股权转让收益征收了预提所得税 98 万元,税款已全部入库。此案应该是中国第一例应用一般反避税调整应纳税额的案例。

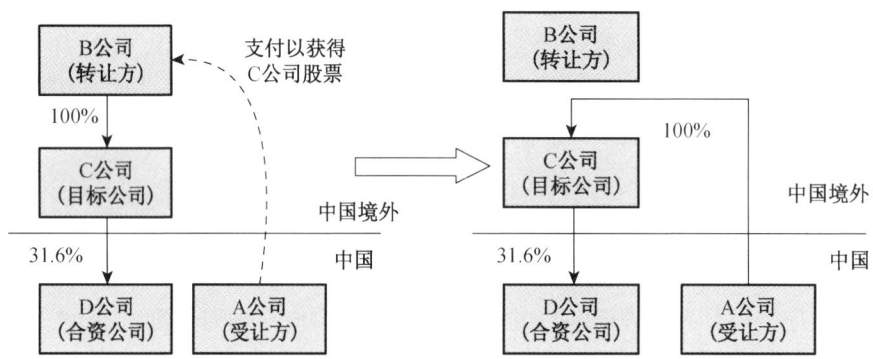

图 5-3　新加坡某公司间接转让中国境内公司交易示意图

5.3.5　滥用税收协定管理

相对其他反避税管理工作,滥用税收协定本身只是一般反避税管理针对的一种避税安排,因此没有在国税发〔2009〕2 号文件中专门作出具体规定。但滥用税收协定又是实务工作中最常见的避税安排之一,亟需管理。因此国家税务总局先后出台了《关于如何理解和认定税收协定中"受益所有人"的通知》(国税函〔2009〕601 号,已废止,以下简称 601 号文件)和《关于认定税收协定中"受益所有人"的公告》(国家税务总局公告 2012 年第 30 号,已废止,以下简称 30 号公告),执行了几年之后,又发布了《国家税务总局关于税收协定中"受益所有人"有关问题的公告》(国家税务总局公告 2018 年第 9 号,以下简称 9 号公告)。9 号公告废止了 601 号文件和 30 号公告,将这两份文件中合理的内容整合进新的公告当中,并对部分规定进行了修订。修订的目的一方面允许没有滥用协定目的和结果的案件得以享受税收协定待遇,并提高其享受税收协定待遇的确定性,减少征纳双方成本,进一步优化营商环境;另一方面借鉴 BEPS 第 6 项行动计划(《防止税收协定待遇的不当授予》)成果,提高"受益所有人"判定标准的刚性,对滥用协定风险较高的安排进行更加有效的防范。9 号公告的主要内容如下:

(1)受益所有人的定义。"受益所有人"是指对所得或所得据以产生的权利或财产具有所有权和支配权的人。

(2)不利于"受益所有人"身份判定的因素。判定需要享受税收协定待遇的缔约对方居民（"申请人"）"受益所有人"身份时，应结合具体案例的实际情况进行综合分析。一般来说，下列因素不利于对申请人"受益所有人"身份的判定：

① 申请人有义务在收到所得的 12 个月内将所得的 50％以上支付给第三国（地区）居民，"有义务"包括约定义务和虽未约定义务但已形成支付事实的情形。

② 申请人从事的经营活动不构成实质性经营活动。实质性经营活动包括具有实质性的制造、经销、管理等活动。申请人从事的经营活动是否具有实质性，应根据其实际履行的功能及承担的风险进行判定。

申请人从事的具有实质性的投资控股管理活动，可以构成实质性经营活动；申请人从事不构成实质性经营活动的投资控股管理活动，同时从事其他经营活动的，如果其他经营活动不够显著，不构成实质性经营活动。

③ 缔约对方国家（地区）对有关所得不征税或免税，或征税但实际税率极低。

④ 在利息据以产生和支付的贷款合同之外，存在债权人与第三人之间在数额、利率和签订时间等方面相近的其他贷款或存款合同。

⑤ 在特许权使用费据以产生和支付的版权、专利、技术等使用权转让合同之外，存在申请人与第三人之间在有关版权、专利、技术等的使用权或所有权方面的转让合同。

（3）安全港规则。

某些情况下，申请人与居民国（地区）有较强的联系，一般也没有滥用协定的风险，因此 9 号公告沿用 30 号公告的精神，设置了安全港，规定下列申请人从中国取得的所得为股息时，可直接判定申请人具有"受益所有人"身份：

① 缔约对方政府。

② 缔约对方居民且在缔约对方上市的公司。

③ 缔约对方居民个人。

④ 申请人被上述①至③项中的一人或多人直接或间接持有 100％股份，且间接持有股份情形下的中间层为中国居民或缔约对方居民。

（4）符合一定条件的申请人。

此前的 601 号文件和 30 号公告曾规定，如果申请人不符合"受益所有人"条件，也不符合安全港的条件，其从中国取得的所得就不能享受税收协定待遇。但是 30 号公告考虑实际情况，规定申请人从中国取得的所得为股息时，申请人虽不符合"受益所有人"条件，但直接或间接持有申请人 100％股份的人符合"受益所有人"条件，并且属于以下两种情形之一的，应认为申请人具有"受益所有人"身份：

① 上述符合"受益所有人"条件的人为申请人所属居民国（地区）居民。

② 上述符合"受益所有人"条件的人虽不为申请人所属居民国（地区）居民，但该人和间接持有股份情形下的中间层均为符合条件的人。

其中，"符合条件的人"是指该人从中国取得的所得为股息时，根据中国与其所属居民国（地区）签署的税收协定可享受的税收协定待遇和申请人可享受的税收协定待遇相同或更为优惠。

之所以9号公告会放松条件，允许符合上述情形中的申请人享受协定待遇，是因为这些申请人的股东如果直接投资中国境内居民企业，取得股息时可以获得相同或者更好的协定待遇，设置中间层并不是出于滥用税收协定的目的。

（5）通过代理人收款的判断。代理人或指定收款人等（以下统称代理人）不属于"受益所有人"。申请人通过代理人代为收取所得的，无论代理人是否属于缔约对方居民，都不影响对申请人"受益所有人"身份的判定。

（6）证明"受益所有人"的资料。在判定"受益所有人"身份时，区分不同所得类型通过公司章程、公司财务报表、资金流向记录、董事会会议记录、董事会决议、人力和物力配备情况、相关费用支出、职能和风险承担情况、贷款合同、特许权使用合同或转让合同、专利注册证书、版权所属证明等资料进行综合分析；申请人需要证明具有"受益所有人"身份的，应将相关证明资料按照《国家税务总局关于发布〈非居民纳税人享受税收协定待遇管理办法〉的公告》（国家税务总局公告2015年第60号）的规定报送。申请人使用上面符合条件的申请人规则判断时，除提供申请人的税收居民身份证明外，还应提供符合"受益所有人"条件的人和符合条件的人所属居民国（地区）税务主管当局为该人开具的税收居民身份证明；申请人根据安全港规则判断"受益所有人"身份的，除提供申请人的税收居民身份证明外，还应提供直接或间接持有申请人100%股份的人和中间层所属居民国（地区）税务主管当局为该人和中间层开具的税收居民身份证明；税收居民身份证明均应证明取得所得的当年度或上一年度的税收居民身份。

为了保证间接投资的投资人能够享受税收协定优惠，国家税务总局还专门出台了《国家税务总局关于委托投资情况下认定受益所有人问题的公告》（国家税务总局公告2014年第24号），规定非居民将自有资金直接委托给境外专业机构用于对居民企业的股权、债权投资的，税务机关应对非居民提交的资料进行审核，并区分所得类型进行处理：

① 如果投资收益的所得类型为股息或利息，该所得在逐级返回至该非居民的过程中所得性质未发生改变，且有凭据证明该所得实际返回至该非居民，则可以认定该非居民为该笔所得的受益所有人，能够享受税收协定相应条款规定的待遇。

② 如果投资链条上除该非居民以外的各方收取的费用或取得的报酬与股息、利息有关，则该非居民不是该部分费用或报酬的受益所有人，该部分费用或报酬不得享受税收协定股息和利息条款规定的待遇。

③ 如果投资收益的所得类型为财产收益，或其他不适用受益所有人规则的所得类型，则应按税收协定相应条款的规定处理。

通过以上几项规定，可以保证应该享受协定利益的非居民纳税人充分享受协定的利益，同时又避免那些企图滥用税收协定的非居民纳税人获得不正当的利益。不过，从文件的规定也可以看出，对于受益所有人的判断，有很大的主观性，特别是如何综合多种因素判定，在各因素之间存在矛盾的情况下如何处理？现有的规定还不是很清晰，基层税务机关和纳税人在处理具体案件时还存在很多争议，相关的管理规定仍有待进一步的完善。

案例 5-6

否认巴巴多斯企业享受税收协定待遇

一、案件背景

2003 年 3 月,新疆维吾尔自治区某公司(以下简称 B 公司)与乌鲁木齐市某公司(以下简称 C 公司)共同出资成立液化天然气生产和销售的公司(以下简称 A 公司)。注册资金 8 亿元人民币,其中 B 公司为主要投资方,出资 7.8 亿元人民币,占注册资金的 97.5%,C 公司出资 2 000 万元人民币,占注册资金的 2.5%。

2006 年 7 月,A 公司出资方 B 公司和 C 公司与某巴巴多斯的公司(以下简称 D 公司)签署了合资协议,D 公司通过向 B 公司购买其在 A 公司所占股份方式参股 A 公司。D 公司支付给 B 公司 3 380 万美元,占有了 A 公司 33.32%的股份。此次股权转让后,A 公司的投资比例变更为:B 公司占 64.18%、C 公司占 2.5%、D 公司占 33.32%。合资协议签署 27 天后,投资三方签署增资协议,B 公司增加投资 2.66 亿元人民币(即 B 公司出售其股权所得 3 380 万美元)。增资后,A 公司的注册资本变更为 10.66 亿元人民币,各公司相应持股比例再次发生变化。其中:B 公司占 73.13%、巴巴多斯 D 公司占 24.99%、C 公司占 1.88%。

2007 年 6 月,D 公司决定将其所持有的 A 公司 24.99%的股权以 4 596.8 万美元的价格转让给 B 公司,并与 B 公司签署了股权转让协议,由 B 公司支付 D 公司股权转让款 4 596.8 万美元。至此,D 公司从 2006 年 6 月与中方签订 3 380 万美元的投资协议到 2007 年 6 月转让股权撤出投资(均向中方同一家公司买卖股份),仅一年的时间取得收益 1 217 万美元。

二、税务处理经过

在为转让股权所得款项汇出境外开具售付汇证明时,付款单位代收款方 D 公司向主管税务机关提出要求开具不征税证明。理由是:根据中国和巴巴多斯税收协定"第十三条财产收益"的规定,该笔股权转让款 4 596.8 万美元应仅在巴巴多斯征税。乌鲁木齐市国税局及时对此项不征税申请进行了研究,并将情况反映到新疆维吾尔自治区国税局,引起了上级机关的高度重视,围绕居民身份的确定及税收协定条款的适用问题开展了调查,发现了种种疑点。

疑点一:D 公司是美国 NB 投资集团于 2006 年 5 月在巴巴多斯注册成立的企业。在其注册一个月后即与中方签订投资合资协议,而投入的资金又是从开曼开户的银行汇入中国的。该公司投资仅一年就将股份转让,转让收益高达 1 217 万美元,折合人民币 9 272 万元,收益率 36%,且不是企业实际经营成果,而是按事前的合同约定的。

疑点二:关于 D 公司的居民身份问题,税务机关提出了疑问。为此,D 公司提供了由中国驻巴巴多斯大使馆为其提供的相关证明,称其为巴巴多斯居民。但该证明文件只提到 D 公司是按巴巴多斯法律注册的,证明该签署人是真实的;同时该公司还出具了巴巴多斯某律师证明文件,证明 D 公司是依照"巴巴多斯法律"注册成立的企业,成立日期为 2006 年 5 月 10 日,公司地址位于巴巴多斯××大街××花园。但公司登记的三位董事都是美国籍,家庭住址均为美国××州××镇××街××号。

疑点三:D 公司作为合资企业的外方,并未按共同投资、共同经营、风险共担、利益共享的原则进行投资,而是只完成了组建我国中外合资企业的有关法律程序,便获取了一笔巨额收益。从形式上看是投资,而实际上却很难判断是投资、借款或是融资,还是仅仅帮助国内企业完成变更手续,或者还有更深层次的其他经济问题。

三、处理经过

根据中巴税收协定,此项发生在我国的股权转让收益我国没有征税权,征税权在巴方。在 D 公司是否构成巴巴多斯居民的身份尚未明确的情况下,付款方(股权回购公司)多次催促税务部门尽快答复是否征税并希望税务部门配合办理付汇手续。根据付款协议,如果付款方不按时汇款,将额外支付高额的利息。为了避免中方企业遭受不必要的经济损失,新疆维吾尔自治区国税局同意乌鲁木齐市国税局及付款方提议,对股权转让款先行汇出,但扣留相当于应纳税款部分的款项,余额部分待 D 公司能否享受税收协定待遇确定后再作决定。

乌鲁木齐市国税局一方面进行深入的调查了解,开展对 D 公司居民身份的取证工作,判定是否可以执行中巴税收协定;另一方面将案情进展情况及具体做法及时向新疆维吾尔自治区国税局汇报并通过新疆维吾尔自治区国税局向国家税务总局报告。国家税务总局启动了税收情报交换机制,最终确认 D 公司不属于巴巴多斯的税收居民,不能享受中巴税收协定的有关规定,对其在华投资活动中的所得应按国内法规定处理。2008 年 7 月完成了该项 9 163 728 元人民币税款的入库工作。

资料来源:《国家税务总局关于印发新疆维吾尔自治区国家税务局正确处理滥用税收协定案例的通知》(国税函〔2008〕1076 号)。

 案例 5-7

某著名跨国集团公司总部是设立在美国的 A 公司,集团公司在全球范围内生产和销售专业电动机械,是纽约交易所上市公司。2 000 年,集团公司在中国香港设立独资的 B 公司,并于当年通过中国香港子公司在中国广州投资成立独资的 C 公司,注册资本 1 000 万元人民币。后在 2010 年增资 2 000 万元人民币,2020 年年底的注册资本为 3 000 万元人民币。

C 公司主要从 B 公司采购电动机械的核心零部件,并在国内生产加工,制成电动机械产品。C 公司从 B 公司采购的核心零部件的成本约占产品总成本的 30%,2018—2020 年,C 公司向 B 公司关联采购的金额在 1.5 亿元至 2 亿元。C 公司制造的电动机械产品中,约 60% 按照 A 公司制订的全球销售价格,使用集团拥有的品牌在国内市场销售,另外 40% 的产品按照集团内的调拨价格向香港的 B 公司销售,并由 B 公司向亚太区的客户销售,2018—2020 年,C 公司每年与 B 公司之间的关联销售金额在 2.5 亿~3.5 亿元。

C 公司在中国内地多个专业杂志投放广告,并多次参加国内的专业性展会。C 公司定期联系和拜访中国客户,并向中国客户提供良好的售后服务,使产品品牌形象在本地市场有很大提升。

A 公司许可 C 公司使用与产品生产相关的技术,按销售收入的 3% 收取专有技术使用费。为了帮助 C 公司的销售与技术人员更好地掌握相关产品生产技术和产品性能,A 公司每年会派技术人员来中国提供为期 3 天的技术培训,并按 C 公司销售收入的 0.5% 收取技术支援费。

A 集团位于 BVI 的某公司与 C 公司签订了商标使用权合同,每年按销售收入的 3% 向 C 公司收取商标使用费。

A 公司作为纽交所的上市公司,为了满足交易所的披露要求,每年需要花费巨额的审计费用和法律费用,A 公司按销售收入比例在全球内子公司之间分摊审计费和法律费用。

2017 年 1 月初,C 公司为了建设新厂房,向 B 公司借款 5 000 万人民币。借款期 5 年,每年支付利息 400 万元,当年银行同期同类贷款利率为 4.8%。

C 公司的主管税务局调阅了 C 公司若干年度的审计报告,得到信息如表 5-1 和表 5-2 所示。

表 5-1

C 公司的财务报表　　　　　　　　　　单位:万元人民币

项目	2018 年	2019 年	2020 年	三年总额
产品销售收入	67 200	78 000	96 800	242 000
产品销售成本	52 800	61 200	79 200	193 200
(包括存货损失)	(120)	(240)	(3 600)	(3 960)
毛利润	14 400	16 800	17 600	48 800
毛利率	21.4%	21.5%	18.2%	20.2%
销售与管理费用	12 800	15 200	18 800	46 800
财务费用	400	400	400	1 200
税前利润	1 200	1 200	−1 600	800
税前利润率	1.8%	1.5%	−1.7%	0.33%

主管税务局查阅了集团公司 A 的年报,找到以下相关信息:

表 5-2

A 公司财务信息　　　　　　　　　　单位:当地货币千元

年份	销售额	毛利	毛利率	税前利润率
2018 年	28 100 000	8 410 000	29.9%	10.0%
2019 年	33 600 000	9 530 000	28.4%	8.1%
2020 年	31 400 000	8 500 000	27.1%	7.2%

问题:

1. 您作为从事反避税工作的官员,请根据以上资料分析 C 公司在转让定价方面存在的主要问题可能在哪里,并说明理由?

2. 您需要搜集哪些资料来进一步分析 C 公司转让定价存在的问题? 审阅这些资料时,需要关注其中哪些信息,以进一步分析企业在转让定价方面可能存在的问题?

(关于本案例的解析见附录四)

第6章 "走出去"企业税收管理

[案例1-1]中的鸿威公司是一家典型的"走出去"企业。公司成立不久就开始开拓海外市场,初期只是出口产品,经过几年之后,在美国先后开设了办事处和子公司,并派遣人员在美国工作。鸿威公司面临的国际税收问题,既包括重复征税以及如何避免双重征税,也包括避税和反避税,而在处理这两个问题的过程中,税收协定与多边公约等起了关键性的作用。鸿威公司遇到的国际税收问题,正是"走出去"企业经常会遇到的问题。

"走出去"是我国近年来实施的一项重大战略。党的十七大报告明确指出:"坚持对外开放的基本国策,把'引进来'和'走出去'更好地结合起来,扩大开放领域,优化开放结构,提高开放质量,完善内外联动、互利共赢、安全高效的开放型经济体系,形成经济全球化条件下参与国际经济合作和竞争的新优势。"

"走出去"战略的实施,使我国从资本净流入国变为资本净流出国站在国际税收的角度,我国在国际税收中从单纯来源国的角色向来源国和居民国并重转变。"走出去"战略涉及的国际税收问题在前面几章中均有涉及,所关注的问题和基本理论与前几章中所述的内容基本一致。然而,鉴于"走出去"战略的重要性,以及企业在"走出去"过程中看待与处理国际税收问题的角度不同,在本章中我们将结合"走出去"企业的具体情况,更加具体地介绍"走出去"企业在来源国和居民国可能面临的税收问题。由于相关的理论在前面几章均有介绍,在这一章中,我们将不再分为理论篇与实务篇,而是单纯介绍"走出去"企业如何在实务中应用前面各章介绍的理论解决实际问题,管控税务风险。

6.1 海外投资与海外承包工程发展回顾

6.1.1 海外投资发展回顾

中国企业的海外投资始于中国对外开放之时,但是直到中国加入世贸组织以前,中国对外投资总体规模一直较小。中国在2002年建立了《对外直接投资统计制度》,当年中国对外直接投资流量仅有27亿美元,对外投资存量299亿美元。2001年,随着"走出去"战略写入《国民经济和社会发展第十个五年计划纲要》,以及中国加入WTO,在中国GDP规模不断扩大和外汇储备高速增长的背景下,中国企业的实力不断增强,对外直接投资稳定、高速、持续增长。2008年之前,中国企业的对外投资主要是以获取资源和市场为主,采矿和能源行业在对外投资中占比较大;投资主体以央企和一些小型民营企业为主;投资形式多样,通过收购、兼并实现的直接投资占投资额的大部分。部分大型企业(中石化、中石油等)通过专业化、规模化的海外经营,能够在更大范围内优化资源配置,形成了优势。但总体来看,对外投资发展初期企业投资的规模依然较小,三分之二的企业投资规模小于 500 万美元。2008 年,受全球金融危机影响,部分海外资产价格走低,中国对外投资大幅增长。以 2008 年为例,当年中国对外投资 559.1 亿美元,首次突破 500 亿美元,较 2007 年增长 111%,是这一阶段增长最快的年份,也使当年中国对外投资的存量达到 1 839.7 亿美元。2013 年,中国提出"一带一路"倡议,大力推动"一带一路"建设,有利地促进了中国企业对外投资。2015 年,中国的对外投资首次超过利用外资的金额,成为资本净流出国。这一阶段,中国对外投资流量依然保持较高的增速,投资存量不断提升。根据最新的统计数据,2019 年中国对外直接投资呈现以下特点:

一是对外直接投资流量蝉联全球第二,存量保持全球第三。2019 年中国对外直接投资 1 369.1 亿美元,同比下降 4.3%,流量规模仅次于日本(2 266.5 亿美元)。2019 年年末,中国对外直接投资存量达 2.2 万亿美元,次于美国(7.7 万亿美元)和荷兰(2.6 万亿美元)。中国在全球对外直接投资中的影响力不断扩大,流量占全球比重连续 4 年超过一成,2019 年占 10.4%;存量占 6.4%,与上年持平。

二是投资覆盖全球 188 个国家和地区,对"一带一路"沿线国家投资稳步增长。截至 2019 年年底,中国超 2.75 万家境内投资者在全球 188 个国家(地区)设立对外直接投资企业 4.4 万家,全球 80% 以上国家(地区)都有中国的投资,2019 年年末境外企业资产总额 7.2 万亿美元。由于"一带一路"沿线国家基础差、风险高,过去中国在该区域的投资流量和存量都比较小。随着"一带一路"建设的进一步推进,国家层面的多边促进工作深入展开,部分重点国家、重点领域的合作机会不断涌现,企业在"一带一路"沿线的投资不断增加,2013—2019 年中国对沿线国家累计直接投资 1 173.1 亿美元。截至 2019 年年底,中国在"一带一路" 56 个沿线国家设立境外企业超过 1 万家,2019 年在"一带一路"沿线国家实现直接投资 186.9 亿美元,同比增长 4.5%,占同期流量的 13.7%;2019 年年末在"一带一路"沿线国家的直接投资存量为 1 794.7 亿美元,占存量总额的 8.2%。"一带一路"沿线投资主要流向新加坡、越南、老挝、印度尼西亚、巴基斯坦、泰国、马来西亚、阿联酋、柬埔寨和哈萨克斯坦等国家。

三是投资领域多元化,八成存量集中在服务业。2019 年,中国对外直接投资涵盖国民经济的 18 个行业大类,超七成投资流向租赁和商务服务、制造、金融、批发和零售业四大行业。2019 年年末,中国对外直接投资存量的八成集中在服务业,主要分布在租赁和商务服务、批发和零售、金融、信息传输/软件和信息技术服务、房地产、交通运输/仓储领域。

四是中央企业和单位对外直接投资增长较快,地方企业存量占比超四成。2019 年,中央企业和单位对外非金融类直接投资 272.1 亿美元,同比增长 18%;地方企业 897.4 亿美元,同比下降 8.7%,占全国非金融类流量的 76.7%,较上年下降 4.3 个百分点。广东、上海、山东位列 2019 年地方对外直接投资前三甲。2019 年年末,地方企业对外非金融类直接投资存量达到 7 855.5 亿美元,占全国非金融类存量的 40.4%。

五是对东道国税收和就业贡献显著,对外投资双赢效果凸显。2019 年境外企业向投资所在国缴纳的各种税金总额达 560 亿美元,雇用外方员工 226.6 万人,占境外企业员工总数的 60.5%。对外投资带动出口 1 167 亿美元,占中国货物出口总值的 4.7%,实现销售收入 25 120 亿美元,同比增长 4%。2019 年中国境外企业的经营情况良好,超七成企业盈利或持平。[1]

6.1.2 海外承包工程与提供劳务发展回顾[2]

中国对外承包工程业务最早可以追溯到 20 世纪 60—70 年代的对外援助,"坦赞铁路"是当时最大的援外工程项目。中国的对外承包工程业务按照完成营业额和新签合同额的情况、不同时期的业务发展特点,可以划分为三个阶段。

6.1.2.1 起步阶段(1978—1989 年)

1978 年以前,我国对外承包工程主要是对外援助中的成套项目援助[3],通过这些援外成套项目的实施,锻炼了队伍,提高了能力,积累了经验,也在受援国建立了良好的客户关系,为后来承揽新的项目打下了基础。随着这些受援国家经济的发展,不断有新的工程项目进入国际工程承包市场。援外企业在自身能力提高的前提下,也在受援国获得新的工程项目订单。可以说,中国的对外承包工程业务是在援外成套项目的基础上起步并发展起来的。

改革开放以后,中国经济快速发展。对外承包工程业务既可以为国家赚取外汇,又可以带回国外先进的技术和管理经验,还有可能带动与建筑有关的国产工业设备和建筑材料的发展和出口。因此,国家在给予对外承包工程企业政策支持的同时,还在资金等方面支持企业对外开展业务,推动商业意义上的对外工程承包正式开始发展。在 1978—1989 年这 12 年间,虽然美国工程新闻记录(ENR)国际 250 家最大承包商在国际工程市场的合同额由 1982 年的 1 231 亿美元下滑到 1987 年的 740 亿美元,但中国的对外承包业务却持续增长,1989 年中国对外承包工程业务完成营业额 15 亿美元,是 1981 年完成营业额的 15 倍,年复合增长率 35%。项目覆盖国家和地区广,除中东、北非地区传统市场外,还扩展到南亚、东南亚、非洲、美洲、西欧和南太平洋等 130 多个国家和地区。其中亚洲地区的合同额占总合同额的 60%左右,成为我国最大的区域承包工程市场。

虽然这一阶段对外承包工程业务的体量还很小,业务发展也不均衡,但这一阶段企业经营领域日益扩大,除土建项目外,开始涉足一些技术含量高的项目,如电站、糖厂、化肥厂等,积累了大量项目经验。

此外,在市场竞争激烈的情况下,对外承包企业通过积极参与国际工程竞标,锻炼了队伍,提高了管理能力和水平。企业群体不断扩大,到 1989 年,有对外经营权的企业近百家。

---

① 商务部、国家统计局、国家外汇管理局:《2019 年度中国对外直接投资统计公报》,公报全文见 http://fec. mofcom. gov. cn/article/tjsj/。

② 本节中的数据和资料主要来自国家统计局官网、《中国对外承包工程发展报告 2018—2019》和苏伟修《中国对外承包工程 40 年业务数据回顾和发展望》。

③ 成套项目援助是中国通过提供无偿援助和无息贷款等援助资金,帮助受援国建设工厂或民用领域的工程项目。中方负责项目考察、勘察、设计和施工的全部或部分过程,提供全部或部分设备、建筑材料,派遣工程技术人员组织和指导施工、安装和试生产。项目竣工后,移交受援国使用。

对外承包企业数量的大幅增加和业务能力的提高,为对外承包工程在 20 世纪 90 年代的快速发展奠定了基础。

6.1.2.2　快速发展阶段(1990—2013 年)

进入 20 世纪 90 年代,随着各类支持政策的出台和完善,对外承包工程业务进入新一轮快速发展周期。

一是对外承包工程完成营业额持续增长。1990—2013 年,中国对外承包工程完成营业额从 164.4 亿美元增长到 1 371 亿美元,其间除 1997—2001 年受东南亚金融危机等因素影响,年完成营业额的增长率低于 10% 以外,各年的年完成营业额增长率都在 20% 以上。2002 年,中国对外承包工程业务完成营业额首次超过 100 亿美元,达到 112 亿美元,并重新进入快速增长的轨道。2002—2009 年,完成营业额年度增长率都在 20% 以上,是中国对外承包工程业务发展最快的时期。

二是企业群体不断壮大,除了窗口公司外,部分生产企业、实体公司、专业公司和综合性公司纷纷开始从事对外承包工程业务。同时,部分实体公司与窗口公司合作,优势互补,进一步促进了对外承包工程业务的发展,提高了业务水平和项目质量。这一阶段,经主管部门批准,从事对外经济技术合作的公司数量也急剧增加,1990 年有近百家,1994 年增加到 450 多家,1998 年增加到 955 家,2013 年,取得对外承包工程经营权的企业已发展到 4 000 多家。

三是企业能力不断增强。进入 20 世纪 90 年代后,中国对外承包工程企业在实业化、国际化、集团化和多元化方面取得了较大的发展。公司整体实力增强,在国际市场上树立了良好的信誉并占据了一席之地。1990 年,有 23 家中国公司进入 ENR 225 最大国际承包商排行榜,到了 2013 年,前 225 家最大国际承包商中有 50 多家中国企业。

这一时期,中国的对外承包工程业务规模发展,企业能力大幅提升,在巩固传统亚洲和非洲市场的同时,部分企业尝试开拓欧美市场,并且取得了较好的业绩。中国建筑、中国冶金建设集团公司先后在美国本土获得承包项目,标志着中国企业在开拓美国等发达国家工程承包市场方面有了重大的进展。

6.1.2.3　稳步增强阶段(2014 年至今)

从 2014 年开始,中国对外承包工程企业海外完成营业额仍保持增长势头,但增长率下降到 10% 以下。2019 年完成营业额为 1 729 亿美元,比上年增长 2%。虽然增长率有所放缓,但在此期间,对外承包工程开发高端市场的努力已取得成效,工程项目已由传统的设备供货、施工分包、劳务出口,向更高端的业务模式发展,参股、投资带动 EPC 模式的项目运作更加成熟,一些有实力的企业成功运作 BOT/PPP 等带有投资性质的项目。中国对外承包企业已经成为全球建筑市场一支重要力量,2019 年进入 ENR 225 排名的有 65 家中国承包商,其合计完成的营业额在所有上榜国家中名列第一。

同对外投资不同,"一带一路"沿线国家一直是我国对外承包的传统市场。2019 年,中国企业在"一带一路"沿线的 62 个国家新签对外承包工程项目合同 6 944 份,新签合同额 1 548.9 亿美元,占同期我国对外承包工程新签合同额的 59.5%,同比增长 23.1%;完成营业额 979.8 亿美元,占同期总额的 56.7%,同比增长 9.7%。①

6.2 "走出去"企业在来源国可能面临的税收问题

中国"走出去"企业的足迹遍布世界 188 个国家或地区,既有发达国家,也有发展中国家或欠发达国家,这些国家所面临的税收环境和税收风险是不一样的,需要区别不同类型的国家来介绍"走出去"企业可能面临的税收问题。

6.2.1 "走出去"企业在发达国家可能面临的税收问题

发达国家以欧美国家为代表,多是成熟的市场经济国家,税制比较规范,税收法规比较复杂,专业性要求较高。

从税收立法来看,欧美发达国家的税收政策均以立法的形式体现,在立法之前会将草案对外公布,经过公众讨论与质询之后,再经立法机关讨论通过。法案通过之后,也会在财政和税务机关的网络对外公布,并附有相关解释与答疑,税收政策相当透明。但是,由于税收在这些国家有较长的历史,期间不断发展变化,税收政策相当繁杂,无论哪个国家的税法都是厚厚的几百页,甚至几千页,非专业人士很难掌握个中细节。

从税制构成来看,欧美国家的主体税种是所得税(包括企业所得税和个人所得税),流转税(增值税或消费税)次之。各税种的相关规定和具体计算过程非常复杂和繁琐。

欧美国家间的税收协定和税收多边合作较多、较规范,各国也比较尊重税收协定和多边合作,且严格执行,可谓有法可依、有规可循。例如,欧盟成员国都适用统一的欧盟关税法和增值税法。

从税收征管来看,欧美国家的税收征管比较严格,重视形式,更重视实质。例如,欧美国家没有税务机关统一监制的发票,企业可以自行开具带有个性特点的商业发票,但该商业发票必须完整体现税务机关要求的所有信息,包括税务登记号、银行账号、营业地址和联系方法等。又如,在欧盟很多国家,若企业提交的转让定价国别报告中的利润率区间有较大变化,企业必须提交充分的证明,解释其商业合理性及企业集团定价的一致性,否则就会被调整补税。

需要注意的是,在税收管理的过程中,欧美国家的税务机关更强调诚信原则,要求企业自行、自觉报备相关税务资料。企业通常在专业机构的帮助下,把税法要求的申报资料和备案信息及时、充分且完整地提交给税务机关。而税务机关并不会马上给予肯定和具体的答复,只会确认收到的相关材料。企业可以自行按税法规定进行税务处理或享受税收优惠,除非将来税务机关在检查中发现企业提交的信息不完整或者有错误,才会通知企业补充或者更正信息,并进行相应的处理。作为后期管理,欧美国家的税务机关会随时开展专项检查,包括追溯检查,一旦被查出问题,企业就要补税、缴纳罚款和滞纳金。

---

① 数据源自商务部官方网页 http://fec.mofcom.gov.cn/article/fwydyl/tjsj/202001/20200102932470.shtml.

为了给企业的税务处理提供更大的确定性,欧美国家普遍有预先裁决制度。根据国际货币基金组织 2016 年的报告,几乎所有的 OECD 成员国都有税收预先裁决制度,纳税人对于可能产生争议的税务处理,可以将相关资料提交给税务机关,获得税务机关对某事件税务处理的事先裁定,从而减少自行判断和处理的不确定性,避免未来缴纳罚款和滞纳金。

从税收纠纷解决的方式来看,在欧美国家,如果企业与税务机关发生税务纠纷,一般采取诉讼方式解决。也就是说,若企业对税务机关的最终税务决定、处罚不服,通常直接到法院起诉。但这个程序相当复杂,且旷日持久,企业可以寻求税务专业机构的帮助。

发达国家的税务专业机构比较发达,专业服务更加细化,能从不同专业角度为客户服务,有些机构还设置了专门针对中国"走出去"企业服务的团队,在语言沟通、企业文化以及相关中国税务问题的理解上有很多优势。

此外,在欧美国家的政治体制下,除了联邦(中央)这一级以外,地方各级包括州和郡在税务立法上具有很大的权限,很多地方级别的税收优惠是因地而异。企业可以通过与地方政府(财税机关)直接沟通和谈判,获得特殊的税收优惠。

从征管技术看,信息技术在发达国家的税收征管领域得到了广泛应用,不论是网上申报、税款支付还是年度申报表的预输入方面,都已经相当地普及。此外,应用大数据及第三方数据来提高税务合规性也是趋势。

总体上看,我国的税收征管模式与水平近年来不断向发达国家靠近,特别是在应用信息技术便利纳税人及加强税收风险管理方面,可以说是走在世界的前列。但在税收政策透明度、税收法规的确定性等方面仍有待完善。"走出去"企业投资发达国家时,应该充分意识到发达国家税收环境和税务管理体制与我国不同,应尽可能聘请税务专家,努力维护自身的合法权益。

6.2.2 "走出去"企业在发展中国家可能面临的税收问题

发展中国家的税制较不透明,相对比较简单,有待规范,实际操作中不确定性大。

从税收立法来看,很多发展中国家本身的政治体制不完善,经济也不发达,法律体系不健全,税收立法相对落后,税制往往比较简单和粗糙。特别很多发展中国家曾经是欧美国家的殖民地,独立后的税制仍沿用过去殖民地时期制定的税法,并没有作较大修改。例如,西非是原法属殖民地,税制受法国税制的影响很深;安哥拉、赤道几内亚等国的税制仍有葡萄牙、西班牙税制的烙印。由于税收立法之前缺乏深入细致的讨论,立法之后也没有详细的解释,加上官方语言多为当地语言,对于外国投资者需要了解的税收政策,很难找到英语或其他常用语言的解释,整体而言,税收政策对于外国投资者来说十分不透明。

从税种构成来看,大多发展中国家的主体税种是流转税(增值税、消费税和关税),所得税占比较小,地方税也较少,流转税的计算相对简单,所得税的规定也不太复杂。

从执法角度看,发展中国家税制相对简单,不够清晰,使基层税务机关的解释和执法带有一定的随意性,具体执法人员的自由裁量权较大,存在很多磋商的空间。不同时间、不同地区、不同级别税务机关执行相同/相似的税收政策时,判断和处理结果不一致,导致税收政策适用有较大的不确定性,而且发展中国家往往没有提供增加税收确定性的预先裁定机制、预约定价机制等,企业管控税收风险的难度较大。

从征收管理来看,发展中国家多以事前管理为主,比如在平时的纳税申报时,企业大多被要求到当地税务机关的申报窗口缴税,提交的财税资料等不仅需要满足实质要求,还必须达到形式要求,如相关费用支出必须要对应相关银行流水单等。在重视事前事中管理的同时,企业还会面临税务机关的随时检查、重复检查,这类税务检查多以补税罚款的方式结束。

从缴税环节上看,很多发展中国家更注重税收收入的源泉控制,要求支付端、上游供应链等预扣预缴,特别是对境外支付的款项基本都要求支付方扣缴,且扣缴的税率比较高。预扣预缴是一种税收征收制度,企业后期可以根据汇算清缴情况多退少补,但实际操作中,企业退回多缴税款的难度很大。从这些年的税收改革趋势来看,很多发展中国家一方面降低了企业所得税税率,另一方面提高了代扣代缴企业所得税税率。如安哥拉在 2015 年将承包商不动产建设、改进和维护业务的预扣税率从之前的 3.5% 调整到 6.5%,对我国"走出去"企业在建项目的税负产生了较大影响。

从争议解决来看,除了个别国家,大部分发展中国家缺乏必要的法律救济机制,或者法律救济机制不健全、效率低。虽然发展中国家税法中往往也有相应的法律诉讼程序,但因诉讼程序较长,司法缺乏独立性,很少有"走出去"企业选择与税务机关打官司,大部分情况下选择求助专业机构或当地代理,与当地税务机关谈判、协商,最终和解处理纠纷事项。

此外,发展中国家的税收协定不够多,税收多边合作较少,甚至存在有税收协定,但在实际执行中并不完全遵从和执行的情况。对此,企业需要关注并采取应对措施,积极争取应享受的协定待遇。

另外需要注意的是,发展中国家的税务专业机构不够发达,分工不细,"走出去"企业在选聘当地中介机构时,需要认真考察当地专业机构的背景和人员水平,慎重选择。

6.3 "走出去"企业在来源国面临的税收问题

6.3.1 对外承包和提供劳务主要面临的税收问题

"走出去"企业在境外承包工程和提供劳务,会从来源国取得所得,对于此类所得,要关注以下税收问题。

6.3.1.1 当地对承包工程和提供劳务是否有预扣预缴税款的规定

不少国家为了加强对来源于境内所得的管理,都规定居民企业付服务费或工程款至外国企业时,需要预扣缴相关的税款,如阿根廷、巴西、哥伦比亚、加拿大、法国、日本、墨西哥、罗马尼亚、俄罗斯、印度、越南、土耳其、英国、美国、中国台湾等很多国家(地区)都有类似的预扣税规定,[①]而且预扣税率通常超过 15%,如印度尼西亚规定,对于任何支付给"非居民"

---

① 具体内容参见 https://www.dlapiperintelligence.com/goingglobal/tax/index.html? t=17-withholding-tax。

的支出(不只限于购物),基于总额适用 20%的税率扣缴税款。① 预扣税对于"走出去"企业在来源国的税负有很大的影响,因此,"走出去"企业在签订合同之前,必须首先了解工程所在地或劳务发生地是否有类似的预扣税规定。

6.3.1.2 了解是否可以享受营业利润条款的协定待遇

如果来源国有预扣税规定,"走出去"企业想要降低在来源国的税负,就必须应用中国与来源国签订的税收协定中"营业利润"条款,判断所得是否可以享受"营业利润"条款的税收协定待遇。鉴于营业利润条款的核心是一方企业只有在来源国构成常设机构的情况下,才需要在来源国就营业利润缴税,是否构成常设机构,对于"走出去"企业来说,具有重要的影响,直接决定"走出去"企业是否需要在来源国交税。根据普华永道会计师事务所针对常设机构所作的非正式调查,89%的被调查企业认为应该更加重视常设机构问题,63%的被调查企业认为税务机关近年来在对常设机构征税问题上比以往更加激进,86%的被调查企业认为人员流动性的增加会增加构成常设机构的风险。被调查的企业当中,有 1/3 的企业正在接受税务机关一项或多项关于常设机构的调查。②

然而判断是否构成常设机构并非是一个简单的问题。一则 OECD 范本和 UN 范本对常设机构的认定规定本身还存在不清晰之处。比如在本书第 3 章中我们曾提到,尽管 OECD 范本和 UN 范本花了很多笔墨讨论"常设机构"的定义,但是对于很多基础性的概念仍然不够清晰,涉及大量主观判断,如对于什么是辅助性和准备性的活动,并没有一个简单的判断标准,同样是采购活动,对于大部分企业来说,可能是辅助性的活动,但是对于商业零售企业来说,可能就是很重要的业务活动。同样是仓储活动,对于大部分企业来说可能是辅助性的,但是对于亚马逊、京东等电商企业来说,可能是很重要很基本的业务活动。特别是 UN 范本中的服务型常设机构,所涉及的很多基本概念甚至都没有解释,从而给"走出去"企业判定是否构成常设机构时带来很多困难。再加上各国对于协定的理解和执行存在差异,在实践中对于常设机构的认定更是五花八门。实际上,即使是在同一个国家,不同个人和组织对于同一问题的认定可能也存在巨大的差异,印度 Karnataka 高院曾经就 Nike 公司联络处(liaison office)是否构成常设机构③、印度所得税上诉法庭就 Tesco 采购有限公司(中国香港)是否构成常设机构作出与税局不同的判断。④

现实当中多数"走出去"企业的业务人员并不清楚自身活动是否构成常设机构,往往基于以往的经验行事,比如在 A 国从事某活动不构成常设机构,就认为在 B 国从事类似活动也不构成。或是因为税务局之前曾认定联络类活动不构成常设机构,就认为所有联络类活动都不会构成常设机构。实际上,随着企业活动的地理范围和业务范围不断扩大,往往就会

① DELOITTE. 印度尼西亚税务指南[R/OL]. [2020-10-21]. https://www2.deloitte.com/content/dam/Deloitte/id/Documents/tax/id-tax-indonesian-tax-guide-2019-2020-cn.pdf.
② PWC. Permanent Establishment 2.0:At the heart of the matter [R/OL]. [2020-10-21]. https://www.pwc.com/gx/en/tax/publications/assets/pwc-permanent-establishments-at-the-heart-of-the-matter-final.pdf.
③ 具体内容参见 https://itatonline.org/archives/cit-vs-nike-inc-karnataka-high-court-s-5-9-no-income-is-attributable-to-liaison-offices-activity-of-sourcing-mfgd-products-from-india-even-if-fee-for-service-is-received-from-overseas-buyer/。
④ 具体内容参见 https://www.casemine.com/judgement/in/5d31637a3321bc6e5935977e。

越过红线,构成常设机构。印度法院关于新加坡东芝公司的案例就很好地说明了这一风险。东芝公司最初在印度从事的就是联络、收集商情等辅助性和准备性的活动,税务局根据企业的陈述认定不构成常设机构,但后来税务局在实地调查中,发现东芝公司印度办事处的工作人员不仅从事联系、收集商情等活动,还进行了广告、促销、市场调研等活动,甚至与潜在客户沟通、进行价格谈判等活动,法院最终判决东芝公司的印度办事处构成常设机构。①

鉴于以上,"走出去"企业必须要从以下方面加强"常设机构"的管理:

(1) 了解适用税收协定关于"常设机构"的具体规定。OECD 范本和 UN 范本的常设机构条款存在差异,一般来讲,发达国家之间签订的协定多采用 OECD 范本,而发展中国家所签订的协定多采用 UN 范本,但也有个别发展中国家的协定是采用了 OECD 范本的条款。是否构成常设机构,不能仅依靠过往的经验,一定要找到适用的协定,研究协定条款的具体表述,否则会出现判断失误。除了了解协定条款,还要了解当地关于常设机构认定的解释性文件和法律判例,从而更准确地进行评估。

(2) 了解来源国对常设机构管理的态度。除了要关注适用协定中"常设机构"条款的具体规定,还要了解实务当中各国税务机关对常设机构的管理是否严格,如印度的税务机关对常设机构管理比较严格,有不少将外国企业认定构成常设机构并征税的案例,所涉及的常设机构不仅有固定型、工程型、服务型的,还有代理型常设机构,纳税人经常为是否构成常设机构与税务机关对簿公堂。反之,有些国家对常设机构的管理并不是很严格,或者只是对工程型或服务型常设机构的管理比较严格,对代理型常设机构的管理处于放任的状态。普华永道会计师事务所针对常设机构问题对企业的调查结果显示,有 78% 的受访者同意或非常同意各国的税务机关在处理常设机构的态度上不一致。尽管如此,可以肯定的是,各国税务机关的总体趋势是强化了对常设机构的管理,有 63% 的被调查者认为税务机关对常设机构的管理更积极了。② 特别是在欧洲和美国等国家,近年来有一系列关于常设机构认定的重大案件发生,比如,西班牙最高法院在 2012 年作出判决,支持税务局将罗氏西班牙子公司认定为罗氏母公司的常设机构,要求罗氏母公司将其在西班牙的全部销售额认定为源自西班牙的所得,要在西班牙征税。③ 2016 年,西班牙最高法院又作出判决,认定戴尔西班牙公司构成戴尔爱尔兰公司的常设机构。④ 这两个判决在国际税收领域都引起很大的反响,因为这些案例与此前其他欧洲国家(如挪威对戴尔子公司)的判决结论截然相反,大大增加了跨国公司在其他国家构成常设机构的风险。

(3) 了解来源国具体执行标准。除了了解是否构成常设机构,还需要知道各国对于构成常设机构的外国企业如何征税,因为税收协定不会规定具体的征税方法,仅仅是规定了一般性的原则,因此,各国在实操中对于如何对常设机构征税存在较大的差异,对企业的实际

① 具体内容参见 https://news. bloombergtax. com/daily-tax-report-international/insight-business-activities-constitute-pe-under-the-india-singapore-tax-treaty.

② PWC. Permanent Establishment 2.0:At the heart of the matter[R/OL]. [2020-10-22]. https://www. pwc. com/gx/en/tax/publications/assets/pwc-permanent-establishments-at-the-heart-of-the-matter-final. pdf.

③ 具体内容参见 https://tpcases. com/spain-vs-roche-january-2012-supreme-court-case-nr-16262008/.

④ 具体内容参见 https://tpcases. com/spain-vs-dell-june-2016-supreme-court-case-no-14752016/.

税负产生很大的影响,这一点往往也是税务机关和企业关于常设机构争议的另一个焦点领域。比如,在上面的案例中,西班牙高院裁定罗氏母公司要就在西班牙的全部销售额征税,而罗氏公司认为应该仅就销售子公司取得的佣金收入征税。

印度虽然有众多的常设机构判例,但是对于如何对常设机构征税也没有给出明确的指引,而是依据每个判例的具体情况采用不同的方法,主要是根据常设机构执行的功能、拥有的资产和承担的风险,将常设机构作为一个独立的实体,应用转让定价的方法来确定常设机构应该获得的利润并征税。这一方法体现在德里法院在 Galileo International Inc 一案的判词中的说明:"关于如何合理分配利润给常设机构,并没有一个指引,必须在考虑常设机构的功能、资产与风险的基础上,根据每个案子的具体情况来判断"。[①]

更多的国家采用比较简便的方法,按照常设机构收入的一定比例确定应税利润。个别国家采用特殊的方法计算和征收税款。比如,在越南实行外国承包商预提税(Foreign Contractor Withholding Tax,以下简称 FCWT),这并不是一个独立的税种,而是一种对付出越南境外的款项征收增值税和所得税(包括企业所得税和个人所得税)的方式。在这种方式下,从越南取得各类收入的外国企业可以选择扣除法、直接法或混合法在越南交税。扣除法需要企业按照越南的会计准则记账,企业可以按实际的增值额或利润额缴纳增值税和所得税。直接法按收入总额的一定比例征收增值税和所得税。在混合法下,企业可以按扣除法缴纳增值税,但是按直接法缴纳所得税。按照 FCWT 的规定,所有从越南取得收入的外国企业都需要缴税,虽然按照税收协定的规定,企业在没有构成常设机构的情况下可以免所得税,但实际很难申请,因此凡是从越南取得所得的"走出去"企业必须了解这些实际执行情况,考虑可能的税收成本。

(4)了解在中国是否可以抵免境外常设机构已经缴纳的税款以及抵免的具体要求。如本书第 2 章中所介绍,中国在境外常设机构的所得要并入中国企业的所得纳税,所得在来源国已经缴纳的税款可以抵免。实务当中,由于各国对于常设机构的征税方法不同,会给"走出去"企业带来一些实际的困难,比如境外营业机构的亏损不得抵减境内营业机构的盈利;在境外缴纳的一些界定不明朗的所得税性质的税款无法抵免在中国应缴纳的企业所得税;当地实务操作要交而按照税收协定规定不应该缴纳的税额在中国无法抵免等。企业只有提前了解和评估可能的税收影响,并针对性地采取措施,才能避免境外缴纳税款无法抵免的情况出现。

(5)检视业务流程,从根本上管理和控制常设机构风险。了解以上各方面规定之后,企业需要有针对性地制定策略,从根本上管理和控制常设机构风险,并将相关的策略传递到一线的业务人员。比如,某中国企业在中国香港设有子公司,集团拟与加拿大某企业开展业务,为加拿大某企业提供生产线改造服务,该项业务可以由中国香港子公司完成,也可以由中国内地母公司完成。如果由中国内地母公司去执行此项业务,按照中国与加拿大的税收协定,中国内地母公司有可能在加拿大构成服务型常设机构,但是因为中国香港与加拿大的

---

① 具体内容参见 https://indiankanoon.org/doc/165385275/。

税收协定是参照 OECD 范本签订的,没有服务型常设机构的条款,如果由中国香港子公司执行此项业务,不会因为项目执行人员在加拿大停留超过 183 天而构成常设机构,因此决定由中国香港子公司与加拿大公司签约并执行这一业务,从根本上控制了在加拿大构成常设机构的风险。实际执行项目时,还需要保证没有中国内地母公司的员工参与该项目,真正从实质和形式上消除在加拿大构成常设机构的风险。从下面[案例 6-1]中也可看出一线业务人员了解常设机构及相关税务风险,切实执行税务风险管理策略的重要性。

6.3.1.3 了解如何具体享受协定待遇

从需要预扣税款的国家取得服务费的企业,只有申请享受协定待遇才能降低税额。如何享受协定待遇,在不同的国家有不同的要求,导致实际享受协定待遇的难度不同。有的国家需要在项目开始之前提交资料给税务机关判断,有的国家可以由纳税人自行判断、自行享受,还有的国家需要税务机关审批之后才能享受。企业必须了解清楚来源国的法律规定和具体执行标准,确保可以享受协定待遇。比如,印度尼西亚就规定,非居民纳税人要享受协定待遇,必须填写协定待遇申请表,纳税人要在申请表上签名,居民国的税务机关要盖章确认纳税人的居民身份,申请表格必须在规定的时间内提交等,未满足这些管理要求的申请不能享受协定待遇。奥地利的财政部在官网上公布了协定伙伴国申请享受协定待遇的相关指引和申请表供居民纳税人下载使用,大大便利了本国"走出去"企业申请享受协定待遇,此种做法值得我国借鉴。①

案例 6-1

华为中国在印度是否构成常设机构②

华为技术有限公司(以下简称华为中国)向印度所得税上诉法庭(Income Tax Appellate Tribunal,以下简称 ITAT)提出上述,就新德里国际税务部出具的一系列评税决定提出异议,涉及 2009—2010 年开始的 8 个纳税年度的评税结果。上诉法庭在 2020 年 11 月先后举行了三次网上听证,并于 2020 年 12 月宣布审理结果。

案例背景:华为中国 2002 年在印度成立了子公司华为电信(印度)有限公司(以下简称华为印度)。华为中国向印度客户销售电信设备。华为印度为印度电信运营商从华为中国购买的电信设备提供集成、安装和调试服务。

华为印度与华为中国签订了技术支持服务合同,华为中国向华为印度提供技术支持,并向华为印度收取技术服务费,华为中国已就收取的技术服务费在印度申报纳税。

2009 年 2 月,税务机关对华为印度的办公场所发起现场调查,收集了一些书面证据,并记录了证人证言。之后税务机关要求华为中国针对收集的书面证据与证人证言作出解释,经过漫长的评估沟通,税务机关最终认为华为中国在印度构成实体型、建筑型、服务型、代理

---

① 具体内容参见 https://www.bmf.gv.at/themen/steuern/internationales-steuerrecht/rueckerstattung/quellensteuerformulare-von-dba-partnerstaaten/formulare-dba-partner.html。
② 具体内容参见 https://www.itat.gov.in/files/uploads/categoryImage/1607501080-HUAWEI.pdf。

型常设机构,需要就销售设备所得在印度纳税,并就 2009—2010 年纳税年度开始的 8 个纳税年度发出评税通知,要求华为中国缴纳约 93 亿卢比的税款(此前华为中国在印度自行申报的税款约为 5 396 万卢比)。华为中国向税务争议解决小组(Dispute Resolution Panel,以下简称 DRP)提起复议,DRP 的决定支持评税员的评税结果。华为中国随后向印度所得税上诉法庭提出上诉。上诉文件提出,评税员与 DRP 所依据的以下事实和相关决定是错误的:

1. 华为中国的所得与印度有商业联系(business connection),华为印度是华为中国的常设机构。

2. 华为印度的雇员可以代表华为中国谈判与签订销售合约。

3. 华为中国将华为印度的地址作为当地的联系地址,并使用华为印度的办公场所开展业务。

4. 华为中国销售设备给印度客户,相关风险和所有权在印度完成转移,销售在印度完成。

华为中国认为,华为中国的销售是在印度以外完成的,与印度没有商业联系,不属于来源于印度的所得,不需要在印度纳税;华为印度与印度客户独立签订合约,独立完成安装测试等工作,不构成华为中国的常设机构;即使华为中国在印度已经构成了常设机构,也仅应该就归属于常设机构的所得纳税,不应就销售合同的全额纳税。

为支持以上观点,华为中国提出以下事实:

1. 华为中国主要通过电子形式在网络上完成电信设备销售,印度客户主要通过阅读华为中国的国际商品目录来采购,偶尔华为中国的雇员会访问印度,在酒店或印度客户的办公室就合同条款进行协商,合同最终会在印度以外签订,华为中国在印度没有实体型常设机构。华为中国的雇员和董事才有谈判、决定、改变和接受合同条款的权力,华为印度雇员没有参与销售合同的沟通与谈判,不是华为中国的代理型常设机构。

2. 根据销售合同,华为中国销售给印度客户的电信设备在印度以外完成所有权和风险的转移。

3. 华为印度公司在印度从事下列活动:①销售电信网络设备;②提供设备安装调试服务;③为印度运营商提供设备相关的培训服务;④为印度运营商提供设备相关的技术支持服务;⑤为不同的客户提供管理和年度维护服务。华为印度公司与客户直接签订合约,独立开展电信设备的安装、调试和服务等工作。

2020 年 12 月 9 日,印度上诉法庭作出决定,认为华为中国在印度构成常设机构。判决的要点如下:

上诉法院审阅双方提供的资料之后,认为华为中国在印度有商业联系,原因包括:

(1)华为印度与华为中国的业务紧密相连,没有华为印度的安装测试服务,华为中国销售给印度客户的电信设备无法运作,安装与测试活动是销售活动的延续,对华为中国的利润有直接贡献。

(2)在华为中国与 Reliance Infocomm Ltd、HTL 和 Sterlite Optical Technologies Ltd

等印度客户的合同中，明确规定如果产品质量不合格，印度客户可以拒收全部或部分产品，华为中国需要自行承担与换货等相关的全部成本，这说明与设备销售相关的风险和所有权并不是在印度之外完成转移，交易并非在印度以外完成。

（3）印度 HFCL Infotel 电信有限公司 2009 年 2 月 13 日的设备采购订单提到华为印度某位雇员的报价，说明华为印度的雇员有代表华为中国就采购合同谈判，并且华为中国与华为印度曾就某些项目联合投标，投标文件中既有提到华为中国的资源，也有强调华为印度的资源。以上说明华为印度参与了华为中国向印度客户销售设备的合同谈判与签订。

（4）印度客户 BSNL 公司总经理的信件和 Airtel 公司的采购订单证明华为中国参与了所销售设备的安装与测试工作。

上诉法院同意评税员和 DRP 的观点，认为华为中国在印度构成常设机构，原因如下：

（1）根据华为印度对评税员所提问题的书面答复，华为中国的某些雇员曾使用华为印度的办公室开展工作，根据中印税收协定，华为中国在印度构成了实体型常设机构。

（2）虽然华为印度声称与客户独立签约，有能力独立完成安装测试工作工作，并直接向客户收费。但上诉法院根据有关调查记录认为华为印度并不拥有独立完成安装调试工作的能力，华为中国的派遣人员曾在施工现场指导安装调试等工作。印度客户 BNSL 总经理的信件甚至声明华为中国曾在该公司 2005 年的某采购项目中直接从事设置安装与调试工作。鉴于以上监督管理活动持续时间超过 183 天，根据中印协定，华为中国在印度构成了建筑安装型常设机构。

（3）华为印度的雇员参与了华为中国向印度客户设备销售合同谈判与签订，而且华为印度的业务基本依赖华为中国，实际上华为印度的业务全部和华为中国销售给印度客户的设备相关，因此华为印度并非是华为中国的独立代理人，并非按照营业常规从事代理或经纪业务，而是华为中国的非独立代理人，构成了华为中国的代理型常设机构。

基于以上，上诉法院驳回了华为中国的所有上诉请示，维持评税员和 DRP 的决定。按照印度税务争议解决的途径，华为中国还可继续向印度高院（High Court）和最高法院（Supreme Court）继续上诉，直至得到满意的结果，印度高院和最高法院过往也曾多次否决税务机关和上诉法庭的决定，支持纳税人的上诉，因此 ITAT 的判定结果并非终局，华为税务案的最终结果仍不可知。但是我们从案例介绍中可以看到，税务人员会采用各种方法调查和了解企业的实际运作情况，企业必须加强对业务的管理，在合同谈签、人员安排、业务实施过程中尽量小心，稍有不慎就可能引发常设机构的风险。

6.3.2 被动所得相关税收的征收与管理

对于在境外从事建筑工程、提供劳务的"走出去"企业来说，对税负影响较大的是来源国对常设机构的认定与管理，但是对于直接投资型的"走出去"企业来说，所得主要是利息、股息、特许权使用费等被动所得，在来源国面临的税收问题主要是预提所得税和股息、利息、特许权使用费等协定待遇的享受。具体来说，要注意以下方面：

（1）来源国关于预提所得税的规定。很多国家为了加强对来源于本国的所得的税收管理，都要求本国支付人代扣代缴所得税，对于采用此类方法征收的税款，我们称为预提所得税。预提所得税的税率通常比较高，比如针对股息，德国的预提所得税税率是25%，美国是30%，瑞士是35%。表6-1列出了中国十大投资目的国（地区）向非居民支付股息、利息和特许权使用费时的预提所得税税率。[1]

表6-1

预提所得税税率

项目	股息	利息	特许权使用费
中国香港	0	0	4.95%
新加坡	0	15%	10%
荷兰	15%	0	0
美国	30%	30%	30%
印度尼西亚	20%	20%	20%
澳大利亚	30%	10%	30%
瑞典	30%	0	20.6%
越南	0	5%	10%
德国	25%	0	15%
泰国	10%	15%	15%

需要注意的是，除了利息、股息、特许权使用费会被征收预提所得税，有些国家可能会对一些特殊的所得类型征收预提所得税，比如上面提到的越南的外国承包商预提税。加拿大国内税法也规定，对于加拿大居民支持付给非居民企业的行政管理费（management or administration fee）也需要征收25%的预提所得税。

（2）税收协定股息、利息、特许权使用费等条款的具体规定。尽管各国国内法规定了较高的预提所得税税率，但是国家之间所签订的税收协定都会规定一个最高税率，通常会大大降低预提所得税的税率水平，因此，需要了解相关国家税收协定规定的最高税率。国家税务总局出台的《"走出去"税收指引》详细列出了各国与中国签订的税收协定所规定的协定税率，"走出去"企业在设计股权架构和业务流程时应该参考。对于上面越南国内的外国商承包商预提税，以及加拿大国内税法中规定的对行政管理费征收25%的预提所得税，由于大多数税收协定中都没有针对工程费或管理费的条款，根据税收协定的规定，需要应用第七条营业利润条款判断如何对征税，如果收取工程费和管理费的企业未在来源国构成常设机构，则可以申请享受税收协定待遇，不缴纳预提所得税。

---

[1] PWC. Worldwide Tax Summaries［EB/OL］．［2020-10-23］．https://taxsummaries.pwc.com/quick-charts/withholding-tax-wht-rates#anchor-T.

（3）了解扣缴的具体程序。各国对于预提所得税的扣缴有不同的规定，"走出去"企业除了需要了解如何计算扣缴金额，确定纳税义务，还需要知道扣缴的程序性规定。比如扣缴的时间、解缴入库的时间、扣缴之后是否需要申报等。特别需要注意的是，如果是从一些先按全额扣缴，再申请享受协定待遇的国家取得收入，还需要了解如何申请退税，是否有时间限制等。比如，加拿大税务署规定退税申请应在税款扣缴之后两年之内提出。只有了解了这些具体的规定，才能充分保障企业的税收利益。

 案例6-2

外国税务当局不执行税收协定多征税款①

烟台杰瑞石油服务集团股份有限公司（以下简称杰瑞公司）是山东烟台本土上市公司。该公司 2010 年在哈萨克斯坦投资注册了子公司，母公司以租赁的方式将设备交给子公司经营。按照哈萨克斯坦税法规定，对当地子公司支付给烟台母公司的租金要按照 20％的税率代扣代缴所得税。烟台市国税局在杰瑞公司办理所得税汇算清缴时，对这笔税款提出了质疑：我国与哈萨克斯坦的税收协定规定，对于从缔约对方取得的租金收入，应按特许权使用费执行 10％的税率。杰瑞公司为此向哈萨克斯坦主管税务机关发起了退税申请，但该国主管税务机关坚持执行国内法，驳回了杰瑞公司的退税申请。烟台市国税局得知情况后，果断选派业务精干人员介入，根据中哈税收协定规定的协商程序，辅导企业填写《启动相互协商程序申请书》，经省国税局报国家税务总局，启动与哈萨克斯坦相互协商程序。经过多轮艰苦的谈判，哈萨克斯坦最终退回了多征的 150 万元税款。

6.3.3　反避税管理

在 BEPS 项目的推动下，近年来各国都加强了对反避税的管理。因此"走出去"企业必须重视各国"反避税"管理的最新发展趋势。特别需要关注以下方面：

（1）转让定价管理。在各项反避税措施中，转让定价管理一般是各国税局最先启动、最多关注的措施。相对其他反避税管理措施，不论是在立法还是实操方面，都相对成熟，各国基本都有转让定价同期资料管理和转让定价调查制度。"走出去"企业除了关注投资目的国的转让定价管理要求，还需要特别关注集团是否需要准备和提交主体文件，如果符合条件需要准备主体文档，则需要聘请专业机构认真的准备。

（2）资本弱化管理。"走出去"企业对外直接投资的时候，一般希望资金尽可能以债权的方式注入企业，以便在被投资企业所得税前扣除支付的利息费用，降低税负。大部分被投资国都通过资本弱化规定限制利息扣除，有采用公平交易法的，有采用比例法的，在初期设计投资与融资架构时，就需要考虑投资目的国资本弱化的相关规定。

（3）防止滥用税收协定。随着 BEPS 行动计划的制订与实施，滥用税收协定也逐渐成为

---

① 案例来自国家税务总局网站。

各国反避税管理的主战场,很多国家在申请税收协定待遇的表格中均要求申请人就是否是股息、利息、特许权使用费的受益所有人作出说明,有的还要求提供相应的证明资料,因此,防止滥用税收协定也是投资者在初期设计投资架构和交易流程的时候必须要考虑的问题。

6.4 "走出去"企业跨境所得征收管理的主要规定

"走出去"企业作为中国的税收居民,要就来自境内外的所得在中国纳税。中国税务机关过往对于非居民企业来自中国境内所得的管理有着丰富的经验,但是对于居民企业来自境外所得的管理并不是十分严格和到位,除了境外所得抵免之外,对居民企业境外所得的管理可以说是空白。2008 年新《企业所得税法》明确提出居民企业概念之后,对于居民企业境外所得的管理越来越到位,在境外注册企业居民认定和管理、居民企业境外投资与所得管理、居民个人境外所得管理等方面有很多新的发展。

6.4.1 境外注册中资控股公司的管理

如本书第 2 章所介绍,《企业所得税法》规定虽然注册在境外,但实际管理机构在中国境内的企业是中国的居民企业。虽然《企业所得税法》及其实施条例未对实际管理机构给出明确的判断标准,但是国家税务总局曾在相关文件中,就如何根据境外注册中资控股企业的实际管理机构判定居民企业身份作出进一步的规定,具体见《国家税务总局关于境外注册中资控股企业依据实际管理机构标准认定为居民企业有关问题的通知》(国税发〔2009〕82 号,以下简称国税发〔2009〕82 号文件)和《国家税务总局关于依据实际管理机构标准实施居民企业认定有关问题的公告》(国家税务总局公告 2014 年第 9 号,以下简称 2014 年第 9 号公告)。国税发〔2009〕82 号文件规定,境外中资企业同时符合以下条件的,应判定其为实际管理机构在中国境内的居民企业(以下称非境内注册居民企业):

(1)企业负责实施日常生产经营管理运作的高层管理人员及其高层管理部门履行职责的场所主要位于中国境内。

(2)企业的财务决策(如借款、放款、融资、财务风险管理等)和人事决策(如任命、解聘和薪酬等)由位于中国境内的机构或人员决定,或需要得到位于中国境内的机构或人员批准。

(3)企业的主要财产、会计账簿、公司印章、董事会和股东会议纪要档案等位于或存放于中国境内。

(4)企业 1/2(含 1/2)以上有投票权的董事或高层管理人员经常居住于中国境内。

对于实际管理机构的判断,应当遵循实质重于形式的原则。

国税发〔2009〕82 号文件也曾就境外中资企业认定居民企业的程序做出规定,2014 年第 9 号公告结合管理实践,对国税发〔2009〕82 号文件的程序性规定进行了修订。现行有效的规定是:符合居民企业认定条件的境外中资企业,须向其中国境内主要投资者登记注册地主管税务机关提出居民企业认定申请,主管税务机关对其居民企业身份进行初步判定后,层报省级税务机关确认。经省级税务机关确认后抄送其境内其他投资地相关省级税务机关,并于 30 日内抄报国家税务总局,由国家税务总局网站统一对外公布。

《国家税务总局关于印发〈境外注册中资控股居民企业所得税管理办法(试行)〉的公告》(国家税务总局公告 2011 年第 45 号)主要就被认定为居民企业的境外中资注册企业如何进行日常税务管理进行明确,具体包括居民身份认定管理、税务登记、账簿凭证管理、申报征收管理等。

居民身份认定管理:企业自行判定提请税务机关认定和税务机关调查发现予以认定两种居民身份认定形式。

非境内注册居民企业的实际管理机构所在地变更为中国境外的,或者中方控股投资者转让企业股权,导致中资控股地位发生变化的,应当自变化之日起 15 日内报告主管税务机关,主管税务机关应当层报税务总局确定是否取消该企业的居民身份。

税务登记管理:非境内注册居民企业应当自收到居民身份认定书之后办理税务登记,主管税务机关核发临时税务登记证,经税务总局确认终止居民身份的,申报办理注销税务登记。

账簿凭证管理:非境内注册居民企业应当按照中国有关法律、法规和国务院财政、税务主管部门的规定,编制财务、会计报表,并将企业的财务、会计制度或者财务会计处理办法及有关资料报送主管税务机关备案。非境内注册居民企业与境内单位或者个人发生交易的,应当按照发票管理办法规定使用发票,发票存根应当保存在中国境内,以备税务机关查验。

申报征收管理:非境内注册居民企业按照分季预缴、年度汇算清缴方法申报缴纳所得税。主管税务机关应当在非境内注册居民企业年度申报和汇算清缴结束后 2 个月内,判定其构成居民身份的条件是否发生实质性变化。对实际管理机构转移至境外或者企业中资控股地位发生变化的,主管税务机关应呈报税务总局终止其居民身份。

6.4.2 居民企业境外投资和所得信息报告

居民企业要就来源于中国境内外的所得纳税,然而对于居民企业来自境外的所得,税务机关很难掌握相关的信息。为此,国家税务总局先后公布了《关于居民企业报告境外投资和所得信息有关问题的公告》(国家税务总局公告 2014 年第 38 号,以下简称 2014 年第 38 号公告),以及《国家税务总局关于做好居民企业报告境外投资和所得信息工作的通知》(税总函〔2015〕327 号),要求居民企业向税务机关报告境外投资和所得的信息。2014 年第 38 号公告规定,居民企业成立或参股外国企业,或者处置已持有的外国企业股份或有表决权股份,导致持有的股份达到或超过 10%时,或者由达到或超过 10%降为不足 10%时,应当在办理企业所得税预缴申报时向主管税务机关填报《居民企业参股外国企业信息报告表》;居民企业在办理企业所得税年度申报时,应附报与境外所得相关的资料信息,如《受控外国企业信息报告表》和受控外国企业按照中国会计制度编报的年度独立财务报表。

6.4.3 有住所居民个人境外所得管理

中国境内有住所,并有来源于中国境外所得的个人纳税人,从境外取得的所得也需要在中国境内缴税。对于这部分所得,虽然国家税务总局也曾在 1998 年 8 月印发了《境外所得个人所得税征收管理暂行办法》(国税发〔1998〕126 号),但是实务中并没有严格管理,实际向境内税务机关申报境外所得的纳税人并不多。2018 年 6 月,配合《个人所得税法》的修订,国家税务总局又修订了《境外所得个人所得税征收管理暂行办法(2018 年修订)》(国家税务总局令第 44 号,简称 44 号令),并在 2020 年 1 月发布了《财政部 税务总局关于境外所得有关个人所得税政策的公告》(财政部 税务总局公告 2020 年第 3 号,简称 3 号公告),修订后的主要内容如下。

6.4.3.1 境外所得的范围

综合 44 号令和 3 号公告的规定,下列所得属于来源于中国境外的所得:

(1) 因任职、受雇、履约等在中国境外提供劳务取得的所得。

(2) 中国境外企业以及其他组织支付且负担的稿酬所得。

(3) 许可各种特许权在中国境外使用而取得的所得。

(4) 在中国境外从事生产、经营活动而取得的与生产、经营活动相关的所得。

(5) 从中国境外企业、其他组织以及非居民个人取得的利息、股息、红利所得。

(6) 将财产出租给承租人在中国境外使用而取得的所得。

(7) 转让中国境外的不动产、转让对中国境外企业以及其他组织投资形成的股票、股权以及其他权益性资产(以下称权益性资产)或者在中国境外转让其他财产取得的所得。但转让对中国境外企业以及其他组织投资形成的权益性资产,该权益性资产被转让前 3 年(连续 36 个公历月份)内的任一时间,被投资企业或其他组织的资产公允价值 50% 以上直接或间接来自位于中国境内的不动产的,取得的所得为来源于中国境内的所得。

(8) 中国境外企业、其他组织以及非居民个人支付且负担的偶然所得。

(9) 财政部、税务总局另有规定的,按照相关规定执行。

相对此前的文件,3 号公告对于哪些所得是境外所得的规定是最详细的,基本上涵盖了所有的所得类型。3 号公告特别强调,如果海外企业或组织 50% 以上的资产是中国境内的不动产,则转让该企业或组织的权益属于中国境内所得。其实对于这一条规定,我国与各国签订的税收协定中都有规定,但是由于大部分企业和基层税务人员并不了解税收协定,往往意识不到这是来源境内的所得,导致所得未在境内交税。3 号公告将此条明确列入到国内法规中,便于纳税人与基层税务机关正确理解、把握和执行协定的规定,避免税收流失。

6.4.3.2 申报方式:扣缴申报、委托申报与自行申报①

根据境外所得的支付单位不同,个人取得境外所得分别采用扣缴申报、委托申报和自行申报方式。

居民个人被境内单位派往境外工作,取得所得由派出单位或者其他境内单位支付或负担的,由派出单位或者其他境内单位预扣预缴税款。

---

① 关于纳税申报的期限,44 号令的规定与 3 号公告存在不一致,且 3 号公告未明确 44 号令中相关规定作废,此处我们采用 3 号公告的相关规定。

居民个人被境内单位派往境外工作，取得所得由境外单位支付或负担的，如果境外单位为中方机构的，可以由境外任职、受雇的中方机构预扣税款，并委托派出单位向主管税务机关申报纳税。

中方机构未预扣税款的或者境外单位不是中方机构的，派出单位应当于次年2月28日前向其主管税务机关报送外派人员情况，包括：外派人员的姓名、身份证件类型及身份证件号码、职务、派往国家和地区、境外工作单位名称和地址、派遣期限、境内外收入及缴税情况等。

除了以上预扣税款的规定，居民个人只要从中国境外取得所得的，应当在取得所得的次年3月1日至6月30日内申报纳税。如果所得来源国与中国的纳税年度不一致，取得境外所得的境外纳税年度最后一日所在的公历年度，为境外所得对应的我国纳税年度。

6.4.3.3　申报地点

居民个人取得境外所得，应当向中国境内任职、受雇单位所在地主管税务机关办理纳税申报；在中国境内没有任职、受雇单位的，向户籍所在地或中国境内经常居住地主管税务机关办理纳税申报；户籍所在地与中国境内经常居住地不一致的，选择其中一地主管税务机关办理纳税申报；在中国境内没有户籍的，向中国境内经常居住地主管税务机关办理纳税申报。

6.4.3.4　应纳税额的计算

居民个人应纳税额的计算采取分项计算的方法：①境外综合所得与境内综合所得合并计算应纳税额；②境外的经营所得与境内经营所得合并计算应纳税额［境外经营亏损不得抵减其境内或他国（地区）的应纳税所得额，但可以用来源于同一国家（地区）以后年度的经营所得按中国税法规定弥补］；③来源于中国境外的利息、股息、红利所得，财产租赁所得，财产转让所得和偶然所得（以下称其他分类所得），不与境内所得合并，分别单独计算应纳税额。

6.4.3.5　境外已纳税额的抵免

居民个人在境外取得所得，在境外已经缴纳的个人所得税，可在计算境内应纳税额时，在限额内抵免。

1）境外所得抵免限额的计算

抵免限额的计算采用"分国又分项"的方式，来自某国境外所得的抵免限额由该国综合所得、经营所得和各类所得的限额加总计算。各类所得抵免限额是境外各类所得依照中国税法规定应该缴纳的税款。具体而言：

$$
\text{来源于一国（地区）综合所得的抵免限额} = \frac{\text{中国境内和境外综合所得依照中国税法规定计算的综合所得应纳税额}}{\text{中国境内和境外综合所得收入额合计}} \times \text{来源于该国（地区）的综合所得收入额}
$$

$$
\text{来源于一国（地区）经营所得的抵免限额} = \frac{\text{中国境内和境外经营所得依照中国税法规定计算的经营所得应纳税额}}{\text{中国境内和境外经营所得应纳税所得额合计}} \times \text{来源于该国（地区）的经营所得应纳税所得额}
$$

$$
\text{来源于一国（地区）其他分类所得的抵免限额} = \text{该国（地区）的其他分类所得按照中国税法规定计算的应纳税额}
$$

2）允许抵免的税额

允许抵免的境外所得税税额，是指居民个人依照所得来源国（地区）税收法律应当缴纳且实际已经缴纳的所得税性质的税额。如果税收协定中有饶让条款规定的，在来源国免税或减税数额可作为居民个人实际缴纳的境外所得税税额按规定申报税收抵免。

3号公告特别明确可抵免的境外所得税额不包括以下情形：

（1）按照境外所得税法律属于错缴或错征的境外所得税税额。

（2）按照我国政府签订的避免双重征税协定以及大陆与中国香港、中国澳门签订的避免双重征税安排（以下统称税收协定）规定不应征收的境外所得税税额。

（3）因少缴或迟缴境外所得税而追加的利息、滞纳金或罚款。

（4）境外所得税纳税人或者其利害关系人从境外征税主体得到实际返还或补偿的境外所得税税款。

（5）按照我国《个人所得税法》及其实施条例规定，已经免税的境外所得负担的境外所得税税款。

居民个人申报境外所得税收抵免时，除了另有规定，应当提供抵免年度境外的完税证明、税收缴款书或者纳税记录等纳税凭证。纳税人确实无法提供纳税凭证的，可同时凭境外所得纳税申报表（或者境外征税主体确认的缴税通知书）以及对应的银行缴款凭证办理境外所得抵免事宜。此规定顾及不少居民纳税人在实际操作中面临的困难，如有些国家的税务机关可能不出具完税凭证，还有些国家只针对企业提供一张汇总完税凭证，无法显示每个纳税人的明细信息，对于这类情况，以往申请抵免时遇到不少问题，3号公告的规定在一定程度上帮助纳税人有效地享受抵免权利，减少双重征税的问题。

居民个人已申报境外所得、未进行税收抵免，在以后纳税年度取得纳税凭证并申报境外所得税收抵免的，可以追溯至该境外所得所属纳税年度进行抵免，但追溯年度不得超过5年。自取得该项境外所得的5个年度内，境外征税主体出具的税款所属纳税年度纳税凭证载明的实际缴纳税额发生变化的，按实际缴纳税额重新计算并办理补退税，不加收税收滞纳金，不退还利息。

3）实际抵免税额的确定

居民个人一个纳税年度内来源于一国（地区）的所得实际已经缴纳的所得税税额，低于来源于该国（地区）该纳税年度所得的抵免限额的，以实际缴纳税额作为抵免额进行抵免；超过来源于该国（地区）该纳税年度所得的抵免限额的，应在限额内进行抵免，超过部分可以在以后5个纳税年度内结转抵免。

6.4.4 开具《中国税收居民身份证明》管理

随着"走出去"的推进和"一带一路"倡议的实施，我国居民企业和个人对外投资、经营和提供劳务等活动明显增加，为更好地服务对外开放战略，便利企业和个人开具《中国税收居民身份证明》（以下简称《税收居民证明》），帮助我国居民纳税人在境外享受税收协定优惠待遇，国家税务总局发布了《关于开具〈中国税收居民身份证明〉有关事项的公告》（国家税务总局公告 2016 年第 40 号，以下简称 40 号公告），此文件取代了《国家税务总局关于做好〈中国税收居民身份证明〉开具工作的通知》（国税函〔2008〕829 号）和《国家税务总局关于做好〈中国税收居民身份证明〉开具工作的补充通知》（国税函〔2010〕218 号），明确了 2016 年 10 月 1 日之后开具中国税收居民证明的程序。相比之前的程序，新程序有如下进步：一是简化了办理流程。将开具权限由原市税务机关改为县税务机关，下放了确认级次，减少了资料报送与办理层级。二是明确了办理时限。对办结时间做出明确规定，由主管税务机关作出确认的应在 10 个工作日内办结，需请示上级税务机关的应在 20 个工作日内办结。三是明确了资料报送要求。取消申请《税收居民证明》时提交的完税证明或说明，根据中国税收法律法规等文件规定，结合不同申请主体，对申请《税收居民证明》应提交的资料进行了梳理和明确，对于需要补充提供资料的，主管税务机关应当一次性告知。四是优化了纳税服务。缔约对方税务主管当局对《税收居民证明》式样有特殊要求的，主管税务机关可根据 40 号公告予以办理。五是调整了表格样式。结合 40 号公告的相关条款对《中国税收居民身份证明》申请表和《税收居民证明》样式进行了调整。

40 号公告发布之后，先后经过《国家税务总局关于修改部分税收规范性文件的公告》（国家税务总局公告 2018 年第 31 号，以下简称 2018 年第 31 号公告）和《国家税务总局关于调整〈中国税收居民身份证明〉有关事项的公告》（国家税务总局公告 2019 年第 17 号，以下简称 2019 年第 17 号公告）修改。2018 年第 31 号公告主要是适应机构改革的形势，将文件中的国家税务局和地方税务局改成了税务局。2019 年第 17 号公告主要是适应《个人所得税法》的修订，改变了在境内无住所、而在境内居住超过 183 天的个人申请税收居民身份证明需要提交的资料。

附录一

Model Convention with Respect to Taxes on Income and on Capital

SUMMARY OF THE CONVENTION

TITLE OF THE CONVENTION

Convention between (State A) and (State B) for the elimination of double taxation with respect to taxes on income and on capital and the prevention of tax evasion and avoidance

PREAMBLE TO THE CONVENTION

(State A) and (State B),

Desiring to further develop their economic relationship and to enhance their co-operation in tax matters,

Intending to conclude a Convention for the elimination of double taxation with respect to taxes on income and on capital without creating opportunities for non-taxation or reduced taxation through tax evasion or avoidance (including through treaty-shopping arrangements aimed at obtaining reliefs provided in this Convention for the indirect benefit of residents of third States),

Have agreed as follows:

Chapter Ⅰ　SCOPE OF THE CONVENTION

ARTICLE 1　PERSONS COVERED

1. This Convention shall apply to persons who are residents of one or both of the Contracting States.

2. For the purposes of this Convention, income derived by or through an entity or arrangement that is treated as wholly or partly fiscally transparent under the tax law of either Contracting State shall be considered to be income of a resident of a Contracting State but only to the extent that the income is treated, for purposes of taxation by that State, as the income of a resident of that State.

3. This Convention shall not affect the taxation, by a Contracting State, of its residents except with respect to the benefits granted under paragraph 3 of Article 7, paragraph 2 of Article 9 and Articles 19, 20, 23 [A] [B], 24, 25 and 28.

ARTICLE 2　TAXES COVERED

1. This Convention shall apply to taxes on income and on capital imposed on behalf of a Contracting State or of its political subdivisions or local authorities, irrespective of the manner in which they are levied.

2. There shall be regarded as taxes on income and on capital all taxes imposed on total income, on total capital, or on elements of income or of capital, including taxes on gains from the alienation of movable or immovable property, taxes on the total amounts of wages or salaries paid by enterprises, as well as taxes on capital appreciation.

3. The existing taxes to which the Convention shall apply are in particular:

a) (in State A): ....

b) (in State B): ....

4. The Convention shall apply also to any identical or substantially similar taxes that are imposed after the date of signature of the Convention in addition to, or in place of, the existing taxes. The competent authorities of the Contracting States shall notify each other of any significant changes that have been made in their taxation laws.

Chapter Ⅱ   DEFINITIONS

ARTICLE 3   GENERAL DEFINITIONS

1. For the purposes of this Convention, unless the context otherwise requires:

a) the term "person" includes an individual, a company and any other body of persons;

b) the term "company" means any body corporate or any entity that is treated as a body corporate for tax purposes;

c) the term "enterprise" applies to the carrying on of any business;

d) the terms "enterprise of a Contracting State" and "enterprise of the other Contracting State" mean respectively an enterprise carried on by a resident of a Contracting State and an enterprise carried on by a resident of the other Contracting State;

e) the term "international traffic" means any transport by a ship or aircraft except when the ship or aircraft is operated solely between places in a Contracting State and the enterprise that operates the ship or aircraft is not an enterprise of that State;

f) the term "competent authority" means:

(i) (in State A): ....

(ii) (in State B): ....

g) the term "national", in relation to a Contracting State, means:

(i) any individual possessing the nationality or citizenship of that Contracting State; and

(ii) any legal person, partnership or association deriving its status as such from the laws in force in that Contracting State;

h) the term "business" includes the performance of professional services and of other activities of an independent character.

i) the term "recognised pension fund" of a State means an entity or arrangement established in that State that is treated as a separate person under the taxation laws of that State and:

(i) that is established and operated exclusively or almost exclusively to administer or provide retirement benefits and ancillary or incidental benefits to individuals and that is regulated as such by that State or one of its political subdivisions or local authorities; or

(ii) that is established and operated exclusively or almost exclusively to invest funds for the benefit of entities or arrangements referred to in subdivision (*i*).

2. As regards the application of the Convention at any time by a Contracting State, any term not defined therein shall, unless the context otherwise requires or the competent authorities agree to a different meaning pursuant to the provisions of Article 25, have the meaning that it has at that time under the law of that State for the purposes of the taxes to which the Convention applies, any meaning under the applicable tax laws of that State prevailing over a meaning given to the term under other laws of that State.

ARTICLE 4　RESIDENT

1. For the purposes of this Convention, the term "resident of a Contracting State" means any person who, under the laws of that State, is liable to tax therein by reason of his domicile, residence, place of management or any other criterion of a similar nature, and also includes that State and any political subdivision or local authority thereof as well as a recognised pension fund of that State. This term, however, does not include any person who is liable to tax in that State in respect only of income from sources in that State or capital situated therein.

2. Where by reason of the provisions of paragraph 1 an individual is a resident of both Contracting States, then his status shall be determined as follows:

a) he shall be deemed to be a resident only of the State in which he has a permanent home available to him; if he has a permanent home available to him in both States, he shall be deemed to be a resident only of the State with which his personal and economic relations are closer (centre of vital interests);

b) if the State in which he has his centre of vital interests cannot be determined, or if he has not a permanent home available to him in either State, he shall be deemed to be a resident only of the State in which he has an habitual abode;

c) if he has an habitual abode in both States or in neither of them, he shall be deemed to be a resident only of the State of which he is a national;

d) if he is a national of both States or of neither of them, the competent authorities of the Contracting States shall settle the question by mutual agreement.

3. Where by reason of the provisions of paragraph 1 a person other than an individual is a resident of both Contracting States, the competent authorities of the Contracting States shall endeavour to determine by mutual agreement the Contracting State of which such person shall be deemed to be a resident for the purposes of the Convention, having regard to its place of effective management, the place where it is incorporated or otherwise constituted and any other relevant factors. In the absence of such agreement, such person shall not be entitled to any relief or exemption from tax provided by this Convention except to the extent and in such manner as may be agreed upon by the competent authorities of the Contracting States.

ARTICLE 5   PERMANENT ESTABLISHMENT

1. For the purposes of this Convention, the term "permanent establishment" means a fixed place of business through which the business of an enterprise is wholly or partly carried on.

2. The term "permanent establishment" includes especially:

a) a place of management;

b) a branch;

c) an office;

d) a factory;

e) a workshop, and

f) a mine, an oil or gas well, a quarry or any other place of extraction of natural resources.

3. A building site or construction or installation project constitutes a permanent establishment only if it lasts more than twelve months.

4. Notwithstanding the preceding provisions of this Article, the term "permanent establishment" shall be deemed not to include:

a) the use of facilities solely for the purpose of storage, display or delivery of goods or merchandise belonging to the enterprise;

b) the maintenance of a stock of goods or merchandise belonging to the enterprise solely for the purpose of storage, display or delivery;

c) the maintenance of a stock of goods or merchandise belonging to the enterprise solely for the purpose of processing by another enterprise;

d) the maintenance of a fixed place of business solely for the purpose of purchasing goods or merchandise or of collecting information, for the enterprise;

e) the maintenance of a fixed place of business solely for the purpose of carrying on, for the enterprise, any other activity;

f) the maintenance of a fixed place of business solely for any combination of activities mentioned in subparagraphs *a*) to *e*),

provided that such activity or, in the case of subparagraph *f*), the overall activity of the fixed place of business, is of a preparatory or auxiliary character.

4.1 Paragraph 4 shall not apply to a fixed place of business that is used or maintained by an enterprise if the same enterprise or a closely related enterprise carries on business activities at the same place or at another place in the same Contracting State and

a) that place or other place constitutes a permanent establishment for the enterprise or the closely related enterprise under the provisions of this Article, or

b) the overall activity resulting from the combination of the activities carried on by the two enterprises at the same place, or by the same enterprise or closely related enterprises at the two places, is not of a preparatory or auxiliary character,

provided that the business activities carried on by the two enterprises at the same place, or by the same enterprise or closely related enterprises at the two places, constitute complementary functions that are part of a cohesive business operation.

5. Notwithstanding the provisions of paragraphs 1 and 2 but subject to the provisions of paragraph 6, where a person is acting in a Contracting State on behalf of an enterprise and, in doing so, habitually concludes contracts, or habitually plays the principal role leading to the conclusion of contracts that are routinely concluded without material modification by the enterprise, and these contracts are

a) in the name of the enterprise, or

b) for the transfer of the ownership of, or for the granting of the right to use, property owned by that enterprise or that the enterprise has the right to use, or

c) for the provision of services by that enterprise,

that enterprise shall be deemed to have a permanent establishment in that State in respect of any activities which that person undertakes for the enterprise, unless the activities of such person are limited to those mentioned in paragraph 4 which, if exercised through a fixed place of business (other than a fixed place of business to which paragraph 4.1 would apply), would not make this fixed place of business a permanent establishment under the provisions of that paragraph.

6. Paragraph 5 shall not apply where the person acting in a Contracting State on behalf of an enterprise of the other Contracting State carries on business in the first-mentioned State as an independent agent and acts for the enterprise in the ordinary course of that business. Where, however, a person acts exclusively or almost exclusively on behalf of one or more enterprises to which it is closely related, that person shall not be considered to be an independent agent within the meaning of this paragraph with respect to any such enterprise.

7. The fact that a company which is a resident of a Contracting State controls or is controlled by a company which is a resident of the other Contracting State, or which carries on business in that other State (whether through a permanent establishment or otherwise), shall not of itself constitute either company a permanent establishment of the other.

8. For the purposes of this Article, a person or enterprise is closely related to an enterprise if, based on all the relevant facts and circumstances, one has control of the other or both are under the control of the same persons or enterprises. In any case, a person or enterprise shall be considered to be closely related to an enterprise if one possesses directly or indirectly more than 50 percent of the beneficial interest in the other (or, in the case of a company, more than 50 percent of the aggregate vote and value of the company's shares or of the beneficial equity interest in the company) or if another person or enterprise possesses directly or indirectly more than 50 percent of the beneficial interest (or, in the case of a company, more than 50 percent of the aggregate vote and value of the company's shares or of the beneficial equity interest in the company) in the person and the enterprise or in the two enterprises.

Chapter Ⅲ   TAXATION OF INCOME

ARTICLE 6   INCOME FROM IMMOVABLE PROPERTY

1. Income derived by a resident of a Contracting State from immovable property (including income from agriculture or forestry) situated in the other Contracting State may be taxed in that other State.

2. The term "immovable property" shall have the meaning which it has under the law of the Contracting State in which the property in question is situated. The term shall in any case include property accessory to immovable property, livestock and equipment used in agriculture and forestry, rights to which the provisions of general law respecting landed property apply, usufruct of immovable property and rights to variable or fixed payments as consideration for the working of, or the right to work, mineral deposits, sources and other natural resources; ships and aircraft shall not be regarded as immovable property.

3. The provisions of paragraph 1 shall apply to income derived from the direct use, letting, or use in any other form of immovable property.

4. The provisions of paragraphs 1 and 3 shall also apply to the income from immovable property of an enterprise.

ARTICLE 7   BUSINESS PROFITS

1. Profits of an enterprise of a Contracting State shall be taxable only in that State

unless the enterprise carries on business in the other Contracting State through a permanent establishment situated therein. If the enterprise carries on business as aforesaid, the profits that are attributable to the permanent establishment in accordance with the provisions of paragraph 2 may be taxed in that other State.

2. For the purposes of this Article and Article [23 A] [23 B], the profits that are attributable in each Contracting State to the permanent establishment referred to in paragraph 1 are the profits it might be expected to make, in particular in its dealings with other parts of the enterprise, if it were a separate and independent enterprise engaged in the same or similar activities under the same or similar conditions, taking into account the functions performed, assets used and risks assumed by the enterprise through the permanent establishment and through the other parts of the enterprise.

3. Where, in accordance with paragraph 2, a Contracting State adjusts the profits that are attributable to a permanent establishment of an enterprise of one of the Contracting States and taxes accordingly profits of the enterprise that have been charged to tax in the other State, the other State shall, to the extent necessary to eliminate double taxation on these profits, make an appropriate adjustment to the amount of the tax charged on those profits. In determining such adjustment, the competent authorities of the Contracting States shall if necessary consult each other.

4. Where profits include items of income which are dealt with separately in other Articles of this Convention, then the provisions of those Articles shall not be affected by the provisions of this Article.

ARTICLE 8   INTERNATIONAL SHIPPING AND AIR TRANSPORT

1. Profits of an enterprise of a Contracting State from the operation of ships or aircraft in international traffic shall be taxable only in that State.

2. The provisions of paragraph 1 shall also apply to profits from the participation in a pool, a joint business or an international operating agency.

ARTICLE 9   ASSOCIATED ENTERPRISES

1. Where

a) an enterprise of a Contracting State participates directly or indirectly in the management, control or capital of an enterprise of the other Contracting State, or

b) the same persons participate directly or indirectly in the management, control or capital of an enterprise of a Contracting State and an enterprise of the other Contracting State,

and in either case conditions are made or imposed between the two enterprises in their commercial or financial relations which differ from those which would be made between independent enterprises, then any profits which would, but for those conditions, have accrued to one of the enterprises, but, by reason of those conditions, have not so accrued, may be included in the profits of that enterprise and taxed accordingly.

2. Where a Contracting State includes in the profits of an enterprise of that State—and taxes accordingly—profits on which an enterprise of the other Contracting State has been charged to tax in that other State and the profits so included are profits which would have accrued to the enterprise of the first-mentioned State if the conditions made between the two enterprises had been those which would have been made between independent enterprises, then that other State shall make an appropriate adjustment to the amount of the tax charged therein on those profits. In determining such adjustment, due regard shall be had to the other provisions of this Convention and the competent authorities of the Contracting States shall if necessary consult each other.

ARTICLE 10   DIVIDENDS

1. Dividends paid by a company which is a resident of a Contracting State to a resident of the other Contracting State may be taxed in that other State.

2. However, dividends paid by a company which is a resident of a Contracting State may also be taxed in that State according to the laws of that State, but if the beneficial owner of the dividends is a resident of the other Contracting State, the tax so charged shall not exceed:

a) 5 percent of the gross amount of the dividends if the beneficial owner is a company which holds directly at least 25 percent of the capital of the company paying the dividends throughout a 365 day period that includes the day of the payment of the dividend (for the purpose of computing that period, no account shall be taken of changes of ownership that would directly result from a corporate reorganisation, such as a merger or divisive reorganisation, of the company that holds the shares or that pays the dividend);

b) 15 percent of the gross amount of the dividends in all other cases. The competent authorities of the Contracting States shall by mutual agreement settle the mode of application of these limitations. This paragraph shall not affect the taxation of the company in respect of the profits out of which the dividends are paid.

3. The term "dividends" as used in this Article means income from shares, "jouissance" shares or "jouissance" rights, mining shares, founders' shares or other rights, not being debt-claims, participating in profits, as well as income from other corporate rights which is subjected to the same taxation treatment as income from shares by the laws of the State of which the company making the distribution is a resident.

4. The provisions of paragraphs 1 and 2 shall not apply if the beneficial owner of the

dividends, being a resident of a Contracting State, carries on business in the other Contracting State of which the company paying the dividends is a resident through a permanent establishment situated therein and the holding in respect of which the dividends are paid is effectively connected with such permanent establishment. In such case the provisions of Article 7 shall apply.

5. Where a company which is a resident of a Contracting State derives profits or income from the other Contracting State, that other State may not impose any tax on the dividends paid by the company, except insofar as such dividends are paid to a resident of that other State or insofar as the holding in respect of which the dividends are paid is effectively connected with a permanent establishment situated in that other State, nor subject the company's undistributed profits to a tax on the company's undistributed profits, even if the dividends paid or the undistributed profits consist wholly or partly of profits or income arising in such other State.

ARTICLE 11   INTEREST

1. Interest arising in a Contracting State and paid to a resident of the other Contracting State may be taxed in that other State.

2. However, interest arising in a Contracting State may also be taxed in that State according to the laws of that State, but if the beneficial owner of the interest is a resident of the other Contracting State, the tax so charged shall not exceed 10 percent of the gross amount of the interest. The competent authorities of the Contracting States shall by mutual agreement settle the mode of application of this limitation.

3. The term "interest" as used in this Article means income from debt-claims of every kind, whether or not secured by mortgage and whether or not carrying a right to participate in the debtor's profits, and in particular, income from government securities and income from bonds or debentures, including premiums and prizes attaching to such securities, bonds or debentures. Penalty charges for late payment shall not be regarded as interest for the purpose of this Article.

4. The provisions of paragraphs 1 and 2 shall not apply if the beneficial owner of the interest, being a resident of a Contracting State, carries on business in the other Contracting State in which the interest arises through a permanent establishment situated therein and the debt-claim in respect of which the interest is paid is effectively connected with such permanent establishment. In such case the provisions of Article 7 shall apply.

5. Interest shall be deemed to arise in a Contracting State when the payer is a resident of that State. Where, however, the person paying the interest, whether he is a resident of a Contracting State or not, has in a Contracting State a permanent establishment in

connection with which the indebtedness on which the interest is paid was incurred, and such interest is borne by such permanent establishment, then such interest shall be deemed to arise in the State in which the permanent establishment is situated.

6. Where, by reason of a special relationship between the payer and the beneficial owner or between both of them and some other person, the amount of the interest, having regard to the debt-claim for which it is paid, exceeds the amount which would have been agreed upon by the payer and the beneficial owner in the absence of such relationship, the provisions of this Article shall apply only to the last-mentioned amount. In such case, the excess part of the payments shall remain taxable according to the laws of each Contracting State, due regard being had to the other provisions of this Convention.

ARTICLE 12   ROYALTIES

1. Royalties arising in a Contracting State and beneficially owned by a resident of the other Contracting State shall be taxable only in that other State.

2. The term "royalties" as used in this Article means payments of any kind received as a consideration for the use of, or the right to use, any copyright of literary, artistic or scientific work including cinematograph films, any patent, trade mark, design or model, plan, secret formula or process, or for information concerning industrial, commercial or scientific experience.

3. The provisions of paragraph 1 shall not apply if the beneficial owner of the royalties, being a resident of a Contracting State, carries on business in the other Contracting State in which the royalties arise through a permanent establishment situated therein and the right or property in respect of which the royalties are paid is effectively connected with such permanent establishment. In such case the provisions of Article 7 shall apply.

4. Where, by reason of a special relationship between the payer and the beneficial owner or between both of them and some other person, the amount of the royalties, having regard to the use, right or information for which they are paid, exceeds the amount which would have been agreed upon by the payer and the beneficial owner in the absence of such relationship, the provisions of this Article shall apply only to the last-mentioned amount. In such case, the excess part of the payments shall remain taxable according to the laws of each Contracting State, due regard being had to the other provisions of this Convention.

ARTICLE 13   CAPITAL GAINS

1. Gains derived by a resident of a Contracting State from the alienation of immovable property referred to in Article 6 and situated in the other Contracting State may be taxed in that other State.

2. Gains from the alienation of movable property forming part of the business property of a permanent establishment which an enterprise of a Contracting State has in the other Contracting State, including such gains from the alienation of such a permanent establishment (alone or with the whole enterprise), may be taxed in that other State.

3. Gains that an enterprise of a Contracting State that operates ships or aircraft in international traffic derives from the alienation of such ships or aircraft, or of movable property pertaining to the operation of such ships or aircraft, shall be taxable only in that State.

4. Gains derived by a resident of a Contracting State from the alienation of shares or comparable interests, such as interests in a partnership or trust, may be taxed in the other Contracting State if, at any time during the 365 days preceding the alienation, these shares or comparable interests derived more than 50 percent of their value directly or indirectly from immovable property, as defined in Article 6, situated in that other State.

5. Gains from the alienation of any property, other than that referred to in paragraphs 1, 2, 3 and 4, shall be taxable only in the Contracting State of which the alienator is a resident.

[ARTICLE 14　INDEPENDENT PERSONAL SERVICES] [DELETED]

ARTICLE 15　INCOME FROM EMPLOYMENT

1. Subject to the provisions of Articles 16, 18 and 19, salaries, wages and other similar remuneration derived by a resident of a Contracting State in respect of an employment shall be taxable only in that State unless the employment is exercised in the other Contracting State. If the employment is so exercised, such remuneration as is derived therefrom may be taxed in that other State.

2. Notwithstanding the provisions of paragraph 1, remuneration derived by a resident of a Contracting State in respect of an employment exercised in the other Contracting State shall be taxable only in the first-mentioned State if:

a) the recipient is present in the other State for a period or periods not exceeding in the aggregate 183 days in any twelve month period commencing or ending in the fiscal year concerned, and

b) the remuneration is paid by, or on behalf of, an employer who is not a resident of the other State, and

c) the remuneration is not borne by a permanent establishment which the employer has in the other State.

3. Notwithstanding the preceding provisions of this Article, remuneration derived by a resident of a Contracting State in respect of an employment, as a member of the regular

complement of a ship or aircraft, that is exercised aboard a ship or aircraft operated in international traffic, other than aboard a ship or aircraft operated solely within the other Contracting State, shall be taxable only in the first-mentioned State.

ARTICLE 16   DIRECTORS' FEES

Directors' fees and other similar payments derived by a resident of a Contracting State in his capacity as a member of the board of directors of a company which is a resident of the other Contracting State may be taxed in that other State.

ARTICLE 17   ENTERTAINERS AND SPORTSPERSONS

1. Notwithstanding the provisions of Article 15, income derived by a resident of a Contracting State as an entertainer, such as a theatre, motion picture, radio or television artiste, or a musician, or as a sportsperson, from that resident's personal activities as such exercised in the other Contracting State, may be taxed in that other State.

2. Where income in respect of personal activities exercised by an entertainer or a sportsperson acting as such accrues not to the entertainer or sportsperson but to another person, that income may, notwithstanding the provisions of Article 15, be taxed in the Contracting State in which the activities of the entertainer or sportsperson are exercised.

ARTICLE 18   PENSIONS

Subject to the provisions of paragraph 2 of Article 19, pensions and other similar remuneration paid to a resident of a Contracting State in consideration of past employment shall be taxable only in that State.

ARTICLE 19   GOVERNMENT SERVICE

1. *a*) Salaries, wages and other similar remuneration paid by a Contracting State or a political subdivision or a local authority thereof to an individual in respect of services rendered to that State or subdivision or authority shall be taxable only in that State.

b) However, such salaries, wages and other similar remuneration shall be taxable only in the other Contracting State if the services are rendered in that State and the individual is a resident of that State who:

(i) is a national of that State; or

(ii) did not become a resident of that State solely for the purpose of rendering the services.

2. *a*) Notwithstanding the provisions of paragraph 1, pensions and other similar remuneration paid by, or out of funds created by, a Contracting State or a political

subdivision or a local authority thereof to an individual in respect of services rendered to that State or subdivision or authority shall be taxable only in that State.

b) However, such pensions and other similar remuneration shall be taxable only in the other Contracting State if the individual is a resident of, and a national of, that State.

3. The provisions of Articles 15, 16, 17, and 18 shall apply to salaries, wages, pensions, and other similar remuneration in respect of services rendered in connection with a business carried on by a Contracting State or a political subdivision or a local authority thereof.

ARTICLE 20　STUDENTS

Payments which a student or business apprentice who is or was immediately before visiting a Contracting State a resident of the other Contracting State and who is present in the first-mentioned State solely for the purpose of his education or training receives for the purpose of his maintenance, education or training shall not be taxed in that State, provided that such payments arise from sources outside that State.

ARTICLE 21　OTHER INCOME

1. Items of income of a resident of a Contracting State, wherever arising, not dealt with in the foregoing Articles of this Convention shall be taxable only in that State.

2. The provisions of paragraph 1 shall not apply to income, other than income from immovable property as defined in paragraph 2 of Article 6, if the recipient of such income, being a resident of a Contracting State, carries on business in the other Contracting State through a permanent establishment situated therein and the right or property in respect of which the income is paid is effectively connected with such permanent establishment. In such case the provisions of Article 7 shall apply.

Chapter Ⅳ　TAXATION OF CAPITAL

ARTICLE 22　CAPITAL

1. Capital represented by immovable property referred to in Article 6, owned by a resident of a Contracting State and situated in the other Contracting State, may be taxed in that other State.

2. Capital represented by movable property forming part of the business property of a permanent establishment which an enterprise of a Contracting State has in the other Contracting State may be taxed in that other State.

3. Capital of an enterprise of a Contracting State that operates ships or aircraft in

international traffic represented by such ships or aircraft, and by movable property pertaining to the operation of such ships or aircraft, shall be taxable only in that State.

4. All other elements of capital of a resident of a Contracting State shall be taxable only in that State.

Chapter V   METHODS FOR ELIMINATION OF DOUBLE TAXATION

ARTICLE 23 A   EXEMPTION METHOD

1. Where a resident of a Contracting State derives income or owns capital which may be taxed in the other Contracting State in accordance with the provisions of this Convention (except to the extent that these provisions allow taxation by that other State solely because the income is also income derived by a resident of that State or because the capital is also capital owned by a resident of that State), the first-mentioned State shall, subject to the provisions of paragraphs 2 and 3, exempt such income or capital from tax.

2. Where a resident of a Contracting State derives items of income which may be taxed in the other Contracting State in accordance with the provisions of Articles 10 and 11 (except to the extent that these provisions allow taxation by that other State solely because the income is also income derived by a resident of that State), the first-mentioned State shall allow as a deduction from the tax on the income of that resident an amount equal to the tax paid in that other State. Such deduction shall not, however, exceed that part of the tax, as computed before the deduction is given, which is attributable to such items of income derived from that other State.

3. Where in accordance with any provision of the Convention income derived or capital owned by a resident of a Contracting State is exempt from tax in that State, such State may nevertheless, in calculating the amount of tax on the remaining income or capital of such resident, take into account the exempted income or capital.

4. The provisions of paragraph 1 shall not apply to income derived or capital owned by a resident of a Contracting State where the other Contracting State applies the provisions of this Convention to exempt such income or capital from tax or applies the provisions of paragraph 2 of Article 10 or 11 to such income.

ARTICLE 23 B   CREDIT METHOD

1. Where a resident of a Contracting State derives income or owns capital which may be taxed in the other Contracting State in accordance with the provisions of this Convention (except to the extent that these provisions allow taxation by that other State solely because the income is also income derived by a resident of that State or because the capital is also

capital owned by a resident of that State), the first-mentioned State shall allow:

a) as a deduction from the tax on the income of that resident, an amount equal to the income tax paid in that other State;

b) as a deduction from the tax on the capital of that resident, an amount equal to the capital tax paid in that other State.

Such deduction in either case shall not, however, exceed that part of the income tax or capital tax, as computed before the deduction is given, which is attributable, as the case may be, to the income or the capital which may be taxed in that other State.

2. Where in accordance with any provision of the Convention income derived or capital owned by a resident of a Contracting State is exempt from tax in that State, such State may nevertheless, in calculating the amount of tax on the remaining income or capital of such resident, take into account the exempted income or capital.

Chapter Ⅳ　SPECIAL PROVISIONS

ARTICLE 24　NON-DISCRIMINATION

1. Nationals of a Contracting State shall not be subjected in the other Contracting State to any taxation or any requirement connected therewith, which is other or more burdensome than the taxation and connected requirements to which nationals of that other State in the same circumstances, in particular with respect to residence, are or may be subjected. This provision shall, notwithstanding the provisions of Article 1, also apply to persons who are not residents of one or both of the Contracting States.

2. Stateless persons who are residents of a Contracting State shall not be subjected in either Contracting State to any taxation or any requirement connected therewith, which is other or more burdensome than the taxation and connected requirements to which nationals of the State concerned in the same circumstances, in particular with respect to residence, are or may be subjected.

3. The taxation on a permanent establishment which an enterprise of a Contracting State has in the other Contracting State shall not be less favourably levied in that other State than the taxation levied on enterprises of that other State carrying on the same activities. This provision shall not be construed as obliging a Contracting State to grant to residents of the other Contracting State any personal allowances, reliefs and reductions for taxation purposes on account of civil status or family responsibilities which it grants to its own residents.

4. Except where the provisions of paragraph 1 of Article 9, paragraph 6 of Article 11, or paragraph 4 of Article 12, apply, interest, royalties and other disbursements paid by an

enterprise of a Contracting State to a resident of the other Contracting State shall, for the purpose of determining the taxable profits of such enterprise, be deductible under the same conditions as if they had been paid to a resident of the first-mentioned State. Similarly, any debts of an enterprise of a Contracting State to a resident of the other Contracting State shall, for the purpose of determining the taxable capital of such enterprise, be deductible under the same conditions as if they had been contracted to a resident of the first-mentioned State.

5. Enterprises of a Contracting State, the capital of which is wholly or partly owned or controlled, directly or indirectly, by one or more residents of the other Contracting State, shall not be subjected in the first-mentioned State to any taxation or any requirement connected therewith which is other or more burdensome than the taxation and connected requirements to which other similar enterprises of the first-mentioned State are or may be subjected.

6. The provisions of this Article shall, notwithstanding the provisions of Article 2, apply to taxes of every kind and description.

ARTICLE 25　MUTUAL AGREEMENT PROCEDURE

1. Where a person considers that the actions of one or both of the Contracting States result or will result for him in taxation not in accordance with the provisions of this Convention, he may, irrespective of the remedies provided by the domestic law of those States, present his case to the competent authority of either Contracting State. The case must be presented within three years from the first notification of the action resulting in taxation not in accordance with the provisions of the Convention.

2. The competent authority shall endeavour, if the objection appears to it to be justified and if it is not itself able to arrive at a satisfactory solution, to resolve the case by mutual agreement with the competent authority of the other Contracting State, with a view to the avoidance of taxation which is not in accordance with the Convention. Any agreement reached shall be implemented notwithstanding any time limits in the domestic law of the Contracting States.

3. The competent authorities of the Contracting States shall endeavour to resolve by mutual agreement any difficulties or doubts arising as to the interpretation or application of the Convention. They may also consult together for the elimination of double taxation in cases not provided for in the Convention.

4. The competent authorities of the Contracting States may communicate with each other directly, including through a joint commission consisting of themselves or their representatives, for the purpose of reaching an agreement in the sense of the preceding

paragraphs.

5. Where,

a) under paragraph 1, a person has presented a case to the competent authority of a Contracting State on the basis that the actions of one or both of the Contracting States have resulted for that person in taxation not in accordance with the provisions of this Convention, and

b) the competent authorities are unable to reach an agreement to resolve that case pursuant to paragraph 2 within two years from the date when all the information required by the competent authorities in order to address the case has been provided to both competent authorities, any unresolved issues arising from the case shall be submitted to arbitration if the person so requests in writing. These unresolved issues shall not, however, be submitted to arbitration if a decision on these issues has already been rendered by a court or administrative tribunal of either State. Unless a person directly affected by the case does not accept the mutual agreement that implements the arbitration decision, that decision shall be binding on both Contracting States and shall be implemented notwithstanding any time limits in the domestic laws of these States. The competent authorities of the Contracting States shall by mutual agreement settle the mode of application of this paragraph.

ARTICLE 26　EXCHANGE OF INFORMATION

1. The competent authorities of the Contracting States shall exchange such information as is foreseeably relevant for carrying out the provisions of this Convention or to the administration or enforcement of the domestic laws concerning taxes of every kind and description imposed on behalf of the Contracting States, or of their political subdivisions or local authorities, insofar as the taxation thereunder is not contrary to the Convention. The exchange of information is not restricted by Articles 1 and 2.

2. Any information received under paragraph 1 by a Contracting State shall be treated as secret in the same manner as information obtained under the domestic laws of that State and shall be disclosed only to persons or authorities (including courts and administrative bodies) concerned with the assessment or collection of, the enforcement or prosecution in respect of, the determination of appeals in relation to the taxes referred to in paragraph 1, or the oversight of the above. Such persons or authorities shall use the information only for such purposes. They may disclose the information in public court proceedings or in judicial decisions. Notwithstanding the foregoing, information received by a Contracting State may be used for other purposes when such information may be used for such other purposes under the laws of both States and the competent authority of the supplying State authorises such use.

3. In no case shall the provisions of paragraphs 1 and 2 be construed so as to impose on a Contracting State the obligation:

a) to carry out administrative measures at variance with the laws and administrative practice of that or of the other Contracting State;

b) to supply information which is not obtainable under the laws or in the normal course of the administration of that or of the other Contracting State;

c) to supply information which would disclose any trade, business, industrial, commercial or professional secret or trade process, or information the disclosure of which would be contrary to public policy (*ordre public*).

4. If information is requested by a Contracting State in accordance with this Article, the other Contracting State shall use its information gathering measures to obtain the requested information, even though that other State may not need such information for its own tax purposes. The obligation contained in the preceding sentence is subject to the limitations of paragraph 3 but in no case shall such limitations be construed to permit a Contracting State to decline to supply information solely because it has no domestic interest in such information.

5. In no case shall the provisions of paragraph 3 be construed to permit a Contracting State to decline to supply information solely because the information is held by a bank, other financial institution, nominee or person acting in an agency or a fiduciary capacity or because it relates to ownership interests in a person.

ARTICLE 27　ASSISTANCE IN THE COLLECTION OF TAXES[①]

1. The Contracting States shall lend assistance to each other in the collection of revenue claims. This assistance is not restricted by Articles 1 and 2. The competent authorities of the Contracting States may by mutual agreement settle the mode of application of this Article.

2. The term "revenue claim" as used in this Article means an amount owed in respect of taxes of every kind and description imposed on behalf of the Contracting States, or of their political subdivisions or local authorities, insofar as the taxation thereunder is not contrary to this Convention or any other instrument to which the Contracting States are parties, as well as interest, administrative penalties and costs of collection or conservancy related to such amount.

[①] In some countries, national law, policy or administrative considerations may not allow or justify the type of assistance envisaged under this Article or may require that this type of assistance be restricted, e. g. to countries that have similar tax systems or tax administrations or as to the taxes covered. For that reason, the Article should only be included in the Convention where each State concludes that, based on the factors described in paragraph 1 of the Commentary on the Article, they can agree to provide assistance in the collection of taxes levied by the other State.

3. When a revenue claim of a Contracting State is enforceable under the laws of that State and is owed by a person who, at that time, cannot, under the laws of that State, prevent its collection, that revenue claim shall, at the request of the competent authority of that State, be accepted for purposes of collection by the competent authority of the other Contracting State. That revenue claim shall be collected by that other State in accordance with the provisions of its laws applicable to the enforcement and collection of its own taxes as if the revenue claim were a revenue claim of that other State.

4. When a revenue claim of a Contracting State is a claim in respect of which that State may, under its law, take measures of conservancy with a view to ensure its collection, that revenue claim shall, at the request of the competent authority of that State, be accepted for purposes of taking measures of conservancy by the competent authority of the other Contracting State. That other State shall take measures of conservancy in respect of that revenue claim in accordance with the provisions of its laws as if the revenue claim were a revenue claim of that other State even if, at the time when such measures are applied, the revenue claim is not enforceable in the first-mentioned State or is owed by a person who has a right to prevent its collection.

5. Notwithstanding the provisions of paragraphs 3 and 4, a revenue claim accepted by a Contracting State for purposes of paragraph 3 or 4 shall not, in that State, be subject to the time limits or accorded any priority applicable to a revenue claim under the laws of that State by reason of its nature as such. In addition, a revenue claim accepted by a Contracting State for the purposes of paragraph 3 or 4 shall not, in that State, have any priority applicable to that revenue claim under the laws of the other Contracting State.

6. Proceedings with respect to the existence, validity or the amount of a revenue claim of a Contracting State shall not be brought before the courts or administrative bodies of the other Contracting State.

7. Where, at any time after a request has been made by a Contracting State under paragraph 3 or 4 and before the other Contracting State has collected and remitted the relevant revenue claim to the first-mentioned State, the relevant revenue claim ceases to be

a) in the case of a request under paragraph 3, a revenue claim of the first-mentioned State that is enforceable under the laws of that State and is owed by a person who, at that time, cannot, under the laws of that State, prevent its collection, or

b) in the case of a request under paragraph 4, a revenue claim of the first-mentioned State in respect of which that State may, under its laws, take measures of conservancy with a view to ensure its collection

the competent authority of the first-mentioned State shall promptly notify the competent authority of the other State of that fact and, at the option of the other State, the first-mentioned State shall either suspend or withdraw its request.

8. In no case shall the provisions of this Article be construed so as to impose on a Contracting State the obligation：

a) to carry out administrative measures at variance with the laws and administrative practice of that or of the other Contracting State；

b) to carry out measures which would be contrary to public policy (*ordre public*)；

c) to provide assistance if the other Contracting State has not pursued all reasonable measures of collection or conservancy，as the case may be，available under its laws or administrative practice；

d) to provide assistance in those cases where the administrative burden for that State is clearly disproportionate to the benefit to be derived by the other Contracting State.

ARTICLE 28　MEMBERS OF DIPLOMATIC MISSIONS AND CONSULAR POSTS

Nothing in this Convention shall affect the fiscal privileges of members of diplomatic missions or consular posts under the general rules of international law or under the provisions of special agreements.

ARTICLE 29　ENTITLEMENT TO BENEFITS[①]

1. [Provision that，subject to paragraphs 3 to 5，restricts treaty benefits to a resident of a Contracting State who is a "qualified person" as defined in paragraph 2].

2. [Definition of situations where a resident is a qualified person，which covers
—an individual；
—a Contracting State，its political subdivisions and their agencies and instrumentalities；
—certain publicly-traded companies and entities；
—certain affiliates of publicly-listed companies and entities；
—certain non-profit organisations and recognised pension funds；
—other entities that meet certain ownership and base erosion requirements；
—certain collective investment vehicles.]

3. [Provision that provides treaty benefits to certain income derived by a person that is

---

① The drafting of this Article will depend on how the Contracting States decide to implement their common intention，reflected in the preamble of the Convention and incorporated in the minimum standard agreed to as part of the OECD/G20 Base Erosion and Profit Shifting Project，to eliminate double taxation without creating opportunities for non-taxation or reduced taxation through tax evasion or avoidance，including through treaty-shopping arrangements. This may be done either through the adoption of paragraph 9 only，through the adoption of the detailed version of paragraphs 1 to 7 that is described in the Commentary on Article 29 together with the implementation of an anti-conduit mechanism as described in paragraph 187 of that Commentary，or through the adoption of paragraph 9 together with any variation of paragraphs 1 to 7 described in the Commentary on Article 29.

not a qualified person if the person is engaged in the active conduct of a business in its State of residence and the income emanates from, or is incidental to, that business].

4. [Provision that provides treaty benefits to a person that is not a qualified person if at least more than an agreed proportion of that entity is owned by certain persons entitled to equivalent benefits].

5. [Provision that provides treaty benefits to a person that qualifies as a "headquarters company"].

6. [Provision that allows the competent authority of a Contracting State to grant certain treaty benefits to a person where benefits would otherwise be denied under paragraph 1].

7. [Definitions applicable for the purposes of paragraphs 1 to 7].

8. *a*) Where

(i) an enterprise of a Contracting State derives income from the other Contracting State and the first-mentioned State treats such income as attributable to a permanent establishment of the enterprise situated in a third jurisdiction, and

(ii) the profits attributable to that permanent establishment are exempt from tax in the first-mentioned State, the benefits of this Convention shall not apply to any item of income on which the tax in the third jurisdiction is less than the lower of [rate to be determined bilaterally] of the amount of that item of income and 60 percent of the tax that would be imposed in the first-mentioned State on that item of income if that permanent establishment were situated in the first-mentioned State. In such a case any income to which the provisions of this paragraph apply shall remain taxable according to the domestic law of the other State, notwithstanding any other provisions of the Convention.

b) The preceding provisions of this paragraph shall not apply if the income derived from the other State emanates from, or is incidental to, the active conduct of a business carried on through the permanent establishment (other than the business of making, managing or simply holding investments for the enterprise's own account, unless these activities are banking, insurance or securities activities carried on by a bank, insurance enterprise or registered securities dealer, respectively).

c) If benefits under this Convention are denied pursuant to the preceding provisions of this paragraph with respect to an item of income derived by a resident of a Contracting State, the competent authority of the other Contracting State may, nevertheless, grant these benefits with respect to that item of income if, in response to a request by such resident, such competent authority determines that granting such benefits is justified in light of the reasons such resident did not satisfy the requirements of this paragraph (such as the existence of losses). The competent authority of the Contracting State to which a request has been made under the preceding sentence shall consult with the competent authority of the other Contracting State before either granting or denying the request.

9. Notwithstanding the other provisions of this Convention, a benefit under this Convention shall not be granted in respect of an item of income or capital if it is reasonable to conclude, having regard to all relevant facts and circumstances, that obtaining that benefit was one of the principal purposes of any arrangement or transaction that resulted directly or indirectly in that benefit, unless it is established that granting that benefit in these circumstances would be in accordance with the object and purpose of the relevant provisions of this Convention.

ARTICLE 30   TERRITORIAL EXTENSION ①

1. This Convention may be extended, either in its entirety or with any necessary modifications [to any part of the territory of (State A) or of (State B) which is specifically excluded from the application of the Convention or], to any State or territory for whose international relations (State A) or (State B) is responsible, which imposes taxes substantially similar in character to those to which the Convention applies. Any such extension shall take effect from such date and subject to such modifications and conditions, including conditions as to termination, as may be specified and agreed between the Contracting States in notes to be exchanged through diplomatic channels or in any other manner in accordance with their constitutional procedures.

2. Unless otherwise agreed by both Contracting States, the termination of the Convention by one of them under Article 32 shall also terminate, in the manner provided for in that Article, the application of the Convention [to any part of the territory of (State A) or of (State B) or] to any State or territory to which it has been extended under this Article.

Chapter Ⅶ   FINAL PROVISIONS

ARTICLE 31   ENTRY INTO FORCE

1. This Convention shall be ratified and the instruments of ratification shall be exchanged at .... as soon as possible.

2. The Convention shall enter into force upon the exchange of instruments of ratification and its provisions shall have effect:

a) (in State A): ....

---

① The words between brackets are of relevance when, by special provision, a part of the territory of a Contracting State is excluded from the application of the Convention.

b) (in State B): ....

ARTICLE 32 TERMINATION

This Convention shall remain in force until terminated by a Contracting State. Either Contracting State may terminate the Convention, through diplomatic channels, by giving notice of termination at least six months before the end of any calendar year after the year In such event, the Convention shall cease to have effect:

a) (in State A): ....

b) (in State B): ....

附录二

United Nations Model Double Taxation Convention between Developed and Developing Countries

SUMMARY OF THE CONVENTION

TITLE OF THE CONVENTION

Convention between (State A) and (State B) for the elimination of double taxation with respect to taxes on income and capital and the prevention of tax avoidance and evasion

PREAMBLE TO THE CONVENTION①

(State A) and (State B),

Desiring to further develop their economic relationship and to enhance their cooperation in tax matters, Intending to conclude a Convention for the elimination of double taxation with respect to taxes on income and on capital without creating opportunities for non-taxation or reduced taxation through tax avoidance or evasion (including through treaty-shopping arrangements aimed at obtaining reliefs provided in this Convention for the indirect benefit of residents of third States)

Have agreed as follows:

Chapter I SCOPE OF THE CONVENTION

Article 1 PERSONS COVERED

1. This Convention shall apply to persons who are residents of one or both of the Contracting States.

2. For the purposes of this Convention, income derived by or through an entity or arrangement that is treated as wholly or partly fiscally transparent under the tax law of either Contracting State shall be considered to be income of a resident of a Contracting State but only to the extent that the income is treated, for purposes of taxation by that State, as the income of a resident of that State.

3. This Convention shall not affect the taxation, by a Contracting State, of its residents except with respect to the benefits granted under [paragraph 3 of Article 7], paragraph 2 of Article 9 and Articles 19, 20, 23 A [23 B], 24 and 25 A [25 B] and 28.

Article 2 TAXES COVERED

1. This Convention shall apply to taxes on income and on capital imposed on behalf of

---

① The Preamble of the Convention shall be drafted in accordance with the constitutional procedures of the Contracting States.

a Contracting State or of its political subdivisions or local authorities, irrespective of the manner in which they are levied.

2. There shall be regarded as taxes on income and on capital all taxes imposed on total income, on total capital, or on elements of income or of capital, including taxes on gains from the alienation of movable or immovable property, taxes on the total amounts of wages or salaries paid by enterprises, as well as taxes on capital appreciation.

3. The existing taxes to which the Convention shall apply are in particular:

a) (in State A): ....

b) (in State B): ....

4. The Convention shall apply also to any identical or substantially similar taxes which are imposed after the date of signature of the Convention in addition to, or in place of, the existing taxes. The competent authorities of the Contracting States shall notify each other of significant changes made to their tax law.

Chapter II　DEFINITIONS

Article 3　GENERAL DEFINITIONS

1. For the purposes of this Convention, unless the context otherwise requires:

a) The term "person" includes an individual, a company and any other body of persons;

b) The term "company" means any body corporate or any entity that is treated as a body corporate for tax purposes;

c) The terms "enterprise of a Contracting State" and "enterprise of the other Contracting State" mean respectively an enterprise carried on by a resident of a Contracting State and an enterprise carried on by a resident of the other Contracting State;

d) The term "international traffic" means any transport by a ship or aircraft, except when the ship or aircraft is operated solely between places in a Contracting State and the enterprise that operates the ship or aircraft is not an enterprise of that State;

e) The term "competent authority" means:

(i) (In State A): ....

(ii) (In State B): ....

f) The term "national" means:

(i) any individual possessing the nationality of a Contracting State

(ii) any legal person, partnership or association deriving its status as such from the laws in force in a Contracting State.

2. As regards the application of the Convention at any time by a Contracting State, any term not defined therein shall, unless the context otherwise requires, have the meaning

that it has at that time under the law of that State for the purposes of the taxes to which the Convention applies, any meaning under the applicable tax laws of that State prevailing over a meaning given to the term under other laws of that State.

Article 4   RESIDENT

1. For the purposes of this Convention, the term "resident of a Contracting State" means any person who, under the laws of that State, is liable to tax therein by reason of his domicile, residence, place of incorporation, place of management or any other criterion of a similar nature, and also includes that State and any political subdivision or local authority thereof. This term, however, does not include any person who is liable to tax in that State in respect only of income from sources in that State or capital situated therein.

2. Where by reason of the provisions of paragraph 1 an individual is a resident of both Contracting States, then his status shall be determined as follows:

a) He shall be deemed to be a resident only of the State in which he has a permanent home available to him; if he has a permanent home available to him in both States, he shall be deemed to be a resident only of the State with which his personal and economic relations are closer (centre of vital interests);

b) If the State in which he has his centre of vital interests cannot be determined, or if he has not a permanent home available to him in either State, he shall be deemed to be a resident only of the State in which he has an habitual abode;

c) If he has an habitual abode in both States or in neither of them, he shall be deemed to be a resident only of the State of which he is a national;

d) If he is a national of both States or of neither of them, the competent authorities of the Contracting States shall settle the ques-tion by mutual agreement.

3. Where by reason of the provisions of paragraph 1 a person other than an individual is a resident of both Contracting States, the competent authorities of the Contracting States shall endeavour to determine by mutual agreement the Contracting State of which such person shall be deemed to be a resident for the purposes of the Convention, having regard to its place of effective management, the place where it is incorporated or otherwise constituted and any other relevant factors. In the absence of such agreement, such person shall not be entitled to any relief or exemption from tax provided by this Convention except to the extent and in such manner as may be agreed upon by the competent authorities of the Contracting States.

Article 5   PERMANENT ESTABLISHMENT

1. For the purposes of this Convention, the term "permanent establishment" means a

fixed place of business through which the business of an enterprise is wholly or partly carried on.

2. The term "permanent establishment" includes especially:

a) A place of management;

b) A branch;

c) An office;

d) A factory;

e) A workshop;

f) A mine, an oil or gas well, a quarry or any other place of extraction of natural resources.

3. The term "permanent establishment" also encompasses:

a) A building site, a construction, assembly or installation project or supervisory activities in connection therewith, but only if such site, project or activities last more than six months;

b) The furnishing of services, including consultancy services, by an enterprise through employees or other personnel engaged by the enterprise for such purpose, but only if activities of that nature continue within a Contracting State for a period or periods aggregating more than 183 days in any 12-month period commencing or ending in the fiscal year concerned.

4. Notwithstanding the preceding provisions of this Article, the term "permanent establishment" shall be deemed not to include:

a) The use of facilities solely for the purpose of storage or display of goods or merchandise belonging to the enterprise;

b) The maintenance of a stock of goods or merchandise belonging to the enterprise solely for the purpose of storage or display;

c) The maintenance of a stock of goods or merchandise belonging to the enterprise solely for the purpose of processing by another enterprise;

d) The maintenance of a fixed place of business solely for the purpose of purchasing goods or merchandise or of collecting information, for the enterprise;

e) The maintenance of a fixed place of business solely for the purpose of carrying on, for the enterprise, any other activity;

f) The maintenance of a fixed place of business solely for any com-bination of activities mentioned in subparagraphs *a*) to *e*), provided that such activity or, in the case of subparagraph *f*), the overall activity of the fixed place of business, is of a preparatory or auxiliary character.

4. 1 Paragraph 4 shall not apply to a fixed place of business that is used or maintained

by an enterprise if the same enterprise or a closely related enterprise carries on business activities at the same place or at another place in the same Contracting State and:

a) that place or other place constitutes a permanent establishment for the enterprise or the closely related enterprise under the provisions of this Article, or

b) the overall activity resulting from the combination of the activities carried on by the two enterprises at the same place, or by the same enterprise or closely related enterprises at the two places, is not of a preparatory or auxiliary character, provided that the business activities carried on by the two enterprises at the same place, or by the same enterprise or closely related enterprises at the two places, constitute complementary functions that are part of a cohesive business operation.

5. Notwithstanding the provisions of paragraphs 1 and 2 but subject to the provisions of paragraph 7, where a person is acting in a Contracting State on behalf of an enterprise, that enterprise shall be deemed to have a permanent establishment in that State in respect of any activities which that person undertakes for the enterprise, if such a person:

a) habitually concludes contracts, or habitually plays the principal role leading to the conclusion of contracts that are routinely concluded without material modification by the enterprise, and these contracts are

(i) in the name of the enterprise, or

(ii) for the transfer of the ownership of, or for the granting of the right to use, property owned by that enterprise or that the enterprise has the right to use, or

(iii) for the provision of services by that enterprise, unless the activities of such person are limited to those mentioned in paragraph 4 which, if exercised through a fixed place of business (other than a fixed place of business to which paragraph 4. 1 would apply), would not make this fixed place of business a permanent establishment under the provisions of that paragraph; or

b) the person does not habitually conclude contracts nor plays the principal role leading to the conclusion of such contracts, but habitually maintains in that State a stock of goods or merchandise from which that person regularly delivers goods or merchandise on behalf of the enterprise.

6. Notwithstanding the preceding provisions of this Article but subject to the provisions of paragraph 7, an insurance enterprise of a Contracting State shall, except in regard to reinsurance, be deemed to have a permanent establishment in the other Contracting State if it collects premiums in the territory of that other State or insures risks situated therein through a person.

7. Paragraphs 5 and 6 shall not apply where the person acting in a Contracting State on behalf of an enterprise of the other Contracting State carries on business in the first-

mentioned State as an independent agent and acts for the enterprise in the ordinary course of that business. Where, however, a person acts exclusively or almost exclusively on behalf of one or more enterprises to which it is closely related, that person shall not be considered to be an independent agent within the meaning of this paragraph with respect to any such enterprise.

8. The fact that a company which is a resident of a Contracting State controls or is controlled by a company which is a resident of the other Contracting State, or which carries on business in that other State (whether through a permanent establishment or otherwise), shall not of itself constitute either company a permanent establishment of the other.

9. For the purposes of this Article, a person or enterprise is closely related to an enterprise if, based on all the relevant facts and circumstances, one has control of the other or both are under the control of the same persons or enterprises. In any case, a person or enterprise shall be considered to be closely related to an enterprise if one possesses directly or indirectly more than 50 percent of the beneficial interest in the other (or, in the case of a company, more than 50 percent of the aggregate vote and value of the company's shares or of the beneficial equity interest in the company) or if another person or enterprise possesses directly or indirectly more than 50 percent of the beneficial interest (or, in the case of a company, more than 50 percent of the aggregate vote and value of the company's shares or of the beneficial equity interest in the company) in the person and the enterprise or in the two enterprises.

Chapter III　TAXATION OF INCOME

Article 6　INCOME FROM IMMOVABLE PROPERTY

1. Income derived by a resident of a Contracting State from immovable property (including income from agriculture or forestry) situated in the other Contracting State may be taxed in that other State.

2. The term "immovable property" shall have the meaning which it has under the law of the Contracting State in which the property in question is situated. The term shall in any case include property accessory to immovable property, livestock and equipment used in agriculture and forestry, rights to which the provisions of general law respecting landed property apply, usufruct of immovable property and rights to variable or fixed payments as consideration for the working of, or the right to work, mineral deposits, sources and other natural resources; ships and aircraft shall not be regarded as immovable property.

3. The provisions of paragraph 1 shall also apply to income derived from the direct use, letting or use in any other form of immovable property.

4. The provisions of paragraphs 1 and 3 shall also apply to the income from immovable property of an enterprise and to income from immovable property used for the performance of independent personal services.

Article 7　BUSINESS PROFITS

1. The profits of an enterprise of a Contracting State shall be taxable only in that State unless the enterprise carries on business in the other Contracting State through a permanent establishment situated therein. If the enterprise carries on business as aforesaid, the profits of the enterprise may be taxed in the other State but only so much of them as is attributable to a) that permanent establishment; b) sales in that other State of goods or merchandise of the same or similar kind as those sold through that permanent establishment; or c) other business activities carried on in that other State of the same or similar kind as those effected through that permanent establishment.

2. Subject to the provisions of paragraph 3, where an enterprise of a Contracting State carries on business in the other Contracting State through a permanent establishment situated therein, there shall in each Contracting State be attributed to that permanent establishment the profits which it might be expected to make if it were a distinct and separate enterprise engaged in the same or similar activities under the same or similar conditions and dealing wholly independently with the enterprise of which it is a permanent establishment.

3. In the determination of the profits of a permanent establishment, there shall be allowed as deductions expenses which are incurred for the purposes of the business of the permanent establishment including executive and general administrative expenses so incurred, whether in the State in which the permanent establishment is situated or elsewhere. However, no such deduction shall be allowed in respect of amounts, if any, paid (otherwise than towards reimbursement of actual expenses) by the permanent establishment to the head office of the enterprise or any of its other offices, by way of royalties, fees or other similar payments in return for the use of patents or other rights, or by way of commission, for specific services performed or for management, or, except in the case of a banking enterprise, by way of interest on moneys lent to the permanent establishment. Likewise, no account shall be taken, in the determination of the profits of a permanent establishment, for amounts charged (otherwise than towards reimbursement of actual expenses), by the permanent establishment to the head office of the enterprise or any of its other offices, by way of royalties, fees or other similar payments in return for the use of patents or other rights, or by way of commission for specific services performed or for management, or, except in the case of a banking enterprise, by way of interest on

moneys lent to the head office of the enterprise or any of its other offices.

4. In so far as it has been customary in a Contracting State to determine the profits to be attributed to a permanent establishment on the basis of an apportionment of the total profits of the enterprise to its various parts, nothing in paragraph 2 shall preclude that Contracting State from determining the profits to be taxed by such an apportionment as may be customary; the method of apportionment adopted shall, however, be such that the result shall be in accordance with the principles contained in this Article.

5. For the purposes of the preceding paragraphs, the profits to be attributed to the permanent establishment shall be determined by the same method year by year unless there is good and sufficient reason to the contrary.

6. Where profits include items of income which are dealt with separately in other Articles of this Convention, then the provisions of those Articles shall not be affected by the provisions of this Article.

(NOTE: The question of whether profits should be attributed to a permanent establishment by reason of the mere purchase by that permanent establishment of goods and merchandise for the enterprise was not resolved. It should therefore be settled in bilateral negotiations.)

Article 8　INTERNATIONAL SHIPPING AND AIR TRANSPORT

Article 8 (alternative A)

1. Profits of an enterprise of a Contracting State from the operation of ships or aircraft in international traffic shall be taxable only in that State.

2. The provisions of paragraph 1 shall also apply to profits from the participation in a pool, a joint business or an international operating agency.

Article 8 (alternative B)

1. Profits of an enterprise of a Contracting State from the operation of aircraft in international traffic shall be taxable only in that State.

2. Profits of an enterprise of a Contracting State from the operation of ships in international traffic shall be taxable only in that State unless the shipping activities arising from such operation in the other Contracting State are more than casual. If such activities are more than casual, such profits may be taxed in that other State. The profits to be taxed in that other State shall be determined on the basis of an appropriate allocation of the overall net profits derived by the enterprise from its shipping operations. The tax computed in accordance with such allocation shall then be reduced by ＿＿ percent. (The percentage is to be established through bilateral negotiations.)

3. The provisions of paragraphs 1 and 2 shall also apply to profits from the

participation in a pool, a joint business or an international operating agency.

Article 9　ASSOCIATED ENTERPRISES

1. Where:

a) an enterprise of a Contracting State participates directly or indirectly in the management, control or capital of an enterprise of the other Contracting State, or

b) the same persons participate directly or indirectly in the management, control or capital of an enterprise of a Contracting State and an enterprise of the other Contracting State, and in either case conditions are made or imposed between the two enterprises in their commercial or financial relations which differ from those which would be made between independent enterprises, then any profits which would, but for those conditions, have accrued to one of the enterprises, but, by reason of those conditions, have not so accrued, may be included in the profits of that enterprise and taxed accordingly.

2. Where a Contracting State includes in the profits of an enterprise of that State and taxes accordingly profits on which an enterprise of the other Contracting State has been charged to tax in that other State and the profits so included are profits which would have accrued to the enterprise of the first-mentioned State if the conditions made between the two enterprises had been those which would have been made between independent enterprises, then that other State shall make an appropriate adjustment to the amount of the tax charged therein on those profits. In determining such adjustment, due regard shall be had to the other provisions of the Convention and the competent authorities of the Contracting States shall, if necessary, consult each other.

3. The provisions of paragraph 2 shall not apply where judicial, administrative or other legal proceedings have resulted in a final ruling that by actions giving rise to an adjustment of profits under paragraph 1, one of the enterprises concerned is liable to penalty with respect to fraud, gross negligence or wilful default.

Article 10　DIVIDENDS

1. Dividends paid by a company which is a resident of a Contracting State to a resident of the other Contracting State may be taxed in that other State.

2. However, such dividends may also be taxed in the Contracting State of which the company paying the dividends is a resident and according to the laws of that State, but if the beneficial owner of the dividends is a resident of the other Contracting State, the tax so charged shall not exceed:

(*a*) ＿＿ percent (the percentage is to be established through bilateral negotiations) of the gross amount of the dividends if the beneficial owner is a company (other than a partnership) which holds directly at least 25 percent of the capital of the company paying the dividends throughout a 365 day period that includes the day of the payment of the dividend (for the purpose of computing that period, no account shall be taken of changes of ownership that would directly result from a corporate reorganisation, such as a merger or divisive reorganisation, of the company that holds the shares or that pays the dividend);

(*b*) _____ percent (the percentage is to be established through bilateral negotiations) of the gross amount of the dividends in all other cases.

The competent authorities of the Contracting States shall by mutual agreement settle the mode of application of these limitations. This paragraph shall not affect the taxation of the company in respect of the profits out of which the dividends are paid.

3. The term "dividends" as used in this Article means income from shares, "jouissance" shares or "jouissance" rights, mining shares, founders' shares or other rights, not being debt claims, participating in profits, as well as income from other corporate rights which is subjected to the same taxation treatment as income from shares by the laws of the State of which the company making the distribution is a resident.

4. The provisions of paragraphs 1 and 2 shall not apply if the beneficial owner of the dividends, being a resident of a Contracting State, carries on business in the other Contracting State of which the company paying the dividends is a resident, through a permanent establishment situated therein, or performs in that other State independent personal services from a fixed base situated therein, and the holding in respect of which the dividends are paid is effectively connected with such permanent establishment or fixed base. In such case the provisions of Article 7 or Article 14, as the case may be, shall apply.

5. Where a company which is a resident of a Contracting State derives profits or income from the other Contracting State, that other State may not impose any tax on the dividends paid by the company, except in so far as such dividends are paid to a resident of that other State or in so far as the holding in respect of which the dividends are paid is effectively connected with a permanent establishment or a fixed base situated in that other State, nor subject the company's undistributed profits to a tax on the company's undistributed profits, even if the dividends paid or the undistributed profits consist wholly or partly of profits or income arising in such other State.

Article 11 INTEREST

1. Interest arising in a Contracting State and paid to a resident of the other Contracting State may be taxed in that other State.

2. However, such interest may also be taxed in the Contracting State in which it arises

and according to the laws of that State, but if the beneficial owner of the interest is a resident of the other Contracting State, the tax so charged shall not exceed ____ percent (the percentage is to be established through bilateral negotiations) of the gross amount of the interest. The competent authorities of the Contracting States shall by mutual agreement settle the mode of application of this limitation.

3. The term "interest" as used in this Article means income from debt claims of every kind, whether or not secured by mortgage and whether or not carrying a right to participate in the debtor's profits, and in particular, income from government securities and income from bonds or debentures, including premiums and prizes attaching to such securities, bonds or debentures. Penalty charges for late payment shall not be regarded as interest for the purpose of this Article.

4. The provisions of paragraphs 1 and 2 shall not apply if the beneficial owner of the interest, being a resident of a Contracting State, carries on business in the other Contracting State in which the interest arises, through a permanent establishment situated therein, or performs in that other State independent personal services from a fixed base situated therein, and the debt claim in respect of which the interest is paid is effectively connected with a) such permanent establishment or fixed base, or with b) business activities referred to in c) of paragraph 1 of Article 7. In such cases the provisions of Article 7 or Article 14, as the case may be, shall apply.

5. Interest shall be deemed to arise in a Contracting State when the payer is a resident of that State. Where, however, the person paying the interest, whether he is a resident of a Contracting State or not, has in a Contracting State a permanent establishment or a fixed base in con-nection with which the indebtedness on which the interest is paid was incurred, and such interest is borne by such permanent establishment or fixed base, then such interest shall be deemed to arise in the State in which the permanent establishment or fixed base is situated.

6. Where, by reason of a special relationship between the payer and the beneficial owner or between both of them and some other person, the amount of the interest, having regard to the debt claim for which it is paid, exceeds the amount which would have been agreed upon by the payer and the beneficial owner in the absence of such relationship, the provisions of this Article shall apply only to the last-mentioned amount. In such case, the excess part of the payments shall remain taxable according to the laws of each Contracting State, due regard being had to the other provisions of this Convention.

Article 12　ROYALTIES

1. Royalties arising in a Contracting State and paid to a resident of the other

Contracting State may be taxed in that other State.

2. However, such royalties may also be taxed in the Contracting State in which they arise and according to the laws of that State, but if the beneficial owner of the royalties is a resident of the other Contracting State, the tax so charged shall not exceed ＿＿ percent (the percentage is to be established through bilateral negotiations) of the gross amount of the royalties. The competent authorities of the Contracting States shall by mutual agreement settle the mode of application of this limitation.

3. The term "royalties" as used in this Article means payments of any kind received as a consideration for the use of, or the right to use, any copyright of literary, artistic or scientific work including cinematograph films, or films or tapes used for radio or television broadcasting, any patent, trademark, design or model, plan, secret formula or process, or for the use of, or the right to use, industrial, commercial or scientific equipment or for information concerning industrial, commercial or scientific experience.

4. The provisions of paragraphs 1 and 2 shall not apply if the beneficial owner of the royalties, being a resident of a Contracting State, carries on business in the other Contracting State in which the royalties arise, through a permanent establishment situated therein, or performs in that other State independent personal services from a fixed base situated therein, and the right or property in respect of which the royalties are paid is effectively connected with a) such permanent establishment or fixed base, or with b) business activities referred to in c) of paragraph 1 of Article 7. In such cases the provisions of Article 7 or Article 14, as the case may be, shall apply.

5. Royalties shall be deemed to arise in a Contracting State when the payer is a resident of that State. Where, however, the person paying the royalties, whether he is a resident of a Contracting State or not, has in a Contracting State a permanent establishment or a fixed base in connection with which the liability to pay the royalties was incurred, and such royalties are borne by such permanent establishment or fixed base, then such royalties shall be deemed to arise in the State in which the permanent establishment or fixed base is situated.

6. Where by reason of a special relationship between the payer and the beneficial owner or between both of them and some other person, the amount of the royalties, having regard to the use, right or information for which they are paid, exceeds the amount which would have been agreed upon by the payer and the beneficial owner in the absence of such relationship, the provisions of this Article shall apply only to the last-mentioned amount. In such case, the excess part of the payments shall remain taxable according to the laws of each Contracting State, due regard being had to the other provisions of this Convention.

Article 12 A   FEES FOR TECHNICAL SERVICES

1. Fees for technical services arising in a Contracting State and paid to a resident of the other Contracting State may be taxed in that other State.

2. However, notwithstanding the provisions of Article 14 and subject to the provisions of Articles 8, 16 and 17, fees for technical services arising in a Contracting State may also be taxed in the Contracting State in which they arise and according to the laws of that State, but if the beneficial owner of the fees is a resident of the other Contracting State, the tax so charged shall not exceed ＿＿ percent of the gross amount of the fees [the percentage to be established through bilateral negotiations].

3. The term "fees for technical services" as used in this Article means any payment in consideration for any service of a managerial, technical or consultancy nature, unless the payment is made:

a) to an employee of the person making the payment;

b) for teaching in an educational institution or for teaching by an educational institution; or

c) by an individual for services for the personal use of an individual.

4. The provisions of paragraphs 1 and 2 shall not apply if the beneficial owner of fees for technical services, being a resident of a Contracting State, carries on business in the other Contracting State in which the fees for technical services arise through a permanent establishment situated in that other State, or performs in the other Contracting State independent personal services from a fixed base situated in that other State, and the fees for technical services are effectively connected with:

a) such permanent establishment or fixed base, or

b) business activities referred to in c) of paragraph 1 of Article 7.

In such cases the provisions of Article 7 or Article 14, as the case may be, shall apply.

5. For the purposes of this Article, subject to paragraph 6, fees for technical services shall be deemed to arise in a Contracting State if the payer is a resident of that State or if the person paying the fees, whether that person is a resident of a Contracting State or not, has in a Contracting State a permanent establishment or a fixed base in connection with which the obligation to pay the fees was incurred, and such fees are borne by the permanent establishment or fixed base.

6. For the purposes of this Article, fees for technical services shall be deemed not to arise in a Contracting State if the payer is a resident of that State and carries on business in the other Contracting State through a permanent establishment situated in that other State or performs independent personal services through a fixed base situated in that other State

and such fees are borne by that permanent establishment or fixed base.

7. Where, by reason of a special relationship between the payer and the beneficial owner of the fees for technical services or between both of them and some other person, the amount of the fees, having regard to the services for which they are paid, exceeds the amount which would have been agreed upon by the payer and the beneficial owner in the absence of such relationship, the provisions of this Article shall apply only to the last-mentioned amount. In such case, the excess part of the fees shall remain taxable according to the laws of each Contracting State, due regard being had to the other provisions of this Convention.

Article 13   CAPITAL GAINS

1. Gains derived by a resident of a Contracting State from the alienation of immovable property referred to in Article 6 and situated in the other Contracting State may be taxed in that other State.

2. Gains from the alienation of movable property forming part of the business property of a permanent establishment which an enterprise of a Contracting State has in the other Contracting State or of movable property pertaining to a fixed base available to a resident of a Contracting State in the other Contracting State for the purpose of performing independent personal services, including such gains from the alienation of such a permanent establishment (alone or with the whole enterprise) or of such fixed base, may be taxed in that other State.

3. Gains that an enterprise of a Contracting State that operates ships or aircraft in international traffic derives from the alienation of such ships or aircraft, or of movable property pertaining to the operation of such ships or aircraft, shall be taxable only in that State.

4. Gains derived by a resident of a Contracting State from the alienation of shares or comparable interests, such as interests in a partnership or trust, may be taxed in the other Contracting State if, at any time during the 365 days preceding the alienation, these shares or comparable interests derived more than 50 percent of their value directly or indirectly from immovable property, as defined in Article 6, situated in that other State.

5. Gains, other than those to which paragraph 4 applies, derived by a resident of a Contracting State from the alienation of shares of a company, or comparable interests, such as interests in a partnership or trust, which is a resident of the other Contracting State, may be taxed in that other State if the alienator, at any time during the 365 days preceding such alienation, held directly or indirectly at least ____ percent (the percentage is to be established through bilateral negotiations) of the capital of that company or entity.

6. Gains from the alienation of any property other than that referred to in paragraphs

1, 2, 3, 4 and 5 shall be taxable only in the Contracting State of which the alienator is a resident.

Article 14   INDEPENDENT PERSONAL SERVICES

1. Income derived by a resident of a Contracting State in respect of professional services or other activities of an independent character shall be taxable only in that State except in the following circumstances, when such income may also be taxed in the other Contracting State:

a) If he has a fixed base regularly available to him in the other Contracting State for the purpose of performing his activities; in that case, only so much of the income as is attributable to that fixed base may be taxed in that other Contracting State; or

b) If his stay in the other Contracting State is for a period or peri-ods amounting to or exceeding in the aggregate 183 days in any twelve-month period commencing or ending in the fiscal year concerned; in that case, only so much of the income as is derived from his activities performed in that other State may be taxed in that other State.

2. The term "professional services" includes especially independent scientific, literary, artistic, educational or teaching activities as well as the independent activities of physicians, lawyers, engineers, architects, dentists and accountants.

Article 15   DEPENDENT PERSONAL SERVICES

1. Subject to the provisions of Articles 16, 18 and 19, salaries, wages and other similar remuneration derived by a resident of a Contracting State in respect of an employment shall be taxable only in that State unless the employment is exercised in the other Contracting State. If the employment is so exercised, such remuneration as is derived therefrom may be taxed in that other State.

2. Notwithstanding the provisions of paragraph 1, remuneration derived by a resident of a Contracting State in respect of an employment exercised in the other Contracting State shall be taxable only in the first-mentioned State if:

a) The recipient is present in the other State for a period or periods not exceeding in the aggregate 183 days in any twelve-month period commencing or ending in the fiscal year concerned; and

b) The remuneration is paid by, or on behalf of, an employer who is not a resident of the other State; and

c) The remuneration is not borne by a permanent establishment or a fixed base which the employer has in the other State.

3. Notwithstanding the preceding provisions of this Article, remuneration derived by a

resident of a Contracting State in respect of an employment, as a member of the regular complement of a ship or aircraft, that is exercised aboard a ship or aircraft operated in international traffic, other than aboard a ship or aircraft operated solely within the other Contracting State, shall be taxable only in the first-mentioned State.

Article 16　DIRECTORS' FEES AND REMUNERATION OF TOP-LEVEL MANAGERIAL OFFICIALS

1. Directors' fees and other similar payments derived by a resident of a Contracting State in his capacity as a member of the Board of Directors of a company which is a resident of the other Contracting State may be taxed in that other State.

2. Salaries, wages and other similar remuneration derived by a resident of a Contracting State in his capacity as an official in a top-level managerial position of a company which is a resident of the other Contracting State may be taxed in that other State.

Article 17　ARTISTES AND SPORTSPERSONS

1. Notwithstanding the provisions of Articles 14 and 15, income derived by a resident of a Contracting State as an entertainer, such as a theatre, motion picture, radio or television artiste, or a musician, or as a sportsperson, from his personal activities as such exercised in the other Contracting State, may be taxed in that other State.

2. Where income in respect of personal activities exercised by an entertainer or a sportsperson in his capacity as such accrues not to the entertainer or sportsperson himself but to another person, that income may, notwithstanding the provisions of Articles 7, 14 and 15, be taxed in the Contracting State in which the activities of the entertainer or sportsperson are exercised.

Article 18　PENSIONS AND SOCIAL SECURITY PAYMENTS

Article 18 (alternative A)

1. Subject to the provisions of paragraph 2 of Article 19, pensions and other similar remuneration paid to a resident of a Contracting State in consideration of past employment shall be taxable only in that State.

2. Notwithstanding the provisions of paragraph 1, pensions paid and other payments made under a public scheme which is part of the social security system of a Contracting State or a political subdivision or a local authority thereof shall be taxable only in that State.

Article 18 (alternative B)

1. Subject to the provisions of paragraph 2 of Article 19, pensions and other similar

remuneration paid to a resident of a Contracting State in consideration of past employment may be taxed in that State.

2. However, such pensions and other similar remuneration may also be taxed in the other Contracting State if the payment is made by a resident of that other State or a permanent establishment situated therein.

3. Notwithstanding the provisions of paragraphs 1 and 2, pensions paid and other payments made under a public scheme which is part of the social security system of a Contracting State or a political subdivision or a local authority thereof shall be taxable only in that State.

Article 19   GOVERNMENT SERVICE

1. *a*) Salaries, wages and other similar remuneration paid by a Contracting State or a political subdivision or a local authority thereof to an individual in respect of services rendered to that State or subdivision or authority shall be taxable only in that State.

b) However, such salaries, wages and other similar remuneration shall be taxable only in the other Contracting State if the services are rendered in that other State and the individual is a resident of that State who:

(i) is a national of that State; or

(ii) did not become a resident of that State solely for the purpose of rendering the services.

2. *a*) Notwithstanding the provisions of paragraph 1, pensions and other similar remuneration paid by, or out of funds created by, a Contracting State or a political subdivision or a local authority thereof to an individual in respect of services rendered to that State or subdivision or authority shall be taxable only in that State.

b) However, such pensions and other similar remuneration shall be taxable only in the other Contracting State if the individual is a resident of, and a national of, that other State.

3. The provisions of Articles 15, 16, 17 and 18 shall apply to salaries, wages, pensions, and other similar remuneration in respect of services rendered in connection with a business carried on by a Contracting State or a political subdivision or a local authority thereof.

Article 20   STUDENTS

Payments which a student or business trainee or apprentice who is or was immediately before visiting a Contracting State a resident of the other Contracting State and who is present in the first-mentioned State solely for the purpose of his education or training receives for the purpose of his maintenance, education or training shall not be taxed in that State, provided that such payments arise from sources outside that State.

Article 21   OTHER INCOME

1. Items of income of a resident of a Contracting State, wherever arising, not dealt with in the foregoing Articles of this Convention shall be taxable only in that State.

2. The provisions of paragraph 1 shall not apply to income, other than income from immovable property as defined in paragraph 2 of Article 6, if the recipient of such income, being a resident of a Contracting State, carries on business in the other Contracting State through a permanent establishment situated therein, or performs in that other State independent personal services from a fixed base situated therein, and the right or property in respect of which the income is paid is effectively connected with such permanent establishment or fixed base. In such case the provisions of Article 7 or Article 14, as the case may be, shall apply.

3. Notwithstanding the provisions of paragraphs 1 and 2, items of income of a resident of a Contracting State not dealt with in the foregoing Articles of this Convention and arising in the other Contracting State may also be taxed in that other State.

Chapter IV   TAXATION OF CAPITAL

Article 22   CAPITAL

1. Capital represented by immovable property referred to in Article 6, owned by a resident of a Contracting State and situated in the other Contracting State, may be taxed in that other State.

2. Capital represented by movable property forming part of the business property of a permanent establishment which an enterprise of a Contracting State has in the other Contracting State or by movable property pertaining to a fixed base available to a resident of a Contracting State in the other Contracting State for the purpose of performing independent personal services may be taxed in that other State.

3. Capital of an enterprise of a Contracting State that operates ships or aircraft in international traffic represented by such ships or aircraft, and by movable property pertaining to the operation of such ships or aircraft, shall be taxable only in that State.

[4. All other elements of capital of a resident of a Contracting State shall be taxable only in that State.]

(The question of the taxation of all other elements of capital of a resident of a Contracting State is left to bilateral negotiations. Should the negotiating parties decide to include in the Convention an article on the taxation of capital, they will have to determine whether to use the wording of paragraph 4 as shown or wording that leaves taxation to the State in which the capital is located.)

Chapter V   METHODS FOR ELIMINATION OF DOUBLE TAXATION

Article 23 A   EXEMPTION METHOD

1. Where a resident of a Contracting State derives income or owns capital which may be taxed in the other Contracting State, in accordance with the provisions of this Convention (except to the extent that these provisions allow taxation by that other State solely because the income is also income derived by a resident of that State or because the capital is also capital owned by a resident of that State), the first-mentioned State shall, subject to the provisions of paragraphs 2 and 3, exempt such income or capital from tax.

2. Where a resident of a Contracting State derives items of income which, in accordance with the provisions of Articles 10, 11, 12, and 12A may be taxed in the other Contracting State, the first-mentioned State shall allow as a deduction from the tax on the income of that resident an amount equal to the tax paid in that other State. Such deduction shall not, however, exceed that part of the tax, as computed before the deduction is given, which is attributable to such items of income which may be taxed in that other State.

3. Where in accordance with any provision of this Convention income derived or capital owned by a resident of a Contracting State is exempt from tax in that State, such State may nevertheless, in calculating the amount of tax on the remaining income or capital of such resident, take into account the exempted income or capital.

4. The provisions of paragraph 1 shall not apply to income derived or capital owned by a resident of a Contracting State where the other Contracting State applies the provisions of this Convention to exempt such income or capital from tax or applies the provisions of paragraph 2 of Article 10, 11, 12 or 12A to such income; in the latter case, the first-mentioned State shall allow the deduction of tax provided for by paragraph 2.

Article 23 B   CREDIT METHOD

1. Where a resident of a Contracting State derives income or owns capital which may be taxed in the other Contracting State, in accordance with the provisions of this Convention (except to the extent that these provisions allow taxation by that other State solely because the income is also income derived by a resident of that State or because the capital is also capital owned by a resident of that State), the first-mentioned State shall

allow:

a) as a deduction from the tax on the income of that resident an amount equal to the income tax paid in that other State;

b) as a deduction from the tax on the capital of that resident, an amount equal to the capital tax paid in that other State.

Such deduction in either case shall not, however, exceed that part of the income tax or capital tax, as computed before the deduction is given, which is attributable, as the case may be, to the income or the capital which may be taxed in that other State.

2. Where, in accordance with any provision of this Convention, income derived or capital owned by a resident of a Contracting State is exempt from tax in that State, such State may nevertheless, in calcu-lating the amount of tax on the remaining income or capital of such resident, take into account the exempted income or capital.

Chapter Ⅵ　SPECIAL PROVISIONS

Article 24　NON-DISCRIMINATION

1. Nationals of a Contracting State shall not be subjected in the other Contracting State to any taxation or any requirement connected therewith which is other or more burdensome than the taxation and connected requirements to which nationals of that other State in the same circumstances, in particular with respect to residence, are or may be subjected. This provision shall, notwithstanding the provisions of Article 1, also apply to persons who are not residents of one or both of the Contracting States.

2. Stateless persons who are residents of a Contracting State shall not be subjected in either Contracting State to any taxation or any requirement connected therewith which is other or more burdensome than the taxation and connected requirements to which nationals of the State concerned in the same circumstances, in particular with respect to residence, are or may be subjected.

3. The taxation on a permanent establishment which an enterprise of a Contracting State has in the other Contracting State shall not be less favourably levied in that other State than the taxation levied on enterprises of that other State carrying on the same activities. This provision shall not be construed as obliging a Contracting State to grant to residents of the other Contracting State any personal allowances, reliefs and reductions for taxation purposes on account of civil status or family responsibilities which it grants to its own residents.

4. Except where the provisions of paragraph 1 of Article 9, paragraph 6 of Article 11, paragraph 6 of Article 12, or paragraph 6 of Article 12A apply, interest, royalties, fees for

technical services, and other disbursements paid by an enterprise of a Contracting State to a resident of the other Contracting State shall, for the purpose of determining the taxable profits of such enterprise, be deductible under the same conditions as if they had been paid to a resident of the first-mentioned State. Similarly, any debts of an enterprise of a Contracting State to a resident of the other Contracting State shall, for the purpose of determining the taxable capital of such enterprise, be deductible under the same conditions as if they had been contracted to a resident of the first-mentioned State.

5. Enterprises of a Contracting State, the capital of which is wholly or partly owned or controlled, directly or indirectly, by one or more residents of the other Contracting State, shall not be subjected in the first-mentioned State to any taxation or any requirement connected therewith which is other or more burdensome than the taxation and connected requirements to which other similar enterprises of the first-mentioned State are or may be subjected.

6. The provisions of this Article shall, notwithstanding the provisions of Article 2, apply to taxes of every kind and description.

Article 25　MUTUAL AGREEMENT PROCEDURE

Article 25 (alternative A)

1. Where a person considers that the actions of one or both of the Contracting States result or will result for him in taxation not in accordance with the provisions of this Convention, he may, irrespective of the remedies provided by the domestic law of those States, present his case to the competent authority of the Contracting State of which he is a res-ident or, if his case comes under paragraph 1 of Article 24, to that of the Contracting State of which he is a national. The case must be presented within three years from the first notification of the action resulting in taxation not in accordance with the provisions of the Convention.

2. The competent authority shall endeavour, if the objection appears to it to be justified and if it is not itself able to arrive at a satisfactory solution, to resolve the case by mutual agreement with the competent authority of the other Contracting State, with a view to the avoidance of taxation which is not in accordance with this Convention.

Any agreement reached shall be implemented notwithstanding any time limits in the domestic law of the Contracting States.

3. The competent authorities of the Contracting States shall endeavour to resolve by mutual agreement any difficulties or doubts arising as to the interpretation or application of the Convention. They may also consult together for the elimination of double taxation in cases not provided for in the Convention.

4. The competent authorities of the Contracting States may communicate with each other directly, including through a joint commission consisting of themselves or their representatives, for the purpose of reaching an agreement in the sense of the preceding paragraphs. The competent authorities, through consultations, may develop appropriate bilateral procedures, conditions, methods and techniques for the implementation of the mutual agreement procedure provided for in this Article.

Article 25 (*alternative B*)

1. Where a person considers that the actions of one or both of the Contracting States result or will result for him in taxation not in accordance with the provisions of this Convention, he may, irrespective of the remedies provided by the domestic law of those States, present his case to the competent authority of the Contracting State of which he is a resident or, if his case comes under paragraph 1 of Article 24, to that of the Contracting State of which he is a national. The case must be presented within three years from the first notification of the action resulting in taxation not in accordance with the provisions of the Convention.

2. The competent authority shall endeavour, if the objection appears to it to be justified and if it is not itself able to arrive at a satisfactory solution, to resolve the case by mutual agreement with the competent authority of the other Contracting State, with a view to the avoidance of taxation which is not in accordance with this Convention. Any agreement reached shall be implemented notwithstanding any time limits in the domestic law of the Contracting States.

3. The competent authorities of the Contracting States shall endeavour to resolve by mutual agreement any difficulties or doubts arising as to the interpretation or application of the Convention. They may also consult together for the elimination of double taxation in cases not provided for in the Convention.

4. The competent authorities of the Contracting States may communicate with each other directly, including through a joint commission consisting of themselves or their representatives, for the purpose of reaching an agreement in the sense of the preceding paragraphs. The competent authorities, through consultations, may develop appropriate bilateral procedures, conditions, methods and techniques for the implementation of the mutual agreement procedure provided for in this Article.

5. Where,

a) under paragraph 1, a person has presented a case to the competent authority of a Contracting State on the basis that the actions of one or both of the Contracting States have resulted for that person in taxation not in accordance with the provisions of this Convention, and *b*) the competent authorities are unable to reach an agreement to resolve that case pursuant to paragraph 2 within three years from the presentation of the case to the competent authority of the other Contracting State, any unresolved issues arising from the case shall be submitted to arbitration if either competent authority so requests. The person who has presented the case shall be notified of the request. These unresolved issues shall not, however, be submitted to arbitration if a decision on these issues has already been rendered by a court or administrative tribunal of either State. The arbitration decision shall be binding on both States and shall be implemented notwithstanding any time limits in the domestic laws of these States unless both competent authorities agree on a different solution within six months after the decision has been communicated to them or unless a person directly affected by the case does not accept the mutual agreement that implements the arbitration decision. The competent authorities of the Contracting States shall by mutual agreement settle the mode of application of this paragraph.

Article 26   EXCHANGE OF INFORMATION

1. The competent authorities of the Contracting States shall exchange such information as is foreseeably relevant for carrying out the provisions of this Convention or to the administration or enforcement of the domestic laws of the Contracting States concerning taxes of every kind and description imposed on behalf of the Contracting States, or of their political subdivisions or local authorities, insofar as the taxation thereunder is not contrary to the Convention. In particular, information shall be exchanged that would be helpful to a Contracting State in preventing avoidance or evasion of such taxes. The exchange of information is not restricted by Articles 1 and 2.

2. Any information received under paragraph 1 by a Contracting State shall be treated as secret in the same manner as information obtained under the domestic laws of that State and it shall be disclosed only to persons or authorities (including courts and administrative bodies) concerned with the assessment or collection of, the enforcement or prosecution in respect of, or the determination of appeals in relation to, the taxes referred to in paragraph 1, or the oversight of the above. Such persons or authorities shall use the information only for such purposes. They may disclose the information in public court proceedings or in judicial decisions. Notwithstanding the foregoing, information received by a Contracting State may be used for other purposes when such information may be used for such other purposes under the laws of both States and the competent authority of the supplying State authorizes such use.

3. In no case shall the provisions of paragraphs 1 and 2 be construed so as to impose on a Contracting State the obligation:

a) To carry out administrative measures at variance with the laws and administrative practice of that or of the other Contracting State;

b) To supply information which is not obtainable under the laws or in the normal course of the administration of that or of the other Contracting State;

c) To supply information which would disclose any trade, business, industrial, commercial or professional secret or trade process, or information, the disclosure of which would be contrary to public policy (*ordre public*).

4. If information is requested by a Contracting State in accordance with this Article, the other Contracting State shall use its information gathering measures to obtain the requested information, even though that other State may not need such information for its own tax purposes. The obligation contained in the preceding sentence is subject to the limitations of paragraph 3 but in no case shall such limitations be construed to permit a Contracting State to decline to supply information solely because it has no domestic interest in such information.

5. In no case shall the provisions of paragraph 3 be construed to permit a Contracting State to decline to supply information solely because the information is held by a bank, other financial institution, nominee or person acting in an agency or a fiduciary capacity or because it relates to ownership interests in a person.

6. The competent authorities shall, through consultation, develop appropriate methods and techniques concerning the matters in respect of which exchanges of information under paragraph 1 shall be made.

Article 27　ASSISTANCE IN THE COLLECTION OF TAXES①

1. The Contracting States shall lend assistance to each other in the collection of revenue claims. This assistance is not restricted by Articles 1 and 2. The competent authorities of the Contracting States may by mutual agreement settle the mode of application of this Article.

2. The term "revenue claim" as used in this Article means an amount owed in respect of taxes of every kind and description imposed on behalf of the Contracting States, or of their political subdivisions or local authorities, insofar as the taxation thereunder is not contrary to this Convention or any other instrument to which the Contracting States are parties, as well as interest, administrative penalties and costs of collection or conservancy related to such amount.

---

① In some countries, national law, policy or administrative considerations may not allow or justify the type of assistance envisaged under this Article or may require that this type of assistance be restricted, e. g. to countries that have similar tax systems or tax administrations or as to the taxes covered. For that reason, the Article should only be included in the Convention where each State concludes that, based on the factors described in paragraph 1 of the Commentary on the Article, they can agree to provide assistance in the collection of taxes levied by the other State.

3. When a revenue claim of a Contracting State is enforceable under the laws of that State and is owed by a person who, at that time, cannot, under the laws of that State, prevent its collection, that revenue claim shall, at the request of the competent authority of that State, be accepted for purposes of collection by the competent authority of the other Contracting State. That revenue claim shall be collected by that other State in accordance with the provisions of its laws applicable to the enforcement and collection of its own taxes as if the revenue claim were a revenue claim of that other State.

4. When a revenue claim of a Contracting State is a claim in respect of which that State may, under its law, take measures of conservancy with a view to ensure its collection, that revenue claim shall, at the request of the competent authority of that State, be accepted for purposes of taking measures of conservancy by the competent authority of the other Contracting State. That other State shall take measures of conservancy in respect of that revenue claim in accordance with the provisions of its laws as if the revenue claim were a revenue claim of that other State even if, at the time when such measures are applied, the revenue claim is not enforceable in the first-mentioned State or is owed by a person who has a right to prevent its collection.

5. Notwithstanding the provisions of paragraphs 3 and 4, a revenue claim accepted by a Contracting State for purposes of paragraph 3 or 4 shall not, in that State, be subject to the time limits or accorded any priority applicable to a revenue claim under the laws of that State by reason of its nature as such. In addition, a revenue claim accepted by a Contracting State for the purposes of paragraph 3 or 4 shall not, in that State, have any priority applicable to that revenue claim under the laws of the other Contracting State.

6. Proceedings with respect to the existence, validity or the amount of a revenue claim of a Contracting State shall not be brought before the courts or administrative bodies of the other Contracting State.

7. Where, at any time after a request has been made by a Contracting State under paragraph 3 or 4 and before the other Contracting State has collected and remitted the relevant revenue claim to the first-mentioned State, the relevant revenue claim ceases to be

a) in the case of a request under paragraph 3, a revenue claim of the first-mentioned State that is enforceable under the laws of that State and is owed by a person who, at that time, cannot, under the laws of that State, prevent its collection, or

b) in the case of a request under paragraph 4, a revenue claim of the first-mentioned State in respect of which that State may, under its laws, take measures of conservancy with a view to ensure its collection

the competent authority of the first-mentioned State shall promptly notify the competent authority of the other State of that fact and, at the option of the other State, the first-mentioned State shall either suspend or withdraw its request.

8. In no case shall the provisions of this Article be construed so as to impose on a Contracting State the obligation:

a) to carry out administrative measures at variance with the laws and administrative practice of that or of the other Contracting State;

b) to carry out measures which would be contrary to public policy (*ordre public*);

c) to provide assistance if the other Contracting State has not pursued all reasonable measures of collection or conservancy, as the case may be, available under its laws or administrative practice;

d) to provide assistance in those cases where the administrative burden for that State is clearly disproportionate to the benefit to be derived by the other Contracting State.

Article 28　MEMBERS OF DIPLOMATIC MISSIONS AND CONSULAR POSTS

Nothing in this Convention shall affect the fiscal privileges of members of diplomatic missions or consular posts under the general rules of international law or under the provisions of special agreements.

Article 29　ENTITLEMENT TO BENEFITS[①]

1. Except as otherwise provided in this Article, a resident of a Contracting State shall not be entitled to a benefit that would otherwise be accorded by this Convention (other than a benefit under paragraph 3 of Article 4, paragraph 2 of Article 9 or Article 25) unless such resident is a "qualified person", as defined in paragraph 2, at the time that the benefit would be accorded.

2. A resident of a Contracting State shall be a qualified person at a time when a benefit would otherwise be accorded by the Convention if, at that time, the resident is:

a) an individual;

b) that Contracting State, or a political subdivision or local authority thereof, or an agency or instrumentality of that State, political subdivision or local authority;

c) a company or other entity, if, throughout the taxable period that includes that time, the principal class of its shares (and any disproportionate class of shares) is regularly traded on one or more recognised stock exchanges, and either:

---

① The drafting of this Article will depend on how the Contracting States decide to implement their common intention, reflected in the preamble of the Convention and incorporated in the minimum standard agreed to as part of the OECD-G20 Base Erosion and Profit Shifting project by particular countries, to eliminate double taxation without creating opportunities for non-taxation or reduced taxation through tax evasion or avoidance, including through treaty shopping arrangements.

(i) its principal class of shares is primarily traded on one or more recognised stock exchanges located in the Contracting State of which the company or entity is a resident; or

(ii) the company's or entity's primary place of management and control is in the Contracting State of which it is a resident;

d) a company, if:

(i) throughout the taxable period that includes that time, at least 50 percent of the aggregate vote and value of the shares (and at least 50 percent of the aggregate vote and value of any disproportionate class of shares) in the company is owned directly or indirectly by five or fewer companies or entities entitled to benefits under subparagraph c) of this paragraph, provided that, in the case of indirect ownership, each intermediate owner is a resident of the Contracting State from which a benefit under this Convention is being sought or is a qualifying intermediate owner; and

(ii) with respect to benefits under this Convention other than under Article 10, less than 50 percent of the company's gross income, and less than 50 percent of the tested group's gross income, for the taxable period that includes that time, is paid or accrued, directly or indirectly, in the form of payments that are deductible in that taxable period for purposes of the taxes covered by this Convention in the company's Contracting State of residence (but not including arm's length payments in the ordinary course of business for services or tangible property, and in the case of a tested group, not including intragroup transactions) to persons that are not residents of either Contracting State entitled to the benefits of this Convention under subpara-graph a), b), c) or e);

e) a person, other than an individual, that

(i) is a [agreed description of the relevant non-profit organisations found in each Contracting State],

(ii) is a recognised pension fund①to which subdivision (i) of the definition of recognised pension fund in paragraph 1 of Article 3 applies, provided that more than 50 percent of the beneficial interests in that person are owned by individuals resident of either Contracting State, or more than [_ percent] of the beneficial interests in that person are owned by individuals resident of either Contracting State or of any other State with respect to which the following conditions are met

(A) individuals who are residents of that other State are entitled to the benefits of a comprehensive convention for the avoidance of double taxation between that other State and the State from which the benefits of this Convention are claimed, and

(B) with respect to income referred to in Articles 10 and 11 of this Convention, if the

---

① As to incorporation of such a definition, see paragraph 14 of the Commentary on Article 29.

person were a resident of that other State entitled to all the benefits of that other convention, the person would be entitled, under such convention, to a rate of tax with respect to the particular class of income for which benefits are being claimed under this Convention that is at least as low as the rate applicable under this Convention; or

(iii) is a recognised pension fund to which subdivision (ii) of the definition of recognised pension fund in paragraph 1 of Article 3 applies, provided that it is established and operated exclusively or almost exclusively to invest funds for the benefit of entities or arrangements referred to in the preceding subdivision;

f) a person other than an individual, if

(i) at that time and on at least half the days of a twelve-month period that includes that time, persons who are residents of that Contracting State and that are entitled to the benefits of this Convention under subparagraph a), b), c) or e) own, directly or indirectly, shares representing at least 50 percent of the aggregate vote and value (and at least 50 percent of the aggregate vote and value of any disproportionate class of shares) of the shares in the person, provided that, in the case of indirect ownership, each intermediate owner is a qualifying intermediate owner, and

(ii) less than 50 percent of the person's gross income, and less than 50 percent of the tested group's gross income, for the taxable period that includes that time, is paid or accrued, directly or indirectly, in the form of payments that are deductible for purposes of the taxes covered by this Convention in the person's Contracting State of residence (but not including arm's length payments in the ordinary course of business for services or tangible property, and in the case of a tested group, not including intragroup transactions), to persons that are not residents of either Contracting State entitled to the benefits of this Convention under subparagraph a), b), c) or e) of this paragraph; or

g) [possible provision on collective investment vehicles];

3. *a*) A resident of a Contracting State shall be entitled to benefits under this Convention with respect to an item of income derived from the other Contracting State, regardless of whether the resident is a qualified person, if the resident is engaged in the active conduct of a business in the first-mentioned State (other than the business of making or managing investments for the resident's own account, unless these activities are banking, insurance or securities activities carried on by a bank or [list financial institutions similar to banks that the Contracting States agree to treat as such], insurance enterprise or registered securities dealer respectively), and the income derived from the other State emanates from, or is incidental to, that business. For purposes of this Article, the term "active conduct of a business" shall not include the following activities or any combination thereof:

(i) operating as a holding company;

(ii) providing overall supervision or administration of a group of companies;

(iii) providing group financing (including cash pooling); or

(iv) making or managing investments, unless these activities are carried on by a bank [list financial institutions similar to banks that the Contracting States agree to treat as such], insurance enterprise or registered securities dealer in the ordinary course of its business as such.

b) If a resident of a Contracting State derives an item of income from a business activity conducted by that resident in the other Contracting State, or derives an item of income arising in the other State from a connected person, the conditions described in subparagraph a) shall be considered to be satisfied with respect to such item only if the business activity carried on by the resident in the first-mentioned State to which the item is related is substantial in relation to the same or complementary business activity carried on by the resident or such connected person in the other Contracting State. Whether a business activity is substantial for the purposes of this paragraph shall be determined based on all the facts and circumstances.

c) For purposes of applying this paragraph, activities conducted by connected persons with respect to a resident of a Contracting State shall be deemed to be conducted by such resident.

4. [A rule providing so-called derivative benefits. The question of how the derivative benefits paragraph should be drafted in a convention that follows the detailed version is discussed in the Commentary.]

5. A company that is a resident of a Contracting State that functions as a headquarters company for a multinational corporate group consisting of such company and its direct and indirect subsidiaries shall be entitled to benefits under this Convention with respect to dividends and interest paid by members of its multinational corporate group, regardless of whether the resident is a qualified person. A company shall be considered a headquarters company for this purpose only if:

a) such company's primary place of management and control is in the Contracting State of which it is a resident;

b) the multinational corporate group consists of companies resident of, and engaged in the active conduct of a business in, at least four States, and the businesses carried on in each of the four States (or four groupings of States) generate at least 10 percent of the gross income of the group;

c) the businesses of the multinational corporate group that are carried on in any one State other than the Contracting State of residence of such company generate less than 50 percent of the gross income of the group;

d) no more than 25 percent of such company's gross income is derived from the other Contracting State;

e) such company is subject to the same income taxation rules in its Contracting State of residence as persons described in paragraph 3 of this Article; and

f) less than 50 percent of such company's gross income, and less than 50 percent of the tested group's gross income, is paid or accrued, directly or indirectly, in the form of payments that are deductible for purposes of the taxes covered by this Convention in the company's Contracting State of residence (but not including arm's length payments in the ordinary course of business for services or tangible property or payments in respect of financial obligations to a bank that is not a connected person with respect to such company, and in the case of a tested group, not including intragroup transactions) to persons that are not residents of either Contracting State entitled to the benefits of this Convention under subparagraph a), b), c) or e) of paragraph 2.

If the requirements of subparagraph b), c) or d) of this paragraph are not fulfilled for the relevant taxable period, they shall be deemed to be fulfilled if the required ratios are met when averaging the gross income of the preceding four taxable periods.

6. If a resident of a Contracting State is neither a qualified person pursuant to the provisions of paragraph 2 of this Article, nor entitled to benefits under paragraph 3, 4 or 5, the competent authority of the Contracting State in which benefits are denied under the previous provisions of this Article may, nevertheless, grant the benefits of this Convention, or benefits with respect to a specific item of income or capital, taking into account the object and purpose of this Convention, but only if such resident demonstrates to the satisfaction of such competent authority that neither its establishment, acquisition or main-tenance, nor the conduct of its operations, had as one of its principal purposes the obtaining of benefits under this Convention. The competent authority of the Contracting State to which a request has been made, under this paragraph, by a resident of the other State, shall consult with the competent authority of that other State before either granting or denying the request.

7. For the purposes of this and the previous paragraphs of this Article:

a) the term "recognised stock exchange" means:

(i) [list of stock exchanges agreed to at the time of signature]; and

(ii) any other stock exchange agreed upon by the competent authorities of the Contracting States;

b) with respect to entities that are not companies, the term "shares" means interests that are comparable to shares;

c）the term "principal class of shares" means the ordinary or common shares of the company or entity，provided that such class of shares represents the majority of the aggregate vote and value of the company or entity. If no single class of ordinary or common shares represents the majority of the aggregate vote and value of the company or entity，the "principal class of shares" are those classes that in the aggregate represent a major-ity of the aggregate vote and value；

d）two persons shall be "connected persons" if one owns，directly or indirectly，at least 50 percent of the beneficial interest in the other（or，in the case of a company，at least 50 percent of the aggregate vote and value of the company's shares）or another person owns，directly or indirectly，at least 50 percent of the beneficial interest（or，in the case of a company，at least 50 percent of the aggregate vote and value of the company's shares）in each person. In any case，a person shall be connected to another if，based on all the relevant facts and circumstances，one has control of the other or both are under the control of the same person or persons.

e）the term "equivalent beneficiary" means：

（i）a resident of any State，provided that：

（A）the resident is entitled to all the benefits of a comprehensive convention for the avoidance of double taxation between that State and the Contracting State from which the benefits of this Convention are sought，under provisions substantially similar to subparagraph a），b），c）or e）of paragraph 2 or，when the benefit being sought is with respect to interest or dividends paid by a member of the resident's multinational corporate group，the resident is entitled to benefits under provisions substantially similar to paragraph 5 of this Article in such convention，provided that，if such convention does not contain a detailed limitation on benefits article，such convention shall be applied as if the provisions of subparagraphs a），b），c）and e）of paragraph 2（including the definitions relevant to the application of the tests in such subparagraphs）were contained in such convention；and

（B）（1）with respect to income referred to in Article 10，11，12 or 12A if the resident had received such income directly，the resident would be entitled under such Convention，a provision of domestic law or any international agreement，to a rate of tax with respect to such income for which benefits are being sought under this Convention that is less than or equal to the rate applicable under this Convention. Regarding a company seeking，under paragraph 4，the benefits of Article 10 with respect to dividends，for purposes of this subclause：

（I）if the resident is an individual，and the company is engaged in the active conduct of a business in its Contracting State of residence that is substantial in relation，and similar or complementary, to the business that generated the earnings from which the dividend is paid, such individual shall be treated as if he or she were a company. Activities conducted by a person that is a connected person with respect to the company seeking benefits shall be deemed to be conducted by such company. Whether a business activity is substantial shall be determined based on all the facts and circumstances; and

(II) if the resident is a company (including an individual treated as a company), to determine whether the resident is entitled to a rate of tax that is less than or equal to the rate applicable under this Convention, the resident's indirect holding of the capital of the company paying the dividends shall be treated as a direct holding; or

(2) with respect to an item of income referred to in Article 7, 13 or 21 of this Convention, the resident is entitled to benefits under such Convention that are at least as favourable as the benefits that are being sought under this Convention; and

(C) notwithstanding that a resident may satisfy the requirements of clauses (A) and (B) of this subdvision, where the item of income has been derived through an entity that is treated as fiscally transparent under the laws of the Contracting State of residence of the company seeking benefits, if the item of income would not be treated as the income of the resident under a provision analogous to paragraph 2 of Article 1 had the resident, and not the company seeking benefits under paragraph 4 of this Article, itself owned the entity through which the income was derived by the company, such resident shall not be considered an equivalent beneficiary with respect to the item of income;

(ii) a resident of the same Contracting State as the company seeking benefits under paragraph 4 of this Article that is entitled to all the benefits of this Convention by reason of subparagraph a), b), c) or e) of paragraph 2 or, when the benefit being sought is with respect to interest or dividends paid by a member of the resident's multinational corporate group, the resident is entitled to benefits under paragraph 5, provided that, in the case of a resident described in paragraph 5, if the resident had received such interest or dividends directly, the resident would be entitled to a rate of tax with respect to such income that is less than or equal to the rate applicable under this Convention to the company seeking benefits under paragraph 4; or

(iii) a resident of the Contracting State from which the benefits of this Convention are sought that is entitled to all the benefits of this Convention by reason of subparagraph a), b), c) or e) of paragraph 2, provided that all such residents' ownership of the aggregate vote and value of the shares (and any disproportionate class of shares) of the company seeking benefits under paragraph 4 does not exceed 25 percent of the total vote and value of the shares (and any disproportionate class of shares) of the company;

f) the term "disproportionate class of shares" means any class of shares of a company or entity resident in one of the Contracting States that entitles the shareholder to disproportionately higher participation, through dividends, redemption payments or otherwise, in the earnings generated in the other Contracting State by particular assets or activities of the company;

g) a company's or entity's "primary place of management and control" is in the Contracting State of which it is a resident only if:

(i) the executive officers and senior management employees of the company or entity exercise day-to-day responsibility for more of the strategic, financial and operational policy decision making for the company or entity and its direct and indirect subsidiaries, and the staff of such persons conduct more of the day-to-day activities necessary for preparing and making those decisions, in that Contracting State than in any other State; and

(ii) such executive officers and senior management employees exercise day-to-day responsibility for more of the strategic, financial and operational policy decision-making for the company or entity and its direct and indirect subsidiaries, and the staff of such persons conduct more of the day-to-day activities necessary for preparing and making those decisions, than the officers or employees of any other company or entity;

h) the term "qualifying intermediate owner" means an intermediate owner that is either:

(i) a resident of a State that has in effect with the Contracting State from which a benefit under this Convention is being sought a comprehensive convention for the avoidance of double taxation; or

(ii) a resident of the same Contracting State as the company applying the test under subparagraph d) or f) of paragraph 2 or paragraph 4 to determine whether it is eligible for benefits under the Convention;

i) the term "tested group" means the resident of a Contracting State that is applying the test under subparagraph d) or f) of paragraph 2 or under paragraph 4 or 5 to determine whether it is eligible for benefits under the Convention (the "tested resident"), and any company or permanent establishment that:

(i) participates as a member with the tested resident in a tax consolidation, fiscal unity or similar regime that requires members of the group to share profits or losses; or

(ii) shares losses with the tested resident pursuant to a group relief or other loss sharing regime in the relevant taxable period; [and]

j) the term "gross income" means gross receipts as determined in the person's Contracting State of residence for the taxable period that includes the time when the benefit would be accorded, except that where a person is engaged in a business that includes the manufacture, production or sale of goods, "gross income" means such gross receipts reduced by the cost of goods sold, and where a person is engaged in a business of providing non-financial services, "gross income" means such gross receipts reduced by the direct costs of generating such receipts, provided that:

(i) except when relevant for determining benefits under Article 10 of this Convention, gross income shall not include the portion of any dividends that are effectively exempt from tax in the person's Contracting State of resi-dence, whether through deductions or otherwise; and

(ii) except with respect to the portion of any dividend that is taxable, a tested group's gross income shall not take into account transactions between companies within the tested group; [and]

8. *a*) Where

(i) an enterprise of a Contracting State derives income from the other Contracting State and the first-mentioned State treats such income as attributable to a permanent establishment of the enterprise situated in a third jurisdiction, and

(ii) the profits attributable to that permanent establishment are exempt from tax in the first-mentioned State,

the benefits of this Convention shall not apply to any item of income on which the tax in the third jurisdiction is less than the lower of [rate to be determined bilaterally] of the amount of that item of income and 60 percent of the tax that would be imposed in the first-mentioned State on that item of income if that permanent establishment were situated in the first-mentioned State. In such a case any income to which the provisions of this paragraph apply shall remain taxable according to the domestic law of the other State, notwithstanding any other provisions of the Convention.

b) The preceding provisions of this paragraph shall not apply if the income derived from the other State emanates from, or is incidental to, the active conduct of a business carried on through the permanent establishment (other than the business of making, managing or simply holding investments for the enterprise's own account, unless these activities are banking, insurance or securities activities carried on by a bank, insurance enterprise or registered securities dealer, respectively).

c) If benefits under this Convention are denied pursuant to the preceding provisions of this paragraph with respect to an item of income derived by a resident of a Contracting State, the competent authority of the other Contracting State may, neverthe-less, grant these benefits with respect to that item of income if, in response to a request by such resident, such competent authority determines that granting such benefits is justified in light of the reasons such resident did not satisfy the require-ments of this paragraph (such as the existence of losses). The competent authority of the Contracting State to which a request has been made under the preceding sentence shall consult with the competent authority of the other Contracting State before either granting or denying the request.

9. Notwithstanding the other provisions of this Convention, a benefit under this Convention shall not be granted in respect of an item of income or capital if it is reasonable to conclude, having regard to all relevant facts and circumstances, that obtaining that benefit was one of the principal purposes of any arrangement or transaction that resulted directly or indirectly in that benefit, unless it is established that granting that benefit in these circumstances would be in accordance with the object and purpose of the relevant provisions of this Convention.

Chapter Ⅶ   FINAL PROVISIONS

Article 30   ENTRY INTO FORCE

1. This Convention shall be ratified and the instruments of ratification shall be exchanged at _____ as soon as possible.

2. The Convention shall enter into force upon the exchange of instruments of ratification and its provisions shall have effect:
   a) (In State A): ....
   b) (In State B): ....

Article 31   TERMINATION

This Convention shall remain in force until terminated by a Contracting State. Either Contracting State may terminate the Convention, through diplomatic channels, by giving notice of termination at least six months before the end of any calendar year after the year _____. In such event, the Convention shall cease to have effect:
   a) (In State A): ....
   b) (In State B): ....

TERMINAL CLAUSE

NOTE: The provisions relating to the entry into force and termination and the terminal clause concerning the signing of the Convention shall be drafted in accordance with the constitutional procedure of both Contracting States.

附录三　中新税收协定及议定书条文解释

关于印发《〈中华人民共和国政府和新加坡共和国政府关于对所得避免双重征税和防止偷漏税的协定〉及议定书条文解释》的通知

国税发〔2010〕75 号

2010 年 7 月 26 日

各省、自治区、直辖市和计划单列市国家税务局、地方税务局：

2007 年 7 月 11 日，中国与新加坡签署了新的政府间对所得避免双重征税和防止偷漏税的协定及其议定书，2009 年 8 月 24 日，双方签署了该协定的第二议定书。该协定及其议定书以及第二议定书（以下统称"中新协定"）已分别于 2008 年 1 月 1 日与 2009 年 12 月 11 日起执行。根据中新协定、《维也纳条约法公约》《中华人民共和国企业所得税法》及其实施条例、《中华人民共和国个人所得税法》及其实施条例，国家税务总局制定了《中华人民共和国政府和新加坡共和国政府关于对所得避免双重征税和防止偷漏税的协定》及议定书条文解释（以下简称中新协定条文解释），现印发给你们，请遵照执行。在执行中新协定条文解释规定时，应注意：

一、我国对外所签协定有关条款规定与中新协定条款规定内容一致的，中新协定条文解释规定同样适用于其他协定相同条款的解释及执行；

二、中新协定条文解释与此前下发的有关税收协定解释与执行文件不同的，以中新协定条文解释为准；

三、各地税务机关要组织有关干部认真学习中新协定条文解释，并在此基础上正确理解与执行税收协定；

四、对执行中存在的问题请及时层报税务总局（国际税务司）。

《中华人民共和国政府和新加坡共和国政府关于对所得避免双重征税和防止偷漏税的协定》及议定书条文解释

第一条　人的范围

第一条确定协定适用的范围为"缔约国一方或同时为双方居民的人"。本规定有三层含义。第一，协定适用于"人"；第二，这些人必须是居民；第三，这些身为居民的人必须属于缔约国一方或双方。其中"人"和"居民"的具体含义分别见下文对第三条和第四条的解释。一般来说，除具体条款另有约定外，协定不适用于任何第三方居民。

第二条　税种范围

一、第一款规定协定适用的税种应符合以下条件：

（一）必须是对所得征收的税收。"所得"的定义，参见第二款的规定。

（二）必须是政府（包括地方政府）征收的税收。

对征收方式协定没有限定，可以采取直接征收或源泉扣缴等方式。

二、本协定是缔约双方对所得订立的避免双重征税和防止偷漏税的条约，因此适用的税种为所得税类税种。第二款对所得税做出了定义。在中国，资本利得属于本协定第二条第二款所称"全部所得"的范围。一般来说，有关收费，如与个人福利有直接联系的社会保险费等，不视为对所得征收的税收。

三、第三款是对协定适用税种的列举。原则上本协定不适用于列举税种之外的其他税种。但根据协定议定书第二条的约定，新加坡居民以船舶或飞机从事国际运输业务取得的收入在中国适用本协定时，除所得税外还包括营业税。

四、第四款规定，协定也适用于协定签订之日后征收的属于增加或代替现行税种的任何相同或实质相似的税种。但发生变化一方的主管当局应及时将相关变化通知对方，如果国内法律的重大变动会影响到协定义务时，一般来说需要双方主管当局互相确认后才能适用。

第三条　一般定义

一、第一款对协定中经常使用的一些用语做出了解释。然而，有些重要用语的含义是在本协定其他相关条款中加以解释的，如"居民"和"常设机构"分别在第四条和第五条做出解释；而对某些涉及特殊所得的定义，如"股息""利息""特许权使用费"等，则分别在其所属条款中进行解释。对本条第一款阐述的部分相关概念应作如下理解：

（一）第（一）项是对"中国"一语的定义，第（二）项是对"新加坡"一语的定义，意在规定协定适用的地理范围。需要特别说明的是，我国对外签署的税收协定仅适用于中国税收法律覆盖的地区，不适用于香港特别行政区、澳门特别行政区和台湾地区。

（二）第（四）项规定"人"这一用语包括"个人、公司和其他团体"。这里所说的"其他团体"具有广泛的含义，包括各种协会、基金会等。根据协定议定书第一条的规定，如果缔约国一方国内法把信托视为该国的税收居民，则"其他团体"也包括在缔约国一方建立的信托。

（三）对第（五）项"公司"一语应作广义理解，指任何"法人团体或税收上视同法人团体的实体"。

（四）第（六）项"缔约国一方企业"和"缔约国另一方企业"分别指缔约国双方各自的居民企业。关于"居民"及"居民企业"的判定，参见协定第四条的规定。

（五）第（七）项对"国际运输"一语的定义表明,缔约国一方企业从事以船舶和飞机经营的运输,除了企业经营运输的航程仅在缔约国境内各地之间以外,其余应作为国际运输。作为国际运输同一航程的一部分,在缔约国一方境内各地之间的运输部分也属于"国际运输"的范围。例如,新加坡航空公司的飞机从新加坡飞抵上海,然后作为同一航程的一部分,继续飞行至北京,那么这两段航程都应属于"国际运输"的范围。

（六）第（八）项约定代表缔约国行使协定权利以及履行协定义务的部门或人。在中国是国家税务总局或其授权代表（具体指税务总局局领导或国际税务司司领导）;在新加坡是财政部部长或其授权的代表。任何其他部门或个人未经授权不得签发涉及协定规定的主管当局文书或往来信函。

（七）第（九）项对国民一语的定义,一般是指拥有本国国籍或公民身份的个人以及按本国法律取得合法地位的法人或团体。

二、第二款规定,在实施协定时,对于未经协定明确定义的用语（上下文另有解释的除外）,有关缔约国国内法对该用语有解释权。根据该款规定,有关用语的定义应适用案件发生时该国有关法律的规定,且税法对相关用语的解释优先于其他法律的解释。

第四条　居民

一、第一款说明"居民"的定义应遵从缔约国国内税收法律规定,并应从以下几个方面理解:

（一）居民应是在一国负有全面纳税义务的人,这是判定居民身份的必要条件。这里所指的"纳税义务"并不等同于事实上的征税,例如,符合一定条件的基金会、慈善组织可能被一国免予征税,但他们如果属于该国税法规定的纳税义务范围,受该国税法的规范,则仍被认为负有纳税义务,可视为协定意义上的居民。

但是,在一国负有纳税义务的人未必都是该国居民。例如,某新加坡公民因工作需要,来中国境内工作产生了中国个人所得税纳税义务,但不应仅因其负有纳税义务而判定该个人为中国居民,而应根据协定关于个人居民的判定标准进一步确定其居民身份。

另外,本款特别说明,缔约国一方居民也包括"该缔约国、地方当局或法定机构"。其中"法定机构"一语是按新加坡方面的要求根据新加坡国内法的规定列入的,指依照新加坡议会法案设立,并执行政府职能的机构,如"新加坡经济发展局"和"新加坡旅游局"等机构。

（二）中国国内法对居民的判定标准如下:

1. 居民个人

根据《中华人民共和国个人所得税法》及其实施条例的相关规定,我国的个人居民包括:

(1)在中国境内有住所的中国公民和外国侨民。但不包括虽具有中国国籍,却并未在中国大陆定居,而是侨居海外的华侨和居住在香港、澳门、台湾的同胞。

(2)在中国境内居住,且在一个纳税年度内,一次离境不超过30日,或多次离境累计不超过90日的外国人、海外侨民和香港、澳门、台湾同胞。

2. 居民企业

根据《中华人民共和国企业所得税法》及其实施条例的相关规定,我国的居民企业是指依法在中国境内成立,或者依照外国(地区)法律成立但实际管理机构在中国的企业。

中国居民从新加坡取得所得,若新方主管当局要求其提供中国居民身份证明以享受本协定待遇的,按《国家税务总局关于做好〈中国税收居民身份证明〉开具工作的通知》(国税函〔2008〕829号)执行。

(三)对新加坡居民身份的判定,根据第一款的规定,应按照新加坡的法律确定的标准进行。新加坡税务当局开具的居民身份证明为信函方式。信函使用的样式可参见《国家税务总局关于印发部分国家(地区)税收居民证明样式的通知》(国税函〔2009〕395号)。但如新加坡税务当局开具证明时间是年末(11月以后),其信函表述则与样式略有不同,较样式简单,但确认性更强。各地在执行时,如对纳税人提供的证明有疑问,导致确认居民身份困难,可层报税务总局向对方国家主管当局确认。

(四)缔约国一方居民到第三国从事经营活动时,应根据情况判断是否可适用本协定,例如:

1. 新加坡个人到第三国从事劳务活动,凡依照第三国税收法律以及第三国与新加坡之间的税收协定已构成第三国居民的,其在第三国从事劳务活动时如与中国发生业务往来并从中国取得的所得则不再适用本协定规定,应适用该第三国与中国的税收协定的规定。如果该第三国与中国没有税收协定,则适用中国国内法规定。

2. 新加坡居民企业设在第三国的常设机构(关于常设机构的定义参见下文第五条解释)是该居民企业的组成部分,与该居民企业属同一法律实体,不属于第三国居民,其从中国取得的所得适用本协定的规定。

3. 中国居民企业设在第三国的常设机构是该居民企业的组成部分,不属于第三国居民,其从新加坡取得的所得适用本协定的规定。

4. 同样,中国居民企业设在新加坡的常设机构是该居民企业的组成部分,其从第三国取得的所得,涉及交纳第三国税款时适用中国与该第三国的协定。值得注意的是,上述中国居民企业设在新加坡的常设机构取得来源于中国境内的所得,在按我国国国内法相关规定纳税时,该常设机构不能以新加坡居民身份对上述来源于中国境内的所得,向中国税务机关要求享受中新协定待遇。

二、根据第一款的规定,同一人有可能同时为中国和新加坡居民。为了解决这种情况下个人最终居民身份的归属,第二款进一步规定了确定标准。需特别注意的是,这些标准的使用是有先后顺序的,只有当使用前一标准无法解决问题时,才使用后一的标准。

(一)永久性住所

永久性住所包括任何形式的住所,例如由个人租用的住宅或公寓、租用的房间等,但该住所必须具有永久性,即个人已安排长期居住,而不是为了某些原因(如旅游、商务考察等)临时逗留。

(二)重要利益中心

重要利益中心要参考个人家庭和社会关系、职业、政治、文化和其他活动、营业地点、管理财产所在地等因素综合评判。其中特别注重的是个人的行为,即个人一直居住、工作并且拥有家庭和财产的国家通常为其重要利益中心之所在。

（三）习惯性居处

在出现以下两种情况之一时,应采用习惯性居处的标准来判定个人居民身份的归属:一是个人在缔约国双方均有永久性住所且无法确定重要经济利益中心所在国;二是个人的永久性住所不在缔约国任何一方,比如该个人不断地穿梭于缔约国一方和另一方旅馆之间。

第一种情况下对习惯性居处的判定,要注意其在双方永久性住所的停留时间,同时还应考虑其在同一个国家不同地点停留的时间;第二种情况下对习惯性居处的判定,要将此人在一个国家所有的停留时间加总考虑,而不问其停留的原因。

（四）国籍

如果该个人在缔约国双方都有或都没有习惯性居处,应以该人的国籍作为判定居民身份的标准。

当采用上述标准依次判断仍然无法确定其身份时,可由缔约国双方主管当局按照协定第二十四条规定的程序,通过相互协商解决。

三、第三款规定,除个人以外（即公司和其他团体）,同时为缔约国双方居民的人,应认定其是"实际管理机构"所在国的居民。如果缔约国双方因判定实际管理机构的标准不同而不能达成一致意见的,应由缔约国双方主管当局按照协定第二十四条规定的程序,通过相互协商解决。

第五条　常设机构

常设机构的概念主要用于确定缔约国一方对缔约国另一方企业利润的征税权。即,按此确定在什么情况下中国税务机关可以对新加坡的企业征税。根据协定第七条的规定,中国不得对新加坡企业的利润征税,除非该企业通过其设在中国的常设机构进行营业。

处理本条与其他相关条款关系时,通常应遵循常设机构条款优先的原则。例如,若据以支付股息（第十条）、利息（第十一条）或特许权使用费（第十二条）的股权、债权、权利或财产等与常设机构有实际联系的,有关所得应该归属于常设机构的利润征税。

一、第一款对"常设机构"一语做一般定义。即,常设机构是指一个相对固定的营业场所。通常情况下,具备以下特点:

（一）该营业场所是实质存在的。但这类场所没有规模或范围上的限制,如机器、仓库、摊位等;且不论是企业自有的,还是租用的;也不管房屋、场地、设施或设备是否有一部分被用于其他活动。一个场所可能仅占用市场一角,或是长期租用的仓库的一部分（用于存放应税商品）,或设在另一企业内部等等;只要有一定可支配的空间,即可视为具有营业场所。

（二）该营业场所是相对固定的,并且在时间上具有一定的持久性。该特征应从以下几个方面理解:

1. 固定的营业场所包括缔约国一方企业在缔约国另一方从事经营活动经登记注册设立的办事处、分支机构等固定场所,也包括为缔约国一方企业提供服务而使用的办公室或其他类似的设施,如在某酒店长期租用的房间。

2. 对某些经常在相邻的地点之间移动的营业活动,虽然营业场所看似不固定,但如果这种在一定区域内的移动是该营业活动的固有性质,一般可认定为存在单一固定场所。例如,某办事处根据需要在一个宾馆内租用不同的房间、或租用不同的楼层,该宾馆可被视为一个营业场所;又如,某商人在同一个商场或集市内的不同地点设立摊位,该商场或集市也可构成该商人的营业场所。

3. 该营业场所应在时间上具有一定程度的持久性,而不是临时的。同时,营业活动暂时的间断或者停顿并不影响场所时间上的持久性。

4. 如果某一营业场所是基于短期使用目的而设立,但实际存在时间却超出了临时性的范围,则可构成固定场所并可追溯性地构成常设机构。反之,一个以持久性为目的的营业场所如果发生特殊情况,例如投资失败提前清算,即使实际只存在了一段很短的时间,同样可以判定自其设立起就构成常设机构。

(三)全部或部分的营业活动是通过该营业场所进行的。即,一方企业通过在另一方设立常设机构进行营业活动,将其全部或部分活动延伸到另一方,不包括其在常设机构之外的地方直接从事的活动。如果一方企业通过在另一方的常设机构在另一方不同地点进行营业活动,则应判定其只有单一常设机构存在,且应将不同地点的营业活动产生的利润归属于该常设机构。如果一方企业在另一方不同地点直接从事营业活动,则该一方企业有可能在另一方不同地点构成多个常设机构。

“营业”一语的实际含义不仅仅包括生产经营活动,还包括非营利机构从事的业务活动,为该机构进行准备性或辅助性的活动除外。但此等非营利机构在中国的常设机构是否获得“营业利润”,则需要根据本协定第七条的规定再做判断。

“通过”该营业场所进行活动应作广义理解,包括企业在其可支配的地点从事活动的任何情形。例如,某道路修筑企业应被认为“通过”修筑行为发生地从事营业活动。当新加坡企业与中国不同城市的客户直接订立合同,如果合同是由新方企业设在中方的营业场所履行的,应认为该新方企业“通过”该场所从事营业活动。另外,如果该场所为新方企业与中方企业形成客户关系做出实质贡献,即使合同是两个企业间直接订立的,也应认为该新方企业“通过”该场所从事营业活动。

二、第二款列举了在通常情况下构成常设机构的场所。这些列举并非是穷尽的,并不影响对其他场所按照第一款概括性的定义进行常设机构判定。在理解时应注意:

(一)列举中第一项“管理场所”是指代表企业负有部分管理职责的办事处或事务所等场所,不同于总机构,也不同于作为判定居民公司标准的“实际管理机构”。

(二)列举中最后一项“矿场、油井或气井、采石场或者其他开采自然资源的场所”是指经过投资,拥有开采经营权或与之相关的合同权益,并从事生产经营的场所。至于为勘探或开发上述矿藏资源的承包工程作业,则应按照本协定第五条第三款(一)项的规定,根据作业持续的时间是否超过六个月来判断其是否构成常设机构。

三、第三款规定了承包工程和提供劳务两种情况下常设机构的判定标准。

（一）第（一）项规定，对于缔约国一方企业在缔约对方的建筑工地，建筑、装配或安装工程，或者与其有关的监督管理活动，仅在此类工地、工程或活动持续时间为六个月以上的，构成常设机构。未达到该规定时间的则不构成常设机构，即使这些活动按照第一款或第二款规定可能构成常设机构。执行时应注意：

1. 从事本款规定的工程活动，仅以本款规定的时间标准判定是否构成常设机构；

2. 确定上述活动的起止日期，可以按其所签订的合同从实施合同（包括一切准备活动）开始之日起，至作业（包括试运行作业）全部结束交付使用之日止进行计算。凡上述活动时间持续六个月以上的（不含六个月，跨年度的应连续计算），应视该企业在活动所在国构成常设机构。

3. "与其有关的监督管理活动"是指伴随建筑工地，建筑、装配或安装工程发生的监督管理活动，既包括在项目分包情况时，由分承包商进行作业，总承包商负责指挥监督的活动；也包括独立监理企业从事的监督管理活动。对由总承包商负责的监督管理活动，其时间的计算与整个工地、工程的持续时间一致；对由独立监理企业承包的监督管理活动，应视其为独立项目，并根据其负责监理的工地、工程或项目的持续时间进行活动时间的判定。

4. 如果新加坡企业在中国一个工地或同一工程连续承包两个及两个以上作业项目，应从第一个项目作业开始至最后完成的作业项目止计算其在中国进行工程作业的连续日期，不以每个工程作业项目分别计算。所谓为一个工地或同一工程连续承包两个及两个以上作业项目，是指在商务关系和地理上是同一整体的几个合同项目，不包括该企业承包的或者是以前承包的与本工地或工程没有关联的其他作业项目。例如一个建筑工地从商务关系和地理位置上形成不可分割的整体时，即使分别签订几个合同，该建筑工地仍为单一的整体。再如一些修建公路、挖掘运河、安装水管、铺设管道等活动，其工程作业地点是随工程进展不断改变或迁移的，虽然在某一特定地点工作时间连续未达到规定时间，但要视整体工程看是否达到构成常设机构的时间。一般来说，同一企业在同一工地上承包的项目可认为是商务关系相关联的项目。

5. 对工地、工程或者与其有关的监督管理活动开始计算其连续日期以后，因故（如设备、材料未送到或季节气候等原因）中途停顿作业，但工程作业项目并未终止或结束，人员和设备物资等也未全部撤出，应持续计算其连续日期，不得扣除中间停顿作业的日期。

6. 如果企业将承包工程作业的一部分转包给其他企业，分包商在建筑工地施工的时间应算作总包商在建筑工程上的施工时间。如果分包商实施合同的日期在前，可自分包商开始实施合同之日起计算该企业承包工程作业的连续日期。同时，不影响分包商就其所承担的工程作业单独判定其是否构成常设机构。

（二）根据第（二）项以及第二议定书第一条的规定，缔约国一方企业派其雇员或其雇佣的其他人员到缔约对方提供劳务，仅以任何十二个月内这些人员为从事劳务活动在对方停留连续或累计超过 183 天的，构成常设机构。

该项规定针对的是缔约国一方企业派其雇员到缔约国另一方从事劳务活动的行为。该行为按本条第一款和第二款规定不构成常设机构，但按本项规定，如活动持续时间达到规定

标准,仍构成常设机构。本项规定应从以下几个方面理解:

1."雇员或雇佣的其他人员"是指本企业的员工,或者该企业聘用的在其控制下按照其指示向缔约对方提供劳务的个人。

2.本款所称的劳务活动,指从事工程、技术、管理、设计、培训、咨询等专业服务活动。例如:

(1)对工程作业项目的实施提供技术指导、协助、咨询等服务(不负责具体的施工和作业);

(2)对生产技术的使用和改革、经营管理的改进、项目可行性分析以及设计方案的选择等提供的服务;

(3)在企业经营、管理等方面提供的专业服务,等。

3.同一企业从事的有商业相关性或连贯性的若干个项目应视为"同一项目或相关联的项目"。这里所说的"商业相关性或连贯性",需视具体情况而定,在判断若干个项目是否为关联项目时,应考虑下列因素:

(1)这些项目是否被包含在同一个总合同里;

(2)如果这些项目分属于不同的合同,这些合同是否与同一人或相关联的人所签订;前一项目的实施是否是后一项目实施的必要条件;

(3)这些项目的性质是否相同;

(4)这些项目是否由相同的人员实施;等。

4.对劳务活动在任何十二个月中连续或累计超过183天的规定,应从以下几个方面掌握:

(1)若某新加坡企业为中国境内某项目提供劳务(包括咨询劳务),以该企业派其雇员为实施服务项目第一次抵达中国之日期起至完成并交付服务项目的日期止作为计算期间,计算相关人员在中国境内的停留天数。

(2)具体计算时,应按所有雇员为同一个项目提供劳务活动不同时期在中国境内连续或累计停留的时间来掌握,对同一时间段内的同一批人员的工作不分别计算。例如,新加坡企业派遣10名员工为某项目在中国境内工作3天,这些员工在中国境内的工作时间为3天,而不是按每人3天共30天来计算。

(3)如果同一个项目历经数年,新加坡企业只在某一个"十二个月"期间派雇员来中国境内提供劳务超过183天,而在其他期间内派人到中国境内提供劳务未超过183天,仍应判定该企业在中国构成常设机构。常设机构是针对该企业在中国境内为整个项目提供的所有劳务而言,而不是针对某一个"十二个月"期间内提供的劳务。所以,在整个项目进行中,如果新加坡企业于其中一个"十二个月"期间在中国境内提供劳务超过183天,则应认为该企业在中国构成常设机构。

5.如果新加坡企业在向中国客户转让专有技术使用权的同时,也委派人员到中国境内为该项技术的使用提供有关支持、指导等服务并收取服务费,无论其服务费是单独收取还是包括在技术价款中,该服务费均应视为特许权使用费,适用协定第十二条特许权使用费条款的规定。但如果上述人员提供的服务是通过该新加坡企业设在中国的某固定场所进行的或通过其他场所进行,但服务时间达到协定规定构成常设机构的时间标准的,按本款规定,则构成了常设机构,对归属于常设机构部分的服务所得应执行协定第七条的规定。

四、第四款是对第一款常设机构的定义范围作出的例外规定,即缔约国一方企业在缔约国另一方仅由于仓储、展览、采购及信息收集等活动的目的设立的具有准备性或辅助性的固定场所,不应被认定为常设机构。从事"准备性或辅助性"活动的场所通常具备以下特点:一是该场所不独立从事经营活动,并其活动也不构成企业整体活动基本的或重要的组成部分;二是该场所进行第四款列举的活动时,仅为本企业服务,不为其他企业服务;三是其职责限于事务性服务,且不起直接营利作用。

有些情况下,一些机构场所形式上符合本款的规定,但从其业务实质看仍应认定为常设机构。例如:

(一)某新加坡企业的主营业务是为客户提供采购服务并收取服务费,该企业在中国设立办事处,为其在中国进行采购活动。这种情况下,该中国办事处的采购活动看似属于本款第(四)项所说的"专为本企业采购货物或商品"的范围,但由于该办事处业务性质与新加坡企业总部的业务性质完全相同,所以该办事处的活动不是准备性或辅助性的。

(二)某新加坡企业在中国境内设立固定场所,维修、保养该企业销售给中国客户的机器设备,或专为中国客户提供零配件。这种情况下,因其从事的活动是企业总部为客户服务的基本及重要组成部分,所以该固定场所的活动不是准备性或辅助性的。

(三)某新加坡企业在中国设立从事宣传活动的办事处,该办事处不仅为本企业进行业务宣传,同时也为其他企业进行业务宣传。这种情况下,该办事处的活动不是准备性或辅助性的。

此外,如果某固定场所既从事第四款规定的不构成常设机构的活动,也从事构成常设机构的活动,则应视其构成常设机构,并对这两项营业活动的所得合并征税。例如,企业用于交付货物的仓库同时也兼营商品销售,应判定为常设机构并征税。

五、第五款规定,缔约国一方企业通过代理人在另一方进行活动,如果代理人有权并经常行使这种权力以该企业的名义签订合同,则该企业在缔约国另一方构成常设机构。执行时应从如下几个方面理解:

(一)其活动使一方企业在另一方构成常设机构的代理人,通常被称为"非独立代理人"。非独立代理人可以是个人,也可以是办事处、公司或其他任何形式的组织,不一定被企业正式授予代表权,也不一定是企业的雇员或部门。此外,非独立代理人不一定是代理活动所在国家的居民,也不一定在该国拥有营业场所。

(二)对"以该企业的名义签订合同"应做广义理解,包括不是以企业名义签订合同,但其所签合同仍对企业具有约束力的情形。"签订"不仅指合同的签署行为本身,也包括代理人有权代表被代理企业参与合同谈判,商定合同条文等。

(三)本款所称"合同"是指与被代理企业经营活动本身相关的业务合同。如果代理人有权签订的是仅涉及企业内部事务的合同,例如,以企业名义聘用员工以协助代理人为企业工作等,则不能仅凭此认定其构成企业的常设机构。

（四）对于"经常"一语并无精确统一的标准,要结合合同性质、企业的业务性质以及代理人相关活动的频率等综合判断。在某些情况下,企业的业务性质决定了其交易数量不大,但合同签订的相关工作却要花费大量时间,如飞机、巨型轮船或其他高价值商品的销售。如果代理人为这类企业在一国境内寻找买商、参与销售谈判等,即使该人仅代表企业签订了一单销售合同,也应认为该代理人满足"经常"标准,构成企业的非独立代理人。

（五）所谓"行使"权力应以实质重于形式的原则来理解。如果代理人在该缔约国另一方进行合同细节谈判等各项与合同签订相关的活动,且对企业有约束力,即使该合同最终由其他人在企业所在国或其他国家签订,也应认为该代理人在该缔约国另一方行使合同签署权力。

（六）如果代理人在缔约国另一方的活动仅限于本条第四款的准备性或辅助性范围,则不构成企业的非独立代理人（或常设机构）。

（七）判断一方企业是否通过非独立代理人在另一方构成常设机构时,不受本条第三款关于时间要求的限制。

六、并不是所有代理人进行第五款规定的活动都将使其构成代理企业的常设机构,第六款规定的独立代理人即为例外。第六款规定,缔约国一方企业通过代理人在缔约国另一方进行营业时,如果该代理人是专门从事代理业务的,则不应因此视其代理的企业在缔约国另一方构成常设机构。这类专门从事代理业务的代理人一般称作独立代理人,其不仅为某一个企业代理业务,也为其他企业提供代理服务。经纪人、中间商等一般佣金代理人等属于独立代理人。

虽有此款规定,为防止独立代理人条款被滥用（比如,某些企业自身的代理人自称为独立代理人以避免构成常设机构）,协定执行中要对代理人身份或代理人地位是否独立进行判定。如果代理人的活动全部或几乎全部代表被代理企业,并且该代理人和企业之间在商业和财务上有密切及依附关系,则不应认定该代理人为本款所指的独立代理人。

代理人的活动同时符合下列两个条件的,才属于本款规定的独立代理人,即不构成被代理企业的常设机构。

（一）该代理人在法律上和经济上独立于被代理企业。在判定独立性时,可考虑如下几个因素：

1. 代理人商务活动的自由度。如果代理人在被代理企业的具体指导和全面控制下为企业进行商务活动,而不是自行决定工作方式,那么该代理人一般不具有独立地位。

2. 代理人商务活动的风险由谁承担。如果由被代理企业承担而非由代理人承担,则该代理人一般不能被认为具有独立地位。

3. 代理人代表的企业的数量。如果在相当长一段经营期或时间内,代理人全部或几乎全部仅为一家企业进行活动,该代理人很可能不是独立代理人。

4. 被代理企业对代理人专业知识的依赖程度。一般来说,独立代理人具备独立从事商务活动的专门知识或技术,不需要依赖企业的帮助。相反,被代理企业通常借助代理人的专门知识或技术扩展自己的业务或推销自己的产品,等。

(二)独立代理人在代表企业进行活动时,一般按照常规进行自身业务活动,不从事其他经济上归属于被代理企业的活动。例如,某销售代理人以自己的名义出售某企业的货物或商品,这一行为是销售代理人的常规经营业务。如果该销售代理人在从事上述活动的同时,还经常作为企业的有权签约的代理人进行活动,那么因为这些活动已在自身贸易或营业常规之外,代理人将被视为被代理企业的非独立代理人而构成企业的常设机构。

七、根据第七款的规定,母公司通过投资设立子公司,拥有子公司的股权等形成的控制或被控制关系,不会使子公司构成母公司的常设机构。从税收角度看,子公司本身是一个独立的法人实体,即使它在业务上受母公司管理,也不应仅凭此而被视为母公司的常设机构。

但是,由于母子公司之间的特殊关系,现实经济活动中,母子公司之间常存在较为复杂的跨境人员及业务往来。这种情况下,母公司在子公司的活动是否导致母公司在子公司所在国构成常设机构,应从以下几个方面掌握:

(一)应子公司要求,由母公司派人员到子公司为子公司工作,这些人员受雇于子公司,子公司对其工作有指挥权,工作责任及风险与母公司无关,由子公司承担,那么,这些人员的活动不导致母公司在子公司所在国构成常设机构。此种情况下,子公司向此类人员支付的费用,不论是直接支付还是通过母公司转支付,都应视为子公司内部人员收入分配,对支付的人员费用予以列支,其所支付的人员费用应为个人所得,按子公司所在国有关个人所得税法相关规定,以及协定第十五条的有关规定征收个人所得税。

(二)母公司派人员到子公司为母公司工作时,应按本条第一款或第三款的规定判断母公司是否在子公司所在国构成常设机构。符合下列标准之一时,可判断这些人员为母公司工作:

1. 母公司对上述人员的工作拥有指挥权,并承担风险和责任;

2. 被派往子公司工作的人员的数量和标准由母公司决定;

3. 上述人员的工资由母公司负担;

4. 母公司因派人员到子公司从事活动而从子公司获取利润。

此种情况下,母公司向子公司收取有关服务费时,应按独立企业公平交易原则,确认母子公司上述费用的合理性后,再对子公司上述费用予以列支。如果上述活动使母公司在子公司所在国构成常设机构,则该子公司所在国可按本协定第七条的规定,对母公司向子公司收取的费用征收企业所得税。

(三)子公司有权并经常以母公司名义签订合同,符合上述第五款关于"非独立代理人"有关条件的,子公司构成母公司的常设机构。

第六条　不动产所得

一、根据第一款规定,对于不动产所得,不动产所在国有征税权。

二、第二款赋予缔约国双方国内法对"不动产"这一用语的解释权。但无论缔约国国内法做何解释,在执行本协定时,该用语应包括第二款所列明的项目。

三、第三款说明本条所称的"不动产所得",是指在不动产所有权不转移的情况下,使用不动产所获得的收益,包括直接使用、出租或者以任何其他形式使用该不动产取得的所得。而对不动产所有权转移产生的所得,应适用协定第十三条的规定。此外,有一些所得的取得尽管与不动产有关,但不属于此款"不动产所得"的范围。比如,来源于房地产抵押的利息收入属于本协定第十一条利息范围。

四、第四款指出,第一款和第三款的规定对企业的不动产所得和用于进行独立个人劳务的不动产所得同样适用。这一款进一步明确了不动产所在国的优先征税权。

第七条 营业利润

本条是对缔约国一方企业在缔约国另一方的营业活动产生的利润划分征税权的规定。明确缔约国一方企业在缔约国另一方的营业活动只有在构成常设机构前提下,缔约国另一方才能征税,并且只能就归属于常设机构的利润征税。

一、按照第一款的规定,新加坡企业在中国境内构成常设机构的,中国对该常设机构取得的利润拥有征税权,但应仅以归属于该常设机构的利润为限。这里所称的"归属于该常设机构的利润"不仅包括该常设机构取得的来源于中国境内的利润,还包括其在中国境内外取得的与该常设机构有实际联系的各类所得,包括股息、利息、租金和特许权使用费等所得。这里所说实际联系一般是指对股份、债权、工业产权、设备及相关活动等,具有直接拥有关系或实际经营管理等关系。

二、协定并没有明确规定计算营业利润的具体方法,只是规定了在计算时应遵守的若干原则。第二款就确立了独立企业原则,即对常设机构要作为一个独立的纳税实体对待,常设机构不论是同其总机构的营业往来,还是同该企业的其他常设机构之间的营业往来,都应按公平交易原则,以公平市场价格为依据计算归属于该常设机构的利润。

三、第三款规定,在计算常设机构利润时,为该常设机构发生的费用,不论发生于何处,都应允许扣除。包括有些不是直接体现为常设机构实际发生的费用,如总机构向常设机构分摊的行政和一般管理费用等。但这些费用必须是因常设机构发生的且分摊比例应在合理范围内。实际执行中,企业应提供费用汇集范围、费用定额、分配依据和方法等资料,以证明费用的合理性。

四、一般情况下,如果常设机构的独立账目可以真实反映其利润水平,应该按照该账目计算归属常设机构的利润。然而,某些情况下,很难以独立账目为基础确定属于常设机构的利润。第四款明确当常设机构利润不能通过账目进行核算时,可以依据公式分配企业的总利润,从而确定归属常设机构的利润。这种方法与按独立账目计算的结果会有差异,并且在采用公式及分配方法时都涉及如何计算及确认企业总利润问题。常设机构所在国税务机关难以计算企业总部的利润,或难以确认企业自己或对方税务机关按其国内法规定计算的结果。因此,协定虽有此规定,但一般适用于长期以来习惯用这种方法的缔约国。

五、第五款规定,常设机构为本企业采购货物和商品,不视为常设机构在采购活动中取得利润,不应按利润归属的方法计算或核定常设机构在采购活动中获得利润。与此相对应,在计算常设机构的应纳税所得时,也不应列支其上述采购活动发生的费用。需要特别注意的是,本款仅适用于既从事其他经营活动,又为本企业从事采购活动的常设机构。如果某一机构仅为本企业采购商品或货物,则根据协定第五条第四款的规定,不应认定该机构为常设机构。

六、第六款规定,一旦确定使用了某种利润分配方法,就不应该仅因为在某一特定年度其他方法会产生更有利于税收的结果而改变既定方法。该规定是为了确保纳税人税收待遇的连续性和稳定性。

七、由于企业取得的"利润"既包括从事营业活动取得的经营性所得,也包括其他类型的所得,例如不动产所得、股息、利息等,而对这些其他类型所得的征税原则,协定都有单独的条款规定,所以本条第七款明确企业取得的其他各类所得应按协定各相关条款处理,即其他条款优先。但这一原则仅适用于企业本身取得的所得,如果各类所得由企业设在缔约对方的常设机构取得或与常设机构有实际联系,则不论协定是否对各类所得有单独条款规定,仍应优先执行协定第七条的规定。对此,协定第十条、第十一条以及第十二条都有明确规定。

第八条　海运和空运

一、根据本条及协定议定书的规定,缔约国一方企业以船舶或飞机从事国际运输业务从缔约国另一方取得的收入,在另一方免予征税。具体是指:

(一)新加坡居民企业以船舶或飞机从事国际运输业务,从中国取得的收入,在中国豁免企业所得税和营业税。

(二)中国居民企业以船舶或飞机从事国际运输业务,从新加坡取得的收入,在新加坡除免征所得税外,其应税劳务在新加坡可以以零税率适用货物与劳务税,且服务接受方就该应税劳务支付的进项税额在新加坡可予全额抵扣。

二、根据第二款的规定,第一款也适用于参加合伙经营、联合经营或参加国际经营机构取得的收入。由于海运和空运方面存在着各种形式的国际合作,对于多家公司联合经营国际运输的税务处理,应由各参股或合作企业就其分得利润分别在其所属居民国纳税。

三、第三款关于"缔约国一方企业从附属于以船舶或飞机经营国际运输业务有关的存款中取得的利息收入",是指中新双方从事国际运输业务的海、空运企业,从对方取得的运输收入存于对方产生的利息。该利息不适用第十一条利息条款的规定,应视为国际运输业务附带发生的收入,在来源国免予征税。

四、根据协定第四款,从事国际运输业务取得的收入,是指企业以船舶或飞机经营客运或货运取得的收入,也包括该企业从事的下列附属于其国际运输业务的收入:

(一)以湿租形式出租船舶或飞机(包括所有设备、人员及供应)取得的租赁收入;

(二)以光租形式出租船舶或飞机取得的租赁收入;

(三)以船舶或飞机从事国际运输的企业附营或临时性经营集装箱租赁取得的收入。

上述有关租赁业务应仅以属于国际运输的附属活动为限。"附属"应指与主营业务有关且服务于主营业务的活动,即企业的主营业务应为以其船舶或飞机经营的国际海运或空运业务,附属业务则属于支持和附带性质。但对"附属"的标准,协定没有做具体规定。在判断产生以上所得的活动是否属于"附属"性质时,应首先根据企业工商登记及相关凭证资料判定企业主营业务是否是国际运输,然后,视该类附属活动收入占企业国际运输业务总收入的比例而定,一般在一个会计年度内,附属业务收入不应超过总收入的10%。

此外,某些与国际运输紧密相关的收入也应作为国际运输收入的一部分,包括:为其他国际运输企业代售客票取得的收入;从市区至机场运送旅客取得的收入;通过货车从事货仓至机场、码头或者后者至购货者间的运输,以及直接将货物发送至购货者所取得的运输收入;企业仅为其承运旅客提供中转住宿而设置的旅馆取得的收入。

国际运输收入也包括非专门从事国际海运或空运业务的企业,以其拥有的船舶或飞机经营国际运输业务取得的收入。

第九条　联属企业

一、第一款规定,如果缔约国一方企业与另一方企业间存在特殊关系,即属于联属企业(如母子公司和共同受控的公司),当该缔约国一方企业的财务账目不能反映其发生于缔约国一方的真实利润水平时,该国税务机关可以对该企业账目进行调整。当然,进行这一调整的前提是联属企业间的交易不符合公平市场原则。

二、如果缔约国一方的税务机关根据第一款的规定对联属企业之间的交易做了重新调整,那么调整的这部分利润可能会被重复征税。为了避免这种情况发生,第二款规定缔约国另一方税务机关应该对就这部分利润已征税款做出相应调整。当然,该款不能简单地理解为该缔约国另一方应进行自动调整,只有在其认为对方所做的利润调整是按公平交易原则计算的时候,才有义务对关联企业利润做出相应调整。如果双方对调整的依据、原因、数额等发生争议,可按照协定第二十四条相互协商程序进行协商。

三、本条应结合我国《企业所得税法》及其实施条例关于特别纳税调整的有关规定执行。

第十条　股息

一、第一款规定股息可以在取得者所在一方(即居民国)征税,但这种征税权并不是独占的。

二、第二款为股息的来源国即支付股息的公司为其居民的国家保留了征税权。但是,这种征税权受到限制。即来源国仅能就股息征收一定比例的税收。具体为:在股息受益所有人是公司,并直接拥有支付股息公司至少25%资本的情况下,限制税率为5%;其他情况下,限制税率为10%。执行该款时应注意:

(一)判定受益所有人拥有公司资本的比例通常可视其在公司的出资份额情况。一般情况下,出资份额体现为在注册资本中所占份额。此外,当向公司以提供贷款或其他形式的出资产生的所得,已按规定(如防止资本弱化的规则)被当作股息处理时,这种贷款或出资也将被视为"资本"。

（二）按照本款规定，享受5％税率的股息限于直接拥有资本比例达到25％以上的情形。即符合此低税率的股息应属于符合条件的受益所有人拥有资本比例达到25％以上的期间的利润所形成的股息。但在准确跟踪和计算时，可能会涉及以往多年且频繁变化情况（特别是对于上市公司），执行难度较大。为此，从企业分配年度利润的一般情况考虑，税务总局以《国家税务总局关于执行税收协定股息条款有关问题的通知》（国税函〔2009〕81号）规定，非居民直接拥有中国居民公司资本比例在取得股息前连续十二个月以内任何时候均至少达到25％的，可以享受该协定待遇。如分配的股息涉及十二个月以前的企业未分配利润，则不再考虑股息受益所有人在所分配利润所属年度的持股比例是否满足要求。据此，如新加坡居民直接拥有中国居民公司资本比例在取得股息前连续十二个月以内任何时候均达到至少25％的，可以享受该协定待遇。这里"取得股息"的日期是指按照国内法规定该项股息在中国发生纳税义务或扣缴义务的日期。

（三）只有受益所有人为公司，且符合上述条件的，才能适用5％的限制税率；受益所有人为个人或其他主体的，仍适用10％的限制税率。

关于受益所有人的理解与判断，按照《国家税务总局关于如何理解和认定税收协定中"受益所有人"的通知》（国税函〔2009〕601号）的规定执行。

三、第三款是股息的定义，简单来说，股息即为公司所作的利润分配［公司的概念参见对协定第三条第一款第（五）项的解释］。股息支付不仅包括每年股东会议所决定的利润分配，也包括其他货币或具有货币价值的收益分配，如红股、红利、清算收入以及变相利润分配。股息还包括缔约国按防止资本弱化的规定调整为股息的"利息"。

股息和利息在某些特定情况下较难判定，通常应遵循实质重于形式的原则。一般情况下，各类债券所得不应视为股息。然而，如果贷款人确实承担债务人公司风险，其利息可被视为股息。对贷款人是否分担企业风险的判定通常可考虑如下因素：

（一）该贷款大大超过企业资本中的其他投资形式，并与公司可变现资产严重不符；

（二）债权人将分享公司的任何利润；

（三）该贷款的偿还次于其他贷款人的债权或股息的支付；

（四）利息的支付水平取决于公司的利润；

（五）所签订的贷款合同没有对具体的偿还日期做出明确的规定。

存在上述情况时，借款人所在国可根据资本弱化的国内法规定将利息作为股息处理。

四、第四款规定，若股息受益所有人是缔约国一方居民，在缔约国另一方拥有常设机构，或者通过固定基地从事独立个人劳务，且支付股息的股份构成常设机构或固定基地资产的一部分，或与该机构或固定基地有其他方面的实际联系，则来源国可将股息并入常设机构的利润予以征税。

应予注意的是，只有当取得股息的相关营业活动通过常设机构进行，且股份的持有与常设机构有上述实际联系的情况下，才可适用本条款。如果常设机构所在国对常设机构取得的股息有优惠税收待遇规定时，股息受益所有人仅以滥用协定为目的，将股份转移到常设机构的,不应适用本款规定。

五、第五款是对缔约国一方居民从另一方取得的股息进行再分配部分的征税权划分规定。即新加坡居民投资于中国居民公司或在中国设立常设机构或固定基地,如其对从中国居民公司取得的股息或从在中国机构场所取得的所得向其中国境外的股东进行再分配时,其境外股东取得的这部分所得,无需交纳中国税收。但是,如果该项再分配又支付回中国的居民股东或中国境内机构场所时,根据本款规定,中国仍有征税权。

六、第六款是反滥用条款,以获取优惠的税收地位为主要目的的交易或安排,不应适用税收协定股息条款优惠规定。纳税人因该交易或安排而不当享受税收协定待遇的,主管税务机关有权进行调整。执行该款时应考虑我国国内法关于特别纳税调整的有关规定。

第十一条 利息

一、第一款规定,居民国对本国居民取得的来自缔约国另一方的利息拥有征税权,但这种征税权并不是独占的。

二、第二款规定,利息来源国对利息也有征税的权利,但对征税权的行使进行了限制,即设定了最高税率,且限制税率与受益所有人自身性质有关,受益所有人为银行或金融机构情况下,利息的征税税率为7%;其他情况下利息的征税税率为10%。

关于受益所有人的理解与判断,同样按照《国家税务总局关于如何理解和认定税收协定中"受益所有人"的通知》(国税函〔2009〕601号)的规定执行。在判断利息受益所有人时,要特别注意在利息据以产生和支付的贷款合同之外,是否存在债权人与第三人之间在数额、利率和签订时间等方面相近的其他贷款或存款合同。

三、第三款是对特定的受益所有人取得的利息在来源国免税的规定。在执行时应注意把关,即取得利息收入的新加坡居民必须是该款所列机构,任何商业组织通过上述机构取得的利息不得享受免税待遇。另外,根据协定第二议定书第二条的规定,所列免税机构应依照新加坡议会法案规定设立或完全由新加坡政府拥有。

四、第四款明确了利息一语的含义,具体可从以下三个方面理解:

(一)利息一般是指从各种债权取得的所得。"各种债权"应包括现金、货币形态的有价证券,以及政府公债、债券或者信用债券。

(二)对于与利息相关的其他所得是否应属于"利息"的范畴,应根据其性质区别对待:

1. 附属债券取得的所得,如发行债券的溢价和奖金构成利息,但债券持有者出售债券发生的盈亏不属于利息范围;

2. 与贷款业务相关的并附属于债权的所得可认定为利息,对独立发生于债权方以外的,如单独收取的担保费等,原则上不应认定为利息。

五、第五款规定,若利息受益所有人是缔约国一方居民,在缔约国另一方拥有常设机构,或者通过固定基地从事独立个人劳务,且支付利息的债权构成常设机构或固定基地资产的一部分,或与该机构或固定基地有其他方面的实际联系,则来源国可将利息并入常设机构的利润予以征税。

应予注意的是,只有当取得利息的相关营业活动通过常设机构进行,且债权与常设机构有上述实际联系的情况下,才可适用本条款。仅以滥用协定为目的,将贷款转移到为利息提供优惠税收待遇的常设机构的,不应适用本款规定。

六、第六款明确了利息支付人为其居民的国家是利息的来源国这一原则。然而该款也规定了一个例外情形,即利息支付人无论是否为缔约国一方的居民,只要其在缔约国一方拥有常设机构或固定基地,并且支付的利息由该常设机构或固定基地负担,本款认为利息来源地应是该常设机构或固定基地所在缔约国。例如,某第三国设在中国的常设机构支付给新加坡居民的利息,在利息与该常设机构有实际联系情况下,应认为该利息发生于中国,由中国根据中新协定行使优先征税权。如新加坡居民为该项利息的受益所有人,则可享受本协定待遇。

七、第七款对关联交易中协定优惠条款的适用加以限定。当支付人与受益所有人之间或者他们与其他人之间由于某种特殊关系而造成超额支付利息时,支付额中超过按市场公允价格计算所应支付的数额的部分不得享受协定的优惠。

八、第八款为反滥用条款。以获取优惠的税收地位为主要目的的交易或安排,不应适用税收协定利息条款的优惠规定。纳税人因该交易或安排而不当享受税收协定待遇的,主管税务机关有权进行调整。

九、执行第七款和第八款的规定时,应考虑我国国内法关于特别纳税调整的有关规定。

第十二条　特许权使用费

一、第一款规定,居民国对本国居民取得的来自缔约国另一方的特许权使用费拥有征税权,但这种征税权并不是独占的。

二、根据第二款规定,特许权使用费的来源国对该所得也有征税权,但对征税权的行使进行了限制,即设定最高税率为10%。但根据协定议定书第三条的规定,对于使用或有权使用工业、商业、科学设备而支付的特许权使用费,按支付特许权使用费总额的60%确定税基。

适用本条款也必须以受益所有人是缔约国对方居民为前提。关于受益所有人的理解与判断,同样按照《国家税务总局关于如何理解和认定税收协定中"受益所有人"的通知》(国税函〔2009〕601号)的规定执行。在判断受益所有人时,要特别注意审核在特许权使用费据以产生和支付的版权、专利、技术等使用权转让合同之外,是否存在申请人与第三人之间在有关版权、专利、技术等的使用权或所有权方面的转让合同。

三、第三款是对"特许权使用费"一语的定义,需要从以下几个方面理解:

(一)特许权使用费首先应与使用或有权使用以下权利有关:构成权利和财产的各种形式的文学和艺术,有关工业、商业和科学实验的文字和信息中确定的知识产权,不论这些权利是否已经或必须在规定的部门注册登记。还应注意,这一定义既包括了在有许可的情况下支付的款项,也包括因侵权支付的赔偿款。

(二)特许权使用费也包括使用或有权使用工业、商业、科学设备取得的所得,即设备租金。但不包括设备所有权最终转移给用户的有关融资租赁协议涉及的支付款项中被认定为利息的部分；也不包括使用不动产取得的所得，使用不动产取得的所得适用协定第六条的规定。

（三）特许权使用费还包括使用或有权使用有关工业、商业、科学经验的情报取得的所得。对该项所得应理解为专有技术，一般是指进行某项产品的生产或工序复制所必需的、未曾公开的、具有专有技术性质的信息或资料。与专有技术有关的特许权使用费一般涉及技术许可方同意将其未公开的技术许可给另一方，使另一方能自由使用，技术许可方通常不亲自参与技术受让方对被许可技术的具体应用，并且不保证实施的结果。被许可的技术通常已经存在，但也包括应技术受让方的需求而研发后许可使用，并在合同中列有保密等使用限制的技术。

（四）在服务合同中，如果服务提供方在提供服务过程中使用了某些专门知识和技术，但并不许可这些技术使用权，则此类服务不属于特许权使用费范围。如果服务提供方提供服务形成的成果属于特许权使用费定义范围，并且服务提供方仍保有该项成果的所有权，服务接受方对此成果仅有使用权，则此类服务产生的所得属于特许权使用费。

（五）在转让或许可专有技术使用权过程中，如果技术许可方派人员为该项技术的应用提供有关支持、指导等服务，并收取服务费，无论是单独收取还是包括在技术价款中，均应视为特许权使用费，适用本条的规定。但如上述人员的服务已构成常设机构，对归属于常设机构部分的服务所得应执行协定第七条营业利润条款的规定，对提供服务的人员执行协定第十五条非独立个人劳务条款的规定；对未构成常设机构或未归属于常设机构的服务收入仍按特许权使用费规定处理。

（六）单纯货物贸易项下作为售后服务的报酬，产品保证期内卖方为买方提供服务所取得的报酬，专门从事工程、管理、咨询等专业服务的机构或个人提供的相关服务所取得的所得不是特许权使用费，应作为劳务活动所得适用协定第七条营业利润条款的规定。

四、第四款规定，若特许权使用费的受益所有人是缔约国一方居民，在缔约国另一方拥有常设机构，或者通过固定基地从事独立个人劳务，且据以支付特许权使用费的权利或财产构成常设机构或固定基地资产的一部分，或与该常设机构或固定基地有其他方面的实际联系，则来源国可将特许权使用费并入常设机构的利润予以征税。

应予注意的是，只有当取得特许权使用费的相关营业活动通过常设机构进行，且特许权使用费据以产生的权利或财产与常设机构有上述实际联系的情况下，才可适用本条款。仅以滥用协定为目的，将权利或财产转移到为特许权使用费提供优惠税收待遇的常设机构的，不应适用本款规定。

五、第五款明确了特许权使用费支付人为其居民的国家是特许权使用费的来源国这一原则。然而该款也规定了一个例外情形，即支付该特许权使用费的人无论是否为缔约国一方的居民，只要其在该缔约国一方拥有常设机构或固定基地，并且支付的费用由该常设机构或固定基地负担，本款认为特许权使用费来源地应是该常设机构或固定基地所在国。例如，某第三国设在中国的常设机构支付给新加坡居民的特许权使用费，在特许权使用费与该常设机构有实际联系的情况下，应认为该特许权使用费发生于中国，由中国根据中新协定行使优先征税权。如新加坡居民为该项特许权使用费的受益所有人,则可享受本协定待遇。

六、第六款对关联交易中协定优惠条款的适用加以限定。当支付人与受益所有人之间或他们与其他人之间由于某种特殊关系而造成超额支付特许权使用费时,支付额中超过按市场公允价格计算所应支付数额的部分不享受协定的优惠。

七、第七款为反滥用条款。以获取优惠的税收地位为主要目的的交易或安排,不适用税收协定特许权使用费条款优惠规定,纳税人因该交易或安排而不当享受税收协定待遇的,主管税务机关有权进行调整。

八、执行第六款和第七款的规定时,应考虑我国国内法关于特别纳税调整的有关规定。

第十三条　财产收益

第十三条就财产转让产生的收益,包括转让各类动产、不动产和权利产生的受益的征税问题做出规定。协定本身并未对"财产收益"进行定义。"财产收益"一般是指财产法律权属关系发生变更产生的收益,包括出售或交换财产产生的收益,也包括部分转让、征用、出售权利等产生的收益。

一、第一款规定转让不动产取得的收益应由不动产所在国征税。对于不动产的定义,该款引用了第六条的规定。本款只规定了不动产转让收益的征税原则,其他情况下的不动产所得仍适用第六条的规定。

二、第二款针对企业常设机构用于营业的财产中的动产,转让这类财产所取得的收益可以在常设机构所在国征税。

三、第三款规定,转让从事国际运输的船舶和飞机,或转让附属于经营上述船舶和飞机的动产取得的收益,应仅在经营上述船舶和飞机的企业为其居民的国家征税。这一规定与第八条的规定原则一致。

四、第四款与第五款均是对股份转让征税问题的规定,根据这两款的规定,新加坡居民转让其在中国居民公司的股份取得的收益,在满足以下任一条件时,中国税务机关有权征税:

(一) 被转让公司股份价值50%以上直接或间接由位于中国的不动产组成;

(二) 新加坡居民在转让其中国公司股份行为发生前十二个月内曾直接或间接参与该中国公司至少25%资本。

按第四款规定,如缔约国一方居民持有某公司的股份,不论该公司是缔约一方的公司还是缔约对方的公司,只要该公司的股份价值的50%以上(不含50%)直接或者间接由位于缔约对方的不动产所构成,则缔约国一方居民转让该公司股份取得的收益,无论其持股比例是多少,不动产所在国对股份转让收益都有权征税。例如,新加坡居民拥有中国公司的股份(或购买在新加坡上市的中国公司的股份),如该中国公司股份价值的50%以上直接或间接由位于中国的不动产所组成,那么,不论该新加坡居民持有中国公司股份比例如何,中国对该新加坡居民转让该公司股份取得的收益都可以征税;再如,如果新加坡居民拥有某中国境外公司的股份,如果该公司股份价值的50%以上直接或间接由位于中国的不动产所构成,则上述新加坡居民转让该中国境外公司股份(股票)取得的收益,中国作为不动产所在国根据本款规定拥有征税权(但一般情况下如果不动产所在国国内法对此类情形下的转让收益不征税,即使协定规定有征税权,也并不意味着不动产所在国一定要征税)。

公司股份价值50%以上直接或间接由位于中国的不动产所组成,是指公司股份被转让之前的一段时间(目前该协定对具体时间未作规定,执行中可暂按三年处理)内任一时间,被转让股份的公司直接或间接持有位于中国的不动产价值占公司全部财产价值的比率在50%以上。

执行该款规定时还应注意"间接持有"的问题,即除了应考虑被转让公司本身财产构成以外,还应注意被转让股份的公司是否有参股其他公司股份及该参股公司的财产价值构成情况。例如,新加坡居民在转让其在中国公司中的股份取得的转让收益时可能会提出,由于该中国公司财产价值的不动产部分低于50%(并且该新加坡居民持有中国居民公司股份低于25%),对其转让收益应享受协定不予征税的待遇。对此,如果上述中国公司又参股其他中国公司,并且其参股的其他中国公司的财产价值主要由在中国的不动产组成,则该被参股的中国公司的财产价值中一部分(按参股比例计算)应属于前面提及的中国公司,在计算被转让股份公司的财产价值时,应将后一个被控股公司的不动产价值按参股比例计算的归属部分一并考虑,视该被转让股份的中国居民公司的财产价值的不动产比例是否达到50%。例如新加坡居民公司甲拥有中国居民公司乙20%的股份,公司乙的财产价值为100(单位略),其中不动产价值为40。如果该公司乙又持有中国居民公司丙80%的股份,如公司丙的财产价值为100,其中不动产价值为90,则在处理依本款规定享受协定待遇计算公司乙的财产价值时,应将公司丙财产价值的80%计算在内,即公司乙直接或间接拥有的财产价值为 $100+100\times80\%=180$,其中不动产价值为 $40+90\times80\%=112$,不动产价值比例为62%。上述列举以剔除公司乙和丙之间内部交易影响后的数额为前提。因此,当新加坡居民公司甲转让中国居民公司乙的股份时,由于该中国公司乙的财产价值中50%以上的价值直接或间接来自中国的不动产,根据协定规定,对此项转让收益中国拥有征税权。

五、在一般情况下(除滥用情形外),按照第五款的规定,新加坡居民转让其在中国居民公司或其他法人资本中的股份、参股、或其他权利取得的收益,如果收益人在转让行为前的十二个月内曾经直接或间接参与被转让公司25%的资本,则中国有权对该收益征税。

新加坡居民转让中国居民公司或其他法人资本中的股份、参股、或其他权利,在一般情况下(除滥用情形外)是指直接转让情形。如果被转让的股份不属于中国居民公司或其他法人资本中的股份、参股、或其他权利,无论被转让股份的公司是否拥有中国居民公司或其他法人资本中的股份、参股、或其他权利,均不适用第五款规定,即不能按照第五款规定确定中国拥有征税权,应视具体情形适用本条其他款项规定。

但是,对滥用企业组织形式,不是出于真正商业意图,而是以逃避税款或获取优惠的税收待遇为目的,间接转让中国公司股份的情况,中国有权根据本协定第二十六条的规定启动反避税调查程序,以防止我国税收权益的流失。

新加坡居民直接或间接参与一个中国居民公司的资本包括以下几种情况:

（一）该新加坡居民在该中国居民公司直接拥有资本；

（二）该新加坡居民通过任何其持股的公司（或持股链公司）间接拥有该中国居民公司的资本。间接拥有的资本或股份按照每一持股链中各公司的持股比例乘积计算，例如新加坡居民甲持有第三方居民公司乙 50％股份，乙持有中国居民公司丙 50％股份，则甲通过乙间接持有中国居民公司丙的股份达到 25％（50％×50％），在这一情况下，如果甲同时直接持有丙 5％的股份，那么当其转让该 5％的股份时，就应该考虑其间接持有的 25％的股份，从而达到本款规定的征税条件。但如果甲没有直接持有中国居民公司丙的股份，只是通过乙间接持有丙，此款所说的间接持有股份的规定并不针对甲转让乙的股份收益问题（除滥用情形外）；

（三）与该新加坡居民具有显著利益关系的关联集团内其他成员在该中国居民公司直接拥有的资本。这里所称"与新加坡居民有显著利益关系的关联集团成员"包括与个人居民具有完全相同持股利益的人（如直系亲属、存在代理关系的人等）、直接拥有非个人居民100％股权的公司或个人以及由上述个人或公司直接或间接拥有 100％股权的公司。例如：

1. 新加坡居民公司乙直接持有中国居民公司丙 10％资本；

2. 新加坡居民公司乙的母公司甲（100％控股）直接持有中国居民公司丙 10％资本；

3. 母公司甲的另一个 100％控股的子公司丁直接持有中国居民公司丙 10％资本。在此种情形下，该关联集团持有中国居民公司丙的股份应为 30％。因此，如果新加坡公司乙转让其在公司丙的股份取得收益，中国则视其在公司丙的参股比例达到了 25％而拥有征税权。

六、本条各款涉及的各项财产的转让收益按各款的规定处理，对于转让各款所述财产以外的财产而取得的收益，按第六款转让"其他财产"处理，即仅在转让者为其居民的国家征税。

第十四条　独立个人劳务

一、第一款规定个人以独立身份从事劳务活动取得所得的征税原则，即一般情况下仅在该个人为其居民的国家征税，但符合下列条件之一的，来源国有征税权：

（一）该缔约国居民个人为从事独立个人劳务为目的在缔约国另一方设立了经常使用的固定基地。固定基地的判断标准与常设机构类似，具体可参照协定第五条的规定。但固定基地与常设机构也有不同，独立个人劳务不要求通过固定基地进行，而企业的经营活动则要求部分或全部通过常设机构进行。

（二）该居民个人在任何十二个月中在缔约国另一方停留连续或累计达到或超过 183 天。例如，某新加坡居民个人 2008 年 4 月 1 日来华从事独立个人劳务，到 2009 年 3 月 31 日的十二个月期间在华累计停留 150 天，2008 年 8 月 1 日至 2009 年 7 月 31 日的十二个月期间停留 210 天。据此，该人员 2008 年和 2009 年两个纳税年度内在华从事独立个人劳务均构成在华纳税义务。但需明确的是，在中国作为收入来源国对新加坡居民个人在中国提供独立个人劳务取得的所得有征税权的情况下，中国应仅就属于上述固定基地的所得征税或仅对新加坡居民个人在华提供独立个人劳务期间取得的所得征税。

协定此项规定仅为判定中国对独立个人劳务所得是否有权征税提供依据，不影响国内法相关的具体征税规定。

二、第二款通过一些具有典型意义的例子对"专业性劳务"一语的含义加以阐述。所列举的实例并非穷尽性列举。对一些特殊情况可能产生的解释上的困难，可以通过中新双方主管当局协商解决。

个人要求执行税收协定独立个人劳务条款规定的，应根据下列条件判断其是否具有独立身份：

（一）职业证明，包括登记注册证件和能证明其身份的证件，或者由其为居民的缔约国税务当局在出具的居民身份证明中就其现时从事职业的说明；

（二）与有关公司签订的劳务合同表明其与该公司的关系是劳务服务关系，不是雇主与雇员关系，具体包括：

1. 医疗保险、社会保险、假期工资、海外津贴等方面不享受公司雇员待遇；

2. 其从事劳务服务所取得的报酬，是按相对的小时、周、月或一次性计算支付；

3. 其劳务服务的范围是固定的或有限的，并对其完成的工作负有质量责任；

4. 其为提供合同规定的劳务所相应发生的各项费用，由其个人负担。

第十五条　非独立个人劳务

一、第一款规定了个人以受雇身份（雇员）从事劳务活动取得所得的征税原则，即一般情况下缔约国一方居民因雇佣关系取得的工资薪金报酬应在居民国征税，也就是说，新加坡居民在新加坡受雇取得的报酬应仅在新加坡纳税。但在中国从事受雇活动取得的报酬，中国可以征税。

二、第二款进一步规定，在同时满足三个条件的情况下，受雇个人不构成在劳务发生国的纳税义务。反之，只要有一个条件未符合，就构成在劳务发生国的纳税义务。例如新加坡居民以雇员的身份在中国从事活动，只要有下列情况之一的，其获得的报酬就可以在中国征税：

（一）在任何十二个月中在中国停留连续或累计超过 183 天（不含）。在计算天数时，该人员中途离境包括在签证有效期内离境又入境，应准予扣除离境的天数。计算实际停留天数应包括在中国境内的所有天数，包括抵、离日当日等不足一天的任何天数及周末、节假日，以及从事该项受雇活动之前、期间及以后在中国渡过的假期等。应注意的是，如果计算达到 183 天的这十二个月跨两个年度，则中国可就该人员在这两个年度中在中国的实际停留日的所得征税。

（二）该项报酬由中国雇主支付或代表中国雇主支付。

"雇主"应理解为对雇员的工作结果拥有权利并承担相关责任和风险的人。执行中应注意以下问题：

1. 凡中国企业采用"国际劳务雇用"方式，通过境外中介机构聘用人员来华为其从事有关劳务活动，虽然形式上这些聘用人员可能是中介机构的雇员，但如果聘用其工作的中国企业承担上述受聘人员工作所产生的责任和风险,应认为中国企业为上述受聘人员的实际雇主,该人员在中国从事受雇活动取得的报酬应在中国纳税。关于对真实雇主的判定可参考下列因素:

(1)中国企业对上述人员的工作拥有指挥权;

(2)上述人员在中国的工作地点由中国企业控制或负责;

(3)中国企业支付给中介机构的报酬是以上述人员工作时间计算,或者支付的该项报酬与上述人员的工资存在一定联系,例如,按人员工资总额的一定比例确定支付给中介机构的报酬;

(4)上述人员工作使用的工具和材料主要由中国企业提供;

(5)中国企业所需聘用人员的数量和标准并非由中介机构确定,而由中国企业确定。

2.新加坡企业派其员工到中国居民企业工作应考虑上述因素,以实质重于形式的原则,判定其真实雇主身份。如果上述员工名义上为中国企业职员,实质上履行其派出企业职责,则同样参考上述有关标准,在判定新加坡企业为其真实雇主身份前提下,按第五条的规定判断上述新加坡企业是否在中国构成常设机构。如果上述员工在中国工作期间确实受雇于中国居民企业,但同时也为其派出企业工作,应就此类员工为其派出企业工作的实际情况按照本协定第五条的规定判断上述新加坡企业是否在华构成常设机构。

(三)该项报酬由雇主设在中国的常设机构或固定基地所负担。如果新加坡个人被派驻到新加坡企业设在中国的常设机构工作,或新加坡企业派其雇员及其雇用的其他人员在中国已构成常设机构的承包工程或服务项目中工作,这些人员不论其在中国工作时间长短,也不论其工资薪金在何处支付,都应认为其在中国的常设机构工作期间的所得是由常设机构负担。但本规定不应适用于被总部临时派往常设机构视察、检查或临时提供协助的人员及活动。

三、第三款适用于在经营国际运输的船舶或飞机上从事受雇活动的人员取得的报酬,对其征税的原则在一定程度上遵循了协定第八条确立的原则,即在从事该项运输的企业为其居民的国家征税。

第十六条　董事费

第十六条将董事费的征税权赋予了董事所在公司为其居民的国家,即新加坡居民如担任中国境内企业的董事而取得的董事费和其他类似的款项,无论该董事是否在中国境内履行董事职责,中国对此项所得有征税权。所谓"其他类似款项"包括个人以公司董事会成员身份取得的实物福利,例如,股票期权、居所或交通工具、健康或人寿保险及俱乐部成员资格等。在董事会成员被授予股票期权的情况下,公司居民国有权对构成董事费或类似性质报酬的股票期权利益征税,即使征税时该人已经不再是董事会的成员。

第十七条　艺术家和运动员

一、按第一款规定,新加坡的艺术家或运动员如在中国从事个人活动,不论其在中国停

留多长时间,中国有权对其所得征税。本款是协定第十四条和第十五条规定的例外,应从以下几方面理解:

(一)一般来说,艺术家活动应包括:舞台、影视、音乐等各种艺术形式的演艺人员从事的活动;作为缔约国一方的艺术家或运动员由于其名人效应,受邀到缔约国另一方为企业拍摄广告的活动;具有娱乐性质的涉及政治、社会、宗教或慈善事业的活动。但应注意不应把艺术家的范围扩大到随行的行政、后勤人员(如摄影师、制片人、导演、舞蹈设计人员、技术人员以及流动演出团组的运送人员等)。

(二)运动员不限于传统体育项目的参加者(如赛跑、跳高、游泳运动员等),还包括如高尔夫球、赛马、足球、板球、网球及赛车等活动的运动员。本条规定还适用于从事具有娱乐性质的活动取得的所得,例如台球、象棋和桥牌比赛等产生的所得。

(三)第一款适用于艺术家或运动员从事上述个人活动取得的所得,一般指表演活动取得的出场费以及取得的与从事表演活动有直接或间接联系的广告费等。对从表演活动录制音像制品并出售产生的所得中分配给艺术家或运动员的(权利)所得,或与艺术家或运动员有关的涉及其他版权的所得,应按协定第十二条特许权使用费的相关规定处理。

二、第二款再次强调了活动所在国的无限征税权,即使艺术家和运动员从事活动的所得为其他人所收取,如演出经纪人、明星公司或演出团体等,来源国对该部分所得也有征税权。

第十八条　退休金

第十八条规定,居民国对退休金独占征税权,不论取得退休金的人以前的工作地点如何,取得退休金时该个人为其居民的国家对该项退休金拥有征税权。

本条所涵盖的款项为基于以前的雇佣关系而支付的退休金和其他类似报酬。其他类似报酬包括与退休金类似的非定期支付的款项,例如,在雇佣关系终止时或终止以后一次性支付的退休金。

第十九条　政府服务

一、第一款第(一)项规定,对政府部门支付给向其提供服务的个人的报酬,支付国独占征税权。第(二)项进一步规定,新加坡政府在中国设立的办事机构如果雇佣新加坡居民工作,该新加坡居民在办事机构工作期间取得的报酬应仅在新加坡征税。但这一规定不适用于该办事机构在当地雇佣的中国居民员工。中国居民员工是指中国国民,或者在为该办事机构工作以前就已是中国居民的员工。这种情况下,该项报酬应仅在中国征税。

本款适用所得的范围是除退休金以外的薪金、工资和其他类似报酬,包括因向缔约国一方政府或法定机构提供服务而取得的各种实物收益,如公寓、交通工具、健康与人寿保险、俱乐部会员资格等。

二、第二款是对退休金的特别规定,即一般情况下政府部门或从其建立的基金中支付给向其提供服务的个人的退休金,无论支付时该个人在何处居住,支付国都独占征税权。但当该个人是缔约国另一方的居民且为国民时,由该个人为其居民及国民的国家独占征税权。此项处理原则与第一款第(二)项相关处理原则一致。

三、根据本条第三款的规定,个人为政府或地方当局从事的与营业有关的事业(如国有公路、邮局、国有剧院等)提供服务而取得的报酬,不适用本条,应根据所得性质,分别适用协定第十五至十八条的相关规定。

第二十条　学生和实习人员

第二十条规定,学生和企业学徒由于接受教育、培训或获取技术经验的目的,而暂时居住在缔约国另一方,对其为了生活、学习所取得的来源于缔约国另一方以外的所得,该缔约国另一方应予免税。但前提是该学生或实习人员在到达缔约国另一方之前是缔约国一方的居民。例如,新加坡居民个人赴中国学习,其在华学习期间取得的来源于中国以外的学费资助、助学金、奖学金等,不超过用以维持生活、接受教育或培训的部分,应在中国免税。

应注意的是,本条仅适用于学生或实习人员为了生活、教育或培训的目的而收到的款项,不适用于第十四、十五条所涵盖的服务报酬。但如果学生或实习人员有工作收入,则应区分服务报酬和为生存、教育或培训所获得的款项。如果报酬数目与提供类似服务的企业员工所获得的报酬金额相当,一般可表明该报酬是服务报酬,应根据服务性质分别适用协定第十四或第十五条的规定。

第二十一条　其他所得

第二十一条对协定以上条款未涉及的所得规定了一般原则,即来源国有优先征税权。如新加坡居民企业或个人取得发生或来源于中国的其他所得,中国有优先征税权。对其他所得范围的掌握应考虑国内法的规定,并应是国内法规定要征税的所得。如某项所得国内法未规定征税,则不能因协定规定来源国有征税权而征税。

此外,"其他所得"应是确属协定各专项条款未包括的所得。不应将协定已包括的所得条款中规定的来源国未达到征税条件的部分视为"其他所得"。

第二十二条　消除双重征税

第二十二条对缔约国双方各自居民在对方缴纳的税款,分别规定了各自的抵免办法。

一、第一款规定了中国居民从新加坡取得所得在新加坡所交税款的抵免办法,即对中国居民的新加坡所得汇总中国国内所得按中国税法规定税率计算在中国的应纳税额,并对在新加坡已交税款不超过按中国国内税率计算的税额予以抵免。这种方法下,意味着中国政府承认中国居民来源于新加坡的某些所得由新加坡优先行使征税权,但并不承认其独占,即中国还要行使居民管辖权对本国居民从新加坡取得的所得征税,但允许该居民在新加坡所缴税额从其应向中国缴纳的税额中抵免。

第一款第(二)项则体现了有关股息间接抵免的原则,并对可享受间接抵免的中国居民予以限定。根据该项及协定第二议定书第三条的规定,中国居民公司必须拥有新加坡居民公司的股份不少于百分之二十,在这种情况下,该中国居民公司从新加坡公司取得的股息在公司层面所负担的企业所得税方可在中国获得抵免。也就是说,对于中国居民公司从新加坡居民公司取得的股息,不仅该项股息在新加坡缴纳的所得税可以直接抵免,对于支付该股息的新加坡居民公司就该项股息所对应的利润所缴纳的新加坡企业所得税部分,也可以通过间接抵免的方法计算抵免。但是可直接抵免和间接抵免的税额都应按中国国内法的有关规定计算。

二、第二款规定了新加坡居民从中国取得的所得已在中国缴纳的税额在计算该项所得的新加坡税收时进行抵免的问题。关于新加坡方面计算抵免的方法由新加坡主管当局解释。

三、第三款是关于新加坡单方面饶让抵免的规定,即新加坡居民按中国国内法享受到的减税或免税的优惠,在新加坡视同已按中国国内法纳税给予抵免。

第二十三条　非歧视待遇

一、第一款确立的原则是,对拥有缔约国国籍的个人在税收上不能有歧视待遇,即缔约国一方国民在缔约国另一方应与该缔约国另一方国民在相同情况下,获得同等的税收待遇。该款扩大了协定第一条规定的范围,协定第一条规定本协定适用的人仅为缔约国的居民,按照本款规定,即使新加坡国民在某一时期失去新加坡居民身份,仍然可以享受非歧视待遇,特别是在该新加坡国民与比照待遇的中国国民居民身份相同时。

同时,第一款规定不应被理解为要求缔约国一方将给予其公共团体或公共服务机构的税收优惠,以及从事本国公益活动的非盈利私人机构的特别税收优惠,也给予缔约国另一方的相同组织或类似机构。

二、第二款规定,缔约国一方对另一方企业设在本国的常设机构的征税,不应比本国进行同样活动的企业更重。这样的同等待遇主要体现在税率、费用扣除、计提折旧、亏损结转、财产收益以及税收抵免等方面。但应当注意的是,常设机构从事的活动应与比照的居民企业所从事的活动相同。

三、第三款规定了对于个人税收非歧视待遇的例外,即税收非歧视待遇并不意味着中国一定有义务给予新加坡居民或国民个人以相当于中国居民或国民个人所能享受的税收优惠、扣除和减免等待遇。

四、第四款规定,缔约国一方不能对资本全部或部分、直接或间接由缔约国另一方一个或多个居民拥有或控制的企业,在税收上给予歧视待遇。即对由新加坡居民投资的中国居民企业在税收待遇上应与类似的中国居民企业一致。

五、第五款规定,缔约国各方为促进本国社会或经济发展,根据国家政策和标准给予其国民的税收优惠,不应被理解为构成本条款意义上的歧视待遇。

六、第六款规定,本条适用的税种是本协定所包括的税种,具体可参见协定第二条第三款的规定。

第二十四条　相互协商程序

本条旨在建立主管当局间的相互协商机制，以解决可能出现的税务争议。具体按《国家税务总局关于印发〈中国居民（国民）申请启动税务相互协商程序暂行办法〉的通知》（国税发〔2005〕115 号）执行。

第二十五条　情报交换

本条旨在建立两国间的税收信息交换机制，以促进两国间的税收征管协作。具体按《国家税务总局关于印发〈国际税收情报交换工作规程〉的通知》（国税发〔2006〕70 号）执行。

第二十六条　其他规则

第二十六条规定，缔约国国内反避税法律法规不受协定的影响，这与协定防止逃避税的宗旨是相吻合的。但缔约国该类法律法规应充分考虑协定的相关规定，其导致的税收结果不应与协定的规定相冲突。

附录四　分析型案例参考解析

说明：本解析是笔者根据现行有效的法规进行的分析，并不一定正确，也并不代表税务机关的处理意见，其中的分析与结论仅供读者参考。实务操作中税务机关的意见很可能与本解析不同。

案例 1-1 解析

鸿威公司在发展的各个阶段，在相关国家可能要缴纳的税种如下：

在第一阶段，只是在境内从事生产和销售活动，没有向境外销售，也没有向境外采购，只需要在中国境内缴纳增值税、企业所得税、房产税、土地使用税等，另外要为员工代扣代缴个人所得税，完全不涉及国际税收。

在第二阶段，鸿威公司在中国需要缴纳的税种不变。鸿威公司在美国参加展会，在展会上介绍推销本公司的产品，甚至在展会上直接签订销售合同。按照美国的税法，如果取得的所得与美国有实际联系的，需要在美国申报，就来源于美国的所得纳税。但是，由于美国和中国之间签有避免双重征税协定，只有鸿威公司在美国构成常设机构的情况下，才需要就来源于美国的生产经营所得纳税，参加展会通常不会让鸿威公司在美国构成常设机构，因此无需在美国纳税。

第三阶段，鸿威公司在中国需要缴纳的税种不变。鸿威公司在美国通过代理商销售产品，鸿威公司与代理商签订合同，将产品销售给美国的代理商，从美国的代理商处取得销售收入。由于鸿威公司并未在美国从事任何经营行为，所以无需在美国纳税，鸿威公司从境外销售获得的利润，会并入鸿威公司的所得，在中国缴纳企业所得税。

第四阶段，鸿威公司在美国设立办事处，是否需要在美国缴纳企业所得税，取决于办事处从事的活动是否是属于辅助性、准备性的活动。如果是辅助性、准备性的活动，办事处在美国不构成常设机构，不需要在美国纳税，如果办事处从事的活动不仅是辅助性、准备性的，还直接从事营业活动，如直接谈签销售合同，那么办事处在美国构成常设机构，需要就来源于美国的所得缴纳企业所得税。美国办事处从事经营活动的所得实际已经计入鸿威公司在中国的利润，需要在中国缴纳企业所得税。为了避免双重征税，鸿威公司需要应用中美税收协定中的避免双重征税条款，抵免在美国已经缴纳的企业所得税。

第五阶段，鸿威公司在美国成立子公司美鸿公司，鸿威公司不再在美国从事任何经营活动，无需在美国纳税。美鸿公司在美国从事经营活动，需要按照美国税法缴纳各种税，包括销售税、企业所得税，还要为员工代扣缴个人所得税。美鸿公司的税后利润分配给鸿威公司,鸿威公司需要在美国缴纳预提所得税,鸿威公司收到的红利,属于中国居民企业来源于境外的所得,需要在中国缴纳企业所得税,但在境外已经缴纳的税款可以抵免。

第六阶段,鸿威公司和美鸿公司应该缴纳的税种不变,但是企业所得税应纳税额减少。BVI 从事离岸业务的公司,无需缴纳任何税款,只需要每年缴纳一定数量的公司注册费。

案例 2-3 解析

问题 1:

根据《企业所得税法》及其实施条例,转让权益性投资资产的来源地按照被投资企业所在地确定;A 公司是中国境内的企业,转让 A 公司股权属于来源于中国境内的所得,应该在中国缴纳企业所得税。

根据《企业所得税法》第三十七条的规定,非居民企业取得股权转让所得应缴纳的所得税,实行源泉扣缴,以支付人为扣缴义务人。税款由扣缴义务人在每次支付或者到期应支付时,从支付或者到期应支付的款项中扣缴。在本案例中,买方 P 股份有限公司应在支付或到期应支付时履行扣缴义务。

《国家税务总局关于非居民企业所得税源泉扣缴有关问题的公告》(国家税务总局公告2017 年第 37 号,以下简称 37 号公告。)第九条规定:"按照企业所得税法第三十七条规定应当扣缴的所得税,扣缴义务人未依法扣缴或者无法履行扣缴义务的,取得所得的非居民企业应当按照企业所得税法第三十九条规定,向所得发生地主管税务机关申报缴纳未扣缴税款,并填报《中华人民共和国扣缴企业所得税报告表》。"根据以上规定,如果 P 公司未依法扣缴税款,则 V 公司应该申报缴纳未扣缴税款。

问题 2:

根据《国家税务总局关于贯彻落实企业所得税法若干税收问题的通知》(国税函〔2010〕79 号)关于"企业转让股权收入,应于转让协议生效、且完成股权变更手续时,确认收入的实现"的规定,企业股权转让收入及其纳税义务的确定,以股权变更登记为要件,而与股权转让价款的支付无关。一旦股权变更登记完成,其纳税义务即产生,而无论款项是否支付、何时支付。所以,V 公司的纳税义务发生时间应为股权变更实现的时间。

问题 3:

根据《企业所得税法》第十九条:

"非居民取得转让财产所得,以收入全额减除财产净值后的余额为应纳税所得额。"

第 37 号公告第三条进一步明确:"企业所得税法第十九条第二项规定的转让财产所得包含转让股权等权益性投资资产(以下称'股权')所得。股权转让收入减除股权净值后的余额为股权转让所得应纳税所得额。

"股权转让收入是指股权转让人转让股权所收取的对价,包括货币形式和非货币形式的各种收入。

"股权净值是指取得该股权的计税基础。股权的计税基础是股权转让人投资入股时向中国居民企业实际支付的出资成本,或购买该项股权时向该股权的原转让人实际支付的股权受让成本。"

V公司投入资本时所使用的币种为美元，在计算应纳税所得额时，涉及币种换算。根据37号公告第四条、第五条规定：

"扣缴义务人支付或者到期应支付的款项以人民币以外的货币支付或计价的，分别按以下情形进行外币折算：

"（一）扣缴义务人扣缴企业所得税的，应当按照扣缴义务发生之日人民币汇率中间价折合成人民币，计算非居民企业应纳税所得额。扣缴义务发生之日为相关款项实际支付或者到期应支付之日。

"（二）取得收入的非居民企业在主管税务机关责令限期缴纳税款前自行申报缴纳应源泉扣缴税款的，应当按照填开税收缴款书之日前一日人民币汇率中间价折合成人民币，计算非居民企业应纳税所得额。

"（三）主管税务机关责令取得收入的非居民企业限期缴纳应源泉扣缴税款的，应当按照主管税务机关作出限期缴税决定之日前一日人民币汇率中间价折合成人民币，计算非居民企业应纳税所得额。"

"财产转让收入或财产净值以人民币以外的货币计价的，分扣缴义务人扣缴税款、纳税人自行申报缴纳税款和主管税务机关责令限期缴纳税款三种情形，先将以非人民币计价项目金额比照本公告第四条规定折合成人民币金额；再按企业所得税法第十九条第二项及相关规定计算非居民企业财产转让所得应纳税所得额。

"财产净值或财产转让收入的计价货币按照取得或转让财产时实际支付或收取的计价币种确定。原计价币种停止流通并启用新币种的，按照新旧货币市场转换比例转换为新币种后进行计算。"

根据以上规定，V公司股权转让的应纳税所得额和应纳税额的计算如下：

股权转让收入＝200 000 000（元）

股权转让成本＝10 000 000×80％×7.04＝56 320 000（元）

应纳税所得额＝200 000 000−56 320 000＝143 680 000（元）

应纳税额＝143 680 000×10％＝14 368 000（元）

需要特别注意的是，A公司的3 000万元人民币的未分配利润不能从股权转让收入中扣除。

如问题1中所分析，V公司作为非居民企业，取得的股权转让所得应缴纳的税款，应当由P公司在支付或到期应支付时扣缴。37号公告规定："非居民企业采取分期收款方式取得应源泉扣缴所得税的同一项转让财产所得的，其分期收取的款项可先视为收回以前投资财产的成本，待成本全部收回后，再计算并扣缴应扣税款。"

P公司第一次支付股权转让款1.02亿元时，已经收回股权投资的成本，可以按全额计算应扣缴税款为14 368 000元。但是由于A公司尚未完成股权变更手续，V公司的纳税义务尚未发生，P公司在此种情况下是否应该扣缴税款，法规未明确规定，存在一定的不确定性。实务操作中，扣缴义务人可能选择不同的处理方式。此处我们假设付款时P公司已经扣缴了税款，采用扣缴义务发生日的汇率。P公司对外支付需要办理付汇备案手续，如果不代扣代缴相应的税款,对外支付股权转让款可能存在一定的困难。

问题4:

37号公告第七条规定:"扣缴义务人应当自扣缴义务发生之日起7日内向扣缴义务人所在地主管税务机关申报和解缴代扣税款。"所以P公司应该向P公司的主管税务机关申报和解缴代扣税款。

如果P公司没有代扣代缴税款,根据《企业所得税法》第三十九条的规定,"依照本法第三十七条、第三十八条规定应当扣缴的所得税,扣缴义务人未依法扣缴或者无法履行扣缴义务的,由纳税人在所得发生地缴纳"。37号公告第十六条第(二)款规定:"对企业所得税法实施条例第七条规定的不同所得,所得发生地主管税务机关按以下原则确定:

"(一) 不动产转让所得,为不动产所在地国税机关。

"(二) 权益性投资资产转让所得,为被投资企业的所得税主管税务机关。

"(三) 股息、红利等权益性投资所得,为分配所得企业的所得税主管税务机关。

"(四) 利息所得、租金所得、特许权使用费所得,为负担、支付所得的单位或个人的所得税主管税务机关。"

因此,在P公司未代扣代缴的情况下,V公司应该向被转让企业A公司的企业所得税主管税务机关申报缴纳税款。

问题5:

类似P公司这样分期付款的情况,如何扣缴P公司的税款存在一定的争议。有纳税人认为应该按照分期付款的比例,分次扣缴。笔者认为,由于股权转让变更之后,非居民企业应该确认转让收入,分期付款时如果已经收回股权投资成本,则应该按全额扣缴税款。如果此前已经就股权转让全部金额扣缴税款,P公司支付第三次股权转让款时,实际成交价格进行了调整,V公司的应纳税所得额降低,此前所扣缴的税款已经超过按调整后价格计算的应纳税额,V公司应该可以向主管税务机关申请退还已缴的税款。

案例2-4解析

根据《财政部 税务总局关于完善企业境外所得税收抵免政策问题的通知》(财税〔2017〕84号)的规定,A集团可以采用分国(地区)不分项或者不分国(地区)不分项的方式计算其来自境外的应纳税所得额以及抵免限额。

一、如果A集团采取分国(地区)不分项的方法计算抵免限额

A集团来自境内和境外的所得总额为3 000万元,具体计算如下。

1. A集团从甲国分公司取得的境外所得税收抵免的计算

(1) 来源于甲国分公司的应纳税所得额。甲国分公司是A集团在境外设立的不具有独立纳税地位的分支机构,来源于甲国的生产经营所得210万元,无论是否汇回中国,均应计入A集团2020年度的境外应纳税所得额。将境外应税所得换算成税前所得,即境外应纳税所得额=210÷(1-30%)=300(万元)。

(2) 可抵免的甲国所得税税额。分公司在甲国缴纳的所得税可以从A集团汇总缴纳中

国的所得税额中抵免。甲国分公司缴纳的企业所得税共 90 万元,可抵免的甲国所得税税额为 90 万元。

(3) 甲国分公司缴纳的所得税税额的抵免限额。甲国分公司的境外所得为 300 万元。

甲国分公司缴纳的所得税税额的抵免限额＝3 000×25％×300÷3 000＝75(万元)。

按照我国税法规定,可抵免的税额超过抵免限额的部分可以用以后年度抵免限额抵免当年应抵税额后的余额进行抵补,但抵补期限最长不得超过 5 年,即 2020 年无法抵免的 15 万元(90－75)可以在 2021—2025 年进行抵补。

2. 从乙国某公司取得的境外所得税收抵免的计算

(1) 来源于乙国某公司的应纳税所得额。A 集团从乙国某公司取得特许权使用费 93 万元,将境外税后所得换算成税前所得,即来自乙国的应纳税所得额＝93÷(1－7％)＝100(万元)。

(2) 可抵免的乙国某公司所得税税额。A 集团从乙国某公司取得特许权使用费时已在乙国缴纳所得税 7 万元,因此可抵免的税额为 7 万元。

(3) 乙国某公司缴纳的所得税税额的抵免限额。乙国某公司缴纳的所得税税额的抵免限额＝3 000×25％×100÷3 000＝25(万元)。可抵免的税额未超过抵免限额,特许权使用费在乙国缴纳的所得税 7 万元可以全额抵免。

3. A 集团从丙国 B 子公司取得的境外所得税收抵免的计算

(1) 可抵免的丙国 B 子公司所得税税额。丙国 B 子公司是 A 集团在丙国设立的具有独立纳税地位的子公司,母公司 A 集团得到的是 B 子公司缴纳所得税后按照股份分配的一部分股息,可以进行税收抵免的是股息所承担的所得税额,因为,股息、红利等权益性投资收益的所得属于间接抵免的范畴。

A 集团公司持有丙国 B 子公司 60％的股份,B 公司是第一层外国企业;丙国 B 子公司持有丙国 C 公司 50％的股份,且 A 集团对 C 公司的持股比例达到 30％(60％×50％),C 公司是第二层外国企业。税法规定从最低一层外国企业起逐层计算属于由上一层企业负担的税额。因此,A 集团取得股息所负担的 B 子公司的所得税额,要从 B 子公司负担的 C 公司的所得税额算起。

各层间接负担的所得税额计算如下:

假定 C 公司间接负担的税款为 0,C 公司所纳税额属于 B 公司负担的税额＝(1 000×18％ ＋0)×205÷820＝45(万元);

B 公司所纳税额属于 A 公司负担的税额＝(2 000×18％＋45)×492÷1 845＝108(万元),可抵免的丙国 B 子公司所得税税额等于 108 万元。

(2) 来源于丙国 B 子公司的应纳税所得额。A 集团取得的从丙国 B 子公司取得的股息 492 万元换算成税前所得,即境外应纳税所得额＝492＋108＝600(万元)。

(3) 丙国 B 子公司缴纳的所得税税额的抵免限额。丙国 B 子公司缴纳的所得税税额的抵免限额＝3 000×25％×600÷3 000＝150(万元),A 集团间接负担的丙国 B 子公司的所得税额为 108 万元,可以在 2020 年度全部抵免。

二、如果 A 集团采取不分国不分项的方法计算抵免限额

A 集团来自境外的应纳税所得额＝300＋100＋600＝1 000(万元)

A 集团可抵免的境外所得税税额＝90＋7＋108＝205(万元)

A 集团缴纳的境外所得税的抵免限额＝(2 000＋1 000)×25％×1 000÷(2 000＋1 000)＝250(万元)

A 集团在境外已经缴纳的税额＝90＋7＋108＝205(万元)，小于 250 万元的抵免限额，可以全部抵免。

案例 3-1 解析

1. P 公司为 S 公司提供的技术支援服务是否导致 P 公司在境内构成常设机构？

判断 P 公司是否在中国构成常设机构，需要按照中日税收协定第五条的规定逐条去判断。

首先判断是否构成"实体型常设机构"，也就是判断 P 公司在中国是否有固定营业场所。P 公司的技术支援人员为 S 公司提供技术支援服务时，主要住在酒店，白天在生产线上解决技术问题，在 S 公司没有专门供其使用的办公室，也就是说，没有供 P 公司人员支配的场所。P 公司虽然在中国有营业活动，但是没有固定营业场所，因此，不构成实体型常设机构。

其次判断是否构成建筑型常设机构，因为 P 公司并非在中国从事建筑安装工程，因此不适用。

再次判断是否构成代理型常设机构，因为 P 公司人员来中国只是提供技术支援服务，并无权代表 P 公司签订有约束力的合同，也没有代表 P 公司签订任何合同，因此不构成代理型常设机构。

最后判断是否构成服务型常设机构。按照中日税收协定："缔约国一方企业通过雇员或其他人员在缔约国另一方提供的咨询劳务，除适用第七款规定的独立代理人以外，这些活动(为同一个项目或两个及两个以上相关联的项目)在任何 12 个月中连续或累计超过六个月的，应认为在该缔约国另一方设有常设机构。"由于 P 公司的雇员在中国为 S 公司提供服务，其中个别雇员在一个自然年度中在华工作时间超过了 183 天，说明 P 公司为 S 公司服务的时间在任何 12 个月中超过了 6 个月，因此构成了服务型常设机构。

2. P 公司的派遣人员是否导致 P 公司在中国构成常设机构？

要判断 P 公司的派遣人员是否导致 P 公司在中国构成常设机构，关键是看派遣人员究竟是 P 公司的雇员还是 S 公司的雇员。如果这些人员是 P 公司的雇员，那么，因为这些人员在 S 公司一般有固定的可自行支配的办公室，会构成实体型常设机构，而且因为这些人员在中国工作的时间一般超过 6 个月，也会导致 P 公司在中国构成服务型常设机构。

如果派遣人员是 S 公司的雇员，而不是 P 公司的雇员，那么这些人的活动与 P 公司无关，不会导致 P 公司在中国构成常设机构。

要判断派遣人员是 S 公司的雇员还是 P 公司的雇员，可参照范本注释中对于雇员的定义。但是要做出判断并非易事，因为在此例中，派遣人员与 P 公司和 S 公司都有一定程度的

关联。与 P 公司发生的关联包括:工资由 P 公司发放,由 P 公司在日本购买社会保险,具体任职人员由 P 公司选择和派遣,派遣人员可能仍保留着与 P 公司的雇佣合同。与 S 公司发生的关联包括:担任 S 公司的职位,主要负责 S 公司的日常经营和管理、相关决策的责任与风险由 S 公司承担、劳动场所和劳动工具等由 S 公司提供。因此,在实务中,纳税人和税务机关之间会因此产生较大的争议。《〈中华人民共和国政府和新加坡共和国政府关于对所得避免双重征税和防止偷漏税的协定〉及议定书条文解释》(国税发〔2010〕75 号,以下简称 75 号文件)对于此问题有进一步的规定:

"但是,由于母子公司之间的特殊关系,现实经济活动中,母子公司之间常存在较为复杂的跨境人员及业务往来。这种情况下,母公司在子公司的活动是否导致母公司在子公司所在国构成常设机构,应从以下几个方面掌握:

"(一)应子公司要求,由母公司派人员到子公司为子公司工作,这些人员受雇于子公司,子公司对其工作有指挥权,工作责任及风险与母公司无关,由子公司承担,那么,这些人员的活动不导致母公司在子公司所在国构成常设机构。此种情况下,子公司向此类人员支付的费用,不论是直接支付还是通过母公司转支付,都应视为子公司内部人员收入分配,对支付的人员费用予以列支,其所支付的人员费用应为个人所得,按子公司所在国有关个人所得税法相关规定,以及协定第十五条的有关规定征收个人所得税。

"(二)母公司派人员到子公司为母公司工作时,应按本条第一款或第三款的规定判断母公司是否在子公司所在国构成常设机构。符合下列标准之一时,可判断这些人员为母公司工作:

"1. 母公司对上述人员的工作拥有指挥权,并承担风险和责任;

"2. 被派往子公司工作的人员的数量和标准由母公司决定;

"3. 上述人员的工资由母公司负担;

"4. 母公司因派人员到子公司从事活动而从子公司获取利润。

"此种情况下,母公司向子公司收取有关服务费时,应按独立企业公平交易原则,确认母子公司上述费用的合理性后,再对子公司上述费用予以列支。如果上述活动使母公司在子公司所在国构成常设机构,则该子公司所在国可按本协定第七条的规定,对母公司向子公司收取的费用征收企业所得税。"

75 号文件明确只要满足四个标准之一,就可判定这些人员为母公司工作。我们知道,在绝大多数情况下,被派往子公司工作的人员都是由母公司选择和决定的,按照 75 号文件的规定,如果 S 公司没有充分证据证明派遣人员的数量和标准并非是由 P 公司决定,而且母公司部分承担了派遣人员的工资,那么税务机关有可能认为 P 公司在中国构成常设机构。

鉴于这一问题的复杂性,国家税务总局在 2013 年 4 月又发布了《国家税务总局关于非居民企业派遣人员在中国境内提供劳务征收企业所得税有关问题的公告》(国家税务总局公告 2013 年第 19 号,以下简称 19 号公告),进一步对此问题做出规定,具体内容如下:

"非居民企业(以下统称'派遣企业')派遣人员在中国境内提供劳务,如果派遣企业对被派遣人员工作结果承担部分或全部责任和风险,通常考核评估被派遣人员的工作业绩,应视为派遣企业在中国境内设立机构、场所提供劳务；如果派遣企业属于税收协定缔约对方企业，且提供劳务的机构、场所具有相对的固定性和持久性，该机构、场所构成在中国境内设立的常设机构。

"在做出上述判断时，应结合下列因素予以确定：

"（一）接收劳务的境内企业（以下统称'接收企业'）向派遣企业支付管理费、服务费性质的款项；

"（二）接收企业向派遣企业支付的款项金额超出派遣企业代垫、代付被派遣人员的工资、薪金、社会保险费及其他费用；

"（三）派遣企业并未将接收企业支付的相关费用全部发放给被派遣人员，而是保留了一定数额的款项；

"（四）派遣企业负担的被派遣人员的工资、薪金未全额在中国缴纳个人所得税；

"（五）派遣企业确定被派遣人员的数量、任职资格、薪酬标准及其在中国境内的工作地点。"

"如果派遣企业仅为在接收企业行使股东权利、保障其合法股东权益而派遣人员在中国境内提供劳务的，包括被派遣人员为派遣企业提供对接收企业投资的有关建议、代表派遣企业参加接收企业股东大会或董事会议等活动，均不因该活动在接收企业营业场所进行而认定为派遣企业在中国境内设立机构、场所或常设机构"。

相比较75号文件，笔者认为，19号公告的判断标准更为科学，核心在于判断两点：一是母公司是否从中获取利润；二是派遣人员是否在中国足额缴纳个人所得税。而且19号公告是综合各种因素判断，不像75号文件规定——根据达到某一单项标准就做出判断。但是，在75号文件与19号公告都有效的情况下，具体如何适用，应该如何判断，仍是不清晰的。笔者认为，依据经济实质来看，在本例中，被派遣人员主要是在子公司担任职务，为子公司服务，母公司只是按约定的金额向子公司收回代为承担的费用，并没有从中获取利润，相关的工资也已经在中国缴纳了个人所得税，因此，应判断这些人员为子公司的雇员，他们在中国的活动不应导致母公司在中国构成常设机构。但是，如果母公司有为他们的活动收取服务费，从中赚取利润，则这些人的活动会导致母公司在境内构成常设机构。需要提醒注意的是，在实务当中，有相当多的税务人员并不认可笔者上述观点。

3. 对于S公司向P公司支付的技术许可费、技术支援服务费、财务管理等其他咨询服务费、派遣人员工资费用应该如何征税？

（1）技术许可费。

首先，按照中国税法的规定，判断所得的纳税义务。根据《企业所得税法》及其实施条例，此项所得属于特许权使用费所得，应该按照负担、支付所得的企业或者机构、场所所在地确定所得来源地，此例中，支付和负担所得的企业是中国境内的S公司，所以P公司此项所得属于来源于中国境内的特许权使用费所得，按照《企业所得税法》及其实施条例，属于非居民企业在中国没有机构场所而有来源于中国的所得，应该缴纳企业所得税。

其次，按照中日税收协定判定中国的征税权。技术许可费属于协定中定义的特许权使用费。根据中日税收协定第十二条：

"发生于缔约国一方而支付给缔约国另一方居民的特许权使用费，可以在该缔约国另一方征税。"

"然而，这些特许权使用费也可以在其发生的缔约国，按照该缔约国的法律征税。但是，如果收款人是该特许权使用费受益人，则所征税款不应超过特许权使用费总额的10%。"

根据协定，日本企业从中国取得的特许权使用费，应在中国缴纳不超过特许权使用费总额10%的税款。

最后，按照国内法确定如何征税。P公司收取的技术使用费，应先在中国缴纳增值税和附加税（可申请技术转让、技术开发收入免增值税），然后按不含增值税所得，适用10%的税率缴纳企业所得税，税款由S公司代扣代缴。

（2）支付给P公司的技术支援服务费。

首先，根据国内法判断所得的性质和纳税义务。根据《企业所得税法》及其实施条例，P公司从S公司取得技术支援服务费，属于劳务所得。按照《企业所得税法实施条例》第七条，提供劳务所得，按照劳务发生地确定来源地。P公司获得的这笔所得，与之相关的劳务都发生在中国境内，属于来源于中国境内的所得，属于非居民企业在中国境内有机构场所取得的所得，需要在中国缴纳企业所得税。

其次，根据中日税收协定判断所得的性质和纳税义务。根据中日协定，技术支援服务费属于营业利润，要根据税收协定第七条判断。第七条第一款规定：

"缔约国一方企业的利润应仅在该缔约国征税，但该企业通过设在缔约国另一方常设机构在该缔约国另一方进行营业的除外。如果该企业通过设在缔约国另一方的常设机构在该缔约国另一方进行营业，其利润可以在该缔约国另一方征税，但应仅以属于该常设机构的利润为限。"

根据第七条，P公司来源于中国的营业利润，只有在P公司在中国构成常设机构的情况下，才需要在中国境内就归属于常设机构的利润缴纳企业所得税。根据前面对第一个问题的分析，可以看出，P公司的技术支援服务在中国境内构成了常设机构，所以需要在中国缴纳企业所得税。

最后根据国内法确定如何征税。P公司在中国境内构成了常设机构，按照第2章中介绍的《非居民承包工程作业和提供劳务税收管理暂行办法》，应当申报纳税。可以据实征收，也可以核定征收。由于P公司在中国境内未独立核算，不能准确反映常设机构的收入、成本和费用，可以采用核定征收的办法。根据第2章中介绍的《非居民企业核定征收管理办法》，由于P公司所取得的收入总额比较明确，可以按收入总额核定利润率，即按照技术支援费的一定比例核定应纳税所得额，并适用25%的所得税税率缴纳企业所得税。

需要注意的是，《国家税务总局关于税收协定有关条款执行问题的通知》（国税函〔2010〕46号，以下简称46号文件）规定：

"转让专有技术使用权涉及的技术服务活动应视为转让技术的一部分，由此产生的所得属于税收协定特许权使用费范围。但根据协定关于特许权使用费受益所有人通过在特许权使用费发生国设立的常设机构进行营业,并且据以支付该特许权使用费的权利与常设机构有实际联系的相关规定,如果技术许可方派遣人员到技术使用方为转让的技术提供服务,并提供服务时间已达到按协定常设机构规定标准,构成了常设机构的情况下,对归属于常设机构部分的服务收入应执行协定第七条营业利润条款的规定,对提供服务的人员执行协定非独立个人劳务条款的相关规定;对未构成常设机构的或未归属于常设机构的服务收入仍按特许权使用费规定处理。"

根据46号文件,如果技术支援服务未构成常设机构,则P公司收到的技术服务费要作为特许权使用费的一部分,按总额的10%缴纳预提所得税。

（3）支付给P公司的财务、管理等咨询费

首先,根据国内法判断纳税义务。支付给P公司的财务、管理等咨询费,和技术支援服务费的性质一样,属于来源于中国境内的劳务所得,需要在中国境内缴纳企业所得税。

其次,根据税收协定,支付给P公司的财务、管理等方面的咨询费用,是否需要在中国交税,需要看P公司在S公司提供服务是否使得P公司在境内构成常设机构。然而,要做出这一判断,存在一定的困难,因为如果单独就提供财务、管理咨询服务的人员来看,在中国境内工作时间在任何12个月中不超过6个月,不构成常设机构。但是,如果将财务、管理和技术支援将为相关联的项目,则会构成常设机构。对于如何判断"为同一项目或两个以上相关联的项目,《中新税收协定及议定书的解释》做出了进一步的规定:

"同一企业从事的有商业相关性或连贯性的若干个项目应视为"同一项目或相关联的项目"。这里所说的"商业相关性或连贯性",需视具体情况而定,在判断若干个项目是否为关联项目时,应考虑下列因素:

（1）这些项目是否被包含在同一个总合同里。

（2）如果这些项目分属于不同的合同,这些合同是否与同一人或相关联的人所签订;前一项目的实施是否是后一项目实施的必要条件。

（3）这些项目的性质是否相同。

（4）这些项目是否由相同的人员实施;等。

P公司与S公司既签有技术支援合同,又签有财务、销售、管理服务等合同。在此情况下,税务机关可能倾向于认为这些项目与技术支援项目是相关联的项目,由于技术支援服务在境内构成常设机构,其他服务也在境内构成常设机构。而企业倾向于认为这些项目的性质不相同,提供的服务不同,提供服务的人员也不同,应该属于不同的项目。因此,在判断财务、销售和管理等服务是否构成常设机构时,不应该和技术支援服务一起考虑,而应作为独立的项目判断,鉴于这些服务项目很少派遣人员来中国,应该不构成常设机构,收取的服务费不需要在境内缴纳企业所得税。目前,对于税企之间理解存在的差异,如果企业不提起诉讼,并无第三方做出独立判断。税务机关作为执法机关,相对更占优势。因此,财务、管理等咨询服务费很可能被要求在中国缴纳企业所得税。

4. 技术支援人员是否需要在中国缴纳个人所得税？如何缴纳？

首先根据国内法判断纳税义务。根据《个人所得税法实施条例》第五条规定:下列所得,

不论支付地点是否在中国境内,均为来源于中国境内的所得:

"(一)因任职、受雇、履约等而在中国境内提供劳务取得的所得。"

技术支援人员来华工作期间的工资薪金所得,属于在中国无住所而有来自中国境内的所得,可能需要在中国境内缴纳个人所得税。

按照《中华人民共和国个人所得税法实施条例》:

"在中国境内无住所,但是在一个纳税年度中在中国境内连续或者累计居住不超过90日的个人,其来源于中国境内的所得,由境外雇主支付并且不由该雇主在中国境内的机构、场所负担的部分,免予缴纳个人所得税。"

根据上面的规定,技术支援人员如果在中国境内停留时间超过90天,需要在中国缴纳个人所得税,如果停留时间不够90天,股东P公司支付的且不由P公司在境内常设机构负担的部分,不需要在中国境内缴纳个人所得税。

根据我们对第一个问题的分析,判断出P公司的技术支援服务在境内构成常设机构,那么,技术支援人员的工资是否由该常设机构负担呢?国家税务总局在国税发〔1994〕148号文件中曾对协定第七条进行了重要的补充说明:"凡是该中国境内企业、机构属于采取核定利润方法计征企业所得税或没有营业收入而不征收企业所得税的,在该中国境内企业、机构任职、受雇的个人实际在中国境内工作期间取得的工资薪金,不论是否在该中国境内企业、机构会计账簿中有记载,均应视为该中国境内企业支付或由该中国境内机构负担的工资薪金"。

国家税务总局还在国税发〔1995〕155号文件中对于"中国境内机构负担的工资薪金所得"又进行了具体解释,即"涉及税收协定的,是指上述机构已构成常设机构,且在据实计算征收企业所得税,或采取核定利润方法计征企业所得税或采取按经费支付额核定方法计征企业所得税时,该常设机构已负担的有关人员的工资薪金所得。"因此,P公司派员来华提供技术支援服务,已构成常设机构且常设机构是核定征收企业所得税,虽然外籍人员的工资薪金是由P公司直接支付,而不是常设机构发放的,但我们知道,在税收协定中有约定,在确定常设机构的利润时,应允许扣除其进行营业发生的各项费用,包括行政和一般管理费用,不论其发生于该常设机构所在国或其他任何地方。通过人员提供劳务取得的营业利润,应归属于常设机构,而该人员由于从事上述劳务而取得的工资薪金,也自然应列为常设机构的营业支出由其负担,而不论是谁支付。另外,常设机构采用核定征收方式纳税的,在核定其利润率时,实际已经考虑了常设机构应该负担的工资薪金,因此,提供技术支援服务的人员的工资薪金所得实际由常设机构负担,因此,技术支援人员在中国境内工作期间取得的所得,无法享受《企业所得税法实施条例》规定的免税待遇,技术支援人员哪怕来中国工作一天,也需要在中国计算缴纳个人所得税。

技术支援人员属于日本的税收居民,可以享受中日税收协定中受雇所得的协定待遇。中日税收协定第十五条规定:

"除适用第十六条、第十八条、第十九条、第二十条和第二十一条的规定以外,缔约国一方居民因受雇取得的薪金、工资和其他类似报酬,除在缔约国另一方受雇的以外,应仅在该缔约国一方征税。在缔约国另一方受雇取得的报酬,可以在该缔约国另一方征税。"

"虽有第一款的规定,缔约国一方居民在缔约国另一方受雇取得的报酬,同时具有以下三个条件的,应仅在该缔约国一方征税:

"(一)收款人在有关历年中在该缔约国另一方停留连续或累计不超过183天;

"(二)该项报酬由并非该缔约国另一方居民的雇主支付或代表该雇主支付;

"(三)该项报酬不是由雇主设在该缔约国另一方的常设机构或固定基地所负担。"

根据协定第十五条规定,如果技术支援人员在有关历年中在中国停留或累计停留不超过183天,而且在此期间的工资薪金并非由中国的雇主支付或代表中国雇主支付,而且该项报酬不是由雇主在中国的常设机构负担的话,就可以免于就技术支援期间的工资薪金所得纳税。但是根据上面的分析,P公司提供的技术支援服务在中国构成常设机构,且采用核定征收方法计算缴纳常设机构的企业所得税,P公司技术支援人员的工资实际是由常设机构负担,因此,技术支援人员也不能享受协定关于境内受雇所得的免税待遇。

技术支援人员作为日本的税收居民,可以享受中日税收协定第十五条第一款规定的境外受雇所得协定待遇,在境外受雇期间取得的所得无需在中国缴纳个人所得税。

综合以上分析,技术支援人员的纳税义务与计算公式可分为以下几种情况:

(1)对于在中国境内停留时间超过183天的技术支援人员,适用下面的公式计算来自当月工资薪金收入额。

$$\frac{当月工资}{薪金收入额} = \frac{当月境内外}{工资薪金总额} \times \left(\frac{当月工资薪金所属工作期间境内工作天数}{当月工资薪金所属工作期间公历天数}\right)$$

如果该技术支援人员当年在中国境内居住时间不超过183天,则适用非居民个人的税款计算与征管方法,按照以上公式计算出当月收入额,减去税法规定的减除费用后的余额,为应纳税所得额,再适用按月换算后的综合所得税率表(月度税率表)计算应纳税额。

如果该个人在中国境内居住时间超过183天,应按年计算综合所得的个人所得税;有扣缴义务人的,由扣缴义务人按月或者按次预扣预缴税款;需要办理汇算清缴的,按照规定办理汇算清缴,年度综合所得应纳税额计算公式如下:

$$\frac{年度综合}{所得应纳税额} = \left(\frac{年度工资}{薪金收入额} + \frac{年度劳务}{报酬收入额} + \frac{年度稿酬}{收入额} + \frac{年度特许权}{使用费收入额} - \right.$$

$$\left.\frac{减除}{费用} - \frac{专项}{扣除} - \frac{专项附}{加扣除} - \frac{依法确定的}{其他扣除}\right) \times \frac{适用}{税率} - \frac{速算}{扣除数}$$

(2)对于在中国停留时间不超过183天的技术支援人员,由于技术支援服务构成常设机构,不能享受企业所得税实施条例和税收协定的免税待遇,应纳税收入额的计算和应纳税额的计算与在中国停留时间超过183天的技术支援人员一样。

提供财务、管理等咨询服务的支援人员在中国境内停留时间均很短,如果问题2的分析结果是这些服务不构成常设机构,财务、管理支援人员满足免税的条件,无需在中国缴纳个人所得税。如果问题2的分析结果判断这些服务构成常设机构,则需要就其在中国工作期间的所得纳税,应纳税收入额与应纳税额的计算同技术支援人员。

5. 派遣人员的是否需要在中国缴纳个人所得税？如何缴纳？

如果派遣人员是 S 公司的雇员，在 S 公司担任职位，常住中国，一个纳税年度在中国居住的时间很可能超过 183 天（到达和离开中国的年度可能不同），构成中国的税收居民，如果不考虑中日税收协定，派遣人员在中国连续居住超过 183 天的年度不满 6 年的情况下，工资薪金中归属于境外所得且由境外支付的部分可以不用在中国境内缴纳个人所得税，其他所得均需在中国境内缴纳个人所得税。

但是，根据中日税收协定第四条，派遣人员同时构成中国和日本的税收居民的情况下，由中国与日本协商，确定该个人为哪一国的税收居民。鉴于派遣人员的住所在日本，协商的结果很可能认定派遣人员是日本的税收居民，可以享受中日之间签订的税收协定待遇。①由于 S 公司承担或部分承担了派遣人员的工资薪金，所以派遣人员在到达和离开中国的年度，也需要计算缴纳个人所得税，不能享受个人所得税法实施条例和税收协定中的境内受雇所得免税待遇。适用下面的公式计算派遣人员的工资薪金收入额：

$$\frac{当月工资}{薪金收入额} = \frac{当月境内外}{工资薪金总额} \times \left(\frac{当月工资薪金所属工作期间境内工作天数}{当月工资薪金所属工作期间公历天数}\right)$$

另外，由于中日税收协定中董事费条款不包含高层管理人员，虽然派遣人员中有人员担任高层管理职位，但适用税收协定之后，担任高层管理职位的派遣人员和普通派遣人员的税收义务没有什么不同，适用同样的公式计算应税收入额。

6. S 公司按派遣协议的约定，向 P 公司支付派遣人员的费用，是否需要缴税？如何缴税？

对于 P 公司向 S 公司收回的工资薪金所得部分，经济上属于偿还 P 公司代支代付的工资薪金，不应作为服务费在中国缴纳增值税和企业所得税等。但如果税务机关在第 2 个问题的分析当中，认为派遣人员是 P 公司的雇员，来 S 公司提供服务，则 P 公司向 S 公司收回的相关费用需要在中国境内缴纳增值税、企业所得税。

案例 3-2 解析

1. 在不考虑《内地与香港特别行政区关于避免双重征税和防止偷漏税的安排》（以下简称《中港税收安排》）的情况下，甲、乙、丙员工的税收居民身份、在中国的纳税义务和应纳税收入如下：

（1）员工甲是中国香港税收居民，不是中国内地税收居民。

香港本地法规未明确何为香港税收居民，根据《中港税收安排》第四条的规定：

"（二）在香港特别行政区，指：

"1. 通常居于香港特别行政区的个人；

"2. 在某课税年度内在香港特别行政区逗留超过 180 天或在连续两个课税年度（其中一个是有关的课税年度）内在香港特别行政区逗留超过 300 天的个人。"

香港税务局发布的《内地和香港避免双重征税和防止偷漏税的安排—居民身份证明》

---

① 中日税收协定并未明确确定个人税收居民身份的加比规则，由于实务中完全没有类似的案例，国家税务总局也未发布过指引，此处依据 OECD 组织的一般原则确定该个人的居民身份。

中,曾作出如下说明:

"通常居于香港的个人"的判定原则如下:

一般而言,如果一个人在香港保留一永久性住所,用作他本人或其家人生活的地方,他会被视为"通常"居于香港。

其他会被考虑的因素包括:他在港逗留天数;在港是否有一个固定居所;在外地是否拥有物业作居住用途;他主要在香港还是在外地居住等。

此外,通常居于香港的个人,如果只因香港雇主的指派,须留在内地工作一段长时间才能回港,仍会被视为通常居于香港的个人。

员工甲是中国香港居民,在香港有永久性住所,且家人都居住在中国香港,仅由于工作原因来中国内地,因此属于中国香港税收居民。

甲平时周一在广州,周五回香港,仅周二至周四三天在境内的时间超过 24 小时,按照居住天数判断标准,一个纳税年度在中国境内居住时间应该不超过 183 天,不属于中国内地税收居民。

由于甲不属于中国内地税收居民,仅需要就来自中国内地的所得纳税。但因为员工甲在内地企业担任高管职位,按照 2019 年第 35 号公告的规定,高层管理人员取得由境内居民企业支付或者负担的董事费、监事费、工资薪金或者其他类似报酬,都属于来源于境内的所得。因此,员工甲在中国的纳税义务包括在中国境内工作期间取得的所得,以及在中国境外工作期间由境内支付或负担的所得。仅仅是境外工作期间由境外雇主支付并负担的所得无需纳税。由于员工甲的全部工资由境内广州公司负担,因此他应就取得的工资薪金全额在中国内地征税。

(2)员工乙是中国内地税收居民,同时也是中国香港税收居民。

由于员工乙有深圳户籍,在深圳有永久性住所,且家人均居住在中国内地,说明甲的住所在中国,属于中国内地税收居民。

同时根据上面香港的相关法规及解释,因为员工乙平时均在中国香港工作,一个纳税年度在中国香港逗留的时间超过 180 天,因此也是香港的税收居民。

作为中国内地税收居民,员工乙需要就中国境内境外取得的所得在中国内地纳税,中国香港公司支付给乙的全部工资薪金需要作为乙从境外取得的所得,在中国内地缴纳个人所得税,在计算员工乙在中国内地的应纳税额时,他在中国香港已经缴纳的薪俸税可以抵免。

(3)员工丙是中国香港税收居民,可能也是中国内地税收居民。

员工丙在工作日基本在中国香港,一个年度在中国香港停留的时间超过 180 天,构成中国香港税收居民。

员工丙及家人已经取得中国香港永久居民身份,但他与家人目前长期在内地居住,有可能被税务机关将内地作为其永久性住所,从而将其认定为内地税收居民。具体要结合员工丙与家人在中国内地是否仍保留有户籍、往来中国香港过境时使用的证件等因素进一步判定。如果员工丙已注销内地户籍,凭回乡证在香港与内地之间过境,则在某种程度上支持员工丙的永久性住所不在中国内地,且员工丙在内地居住时间少于 183 天,不构成中国内地的税收居民。仅需要就境内工作期间的所得在中国内地交税,如果在境内居住天数少于 90 天,其在境内工作期间由境外支付并负担的所得可以在内地免缴个人所得税。如果员工丙未注销内地户籍,凭《港澳通行证》在中国香港与中国内地之间过境,则在某种程度上说明员工丙的永久性住所在中国内地,构成中国内地的税收居民,需要就中国香港公司发放的全部工资薪金所得在中国内地纳税,其在中国香港已经缴纳的薪俸税可以抵免。

2. 在考虑《内地与香港特别行政区关于避免双重征税和防止偷漏税的安排》的情况下,员工甲、乙、丙的税收居民身份、在中国的纳税义务和应纳税收入如下:

(1) 员工甲是中国香港的税收居民,可以享受《内地与香港特别行政区关于避免双重征税和防止偷漏税的安排》中第十五条受雇所得的协定待遇,由于《中港税收安排》中的董事费条款没有提到高层管理人员,员工甲享受《中港税收安排》中的待遇之后,纳税义务与其他来自中国香港的无住所个人相同,适用下面的公式计算在中国内地每月的应纳税收入额:

$$当月境内外工资薪金总额 \times \frac{当月工资薪金所属工作期间境内工作天数}{当月工资薪金所属期间公历天数}$$

由于员工甲仅在中国内地任职,按照国家税务总局对 2019 年第 35 号公告的解读,不计算境外工作天数,实际需要将广州公司支付的全部工资薪金所得作为当月的应纳税收入额。

(2) 员工乙是中国内地税收居民,也是中国香港的税收居民。此时需要根据《中港税收安排》判定员工乙究竟是中国内地还是中国香港的税收居民。

《内地和香港特别行政区关于对所得避免双重征税和防止偷漏税的安排》第四条:

"由于第一款的规定,同时为双方居民的个人,其身份应按以下规则确定:

"(一) 应认为是其有永久性住所所在一方的居民;如果在双方同时有永久性住所,应认为是与其个人和经济关系更密切(重要利益中心)所在一方的居民;

"(二) 如果其重要利益中心所在一方无法确定,或者在任何一方都没有永久性住所,应认为是其有习惯性居处所在一方的居民;

"(三) 如果其在双方都有,或者都没有习惯性居处,双方主管当局应通过协商解决。"

员工乙的永久性住所在中国内地,根据《中港税收安排》判断,应该是中国内地的税收居民,要就来自于境内、境外的所得在中国境内纳税,在中国香港已缴纳的薪俸税可以抵免。

(3) 员工丙的情况相对复杂,如果根据《中港税收安排》判断丙是中国香港的税收居民,适用下面的公式计算在中国内地的应纳税收入。

$$当月境内外工资薪金总额 \times \frac{当月工资薪金所属工作期间境内工作天数}{当月工资薪金所属期间公历天数}$$

如果根据《中港税收安排》判断丙是内地的税收居民,则丙需要就中国香港公司支付的全部工资薪金在中国内地申报缴纳个人所得税,在中国香港已经缴纳的薪俸税可以抵免。

3. 2020 年员工甲、乙、丙的税务居民身份、在中国内地的纳税义务和应纳税收入相对其他年度有所不同。

(1) 同往年一样,员工甲在中国内地居住的时间少于 183 天,不是中国内地的税收居民,仅仅是中国香港的税收居民。与往年不同的是,员工甲 2020 年在中国内地居住的时间少于 90 天,仅就来源于中国境内且由境内支付或负担的所得纳税。在计算应纳税收入额时,应用下面的公式计算。

$$\text{当月境内外工资薪金总额} \times \frac{\text{当月境内支付工资薪金数额}}{\text{当月境内外工资薪金总额}} \times \frac{\text{当月工资薪金所属工作期间境内工作天数}}{\text{当月工资薪金所属期间公历天数}}$$

由于甲仅在广州公司任职,不计算境外工作天数,且全部工资薪金由境内的广州公司负担,因此仍然需要按工资薪金的全额在中国内地纳税。

(2) 员工乙是中国内地税收居民,当年在中国香港停留时期不够 180 天,在包含当年的两个纳税年度内在中国香港停留的时间也不超过 300 天,因此,不构成中国香港的税收居民。员工乙的税收居民身份、在中国内地的纳税义务和应纳税收入的计算同问题 2 中的分析。

(3) 2020 年,由于员工丙在内地工作,在境内居住时间多于 183 天,其在中国内地也构成税收居民。如果问题 1 中判断丙的住所在中国香港,则 2020 年仍可根据《中港税收安排》判断为丙中国香港的税收居民,适用《中港税收安排》判断其在中国内地纳税义务,并用下面的公式计算应纳税收入额。

$$\text{当月境内外工资薪金总额} \times \frac{\text{当月工资薪金所属工作期间境内工作天数}}{\text{当月工资薪金所属期间公历天数}}$$

由于 2020 年员工丙全部在中国境内工作,他在中国内地的应纳税收入额等于中国香港公司支付的全部工资薪金。

如果问题 1 中判断员工丙的住所在内地,则 2020 年员工丙仍是中国内地税收居民,需要就来自境内外的所得纳税,中国香港支付的全部工资薪金都需要在中国内地纳税,其在中国香港已缴纳的薪俸税可以抵免。

案例 5-7 解析

1. 根据案例中介绍的情况,C 企业与集团境外关联企业存在多种关联交易,且交易的金额较大,而且 C 公司的毛利率和利润率均远远低于集团的整体的毛利率和利润率,说明 C 公司的关联交易定价可能存在问题。通过审阅 C 公司与 A 集团的相关信息,C 公司在关联交易定价方面可能存在的问题如下:

(1) 关联购销交易定价可能不符合独立交易原则。C 公司的销售价格由 A 公司制订的全球销售价格所决定,但 C 公司的利润率与集团的利润率相差很大,C 公司的利润率不到 2%,甚至在 2020 年出现亏损,而集团的利润率始终在 8% 以上,存在 C 公司通过转让定价将利润转移至低税率地区的可能性。

(2) 向 BVI 公司支付商标使用费可能不合理。C 公司在中国市场上对于集团的品牌提升与维护有重大贡献,BVI 公司虽然拥有商标所有权,但是并未在中国市场上从事品牌提升、维护等活动,因此按销售收入的 3% 支付给 BVI 公司商标使用费合理性有待商榷;而且 BVI 公司作为避税地,不征收企业所得税,与 C 公司的交易存在很大的避税嫌疑。

(3) 列支股东服务费不合理。A 公司的审计费用和法律费用属于股东服务发生的费用,应由其母公司承担,不应分摊给 C 公司。

（4）向 A 公司支付技术使用费的交易可能不符合独立交易原则。C 公司向 A 公司采购核心零部件,之后将采购的零部件装配成电动机械,一般来说,装配过程本身可能不需要什么特殊的技术,需要核实 A 公司提供的技术是否有价值,按销售收入的 3% 收费是否合理?

（5）技术支援费列支金额不合理。A 公司提供相关技术已经收取技术使用费,又另外收取技术支援服务费,可能存在重复收费的情况。就算不是重复收费,技术支援属于提供劳务,一般应按劳务提供情况,采用成本加成法或可比价格法等确定收费标准,A 公司按销售收入的一定比例来收费,与商业常规不一致,可能不符合独立交易原则。

（6）支付的利息费用可能不合理。同期同类银行贷款利率为 4.8%,而 C 公司向 B 公司借款,支付的利率约为 8%,高于同期同类银行贷款利率,不合理。

2. 税务机关为了进一步开展分析工作,应收集以下信息:

（1）C 公司的同期资料。

（2）A 集团的国别报告与主体文档。

（3）C 公司与关联交易相关的合同。

（4）C 公司其他与关联交易相关的财务与其他资料。比如财务报表（资产负债表、利润表、账目、收入和费用明细表）、纳税申报表、分销合同、生产和销售计划、产品目录、市场营销计划、企业战略、定价谈判纪录、各关联交易的详细价格和条件以及和分销活动有关的公司内部文件,等等。

（5）与 A 公司提供给 C 公司的技术相关的资料,比如所提供的是专有技术还是专利?是否有相关的权利证书? 相关技术在生产中如何使用及其重要性的说明等。

（6）关于商标的相关资料,比如相关的权利证书,品牌在行业内的知名度等说明。

在审阅 C 公司提交的资料时,重点要关注下面这些信息:

（1）审阅国别报告时,要关注跨国公司在其他国家的投资运营状况,特别是与 C 公司存在关联交易的企业所在国家（地区）整体的经济活动安排、收入分配、资产分布、税收缴纳、雇员人数等项目。更好地评估可能的转让交易风险。

（2）通过阅读主体文档,了解企业集团内不同企业的组织架构和股权结构,分析 C 企业在整个集团中所处的位置,集团内同类功能企业的数量和利润水平、与 C 公司发生关联交易的对方的主要信息,企业集团无形资产的开发与持有情况。特别关注主体文档中对于技术类无形资产的描述,包括企业拥有哪些专利与非专有技术,这些技术在企业生产经营活动中的重要性,技术是由哪些公司开发与维护的,技术的所有权属于哪些公司,集团是否有统一的技术转让与许可定价政策,等等。还要关注主体文档中对于营销型无形资产的描述,包括企业集团持有的商标的品类,商标所有权属于哪些公司,集团内哪些公司负责广告、市场营销等商标维护与提升活动。

（3）通过阅读本地文档,了解 C 公司关联交易的详细信息,包括 C 公司的关联交易金额、关联交易定价情况、关联交易各方的功能与风险、企业所处的经济环境与行业信息、企业验证关联交易合理性的方法及结论。